国家社科基金
GUOJIA SHEKE JIJIN HOUQI ZIZHU XIANGMU
后期资助项目

盲点与出路
中西比较视域下的儒家思想研究

Transcending the Impasse in Confucianism:
A Chinese-Western Comparative Analysis

谢文郁　著

中国人民大学出版社
·北京·

图书在版编目（CIP）数据

盲点与出路：中西比较视域下的儒家思想研究 / 谢文郁著 . -- 北京：中国人民大学出版社，2025.4.
ISBN 978-7-300-33790-6

Ⅰ. B222.05

中国国家版本馆 CIP 数据核字第 2025L7D532 号

国家社科基金后期资助项目

盲点与出路
　　——中西比较视域下的儒家思想研究
谢文郁　著
Mangdian yu Chulu

出版发行	中国人民大学出版社				
社　　址	北京中关村大街 31 号		**邮政编码**	100080	
电　　话	010－62511242（总编室）		010－62511770（质管部）		
	010－82501766（邮购部）		010－62514148（门市部）		
	010－62511173（发行公司）		010－62515275（盗版举报）		
网　　址	http://www.crup.com.cn				
经　　销	新华书店				
印　　刷	唐山玺诚印务有限公司				
开　　本	720 mm×1000 mm　1/16		**版　　次**	2025 年 4 月第 1 版	
印　　张	20.75 插页 2		**印　　次**	2025 年 4 月第 1 次印刷	
字　　数	342 000		**定　　价**	89.00 元	

国家社科基金后期资助项目
出版说明

后期资助项目是国家社科基金设立的一类重要项目，旨在鼓励广大社科研究者潜心治学，支持基础研究多出优秀成果。它是经过严格评审，从接近完成的科研成果中遴选立项的。为扩大后期资助项目的影响，更好地推动学术发展，促进成果转化，全国哲学社会科学工作办公室按照"统一设计、统一标识、统一版式、形成系列"的总体要求，组织出版国家社科基金后期资助项目成果。

全国哲学社会科学工作办公室

序　言

就字源学而言，在古希腊哲学那里，哲学指的是追求智慧。智慧的意思是进行正确的思想活动，给出正确的判断，进而做出正确的选择。智慧就是认识真理。这种追求也被称为"真理情结"。中国人也是追求智慧的，认为智慧就是把握了真道。先秦思想家围绕着"道"而争论不休，百家争鸣，都宣称得了真道！百家之道，何者为真？追求真理和追求真道，都是哲学之问。

汉语中的"哲学"一词是希腊文 φιλόσοφος 的译名。汉语中本无"哲学"一词，但有"学问"的说法，如"君子学以聚之，问以辩之"（《周易·乾·文言》），以及"不闻先王之遗言，不知学问之大也"（《荀子·劝学篇》）。纯粹从翻译的角度看，用"学问"来翻译 φιλόσοφος 是相当贴切的。哲学追求真理，学问追求真道。虽然哲学与学问相近，但在思想史上，它们在方向上迥然不同而各走其道。近代学界在翻译西学著作时对此感受深刻，因而给出"哲学"作为译名，以区别于学问。这里的"各走其道"便是中华文明与西方文明的区别。

中土与西方，地理距离遥远，但因为有"丝绸之路"来往，彼此之间还是有思想交流的。在中国思想史上，我们与西方至少有过两次直接的思想交流。第一次是汉朝的佛教传入中土。佛教提出的问题是，儒家不关心人死后的生存状态，从而无法满足人们对这个方面的生存关注。同时，佛教关于人死后的说法，如轮回、极乐世界等，让很多中国人在这个方面的生存关注得到了满足。儒释之争导致了儒佛共存的文化现象。第二次是明末清初的天主教在华传教。传教士利玛窦远涉重洋来到中土，潜习儒学，向中土人士传播天主教信念，劝人归信天主。他从先秦儒家经典开始，深信自己信仰的上帝就是儒家在敬畏中呈现的上帝，企图通过托马斯·阿奎那的自然神学论证来说服当时的中国儒士，让他们归信天主教。不过，他们在天人关系问题上未能进入宋明理学的思路，故而无法与儒家展开一场实质性的思想交流。比如，他在《天主实义》中用了相当的篇幅批评张载的"为善无意"说法，但却对这个说法所包含的儒家自先秦以来关于"善"的思考和争论缺乏足够的体会，因而在争论中让对方不痛不痒，无法刺激其思想。

明末清初天主教在华传教留下了大量中文文献，记载了这件颇有规模的思想交流大事。不幸的是，这个思想交流事件在中国思想史上所起的作用甚微。感叹之余，我们注意到，这个事件引发了一个反向传播。传教士们在企图说服中国儒士的同时，感受到了儒家思想的博大精深，因而十分努力地把儒家思想介绍给欧洲思想界。这个东学西传的文化活动也留下了大量相关的拉丁文文献，在西方思想史上酝酿并激发了一场革命性的运动：西欧近代启蒙运动。对于那些接触到传教士所介绍的儒家思想的欧洲思想家来说，中华文明是一个在遥远东方的伟大文明。这个共识一直维持到18世纪末。在这个共识中，他们开始询问：造就这个文明的思维方式是什么？他们发现，儒家所倡导的自然理性（相对于基督教的启示理性）就是关键所在。如果他们想让欧洲摆脱野蛮文明，赶上先进的中华文明，那么，吸取并传播这种自然理性就具有优先重要性。这个想法很快在欧洲范围内产生了共鸣。我们知道，这场启蒙运动在欧洲引进了自然理性，并导致了自然理性与启示理性之间的内在张力。在相当大的程度上，正是这种张力推动西方文明进入了现代。

随着鸦片战争打开中国的大门，中国的清朝政府无力应对现代西方的全方位入侵。从五四运动开始，在很多中国思想家心目中，西方文明辉煌伟大而闪闪发光。特别地，现代化交通工具把交往距离拉近了。地球在变小。现在，能够使用双语或多种语言的思想者越来越多。中西思想交流日渐频繁且日渐深入，随之而来的便是互动和冲突。于是，中华文明和西方文明进入了一种密切而复杂的交融关系中。西方文明由于在现代社会中的突出贡献，很快就主导了当代世界文明的发展方向。对于西方思想家来说，他们可以俯视中华文明了。在他们心目中，中华文明过去是辉煌的，但现在已经衰落了。于是，他们设身处地、"友好地"认为，中华文明可以通过转型而融入西方文明。很多中国思想家虽然身处中华文明中，但却完全接受了这些西方思想家的心思意念，认为中华文明除了接纳西方文明而彻底转型之外，没有其他出路。

然而，人们似乎有意无意地忽略了文明交流中的关键环节，即不同文明的发展方向是由不同的思维方式引导的，转型意味着在根基上摧毁中国人的传统思维方式。西方思想史一直在基督教启示理性的主导下发展。启蒙运动引入自然理性后，启示理性与自然理性的共存构成一种内在的张力，推动现代西方文明迅速发展。对于许多中国思想者来说，启示理性是一种陌生的思维方式，因而他们感受不到启示理性与自然理性之间的张力。我们注意到，中国学界在五四运动中养成了一种习惯性思维方式，即一些自以为拥有西学知识的中国学者十分乐于"启蒙"中国人，秉持着中华文明必须以西方文明为坐标而转型的信念，鼓吹中国人必须摈弃传统思维方式，让西方思想主导自己的生存！虽然这种"启蒙"一再遭遇挫折，但他们仍然乐此不疲、前赴后继地提出"二次启蒙""三次启蒙"，等等。在缺乏启示理性-自然理性之张力的语境下，任何"启蒙"都不过是"启蒙者"把自己置于教主地位，并把自己现有的心思意念强加给他人。这里没有什么启蒙，只有说教而已。

人生活在传统中，因而是在传统中进行思考的。这里说的"传统"，就文字而言，指的是人在阅读古代文献的过程中感受其中的生存关注和情感力量，吸纳其中的思想，进而形成自己的思维方式和行为规范。换句话说，人是在读书中接受前人的思想并形成自己的思维方式和行为规范的。同时，传统还意味着世代相传中的教养（如家庭教育和群体教化）。人在教养中从上一辈人那里直接领受了一套思维方式和行为规范等，并在教养中传递给下一代。可以看到，"传统"一词所隐含的是人对祖辈的接受性，以及对后代的传递性。人们在自己的生存经验中积累了很多有用的知识，形成了一套固定的思维方式和行为规范，通过言传身教传递给后代，并代代相传。对于当事人来说，传统连接祖辈和后代，其中的关键是"教"，包括施教和受教。许慎在《说文解字》中是这样界定"教"的："上所施下所效也"。当然，我们可以提出这样的问题：在施教和受教中，施教者所拥有的东西从何而来？受教者是否只是简单地接受施教者的传授？

《中庸》中有一句话，即"修道之谓教"（第 1 章）①，也是强调"教"。不过，这里是在谈论"修道"时使用"教"一字的。"道"是先秦思想界的共同追求。在《中庸》看来，人只要按照自己的天命本性为人处世，就是走在正道上。人一旦偏离天命本性，就需要修正自己的道路。人怎样理解"道"就怎样生活。但是，人对"道"的理解会出现偏差。这里

---

① 关于《中庸》的章节编号，本书使用朱熹的分章。

的修正是针对这种理解偏差来说的。"道"本身是真理，不需要修正。《中庸》中的"教"是要修正当事人所理解的"道"。因为涉及当事人的思想和行为，这里的"教"其实是一种自我校正。

儒家从"教"的角度去理解传统，既阐述了传统中的施教-受教之传承关系，也揭示了传统在自我修正中的更新完善过程。这便是天主教传教士在与中国儒士交往时感受到的道德力量，同时也是欧洲启蒙运动思想家在阅读传教士所介绍的儒家思想时感受到的自然理性。然而，五四运动的旗手们为什么要把它打倒在地呢？为什么从西方留学回来后就要开始所谓的新文化运动呢？换个问法，他们在西方文明中发现了什么宝贝，以至于有如此强大的冲动，极力推动中华文明转型为西方文明？

这一点是值得我们重视的。启蒙运动后，西方文明对世界文明的贡献已经有目共睹。然而，儒家对中华文明乃至世界文明的贡献是不言而喻的，为什么如今似乎无法与西方文明抗争呢？我们是要面对未来世界的。五四的新文化运动要求我们全盘西化。这个要求确实过分了。但是，儒家也许真的有什么盲点阻碍了中华文明的进一步发展。因此，我们需要深入地检讨儒家文明，暴露这些盲点，并扩展儒家视野。

这些年来，我一直在中西思想比较视域中对儒家思想进行研究，并发表了一些论文，引起了学界的关注。从不同的文化视角去阅读和理解儒家的经典著作，会给人以不同的感觉。不过，长期以来，人们在呈现这种感觉时往往局限于对一些概念的表面诠释，无法深入儒家思想的生存空间。尽管不断有比较研究的文章出现，对于读者来说可以增长知识，但它们却是枯燥的概念比较，很难深入思想层面。比如，明末清初天主教传教士来华传教，利玛窦在阅读儒家著作时发现儒家先秦文献中的上帝和基督教的Deus（God）在概念上有许多共同特征，因而认为儒家的上帝和基督教的Deus（God）在思想上是相通的，进而努力通过阐述儒家先秦文献中的上帝说法来传达基督教的上帝。然而，这样做只能是各说各话，无法进入思想交流。我想，导致这种状况的原因是他们在对话交流时缺乏一种分析工具。

我在处理中西思想的对话交流时，除了进行严格的文本分析之外，还引入了"生存分析"和"情感分析"方法。总的来说，我认为，每一个概念背后都有一定的生存关注和情感因素的支撑。在情感分析中，我们能够进入其中的生存关注和情感运作。我通过研究发现，其中的情感具有赋义功能。换句话说，在情感分析中，通过展示情感的认识论功能，我们就可以看到它们在界定概念时的运作。反过来，一旦深入这些概念背后的生存关注和情感因素，我们对这些概念的理解就能进入生存层面，激活它们，并与它们一起进入活生生的思想交流。

在方法论上，我把概念归为三类，即关于感觉对象的观念、关于思想对象的理念，以及关于情感对象的意念。这些概念的意义界定者分别是感觉直观、思想论证、情感赋义。我想努力指出的是：我们的意念体系中有很多意念，它们是在情感中被界定的；如果不对其中的情感进行分析和呈现，我们就无法理解这些作为意念的概念的生存意义。因为采纳了生存分析和情感分析的方法，我发现，我在阅读儒家经典文献时能够感受到文献背后的生存关注和情感倾向，而这些文献的生存意义也就能在我的研究中呈现出来。因此，在生存分析和情感分析中，我的比较研究所呈现的儒家思想是活生生的，充满了内在生命力。同时，儒家思想中的许多盲点也就展现在我的阅读理解中。本书希望能够呈现这种阅读理解。

本书导言深入阐述文明交往-对话的途径与意义，针对"普世价值"概念提出"核心价值"这个概念，认为交往-对话的目的是呈现并消解自身文化的视角盲点，不断扩展自身文化的核心价值所开拓的视野。这是比较研究的大思路。也就是说，比较不是简单地比较优缺点，而是揭示视角盲点，使自己的视角进入更为宽阔的视野中。以此为原则，我把本书在中西比较研究中所接触到的儒家思想分为四个部分展开阐述。

第一部分讨论一些方法论问题。我安排了四章，即第一章至第四章。第一章是处理善意念。我通过分析柏拉图对"人皆求善"命题的论证，指出：柏拉图提出"真正的善"这个概念，把善的问题引向真理问题；真理问题是认识论问题；于是，在柏拉图的著作中，善的问题被归结为认识论问题。柏拉图把西方思想史引向了认识论研究。而在中国思想史上，孟子的"可欲之谓善"这个说法涉及的话题与"人皆求善"命题相近。不过，孟子进而给出了一个推论，从人的生存向善推出人性本善，并希望人们通过修身养性的功夫论来把握本性，将之发扬光大，终而解决善的问题。柏拉图和孟子引导了两种不同的思想发展方向。

一千多年后，在利玛窦的《天主实义》中，这两种不同的思想发展方向所引导并形成的思维方式有了第一次交锋。因此，《天主实义》一书在中西思想交流上有方法论的意义。为此，我从问题意识和思维方法这两个角度（第二章和第三章）对《天主实义》进行分析，涉及问题意识和思维方法的差异，以及这次中西思想碰撞对中国思想发展的影响。实际上，

《天主实义》在中西思想交流中有示范性的作用。

此外，五四运动全盘西化的倡导也涉及了中西思想比较问题。对于当代中国思想界来说，五四运动对中国思想的刺激是切身的和根本的。然而，我想追问的是：面对西方近代文明取得的成就，我们应该如何与西方学术界进行思想交流？是简单地让西方现代思想给中国人"洗脑"或启蒙呢？还是回归中国人的读书习惯，并在此基础上与西方文化进行思想交流从而开拓自己的思维视角呢？我专列一章（第四章）讨论中国人的读书习惯，强调"敬重"情感在阅读儒家经典中的动力性作用。

第二部分探讨儒家的终极关怀。我安排了三章，即第五章至第七章。在与西方文化特别是基督教的对照中，人们在涉足儒家的终极关怀时较多地讨论所谓的儒家的宗教性问题。在西方文化的语境中，"宗教"一词涉及终极关怀和组织建制两个方面。我不打算全方位地讨论儒家的宗教性问题，而是偏重于儒家的终极关怀（或宗教性或君子的敬虔）。对于儒家来说，天命指称终极性的秩序，是自然界万物的秩序源泉，也是社会秩序的完善形式。因此，探讨儒家的天命观是我们理解儒家的终极关怀的唯一途径。我采纳了情感分析方法，指出儒家是在敬仰中理解天命的。这一点与基督教在信仰中理解上帝的旨意不同。敬仰和信仰是两种不同的情感。在认识论上，这两种情感所呈现的终极存在完全不同。第五章从认识论的角度分析了敬仰和信仰这两种不同情感的认识论功能。第六章分析"义"。我认为，在终极关怀问题上，"义"是关键字。"义"的原始含义是"适宜"。人是在选择中生存的，因而不能避免选择的适当性问题。在生存的任何时刻，人都必须在两个或两个以上的选项中选择其一。不同的选择引导不同的生存方向，造就不同的生存状态。因此，能否做出适宜的选择对于人的生存具有决定性的意义。孔子提出"君子义以为上"（《论语·阳货》），强调君子对"义"的追求是终极性的努力。如何界定"义"，在儒家思想中始终是一个终极性议题。对比基督教的"因信称义"，人们也是把"义"视为生存的终极性基础。儒家关于天命和义的问题的原始文本相当充分地表达了儒家的终极关怀或宗教性。第七章分析"诚"。在儒家的宗教性问题上，"诚"这种内向性情感也是基础性的，因为人只有在"诚"中才能"看见"并认识"天命"，并把握何为"义"。因此，儒家的"天命"和"义"都是在"诚"中与人的生存建立关系。换句话说，儒家的宗教性可被表达为，人在"诚"中知"天"和求"义"。

第三部分处理儒家的人性论。我安排了四章，即第八章至第十一章。

我引入了康德宗教哲学和基督教神学的视角来分析儒家的人性论。我发现，由于缺乏比较研究的视角，当前学界在处理儒家的人性论时仅仅局限于性善论，视野相当狭窄。在第八章，我引入康德在宗教哲学中对"善人"的分析，对照《中庸》的君子论，发现康德所处理的人的善意念的完善化与儒家在修身养性过程中的完善化有内在的一致性。这个发现对于我们理解儒家的人性论有巨大的帮助。不过，西方文化中的人性论更为根本的表述是基督教的原罪论。我用两章的篇幅（第九章和第十章）对性善论和原罪论进行比较分析，揭示了君子在维持君子身份时的困境，引入基督教的罪人意识，希望推进学界对儒家人性论的更深层次的认识。进一步，我还分析了儒家性善论带来的文化盲点，借助于与基督教原罪论的对照，推动我们对人性有更深的把握。这两章在比较上有一个突出的特点，即在处理人性问题上，我指出，儒家立基于"诚"，而基督教立基于"信"。"诚"与"信"在人性问题上引导了两种完全不同的理解方向。在实践上，"诚"与"信"的努力方向分别是建构性的和解构性的。我提出了一个全新的问题：以"诚"为基础的人性论和以"信"为基础的人性论，就情感倾向而言是对立的（"诚"是内向的、建构性的，而"信"是外向的、解构性的），那么，它们能否共存于一个生存主体，并在共存中形成一种良性的张力，推动人的生存健康展开呢？这个问题是前所未有的。我在第十一章对此进行了深入探索，希望能够引起学界的重视。

第四部分的主题触及儒家的现代化问题，即从儒家思想的基本原则出发如何应对当代问题。我安排了四章，即第十二章至第十五章。在第十二章，我从纯粹概念分析的角度对自由（权利）与责任进行界定，并展示两者的内在张力，从而呈现了两种完全不同的政治模式。简略而言，第一种是自由优先的政治，强调权利的在先性，认为有自由才有责任。这种政治在当代西方政治中得到了很好的落实。第二种是责任优先的政治，认为人是在责任意识中行使权利的。这种政治属于儒家，在孟子的著作中有深刻的阐述。就历史发展而言，除了君王的产生没有落实孟子的想法之外，中国传统政治在孟子的仁政思路中提出并实行了科举制，而且以此为基础来安排各级官员的上位程序。可以说，在科举制基础上建立起来的政治制度强调在位者的责任意识优先，因而属于上述第二种政治。

在第十三章分析儒家仁政时，我主要根据孟子的著作分析其中提到的儒家仁政，展示其责任意识优先原则，阐述儒家仁政的基本思路。责任政治要求精英阶层建构一种敬畏天命、义以为上、精诚做事的情感结构。我从分析"三纲"出发，展示儒家仁政的内在情感结构，其中的骨架是"忠""敬""诚"。这三种情感对于人在社会关系中的生存来说，是一种内在的要求和冲动。"忠"涉及上下级关系，要求下级服从上级，维护社会秩序；"敬"更多地要求做好自己的社会地位所要求的事情，包括职位要求和身份要求；"诚"是个人和天命的情感纽带，要求人敬畏天命，体察天意，笃行不逾。

儒家仁政能否完整地建构起来，关键在于能否建立一个健全的政治领袖产生机制。考虑到五四运动对儒家的批评是在现代西方政治的框架中进行的，我对比现代西方政治中的选票制来分析儒家仁政的推举制。现代西方政治和儒家仁政在政治领袖产生机制上各有优缺点。我认为，充分认识这两种机制的现实运作，可以让我们在现实政治制度的设置上避免那些运作陷阱，保证政治秩序处于健康状态。这是第十四章的内容。

在第十五章，我还对责任意识培养机制进行了一些分析和讨论。在西方基督教的传统中，教会一直具有教化民众的功能。民众从小在教会中长大，接受基督教体制的全面牧养，包括参加主日学、崇拜、团契生活，以及牧师的咨询帮助，等等。成人后，他们也固定地参加教会活动，继续接受牧养以维持已形成的生活方式。而且，他们的社会责任意识也是在教会中形成和维持的。教会中的责任意识培养对于西方社会秩序的维持起着关键性的作用。在政教分离的国策中，教会是独立发挥其教化功能的。对照西方通过宗教来教化国民的传统，我展开了对儒家责任政治中的教化机制的分析。我是从儒家礼教的角度切入这个主题的。在儒家责任政治中，礼教是培养国民责任意识的主要机制。在实践上，礼教的原始机制是家教。在传统社会，中国人重视家庭，认为家庭教育是小孩成长的原始环境。有什么样的家庭，就培养出什么样的人。家庭是在宗族环境中存在的，所以，人成长的第二个环境便是宗族社会。宗族社会会把一套得到社会认可的道德规范加在每一个宗族成员身上，促使个人的行为规范化和统一化。在此基础上，个人便可以进入更大范围的社会。不过，在西方文明的影响下，中国传统社会中的责任意识培养机制受到了严重的破坏，已经丧失其应有的功能。我们现在面临着如何重建责任意识培养机制的重大课题。

除了以上四个部分之外，本书还收录了《哥尼斯堡的中国人》一文，作为附录。这篇文章最先是作为《康德传》（库恩著，黄添盛译，上海人民出版社，2008 年第 1 版，2014 年第 2 版）的"代序"发表的。康德在西方思想史上是一位旗帜性人物,深深地影响着西方思想史的后续发展。然而,康德思想中的儒家因素往往被忽略,不但被西方学者忽略,也被中国学者忽略。这是一个不幸的思想史事实。我相信,随着中国学者对康德的阅读加深,"康德作为一位在中西思想史资源中浸淫而成长起来的思想家"这一点会被越来越多的人感受到。我把这篇文章作为本书附录,并不是要把康德当作中西文明对话的终点,而是希望把他看作一个典型案例,呈现中西文明交流的一个环节。对于任何思想家来说,其盲点都只有在他者的对照下才能呈现。

本书从中西文化比较视角出发对儒家思想进行分析和讨论,总的来说,这些分析和讨论仍然处在起步阶段。我提出的生存分析和情感分析,作为切入相关论题的方法论,是可以引导我们深入儒家思想的深层意义的,同时还能激活儒家思想以应对当代社会的各种问题。值书稿整理进入尾声,欣闻本书得到国家社科基金后期资助项目的资助,既喜悦于心,又激励于志!我愿意以本书和学界同仁一道,继续推进这方面的研究和讨论,激活儒家思想的内在力量,催之以崭新态势参与当代人类思想共同体的建设!

愿与学界同仁共勉!

谢文郁

2023 年 6 月 1 日

于济南

目　录

导言　核心价值的询问：文明
对话往何处去？*

　　不同文明之间一旦开始接触，就开始交往。交往的模式很多，有外部冲突式的不打不相识，有相互渗透式的相辅相成，有教化式的大鱼吃小鱼，甚至还有灭绝式的你死我活，等等。在宽泛的意义上，文化交往活动也可被称为"文明对话"。我这里并不打算对这些交往-对话模式逐一进行分析、讨论。我们注意到，近代西方文明产生后，以其强盛的科学技术力量把世界各文明之间的交往距离大大拉近了，从而使世界各文明之间的交往-对话具有直接的迫切性。

　　冷战结束后，在世界各文明之间的交往-对话中开始流行一种所谓的"普世价值-文明转型"模式。这是一种教化式的交往-对话模式。在西方文明占优势的大语境中，人们有意识或无意识地接受了一种预设：世界各文明的发展应该有一个共同的方向，而调整文明发展方向的指示性标志便是"普世价值"。因此，各文明应该按照这种"普世价值"进行自我改造，并以此为目标实现自我转型，或通过外力强迫转型。这种文明交往-对话模式是不是我们应该推行的呢？

　　我想通过追踪这种交往-对话模式的形成历史，揭示其在当代各文明交往-对话中所陷入的困境，进而提出并论证一种新的文明交往-对话模式："核心价值-文明自觉"模式。这种模式的基本思路是，各文明的生长是由自身的原始责任意识推动和维持的，因而各文明必然形成自身独有的核心价值。因此，文明交往-对话的目的不是促成"普世价值"的实现，而是引导各文明（包括弱势的和强势的）在交往-对话中深入认识自己的核心价值，不断消除自身的视觉盲点而自我更新。也就是说，"核心价值-

---

　　* 本导言原以《文明对话模式之争：普世价值与核心价值》为题，发表于《文史哲》2013年第 1 期。

文明自觉"模式应该成为未来各文明交往-对话的主导模式。

一、"普世价值"说法的起源

20世纪90年代，苏联解体。这个事件宣告了以美国为首的资本主义阵营与以苏联为首的共产主义阵营之间的冷战结束。冷战是第二次世界大战的产物。冷战结束后，在世界政治版图上，美国成为唯一的超级大国；同时，西方文明似乎也因此牢固地主导着世界文明的发展方向。

关于这个事件，人们可以从不同的角度进行分析和解释。有意思的是，在过去的二十多年中，有一点可以肯定的是，解释者都来自作为胜利者的西方世界。苏联解体后留下的俄国（苏联的主要构成）面临着生存危机，因而全力关注自身的生存问题。对于俄国人来说，他们不希望承担苏联解体的责任。因此，他们对于冷战的形成和结束显得漠不关心。这就是说，他们希望对冷战问题进行冷却处理。这种做法等于放弃发言权。同时，作为这场冷战的胜利者，西方学者对于自己的胜利激动不已、喋喋不休。在他们看来，这场胜利来自"普世价值"的胜利，他们很快就形成了一个共识：在全世界推广"普世价值"。

我们需要追踪"普世价值"这一说法的历史演变。一般来说，"普世价值"是第二次世界大战后慢慢流行起来的说法。冷战结束后，这一说法开始主导以西方政治为中心的国际关系。而且，在当前的国际政治关系中，这一说法仍然扮演着重要角色。虽然这一说法具有一定的积极作用（如推动弱势文明反省自身的核心价值及视角盲点），但是我们更应该看到它所倡导的文明转型引发了弱势国家的内乱，危害世界和平。在很大程度上，它妨碍未来国际政治的健康发展。因此，对这一说法的起源、演变及困境进行一些分析和讨论，从而呈现"普世价值"观在冷战问题以及当前国际关系处理上的解释误区，就显得十分重要了。

"普世价值"这一说法的前身来自《世界人权宣言》(*Universal Declaration of Human Rights*，另一种解读和译法为《普世人权宣言》)。1948年12月10日，联合国在巴黎发表了这个宣言，认为第二次世界大战给人类留下的最深刻的教训是对人权的不尊重，因而联合国必须公开对基本人权进行全面认可和保护。就文字而言，《世界人权宣言》没有直接提到"普世价值"一词，但在解释上这些人权被认为具有"普世价值"。

这个宣言共有 30 个条款，涉及了与人的生存有直接或间接关系的各种权利。为了进一步分析和讨论的方便，我这里自行翻译并列出《世界人权宣言》的一些与当前国际关系密切相关的所谓"普世价值"条款：

第 1 条：所有的人生而自由，在尊严和权利上彼此平等。他们拥有理性和良心，相待以兄弟之情。

第 2 条：所有的人都拥有生活、自由和人身安全的权利。

第 13 条：所有的人都有在国内出行和迁居的自由。所有的人都有离开和返回自己国家的自由。

第 17 条：所有的人都有独占财产和共享财产的权利。任何人的财产都不能被强行剥夺。

第 18 条：所有的人都拥有思想自由、良心自由和宗教自由的权利。这个权利包括改变宗教或信念的自由，以及独自地或集体地和公开地或私下地，仅仅通过自愿而非强迫的教导、实践、敬拜、约束等方式，表达其宗教或信念的自由。

第 19 条：所有的人都拥有意见表达自由。这个权利包括不受干涉地坚持自己的意见与追寻、接受以及通过媒体分享信息和观念的自由，且不受国界限制。

第 20 条：所有的人都拥有和平集会和结社的自由。任何人都不能被迫隶属于一个社团。

我们看到，这些条款使用了"所有的人"这样的字眼。也就是说，这些条款是适用于所有的人的，因而是"普世的"。在这种导向中，人们在阅读这个宣言时不小心就会把它读成《普世人权宣言》。1966 年 12 月，联合国还通过了另外两个有关人权的文件，即《经济、社会、文化权利国际公约》（*International Covenant on Economic，Social and Cultural Rights*）和《公民及政治权利国际公约》（*International Covenant on Civil and Political Rights*）。联合国把上述三个文件合并为国际人权宪章，作为联合国在人权问题上的官方文件和处理人权问题的依据，要求各成员国认可并保护这些权利。

中国政府没有参与这些文件的制定。1971 年，中华人民共和国恢复了联合国安全理事会常任理事国的席位。1980 年，中国政府决定认可并签署了国际人权宪章。不过，这个文件在中国境内并无法律效力。严格来说，这个文件不是法律文件，而是政治文件。从法律的角度看，这个国际人权宪章不是联合国的宪法或法律。无论执行什么法律，执法者首先都需要明确对相关法律的理解和解释；并且，一旦出现对法律理解的不同意见，在执法程序上就必须确立最高解释权威。缺乏最高解释权威，任何法律都无法落实。我们也注意到，有些国家采纳国际人权宪章作为法律。然而，它们在实际操作中都是依据本国法律权威的解释，并不求助于联合国。这就是说，国际人权宪章只有在符合本国法律（或至少不与之矛盾）的基础上才具有法律效力。所以，更准确地说，这些文件对于联合国成员国来说仅仅具有意识导向作用，联合国对此并无执法功能。

然而，苏联解体后，西方在意识形态上展现出了某种强势，在国际人权宪章的解释上占据高位。比如，在当代国际关系中，西方政治家强调民主选举、宗教自由、言论自由、结社自由等，认为它们是人权的核心内容，具有"普世价值"，各国应该建立相应的社会制度加以保障。[①] 对于那些未能按照西方政治家的解释进行政治治理的国家，西方国家便利用强大的经济、舆论和军事力量强迫它们实行社会制度转型。显然，受这种强势意识形态的影响，世界各文明之间的交往-对话就变得很简单：宣传并推动世界各文明采纳"普世价值"，促使各文明转型而趋向一个拥有"普世价值"的大同世界。美国哥伦比亚大学的塞缪尔·莫恩（Samuel Moyn）教授在他的著作《最后的乌托邦：历史中的人权》（*The Last Utopia：Human Rights in History*）一书的序言中指出："这个词（人权）意味着一个改善世界的方案，催化一个新世界的到来，让每个个体的尊严都得到国际性的保护。"[②] 我们称这种倾向为"普世价值-文明转型"交往-对话模式。

二、权利和责任

人权是人类生存的出发点。没有权利的人不可能进行任何判断-选择，

[①] 西方世界在与发展中国家进行交往时，一般都围绕着自己的意识形态来谈论人权。篇幅所限，这里就不展开分析、讨论了。这里仅仅举出一个简单例子。《世界人权宣言》第13条讲的是出入境自由权。我们知道，中国传统社会讲"天下"概念，因而迁居自由在过去几千年来一直是天经地义的事。但是，近代西方社会引入现代政治学的"国家"概念，从而大大限制了中国的"天下"概念。目前，中国人口众多，十分拥挤；相对而言，美国、加拿大以及一些欧洲国家可居住面积广大。西方政治家在谈论中国的人权问题时，往往不涉及迁居自由权。

[②] Samuel Moyn, *The Last Utopia：Human Rights in History* (Cambridge, MA：Harvard University Press, 2010), p. 1.

从而无法生存。但是，对于人的生存来说，个体并不是孤立的瞬间存在，而是在群体中走向未来的持续存在。因此，人的存在还涉及责任，包括每个人在进行生存选择时对自己未来的责任、对他人存在的责任和对它者的责任。人是在一定的责任意识中进行判断-选择的。权利意识不过是某种责任意识的表达形式而已。我们可以这样分析：有些权利与人的实际生存可以毫不相关，人即使"拥有"也不会去使用它们。比如，对于一个不愿迁居的人来说，迁居自由与他的生存毫无关系。如果把这些不在人的意识中的权利奉为"普世权利"，那么，我们就要大力宣传，使那些缺乏权利意识的人对此有所意识。宣传是一种责任意识培养。对于那些接受权利意识教育的人来说，他们接受教育在先，享用权利在后。在这种情况下，权利不过是某种责任意识的形式化表达。于是，我们看到，对于人的生存来说，一方面，人必须拥有某种权利来进行判断-选择，因而权利在先；另一方面，人是在某种责任意识中拥有权利的，是在一定的责任意识中行使权利的，因而责任在先。权利和责任是互为在先的生存关系。①

　　西方意识形态对某些人权的偏好其实也是由某种责任意识来引导的。我们来分析《世界人权宣言》的第 1 条："所有的人生而自由，在尊严和权利上彼此平等。他们拥有理性和良心，相待以兄弟之情。"这里，首先谈论平等权利，接着却谈论理性、良心和兄弟之情。显然，理性、良心和兄弟之情不是权利，而是责任意识。我们在哪种意义上能够说一个人是有理性和良心的呢？对于一个以杀人为乐的人来说，他可以有条不紊地设计并执行杀人计划。这个人是否有理性？一个人的兄弟之情是天生的吗？抑或需要后天培养？在哪个层次上他才算具有兄弟之情？不难看出，我们只能在责任范畴中使用理性、良心和兄弟之情这些语词。不同的责任意识，具有关于理性、良心和兄弟之情的不同理解。

　　就历史发展而言，文明的差异性来自不同的责任意识。一种文明的原始责任意识培养是一个十分复杂的问题，涉及生存环境、语言文化、自身努力，等等。在许多情况下，一个微不足道的偶然因素就可以培养出一种责任意识。比如，对于一对双胞胎，母亲随意指定其中之一为长，另一为幼，这将导致他们形成不同的责任意识以及走上不同的成长之路。一种文明的原始责任意识的出现也是这样的。我们更加关心的是，一种责任意识

---

①　关于权利和责任之间的关系，更详细的分析讨论可参见谢文郁：《自由与责任：一种政治哲学的分析》，《浙江大学学报（人文社会科学版）》2010 年第 1 期。

形成后，人们就开始自觉或不自觉地受之引导，从此出发关心周围事物，判断并处理人际关系，设计未来生活，等等。因此，对于一个人来说，不同的责任意识引导不同的生存方式；而对于一种文明来说，不同的原始责任意识会造就不同的文明性格。任何一种文明都具有某种独特的原始责任意识，并在它的驱动和引导下生存、发展。文明的这种原始责任意识需要我们特别重视。

责任意识是流动性的，它必须形式化为确定的价值，才能作为人进行判断-选择的根据。因此，就其表现形式而言，一种文明是通过一系列权利、美德、规范、榜样、愿望等确定的价值来表达自己的。其中，那些表达原始责任意识的价值，被我们称为文明的核心价值。不同文明之间的冲突主要表现为不同价值之间的冲突。这种冲突一开始是一些微细价值之间的冲突，如见面时应该如何打招呼，看见他人的奇怪动作应该如何回应，等等，这些微细价值之间的冲突在进一步交往中会成为见怪不怪的正常现象而得以化解。但是，当冲突触及核心价值时，冲突的双方便呈现为势不两立。

就现象而言，人在一种文明中生活，其判断、选择都受到自己接受的核心价值的左右。但核心价值是在一定的原始责任意识中培养出来的。原始责任意识是基础性的。因此，人们在自己的生活中如果遇到困惑，比如某种毁坏性的社会现象反复出现，那么就要进入自身文明的原始责任意识中对这些社会现象进行反思，并寻找解决办法。在他们的价值判断中，只要是符合原始责任意识的事物，就是天经地义、理所当然的。因此，如果出现了毁坏性的社会现象，那一定是出现了违背原始责任意识的社会力量。找出并消灭这些社会力量，就可以推动社会走向完善。值得注意的是，人们不可能追究作为文明基础的原始责任意识的合法性，因为它本身就是一切合法性的基础。

由此，我们可以有两个推论。首先，在没有外来文明影响的情况下，一种文明始终受其原始责任意识驱动而自我发展、自生自灭。而且，人们不可能对自身文明的原始责任意识进行反思和分析——很显然，他们没有反思的基础。人们是在一定的原始责任意识和价值观中观察世界的。也就是说，原始责任意识是一种文明的观察角度。由此可见，考虑到文明的有限性，我们可以说，一种封闭的文明是无法消除自己的视角盲点的（稍后我们还要对"视角盲点"一词的用法进行分析）。其次，我们也注意到，限制或破坏一种文明的原始责任意识等于阉割或摧毁这种文明的存在。原始责任意识是一种文明借以生存的基础。一种文明丧失自己的原始责任意识，等于丧失自己的存在基础。

在文明交往-对话这一话题上，我们必须充分重视并把握自身文明的原始责任意识和核心价值。在这一观察的基础上，我们进一步寻找合理的文明交往-对话模式。

三、寻找文明交往-对话模式

在经济全球化的推动下，无论是自愿还是被迫，世界各文明都被结合为一个经济共同体，彼此受益。同时，各文明在这个共同体中发生直接联系。在当今世界，文明的孤立发展已属罕见。各文明之间的交往不断加深，不可避免地会触及各自的核心价值，发生冲突。因此，如何使世界各文明之间的交往成为祝福，而非演变为外在冲突而危害各文明的生存，对于当今的国际关系来说，是当务之急，需要认真对待。

西方思想界比较早地认识到这个问题，并希望建立各种文明交往-对话模式作为解决方案。然而，西方思想家在思路上无法摆脱"普世价值-文明转型"的模式。尽管有些学者小心翼翼地企图摆脱西方中心论，强调各文明平等，但是他们提供的各种交往-对话模式仍然无法指出世界各文明交往-对话的出路。我们这里试图追踪约翰·希克（John Hick）多元主义视角下的宗教对话、第二轴心时代的跨文化对话，以及亨廷顿的文明冲突理论，展示"普世价值-文明转型"这一模式在理论上和实践上的困境。

希克在 20 世纪 70 年代提出了宗教多元主义的说法。在这种说法中，各宗教（可引申为各文明或文化）就其终极诉求而言都自认为把握了终极实在。结果是，强势文明自认为把握了终极实在，因而往往会对弱势文明进行外在压制。然而，我们没有十足的证据来证明，强势文明把握了终极实在。希克认为，没有任何宗教能够完全把握这个终极实在。各宗教充其量不过是把握了它的某个方面。如果对这一点有深刻认识，那么，各宗教就可以放下自以为是，相互尊重，相互学习，进行交流和对话。在希克看来，只要各宗教放下身段，承认其他宗教和自己一样也拥有关于终极实在的认识，那么，各宗教之间的交往-对话就不成问题。① 我们看到，希克

---

① 参见 John Hick, *God and the Universe of Faiths*（Oxford：One World Publications Ltd.，1973）；John Hick, *Dialogues in the Philosophy of Religion*（New York：Palgrave Macmillan，2001）。

是努力在多元主义名义下为各宗教交往-对话寻找途径。但这一努力并不成功。从文明交往-对话的角度看，每一文明都有自己的核心诉求，并且在情感和责任意识中坚持自己的核心诉求。且不说多元主义的说法在逻辑上无法自圆其说，在实践上，弱势文明承受的压力也要远远大于强势文明承受的压力。遵循希克的交往-对话模式，等于要求弱势文明不再坚持自己的核心诉求。

"第二轴心时代"在理论上是对多元主义的某种修补。希克的"终极实在"隐含着某种"轴心时代"的痕迹，在肯定各宗教平等的同时要求各宗教改变自己的核心诉求而转向追求终极实在。当代一些西方学者企图修补这一缺陷。他们〔包括尤尔特·卡曾斯（Ewert Cousins）、雷蒙·潘尼卡（Raimon Panikkar）、保罗·尼特（Paul Knitter）等人〕提出并企图打造"第二轴心时代"。他们分享了多元主义的忧患情结：多元宗教如何能够平等相处、进入对话？"第二轴心时代"强调全球意识，认为人类共处于一个地球，有共同利益；不同宗教（文化、文明）之间应该一起来爱护而不是损害这个地球。① 仅凭这一点，不同宗教（文化、文明）之间就应该避免冲突和战争，通过和平对话来增进理解、解决争端。为达此目的，他们中的有些人愿意进入多种宗教身份，比如，潘尼卡就身兼天主教神父、印度教古鲁、佛教和尚以及世俗主义者等多重身份。身份转换在他们看来可以使他们对不同宗教（文化、文明）拥有切身理解。不过，我们注意到，这种不断转换身份的生存大概只有几位学者能够做到，对于普通百姓来说是不可能的。普通百姓只能生活在自己的宗教（文化、文明）中。因此，"第二轴心时代"是一座空中楼阁，与现实生活无关。

1993 年，美国政治家塞缪尔·亨廷顿在美国的《外交政策》季刊夏季号上发表了《文明的冲突》一文，并在 1996 年出版了他的《文明的冲突与世界秩序的重建》（*The Clash of Civilizations and the Remaking of World Order*）② 一书。亨廷顿注意到了"普世价值-文明转型"模式在国际关系上的危险导向。他说："西方国家的普世主义日益把它引向同其他文明的冲突，最严重的是同伊斯兰和中国的冲突。"他还说："西方的生存依赖于……西方人把自己的文明看作独特的而不是普遍的，并且团结起来

---

① 相关讨论，参见保罗·尼特：《一个地球　多种宗教：多信仰对话与全球责任》，王志成、思竹、王红梅译，宗教文化出版社，2003. 英文版参见 Paul Knitter, *One Earth Many Religions：Multifaith Dialogue and Global Responsibilities*（New York：Orbis Books, 1995）。

② 中文版参见亨廷顿：《文明的冲突与世界秩序的重建》，周琪等译，新华出版社，1998。

更新和保护自己的文化，使它免受来自非西方社会的挑战。避免全球的文明战争要靠世界领导人愿意维持全球政治的多文明特征，并为此进行合作。"亨廷顿是在西方文明强势而其他文明的自觉意识已经兴起这种语境中发表这种议论的。我们可以称之为"普世价值"思路中的焦虑意识。尽管他批评西方的"普世主义"在国际关系中的负面作用，但是在他看来，原因在于西方文明对非西方文明的过于强烈的冲击导致了非西方文明的强烈反弹。因此，西方人在全球范围内推广"普世价值"必须有所收敛。他说过这样的话：西方的"普世主义"对于世界来说是危险的，因为它可能导致核心国家之间的重大文明间的战争；它对于西方来说也是危险的，因为它可能导致西方的失败。在亨廷顿心中，西方文明必须有所收敛并强调自己的独特性，只有这样才能生存下去并保持强势。这是亨廷顿式的韬晦之计。

在世界文明史上，有些文明消失了，有些文明延续下来了。前面谈到，任何文明都是在某种原始责任意识中发展起来的。在原始责任意识中，维持生存是首要原则。各文明在进行直接接触和交流时，都只能从自身的角度对对方进行理性评判，在评判中赞美并吸收对方的优点，忽略并排斥对方的丑陋。理性评判是带着普遍主义和自我中心倾向的。没有人会赞美并吸收对方的丑陋，忽略并排斥对方的优点。因此，无视文明的普遍主义和自我中心倾向，就无法讨论文明间的冲突和对话。换句话说，这种无视，如果不是别有用心（如亨廷顿的韬晦之计），那么就等于要求自阉，即放弃自己的原始责任意识，放弃生存。

任何一个微不足道的偶然因素都可以引导一种责任意识。在前面提到的双胞胎例子中，或长或幼只凭母亲一句话，此后这对双胞胎的责任意识培养却可以走向完全不同的方向。一种文明的原始责任意识也可以是这样产生的，即它可能产生于某个偶然因素。任何文明都建立在一定的原始责任意识之上。不同的责任意识给出不同的价值观，形成一定的视角，并在此基础上进行各种评判。受自己原始责任意识的制约，任何文明都有自己的视角盲点。比如，如果一件事在某种责任意识中被判断为毫无意义，那么，无论这件事在其他责任意识中被判断为多么重要，在这个视角中，这件事就是可以忽略不计的。我们称此为"视角盲点"。

而且，任何文明都不可能通过自己的努力（包括反省、反思）来呈现自己的视角盲点，就好像自己的眼睛不可能看见自己的眼睛一样。消除视角盲点，需要其他文明在场作为对照物。就好像人的眼睛面对镜子一样，视角盲点只能在与其他文明的交往中对照出来。可以这样看，被一种文明认为毫无意义的事，却在其他文明中被认为极为重要，那么，这一文明的价值观就难免受到冲击，即视角盲点被暴露。面对这一冲击，如果两种文明处于敌对状态，彼此不信任，那么，这一冲击就导向外部冲突和战争；如果两种文明处于和好信任状态，那么，这一冲击就会被当作善意的礼物而接受下来。在信任中，两种文明将相互呈现对方的视角盲点，共同扩展视野。这里，和好信任是关键。

四、文明对话的基本原则

我们对文明进行了分析，发现其中有两个关键因素，即原始责任意识和视角盲点。我们进一步发现，一种健康的世界文明关系必须建立在彼此信任的基础上。任何文明都带有普遍主义和自我中心倾向。然而，在彼此信任的基础上，文明对话可以帮助指出对方的视角盲点，推动对方发展自己的原始责任意识，共同扩展视野，自我更新。对于弱势文明来说，它需要对自己的原始责任意识有清楚的认识和深刻的反省，需要在其他强势文明的对照下认识并消除自己的视角盲点。对于强势文明来说，它同样需要其他文明来对照自己的视角盲点，深化对自身原始责任意识的认识。任何文明，只有在和好信任的气氛中与其他文明进行直接接触和交流，才能继续生存下去。我们称这样的文明交往-对话模式为"核心价值-文明自觉"模式。在这种模式中，我们要从各文明的自觉意识出发来面对文明冲突问题，即建立文明对话平台，突出各文明的平等尊严，彼此帮助消除对方的视角盲点，推动并深化各文明对自身核心价值的认识，导向一种和而不同的各文明共存的和谐世界。

我们从历史、理论、当代实践的角度对"普世价值-文明转型"和"核心价值-文明自觉"这两种模式进行了分析和论证。就思维性格而言，"核心价值-文明自觉"模式具有相当浓重的中国传统思维特性，即和而不同的情感取向。《中庸》中有这样的句子："万物并育而不相害，道并行而不相悖，小德川流，大德敦化，此天地之所以为大也"（第30章）。每一文明都是一"物"，都在自己的原始责任意识中生存、发展，但可以"并育而不相害"；每一文明都在自己的原始责任意识中走自己的道路，但可以"并行而不相悖"。只有这样，这个世界才能和谐。

从中国立场出发，我们认为，"核心价值-文明自觉"的文明交往-对话模式具有优越性。也许，对于那些坚持"普世价值-文明转型"模式的人来说，"核心价值-文明自觉"模式过于保守。然而，只有这种模式才能切实在实践中推进世界文明对话。为此，我们提出如下五条文明对话原则。

第一，必须尊重各文明的平等话语权。在当代世界各文明的交往-对话中，我们不得不面对其他文明的存在。从某种文明的角度看，其他文明的问题关注、思维方式、待人处事、行为规范等都是陌生的。一般来说，这种陌生性会引发某种恶感，即排斥对方的倾向。但是，这种恶感并不一定是消极的、破坏性的。不难看出，交往各方都希望向对方推荐或推行自己认定的良善因素，同时也会情不自禁地批评乃至教导对方以改变对方的丑恶因素。也就是说，交往中的恶感可以作为交往-对话的动力。然而，这里的推荐-推行和批评-教化，即使充满善意，也必须在尊重对方意愿的前提下进行；否则，不同文明间的交往-对话就不可避免地将引起情绪上的对抗，并导致冲突。这就要求世界各文明在相互尊重对方的平等话语权的前提下进行对话。

第二，推动世界各文明在对话中深入认识自己的核心价值。任何文明都有自己的历史和传统，因而都有自己的核心价值。坚持自己的核心价值，并使之发扬光大，是各文明的本分。文明发展有历史长短和发展方向的差异。抹杀这些差异，等于摧毁弱势文明。但是，我们也注意到，受到自己视角的限制，任何文明，无论强弱，无论历史长短，都有自己的视角盲点。人们无法在盲点中发现自己的盲点。文明对话提供了一个暴露自己视角盲点的平台。盲点暴露当然会对一种文明的存在和发展形成巨大冲击，甚至导致旧体系的解体；但是，它不会破坏这种文明的核心价值，相反，解体的同时也在推动重构，形成新体系。这是一个自己的核心价值发扬光大的过程。我们认为，文明对话的目的正是要推动世界各文明对自己核心价值的自我意识，使之发扬光大。

第三，在平等对话和文明自觉这两条原则的基础上，世界各文明在政治上应该坚持互不干涉对方内政，并鼓励各国实行符合本国民众心理结构的政治制度。政治是一种强制性的社会管理，涉及社会内部的各种力量。我们指出，文明发展史是由一定的责任意识驱动的。对于这种责任意识，只有当事人才能恰当地把握。当然，当事人（即文明内部的诸个体）对这种责任意识-核心价值的认识和把握是多样的，甚至彼此冲突。但是，究竟谁的认识和把握才是正确的？究竟怎样的表达才是准确的？对于这样的问题，当事人最清楚。因此，站在文明的外部，尽管可以在平等对话中给当事人提供一种观察视角，但决策者必须是当事人，而不能来自外部。实际上，我们注意到，强势文明在"普世价值-文明转型"模式中追求从外部对弱势文明的政治介入，这种做法被过去的经验证明无助于文明对话，反而在相当大的程度上破坏了弱势文明的生存。因此，我们认为，当代世界文明对话不允许简单地从外部强力推行某种政治制度这样的做法。相反，各文明在政治上要奉行不干涉内政原则，鼓励各国从自身文明的责任意识出发建立适合的政治制度。这一政治要求应该成为文明对话的基本原则。

第四，走向全球融合的经济关系。文明之间可以通过不同的纽带建立关系，如地缘毗邻、贸易需要、艺术爱好、思想魅力，等等。在这些纽带中，在贸易需要基础上发展起来的经济关系特别需要注意。长期以来，地理距离阻碍着文明间的交往。然而，过去几十年来，由于交通工具的发展，地球各个角落之间的交往距离大大缩短，各文明之间的经济关系日益密切。贸易需要已经进入日常生活，达到相互依赖的程度。实际上，如果没有这种密切的经济纽带关系，各文明之间的对话充其量是局部的和表面的。当人们的衣食住行依赖于其他文明时，切割与其他文明的关系等于直接损害自己的生存。这种相互依赖的经济关系是文明对话的推手。因此，经济上的全球融合趋势要求各文明在深层次上相互了解。同时，文明对话加深了各文明之间的了解，也反过来进一步促进了经济上的融合，使各方都能得到实实在在的益处。因此，我们认为，全球经济一体化与文明对话是相辅相成的。

第五，推动搭建宗教对话平台。人在生存上不可能没有终极诉求。宗教是这种终极诉求的一种表达。终极诉求指向完善存在。也就是说，这种诉求就其目标而言不是现实的。但是，不同的诉求引导不同的生存方向。因此，宗教在表达人的终极诉求的同时，对人的现实生活产生直接影响。各文明在终极诉求上有不同的宗教表达形式。考虑到宗教的超越性和现实性，我们必须十分谨慎地处理不同文明在宗教问题上的交往关系，在充分尊重各宗教人士的情感的前提下，搭建宗教对话平台。

以上五条原则仅仅具有指导性作用。在实践中采用"核心价值-文明自觉"模式，推进文明对话，还需要就事论事，具体问题具体分析和处理。然而，我们指出，"普世价值-文明转型"模式无法满足世界文明对话的内在要求。由"核心价值-文明自觉"模式来主导世界文明对话，我们相信，将是对世界文明生存和发展的祝福！当然，更为重要的是，在这种模式中，我们可以更为深入地认识我们自己的核心价值，将之发扬光大！

第一部分

中西思维比较的方法论

第一章　柏拉图和孟子论善：中西思维的
方向性问题*

　　人的生存与善的问题是融为一体的。对善的问题做不同的概念处理将导致完全不同的思想史发展方向，孵育不同的文明。在中国思想史上，孟子专注于善的问题，并在与他人的讨论中形成了一套关于善的话语体系，规定了中国思想史的发展方向。古希腊思想家柏拉图几乎与孟子是同时代人，也以善的问题为思想主题，给出了一系列关于善的论证，为西方思想史的发展方向定下基调。这两位思想家对于各自的思想传统来说都是奠基性的人物。中国思想史和西方思想史的发展方向完全不同，我认为，与这两位思想家对善的问题的处理直接相关。因此，通过分析他们在善的问题上的相关说法，可以追踪中国思想和西方思想的原始分歧点。

　　柏拉图和孟子关心的问题是相似的。孟子面对"礼崩乐坏"的社会，试图为社会回归一种完善社会秩序寻找道路；而柏拉图也是面对伯罗奔尼撒战争给雅典政治生活带来的混乱局面，希望为雅典乃至整个希腊世界设立一个完善的社会体制。就两者关心的问题之相似性而言，两者关心的是混乱如何回归秩序的问题。然而，他们所处的社会环境以及供他们使用的思想资源很不相同，所以，他们在处理他们所面临的问题时采用了不同的方式。我想通过深入分析这个"不同"来展示中国思想和西方思想在起点意义上的差异。理解这个差异既可以帮助我们深入认识西方思想史，也可以推动我们深入反思自己的文化。

---

　　* 本章原以《善的问题：柏拉图和孟子》为题，发表于《哲学研究》2012 年第 11 期。

一、柏拉图：善和真理

柏拉图在他的《美诺篇》（77－78b）中论证了一个非常有意思的命题，即"人皆求善"。《美诺篇》中的苏格拉底认为，人无一例外都是求善的。这个命题不是一个观察命题。在观察上，我们看到的是，有人求善，有人求恶。因此，这个命题不是一个归纳命题。毋宁说，这个命题是一个论证命题。也就是说，苏格拉底必须提供一个论证来证明这个命题的正确性。

苏格拉底的论证并不复杂，但力量却非常强大。苏格拉底的这个论证可被称为"排除法"。就观察而言，我们都同意可以把人分为两类：一类是求善的，另一类是求恶的。这是一个观察事实。从这里出发，苏格拉底说，对于求善的那类人，他们是求善的，所以我们不用管；而求恶的那类人可以进一步分为两类：一类是"以恶为善而求恶"的人，另一类是"明知恶而求恶"的人。在这两类人中，那些"以恶为善"的人在追求恶的时候，并不知道那是恶的；相反，他们以为是在追求善。之所以会出现这种情况，柏拉图认为，是因为他们善恶不分，把恶判断为善，从而选择并追求恶。无论如何，他们是在善的判断中追求恶，就其主观愿望而言是求善的。因此，柏拉图认为，应该把他们归为求善的那类人。

剩下的"明知为恶而求恶"的人，还可以再分为两种：一种是"明知为恶但为利而求恶"的人，另一种是"明知为恶且无利而求恶"的人。对于"明知为恶但为利而求恶"的人（如贪污官员，明知贪污不好，但为了自己的利益还是贪污了），分析他们的动机，我们发现，他们在决定要做某件事情的那个时刻，不是因为这件事情是恶的，而是因为它有利可图。因此，决定他们作恶的那个因素是有利可图。尽管我们可以说，这个"有利可图"不过是暂时的利益，是当事人目光短浅所致，但是，在那个时刻，当事人的主导意识是把这个利益当作最重要的善，并且以此作为选择根据。显然，他们是在善的名义下决定作恶。因此，柏拉图认为，他们属于求善的那类人。

根据这个排除法，似乎还有一种人，即"明知为恶且无利而求恶"的人。然而，柏拉图的分析表明，这个"种"是一个空项。也就是说，现实生活中不存在这样的人。我们无法在现实中找到一个个例，将其归入这个

"种"。柏拉图采用的是逻辑上的排除法。值得注意的是，人们在使用排除法时总会有一种感觉，即尚未穷尽所有的可能性。现实生活中也许会出现一个这样的人。为此，我想给出一些极端例子来旁证柏拉图的论证。比如，损人不利己的人在做某事时是要满足自己的某种快感；自杀的人是绝望的，认为自己已经无路可走，死是一条出路；有人为了报复社会而做出一些极端事情，如杀戮孩童，认为这是追求社会公平。这类极端事情还有很多。然而，人们在做这些事情时，无一例外地都认为自己的选择是一个善的选择，如"快感""出路""社会公平"等都被选择者认为是善的。

与动物不一样，人的生存是在选择中进行的，人的生存是在选择中从这一个时刻进入下一个时刻的。选择指的是在两个或两个以上的选项中进行选择。为了选择其一，人必须比较选项的善性，给出一个善判断，然后选择那个善。这就是柏拉图的"人皆求善"的思路。

这个在论证中给出的命题，在柏拉图看来，表达了一个人的生存事实。与观察事实不同的是，这个生存事实是在论证中给出的。在柏拉图看来，除非我们能够在论证中推翻这个结论，否则，这个事实就具有实在性。当然，这个生存事实（人皆求善）与我们的观察事实（有人求善，有人求恶）并不吻合。应该如何对待这两个事实的不吻合呢？柏拉图反复指出，那些在观察中表现为求恶的人，就他们的原始意愿而言是求善的。他们之所以"求恶"，是因为他们做出了错误的善判断。进一步，他们错误的善判断来自他们错误的善意念，即善恶不分，把恶当作善去追求。如此看来，这两个事实的不吻合根源于人们错误的善意念。如果人们拥有了正确的善意念，做出了正确的善判断，就不会出现所谓的求恶现象。

有两件事情对柏拉图的思想产生了深刻影响。其一是雅典在伯罗奔尼撒战争中被斯巴达打败，失败的重要原因是雅典法庭在战争期间处死了十位海军将军。其二是苏格拉底之死。柏拉图是苏格拉底的忠实追随者，甚至认为自己的想法都来自苏格拉底，所以他的前期作品都以苏格拉底为主要发言人。苏格拉底被判死刑的两条罪状是：引入新神和败坏青年。

这两件事情充分表达了雅典人的自以为是。有一点是肯定的，即他们是在自己现有的善意念中做出善判断的。在他们的判断中，这些将军该死，苏格拉底该罚。这是典型的以恶为善的善判断。他们错误的善判断来自他们错误的善意念。他们错误的善判断给他们和城邦都带来了灾难。如何避免这种生存上的悲剧？在柏拉图看来，只有一条途径，那就是寻找并确立正确的善意念，然后才能做出正确的善判断。正确的善意念是对真正的善的认识。也就是说，人们必须从真正的善出发，以善为善，并在追求中得到善。

我们看到，柏拉图是在这个思路中提出真理问题的。在现实生活中，每个人都有自己的善意念。善意念是善判断的基础。所有符合善意念的善判断都是正确的。从逻辑上看，当多种善意念出现并发生冲突时，如果它们不一致，那么只有两种可能性：或者它们都是错的，或者它们中只有一个是对的。它们不可能都是对的。因此，可以提出以下问题：谁的善意念把握了真正的善？这个问题引申为两个问题：首先，我们如何才能把握真正的善？其次，凭什么说我们的善意念把握了真正的善？前者是认识途径问题；后者是真理标准问题。于是，善的问题就转化为一个认识论问题。

在这个真理问题的思路中，柏拉图考察了两种认识论，即信念认识论（在"信任"情感中接受他人的想法）和理性认识论（依靠自己的判断能力进行推理），认为在认识论上解决善的问题是人的生存出发点。也就是说，当人在认识上找到真正的善，并在此基础上进行判断-选择时，人的生存就是以真正的善为出发点，避免了以恶为善带来的悲剧，从而在追求中得到善，满足自己对善的追求。

柏拉图从"人皆求善"这一生存事实出发，分析了社会上的各种恶现象，发现人们并非自觉地追求恶，而是由于缺乏关于真正的善的认识，在判断中以恶为善，从而不自觉地追求恶。因此，人们必须充分意识到，要避免追求恶，就必须认识真正的善，然后从真正的善出发实现对善的追求。

二、孟子：善和本性

孟子生活在一个"礼崩乐坏"的时代。对于一个有秩序的社会来说，只要按照社会已定的规范行事，就是善的行为。周朝建立后，中国社会形成了一套完整的礼仪制度作为人们的行为规范，这套制度被称为"周礼"。到了春秋时期，周礼遭到严重的破坏。从齐桓公九合诸侯开始，各诸侯国追逐自己的利益，无视周礼的约束。从周礼的角度看，各诸侯国的做法是不合适的，是一种恶。但是，从各诸侯国自身的利益来看，它们所做的一切都是为了自己的好。在孟子看来，这样的社会是人人都在追逐自己利益的社会。①

孟子与梁惠王之间的一场对话值得我们重视。梁惠王见到孟子时说的第一句话是："叟不远千里而来，亦将有以利吾国乎？"孟子的回答是："王何必曰利？亦有仁义而已矣。王曰'何以利吾国'？大夫曰'何以利吾家'？士庶人曰'何以利吾身'？上下交征利而国危矣"（《孟子·梁惠王上》）。对话涉及的是"利"与"仁义"的对立。我们先来分析"利"。在孟子看来，国有一国之利，家有一家之利，人有一己之利。就词源学而言，"利"的原始意思是以刀收割禾谷，引申为刀刃的锋利，转指一种能力，与作为动词的"善"意义相通，如善战、善言等。正如"锋利"对于一把刀来说是一种"好"或"善"一样，任何有"利"的东西对于拥有者来说就是一种"好"或"善"。显然，"利"仅仅属于拥有者，而不涉及与他人之间的关系，尽管它对于他者可以是有"利"的（如共同利益），也可以是有"害"的（如敌对双方）。因此，梁惠王谈到的"利吾国"，是要强调增强自己国家的能力。孟子反对人们仅仅从"利"出发来谈论"善"，给出的理由是相当有说服力的：如果人人都在求利，社会就处于一种危险状态。每个国家都面临着其他国家的利益，从自身利益出发，如果损害他国利益，就会导致国家之间的冲突和战争。如果一个国家内部的士大夫也这样争利，就会把这个国家带入纷争，损害国家利益。同样，如果士大夫家里的每个人也在这样争利，这个家庭的利益就必受损害。因此，从利益出发来处理国与国、家与家、人与人之间的关系，天下将危，国家将危，家庭将危。天下大乱，则国无宁日；国家内乱，则家无宁日；家无宁日，则个人无宁日。因此，无论是国家、家庭还是个人，都不应该从利益出发来处理事情。

人应该从哪里出发呢？在孟子的思路中，人生活在社会关系中，应该把着眼点放在人与人的关系上。每个人都有自己的利益，处理人与人的关系实际上就是处理利益关系。利益关系可以是互利和谐的，也可以是互损

---

① 也许，《史记·孟子荀卿列传》中的这段记载可以帮助我们了解孟子的处境："孟轲，驺人也，受业子思之门人。道既通，游事齐宣王，宣王不能用。适梁，梁惠王不果所言，则见以为迂远而阔于事情。当是之时，秦用商君，富国强兵，楚、魏用吴起，战胜弱敌，齐用孙子、田忌，而诸侯东面朝齐。天下方务于合从连衡，以攻伐为贤，而孟轲乃述唐、虞、三代之德，是以所如者不合。退而与万章之徒序《诗》《书》，述仲尼之意，作《孟子》七篇。"

冲突的，等等。在实际生活中，可以有各种各样的社会关系。有些社会关系对某些人有利，对其他人有害。有些社会关系对较多人有利，甚至对所有人都有利。有些社会关系则只对较少人有利，甚至对所有人都有害。因此，寻找到一种好的社会关系，让更多人得到益处，就是当务之急。正是在这个思路上，孟子对梁惠王说："亦有仁义而已矣"。可见，孟子要求梁惠王先谈"仁义"，实际上是在谈论个人生存和社会治理的出发点问题。换句话说，对于我们每个人以及我们所处的社会来说，出发点应该是"仁义"，而不是利益。

需要指出的是，孟子把社会关系归为人的生存出发点，并不是简单地把某种共同利益（如天下利益、国家利益或家庭利益）当作出发点。他注意到，每个人或社会团体都有自己的利益，国家有国家利益，家庭有家庭利益，个人有个人利益，等等。如果从利益出发，上行下效，各方都可以从自身利益出发，忽视他者利益。这样一来，国家与国家、家庭与家庭、个人与个人之间就会产生利益冲突。孟子关心的是，如果人们着眼于社会关系，体会或寻找合适的兼顾各方利益的社会关系（即"仁"是有"义"之"仁"，或在"义"中界定的"仁"），并把这种社会关系固定为社会规范（"礼"），那么，各方利益就能得到最大的保障。这便是"仁-义-礼"的谈论方式。

孟子是在什么意义上使用"仁义"二字的呢？《诗经》用"仁"来描述一个人的样子，如"洵美且仁"（《诗经·国风·叔于田》），"其人美且仁"（《诗经·国风·卢令》），等等。就其原始含义而言，"仁"是对人这种存在物的描述，意思相当于这才是人的样子。一个人究竟应该是什么样子才算是人的样子呢？这涉及对人这种存在者的界定。其实，人们在谈论人时，总是认为自己知道什么是人，但却无法明确表达出来。如何明确地界定人这种存在者就具有某种迫切性了。我们常常在先秦文献中读到这个界定："仁者，人也"。这句话的意思是，"仁"就是人应该如此这般的样子。

显然，在谈论人应该如此这般的样子时，我们至少可以从两个角度来看：一个是自我评价角度，另一个是他人评价角度。古文中的"仁"有两种写法：一写作"㤨"，另一写作"㝵"。① 这两种写法反映了古人对于"人应该如此这般"有两个角度的认识思路。自我评价强调个体的构成。

---

① 参见梁涛：《郭店竹简"㤨"字与孔子仁学》，《哲学研究》2005 年第 5 期。

其他动物有身体，但人还有心灵。这是人有别于其他动物的根本点。不过，这个心灵是不可观察的，只有当事人能够直接感受到它的存在（自我评价）。这便是"愳"（从身从心）这种写法所代表的谈论角度。他人评价这一角度强调人的社会关系，通过"㐺"（两个人）这种写法表现出来。这后一种写法认为，要理解一个人，必须从他的社会关系出发。可以观察到，人生活在社会中，离开他人便无法生存。强调人的社会关系这一特征，我认为，便是孟子承传的"㐺"这种写法所代表的谈论角度。人与人的关系，就其原始状态而言，是父母与子女之间的亲情关系。孟子说："仁之实，事亲是也"（《孟子·离娄上》）。① 意思是说，最原始或最实在的社会关系便是这种血缘亲情。从这一角度看，孟子对"仁"的理解着眼于人的社会关系。

孟子反对梁惠王从"利"出发来观看社会，并以此为基础为人处世、治理国家。他所主张的"仁政"是要提醒梁惠王，人与人的关系必须成为为人处世的出发点。"仁"这个字承载了两个要点：人只能在社会关系中生存（作为生存事实），因而人的生存必须从关注社会关系开始（作为生存出发点）。人在现实社会中生存，已经在一定的社会关系中，并接受相应的社会规范的约束。人与人的关系是多种多样的。比如，父子之间可能是父慈子孝的关系，也可能是父子平等的关系，还可能是父亲"侍奉"儿子的关系，等等。梁惠王一见面就谈论利益，在孟子看来，这表明他生活在一种以利益为杠杆的社会关系中。这是一种缺乏"义"的社会关系。有些社会关系是有害的，如建立在利益基础上的社会关系；有些社会关系是善的、适合人的生存的。只要我们把注意力放在社会关系上，我们就会开始注意何为合适的社会关系，并去寻找这样一种合适的社会关系。合适的社会关系便是"仁义"，即在"义"中界定的"仁"。在这个意义上，孟子希望梁惠王改变视角，从"仁义"出发："亦有仁义而已矣"。从"仁义"出发施政，就是"仁政"。

关于"义"，先秦的相关文献往往是在"合适""合宜"的意义上使用的。孟子说："义之实，从兄是也"（《孟子·离娄上》）。人从什么时候开始有"合适"这种意识呢？就现象观察而言，孟子认为，这是从学着兄长的样子开始的。对于开始懂事的孩童来说，父母的教训会让他们产生敬畏感。但是，因为父母的爱，他们在按照父母的教训做事时常常伴随两种感

---

① 也请参阅《中庸》中的说法："仁者，人也，亲亲为大"（第 20 章）。

情：害怕（如果受到惩罚）和好玩（如果受到表扬）。在父母面前，孩童没有羞耻感，因而不会对自己的言行是否恰当这一点有感觉。兄弟之间年龄相近，兄弟之情不同于亲子之情。这种兄弟之情也是原始性的。对于弟弟来说，兄长的为人处世就是合适的，兄长的言行就是榜样。在这种情感交流中，兄长对弟弟的嘲笑或批评会让弟弟感觉到自己言行的不合适。这便是原始的羞耻感。一旦出现羞耻感，做弟弟的就开始有了"义"的意识，并根据自己对"义"的理解来调整自己的言行。这种原始的羞耻感是人追求"义"的原始冲动。所以，孟子说："羞恶之心，义之端也"（《孟子·公孙丑上》）。

《中庸》也是在"合适""合宜"的意义上阐释"义"的："义者，宜也，尊贤为大"（第 20 章）。人生活在社会中，从小到大必须学习合适地为人处世。从最简单的羞耻感开始，一个人先是在一些事情上，然后是在许多事情上，最后是在所有事情上，都做到得体。达到这个程度，他就成了贤者，成为众人的榜样。

在"宜"这个意义上理解"义"，孟子所说的"仁义"指称的是一种合适的社会关系。"亦有仁义而已矣"这种说法的关键点在于，无论是一个人还是一个国家，都必须首先关注自己与他人或他国的关系，体会并寻找合适的社会关系，形成规范，共同接受规范的约束。只有这样形成的社会，才是一个好的社会。孟子认为，这种生存是以"仁义"为出发点的生存，而不是被动地接受规范的生存，是一种"由仁义行，非行仁义也"（《孟子·离娄下》）的生存。

人在社会中生存，可以采纳不同的社会关系和规范。这是现实中的社会。在"礼崩乐坏"的社会现实中，人们乐于从自身利益出发为人处世，觉得为人处世就该这样。为什么人一定要从"仁义"出发？为什么人一定要在合适的社会关系中生存？孟子从性善论的角度做出了回答。在他看来，人的本性是善的，所以人的原始情感指向一种善的生活。因为人是在社会中生活，所以这种善的生活不是一种孤独的生活，而是一种社会生活。从自身利益出发必然导致人与人之间的对立、冲突和战争，损害自身利益。从"仁义"出发，体会并生活于合适的社会关系中，人就能过一种善的社会生活，共同受益。因此，"由仁义行"是人的本性要求的。

孟子发现，人与动物的不同之处在于人有一些特别的原始情感，主要有四种："恻隐""羞恶""辞让""是非"。这些原始情感存在于每个人心中，同时它们指向的是人与人的关系，并且作为原始动力（出发点，"端"）推动人在社会中为人处世。① 其中，"恻隐"指的是对他人的同情和怜悯，比如，在没有利益关系的情况下见他人落难，人会自然而然地产生同情、相怜的感觉。这种"恻隐"是人的原始情感，是人的社会生活的基础。这同时也表明"仁"不是外加给人的，而是内在于人的生存中的。"羞恶"是对自己的言行是否合适的原始感觉；"辞让"是行为的自我约束的原始意识；"是非"则是思想活动的原始判断。这四种原始情感的前三种都指向人与人的关系。孟子认为，这些原始性的情感、感觉、意识来源于人的本性，是自发性的冲动，都是善的。孟子用"可欲之谓善"（《孟子·尽心下》）② 来描述这种原始性冲动。

我们注意到，孟子是从"可欲"的角度来谈论"善"的。对于人的生存来说，"可欲"的意思是生存上的"想要"，即生存倾向。有什么样的本性，就有什么样的"可欲"。如果"可欲"的就是善的，那么，人的本性就必须是善的。因此，孟子推论出人性本善。在与告子讨论人性时，孟子谈道："人性之善也，犹水之就下也。人无有不善，水无有不下"（《孟子·告子上》）。这里，孟子实际上是从人的生存倾向向善这一观察出发，推论出人性本善的结论。重构其中的逻辑结构如下：

　　大前提：欲望是由人的本性决定的；

　　小前提：人的欲望是向善的；

　　结　论：因此，人的本性是善的。

在孟子看来，人的本性是善的，遵循自己的本性就能过一种善的生活；违反自己的本性就会过一种恶的生活。孟子的"揠苗助长"故事很能说明这里的思路。人在逆着自己的本性为人处世时，就在做一系列损害自己利益的事情。儒家的主流传统遵循孟子的这个思路，发展并丰富了修身养性以之作为生命的主题，即要求人们充分体会自己的本性冲动，修正与自己本性不符的情欲、想法和做法，按照本性为人处世。这便是所谓的君子之道。

---

① 参见《孟子·公孙丑上》："恻隐之心，仁之端也；羞恶之心，义之端也；辞让之心，礼之端也；是非之心，智之端也。人之有是四端也，犹其有四体也。有是四端而自谓不能者，自贼者也；谓其君不能者，贼其君者也。"

② 关于这句话的解读，参见李景林：《论"可欲之谓善"》，《人文杂志》2006 年第 1 期。

三、真正的善和本性之善

　　人应该如何为人处世？什么是合适的生存？这些问题也就是所谓的合适或善的问题，对于人的生存来说具有普遍性。在现实生活中，人们往往会在遇到困境（如社会处于无序状态等），感觉到无法继续按照现存状态生存下去时提出这些问题。然而，对这些问题的不同回答却引导着不同的个人生存方向和社会发展模式。鉴于孟子和柏拉图各自对中西文化的影响具有出发点意义，简单地比较他们不同的回应思路，也许有助于我们理解这两种文化在思维性格上的差异。

　　每个人都按照自己所理解的善为人处世。无论是"人皆求善"，还是"可欲之谓善"，都是从生存的角度界定"善"。我称之为生存即善。在柏拉图和孟子看来，他们所处的社会治理出问题了，他们周围的人在生存上出差错了，如果不加以纠正，这个社会就危险了，他们的生存也危险了。如何纠正这个社会的问题和他人的错误？在柏拉图提供的解决方案中，我们看到这样一条思路：人人都在求善，出现错误的原因在于人们在判断上以恶为善。判断依据思想中的善意念。依据错误的善意念，就会做出以恶为善的判断。因此，纠正的途径就是找到真正的善。人们只有拥有真正的善，拥有正确的判断依据，做出的善恶判断才不会出错，做出的选择才是正确的，从而保证自己向善生存。作为判断依据，善意念是一种关于真正的善的知识。也就是说，真正的善这个问题是一个知识论问题。按照这条思路，人们只要认识并把握真正的善（拥有真知识），就能做出正确的善恶判断，人们的选择就不会出错，人们的生存就在正道上。于是，作为生存出发点，真知识（把握了真正的善的知识）问题就是柏拉图及其跟随者的主要关注。这个关注在思想史上被称为追求真理情结。

　　孟子在"可欲之谓善"的说法中完全认可个人在生存上对善的追求，但需要特别指出的是，他是在"仁义"这一前提下给予的认可。在他看来，人生活在社会中，善的生存离不开社会，因而必须把着眼点放在社会关系上，体会何为合适的社会关系，并从此出发设置规范，调整社会生活。这便是"亦有仁义而已矣"的意思。"可欲之谓善"中的"善"，归根到底是指向"仁义"的。孟子对于人们在社会生活中采取不同的生存出发点这一事实有深刻的洞察，并在此基础上批评人们在为人处世上忽略了

"仁义"这一出发点。在这条思路中，人们面临的是各种各样的社会关系，每个人都置身其中，或者说，每个人都是社会关系中的一个环节。在这种语境中，社会关系对于人来说无法外化为一个认识对象。换句话说，每个人在寻找合适的社会关系时无法把自己当作对象来思考，他必须置身其中，并且作为其中的一员来体会合适的社会关系。因此，究竟什么样的社会关系才是合适的社会关系就不是一个认识论问题，而是一个生存体验的问题。作为社会关系中的一员，每个人在体验合适的社会关系时，既是体验者，同时也是被体验者。这条思路可被简述如下：为了说明人必须把"仁义"当作首要关注，以此为社会生活和社会治理的出发点（"由仁义行"），孟子在"可欲之谓善"的前提下推论出人性本善的结论。于是，人的生存能否向善的关键点就在于能否发扬本性中的善性。这便是所谓的修身养性，我们称此为功夫论。

　　认识论和功夫论有所差异。认识论强调对真正的善的认识和把握。人必须把握真正的善，并从此出发进行判断-选择，只有这样，人的生存才能满足对善的追求。问题的关键在于把握真正的善。但是，究竟什么是真正的善？如何判断人们得到了真正的善？在西方思想史上，问题的焦点是如何认识真理（真理之路），如何判断人们把握了真理（真理标准）。在柏拉图思想的影响下，古希腊人在真理之路和真理标准问题上欲罢不能，最终在基督教的恩典真理论那里找到了落脚点。①

　　功夫论承认人们有不同的善知识。但是，孟子强调，人的生存必须从"仁义"出发，在修身养性中把握合适的社会关系，并通过"礼"来调整自己的言行（"克己复礼"）。这里，生存的关键点是修身养性的功夫。值得注意的是，这条思路可以与认识论毫不相关。在修身养性中，人们不会追问哪种社会关系才是真正合适的。人只要在修身养性中体验到一种合适的社会关系，就会按照自己体验到的社会关系去为人处世。当然，人在不同的时候可能会有不同的体验，但这并不一定会引导人去追问"真正合适"这类认识论问题。作为社会关系中的一员，人只需要着眼于当下的社会关系（"由仁义行"），并在其中体验何为合适的社会关系。人的修养功夫达到哪个程度，人对合适的社会关系（"仁义"）的认识就达到哪个程度。人在生存中只能按照自己所理解的"仁义"而行。如果某人的理解出

---

　　①　关于这一思想史线索的追踪和讨论，参见谢文郁：《恩典真理论——从〈约翰福音〉看希腊哲学和希伯来文化的真理问题》，《哲学门》2007年第1期。

现了问题，导致他在处理与他人的关系时出现冲突，那么，他就会反求诸己，进一步修身养性，体验何为合适的社会关系。可以看到，功夫论的中心关注不是认识论，而是修身养性的功夫，发扬本性中的善性。

总的来说，柏拉图的"人皆求善"和孟子的"可欲之谓善"都涉及了人的生存的善的问题。但是，前者追问真正的善而走向了认识论，后者推论本性为善而走向了功夫论。这个差异值得我们重视。在思想史上，它导致了中西哲学的两种完全不同的思维性格，引导着两种相去甚远的生存方式。

第二章　《天主实义》与中西思维的问题意识[*]

　　作为中西思想对话的原始文本，《天主实义》在思想史上具有不可取代的地位。我想从思想史的角度，引入当时的思想语境，对《天主实义》进行思维方式方面的讨论。我们要对"语境"二字在理解中的作用有深入感受。进入如下三个语境，对于我们的阅读和理解十分重要：（1）利玛窦的天主教思想背景；（2）利玛窦对中学的理解程度；（3）利玛窦在华时中国思想界的现状，即阳明心学思路。我想对文本中的三个重要争论进行初步的分析，努力把这些争论置于相关语境中进行理解，并希望通过这些争论来深入理解中西文化的差异，开辟中西思维方式比较的新思路。这种阅读可被定位为思想史阅读，不但在阅读中呈现《天主实义》的基本思路，同时还可以追踪相关的思想史线索。

一、利玛窦的三个语境

　　阅读《天主实义》需要进入三个语境。第一个语境是利玛窦（Matteo Ricci）的天主教思想背景。利玛窦来华时 30 岁（1582 年）。作为罗马天主教教会的使者（耶稣会士），利玛窦接受了基本的天主教教义和神学方面的教育。我们注意到，利玛窦来华时，欧洲的宗教改革运动已经进行了几十年，整个欧洲思想界的格局动荡不定。因此，在理解利玛窦的思想背景时，我们注意到，利玛窦并非在一般意义上接受基督教神学教育，而只是接受了天主教教会中的基本神学教育。因此，利玛窦代表的只是天主教立场和视角。从 11 世纪开始，罗马教会从阿拉伯思想界（主要

　　* 本章原载于蔡先金、吕文明编《文明的由来与未来》（商务印书馆，2023）。

在西班牙地区）引入亚里士多德哲学，并追求用亚里士多德哲学来解释各种基督教神学问题，在思维方式上采用了实在论，在神学体系上形成了所谓的自然神学。利玛窦在《天主实义》中表达的思想意念和理解思路，就思维方式而言，基本上是亚里士多德的实体论，比如，利玛窦使用亚里士多德的范畴论框架来应对儒家的宇宙观，因而他所描述的宇宙观对于那些对话者（"中士"）来说显得十分陌生。①

利玛窦的亚里士多德思路（或托马斯·阿奎那的自然神学）十分强大。除此之外，他在论辩中几乎不涉及其他基督教神学传统。比如，我们在他的文字中几乎感受不到奥古斯丁的恩典神学思路。我们知道，恩典和信心是奥古斯丁讨论宇宙问题时的核心用词。奥古斯丁之后，恩典神学成了基督教神学的基本思路。利玛窦应该对奥古斯丁的恩典神学有所了解。有意思的是，我们在《天主实义》中几乎读不到有关恩典和信心的讨论。当然，利玛窦所受神学教育是自然神学，因而他的思路是亚里士多德式的。不过，我想指出的是，自然神学要解决的问题仍然来自基督教信仰；缺乏恩典和信心这类概念，基督教就不再是基督教，而是别的什么了。这种缺失值得重视。下文会进一步分析这种缺失。作为罗马天主教教会的使者，利玛窦来中国是要建立天主教教会的，传教是其主要使命。当然，他需要首先向他的听众宣讲天主教认可的教义和神学观点（自然神学），即用亚里士多德解释过的神学命题。不过，奥古斯丁的恩典神学也是天主教认可的。因此，作为读者，我们期望他能够更多地介绍基督教神学传统（包括自然神学和恩典神学）。

从另一个角度看，利玛窦时代正是欧洲宗教改革运动时期。这个运动

---

① 这里提到的三个词，即范畴论、实体论和实在论，是具有内在一致性的三种思维定式。简单来说，亚里士多德通过对语言的分析发现了范畴论，认为可以通过十大范畴（实体、数量、性质、关系、地点、时间、状态、具有、主动、被动）来规范并理解世界上的一切事物。在理解一个词（属于某一范畴）时，我们使用系词结构。在系词结构中，主词是被谓词界定的（如，在"X 是 Y"这种表达中，Y 界定 X）。主词所指的对象是一个待理解的事物，谓词是已经被理解的词。因此，理解事物就是界定主词。一般来说，在主词位置上的词都是"实体"。亚里士多德发现，有些词只能在主词位置上，不能在谓词位置上。比如，"张三"这个词是不能在谓词位置上的。这些词被称为"第一实体"，所指称的对象都是个体事物。那些既可以在主词位置上也可以在谓词位置上的词，则被称为"第二实体"，属于各种类词。这种说法，在哲学史上，被称为实体论。亚里士多德之后，人们追问这样一个问题：如果第一实体指称的对象是外在的个体事物，那么，第二实体是否也指称外在的个体对象呢？如果做肯定回答，那就是实在论思路。中世纪思想家普遍接受了实在论，认为所用类词都指向一个外在对象，称为"抽象对象"。利玛窦的实在论思路并不明显，但具有固定的范畴论和实体论的定式。

产生了一个教派，称为新教。新教在教义和神学上严厉批判罗马天主教，引发了整个基督教教会范围内的神学争论。可以说，在天主教与新教仍然激烈对峙的年代，利玛窦不可能传递任何新教神学概念。因此，我们在理解利玛窦的思想时，还需要把他放在这场争论中。新教与天主教的神学争论恰好集中在恩典和信心议题上。马丁·路德提出"唯独恩典"和"唯独信心"的说法。在路德看来，人与上帝的关系在出发点上只有信心这一纽带。离开信心，人无法与上帝发生关系，无法领受上帝的恩典。"信心"一词在新教的语言中就是指基督信仰，即相信耶稣是基督。具体而言，在新教看来，耶稣从上帝那里来，是上帝的儿子，是上帝赐给人的恩典，是人与上帝之间的唯一中介。基督来到世间就是要向所有信徒彰显上帝的旨意和救恩。人必须相信基督，并在这个信心中领受从基督而来的神的恩典。因此，恩典和信心是基督教的核心概念。新教的这些说法在《天主实义》中几乎没有呈现。也许，利玛窦几乎不谈论恩典和信心，是因为他有意与新教神学保持距离。

第二个语境是利玛窦对中学的理解程度。利玛窦来到中国后，努力学习中文，积极主动地阅读和了解当时居主导地位的儒释道思想。利玛窦对先秦儒学文献的阅读用劲尤足，在不少场合，利玛窦在对话中常常大段背诵儒家经典，令他的对话者赞叹不已。不过，思想并不仅仅是知识性的，在更深处，思想是情感性的。从先秦儒学到宋明理学，就思想史而言，人们追求认识天命，承载着一种对天命的"敬畏"情感，并在敬畏中寻求认识和把握天命。为了解决如何认识天命的问题，在"天命之谓性"这种基本设定中，儒家发展了一种在"诚"中呈现并认识天命的思路。中国思想传统具有连续性，因而中国思想家一直是在承传先人问题意识中追求对天命的认识。利玛窦在几十年的学习中对中国思想传统的体会能够达到哪个程度？这是一个不易回答的问题。但是，对这个问题的回答直接影响我们对《天主实义》的阅读和理解。我们注意到，利玛窦公然对宋明理学的两位开创性人物——周敦颐和张载——进行毫不留情的批判和否定，认为他们是儒家的异端。比如，他从本原论思路出发否定周敦颐的"无极而太极"说法，从意志论的角度否定张载的"为善无意"命题，等等。这些否定阻碍了利玛窦深刻体会周敦颐和张载在思想史承传中的问题意识和思维结构。结果是，他的这些批判和否定非但未能引起"中士"的共鸣，亦未触动他们的思想根基，反而招致他们的深刻反弹，阻碍他们深入了解利玛窦所引入的新概念。

　　第三个语境是利玛窦在华时中国思想界的现状，即阳明心学思路。明末思想界是阳明心学的天下。儒家思想从先秦到宋明的发展有一种显著的现象，即一直在敬畏中谈论天命。"敬畏"情感指向一种外在对象。问题在于：人如何认识这个外在的敬畏对象呢？在《中庸》的"天命之谓性"说法中，人们开始把认识天命的途径落实在认识自己的本性上，认为自己的本性乃天命之性，而认识自己的本性就是认识天命；一个人完全把握了自己的本性并加以遵循，便达到了"天人合一"的境界。这条认识途径在阳明心学中得到了深化。阳明心学认为，天命之性就是人之本性。尽管天命是一种外在力量，但是，一旦天命成为人之本性，人就只需向内求天命，向外求就是徒劳无益的了。因此，人是在"诚"中认识天命几乎就是当时儒士的共识。我们知道，"诚"是一种指向内在的天命之性的情感。在"诚"这种情感中，人一方面追求摆脱自己现有思想意念之制约而"不自欺"，另一方面也要摆脱外在的他人思想意念之误导而"无妄"。也就是说，"诚"把人引入一种完全独立自主的生存状态，并要求人从这种生存状态出发去认识天命。这是一条向内求、从本心出发的认识途径。

　　不难看出，与利玛窦对话的那些"中士"都在这种阳明心学思路中浸淫甚深。当利玛窦要求他们面向外在的天主而去认识并遵循天意时，他们很快就感受到西学的外求思路与阳明心学的内求思路之间的内在冲突。从思想史的角度看，从先秦儒学到阳明心学的发展具有深刻的内在要求和冲动。利玛窦当然希望准确地体会并回应"中士"的思想关注。也许，利玛窦的中学修养缺乏深度，无法感受上述儒家思想发展的内在要求和冲动，从而无法理解那些"中士"的说法；或者，他感受到天主教信仰与阳明心学之间的不相容性，但对先秦儒学在敬畏中谈论天命与天主教信仰的某种相容性深有体会，从而企图用先秦儒学来压制阳明心学。无论是在何种感受中，我们都在对话中读到，他确实企图引入先秦儒学在敬畏中谈论"上帝""天命"的方式，以对抗那些与他对话的"中士"。当然，这种做法使他不得不承受当时强大的阳明心学之压力，并与之进行对抗。不幸的是，这种对抗基本上终止了对话而走向各说各话。

二、三个争论

　　为了对这场中西思想对话有更深入的了解，我想简略地分析其中三个争论：关于本原问题的争论；关于本体论与实体论的争论；关于至善问题的争论。

1. 关于本原问题的争论

这个世界在时间上必然有一个开端。这一点几乎可以说是人类的共识，就像某人虽然没有见过自己的太爷爷，但肯定认为自己有太爷爷一样。不过，如何谈论这个开端呢？我们知道，在世界文明史上，至少有三种较有说服力且有影响力的谈论方式。在基督教文明中，基督教重要思想家奥古斯丁在解释《旧约·创世记》时提出了一种无中生有的创造论，认为这个世界是上帝无中生有地创造的。简略来说，他谈到，创造活动是由创造者独自完成的；起点是无（万物不以任何状态存在），结果是有（万物成形并有序构成宇宙而呈现为感觉对象和思想对象）。创造者随己意设计宇宙，要什么就造什么。万物的生成和运动规律都是在上帝的设计中确定下来的。因此，创造者同时还是这个被造宇宙的主宰者（通过设定规律和随意干涉）。创造者与万物之间不是一种连续的过程，而是一种间断的关系，因为创造者创造什么完全是在创造者的自由意志中决定的；创造者可以这样创造也可以那样创造，可以创造这些事物也可以创造其他事物。

但是，我们怎么知道有这样一个创造活动呢？在奥古斯丁看来，这个无中生有的过程只有创造者（作为唯一的当事人）才知道。如果创造者不告诉我们，那么我们就无法知道。进一步，如果创造者通过某人告诉（启示）了我们这件事，我们就只有相信这个领受启示的先知及其宣告才能知道。在《旧约·创世记》中，摩西领受了上帝的启示，并把启示记载了下来。只要相信摩西所记载的，我们就能知道这个创造活动。不难知道，奥古斯丁的创造论是在"启示-信心"这种认识途径中阐述的。尽管奥古斯丁在中世纪备受尊重，但是利玛窦在《天主实义》中从未提及这种认识途径。于是，创造论在对话中也未出现。

古希腊哲学家中被称为自然哲学家（亚里士多德的用词）的泰勒斯提出了一种本源论的说法，认为存在着一个时间上在先而生成万物的本源。万物在原因上都可以归根于本源；本源内在地包含了万物；从本源到万物是一种连续的生成过程，是从未发状态（本源）到已发状态（万物）的演化。不过，这个本源论很快就遭到巴门尼德的批评。巴门尼德认为，这个时间上在先的本源无法避免本源之本源这种无穷追问，从而导致在概念上无法确立本源。为了避免这样的追问，人们开始设想一种结构上在先的原始存在，也称为"本原"，如元素论、种子论、原子论等，认为原始存在永恒不变，但通过各种结构而构成万物。本原在结构中构成万物，万物失去结构而复归于本原。

这种本源-本原的谈论方式是推论式的，本源或本原都是在推论中被理解的，属于思想对象。亚里士多德也在这个思路中，但认为这些自然哲学家的推论过于简单。为此，他提出形式因、质料因、动力因、目的因这四种原因来处理本原问题，认为万物由这四种原因组成；只要在事物中分辨清楚这四因，就是认识了事物。就其终极原因而言，亚里士多德认为可以推论出纯粹形式因、纯粹质料因、第一动力因、最终目的因。在这种谈论方式中，"原因"就成了认识万物的关键词。亚里士多德的原因论对中世纪的罗马教会在思维方式上留下了深刻的印迹，其代表性思想家托马斯·阿奎那基本上是采用这个思路来处理并解释所有基督教神学问题的，达到了相当完满的程度，阿奎那神学成为罗马教会的主导神学。利玛窦在接受神学教育时接受的就是阿奎那神学，因而也就同时接受了亚里士多德的原因论思维方式。在《天主实义》中，利玛窦虽然提到了万物皆由天主创造，但是他并未使用创造论来与"中士"对话，而是完全在原因论思维中对天主进行反复论证。完全的创造论需要引入启示认识途径。利玛窦的文字里没有涉及恩典和信心，因而也就无法在完全意义上谈论创造论。于是，我们看到，《天主实义》中的天主是在论证中呈现的。

"中士"对于利玛窦的原因论思维方式和逻辑论证是能够理解的。但是，这种原因论论证有一个根本性困境，即"本源之本源"的无穷后退困境。亚里士多德和阿奎那企图用"自身是自身的原因"来圆说。不过，这种圆说在逻辑上是违反原因论思维的。我们注意到，《庄子·齐物论》对原因论的这个根本性困境有相当到位的认识和展示，因而"中士"对这个困境是有深入体会的。而且，庄子提出"物化"和"无竟"的说法来处理这个困境，宋明理学家对此相当认同。我们可以通过分析《天主实义》中"中士"所提到的周敦颐关于"无极而太极"的说法，来追踪中国思想界在这个问题上的思想史进程。

为了论证他的本原论思想，利玛窦颇费力气来反驳周敦颐，认为"无极而太极"的说法不符合原始儒家的本原论。然而，"中士"一直不同意利玛窦的这个论断。在中国思想史上，《周易》认为万物就其起源而言可被认为来自"太极"。这个说法有点类似于古希腊的本原论，是通过一种不严格的原因论来推论万物在时间上有一个最初起点（"太极"）。利玛窦在他的原因论思维中同意《周易》关于"太极"的说法，并强调这个概念才是原始儒家的正统；周敦颐把"太极"归为"无极"，实际上违背了这个思路，走向了老庄，因而是儒家的异端。面对利玛窦的这个指责，"中士"为"无"的说法做了一个辩护，指出这里所说的"无"并非简单的虚空，而是具有某种实在性的东西。之所以称之为无，是因为它作为万物的对立面，无法从万物的角度给它做任何规定。我们知道，先秦关于本原问题存在一个争论。道家创始人老子在《道德经》中提出"有无相生"的说法，认为万物起源于"无"，因而"无"乃万物之极（"无极"）。老子所说的"无"便是这样一种无法从万物的角度进行规定的东西。庄子的《齐物论》进一步把这个"无"理解为"无竟"，从可能性的角度来理解"无"，认为有无之分是两种存在状态之分，即"物化"与"无竟"之分，从而排除了"本源之本源"的无穷后退困境。在周敦颐看来，《周易》的"太极"作为万物的终极性起源，它产生万物，因而也不能从万物的角度对它进行规定；不然的话，它就不是万物的起源，而是万物中的一物了。从这个角度看，"太极"和"无极"实际上同指一个东西。因此，"无极而太极"这个命题中的"而"字可被简单理解为，这两者可以相互界定。这样一来，就宇宙起源问题而言，周敦颐的"无极而太极"就既解决了"本源之本源"的无穷后退困境，同时也从儒家的角度回应了道家在思想史上长期以来对儒家的批评。利玛窦显然没有跟上中国思想史上的这场争论。

中国学界有所谓利玛窦的传教策略之说，认为利玛窦对非信徒和信徒有两种说法：对非信徒以思想论证为主，力求通过理性方法说服对方；对信徒则阐述天主教的严谨教义，要求信徒在信心中接受。这种传教策略之说基于如下预设：利玛窦拥有对基督教教义和神学的全面把握，以及对儒家的全面理解。然而，这个预设显然是不合适的。实际上，利玛窦在宇宙起源这个问题上是坚定的本原论者，非但缺乏对"无中生有"之创造论的认识，而且还是创造论的反对者。对于他来说，天主不是信仰对象，而是在论证中呈现的思想对象。我想，传教策略之说无助于我们阅读和理解《天主实义》。《天主实义》中"西士"所表达的就是利玛窦自己所持有的实际想法。

2. 关于本体论与实体论的争论

实体论来自亚里士多德的范畴论。我们知道，亚里士多德把认识对象划分为十大范畴，并在实体（本质）与属性（数量、性质、关系、地点等）的框架内加以认识。在他看来，每一个事物（可用主词指称）都有一个本质（也作为该物的实体）。本质或实体决定了这个事物的存在，使它成为它。认识一个事物就是认识这个本质或实体，即对那个指称它的主词进行界定。界定主词便是认识主词所指事物的本质及属性。我们称这个思路为实体论，属于一种存在论（或系词论），其特征便是强调事物的本质。利玛窦在与"中士"对话时提供了这种实体论思维。不过，利玛窦并没有完全采纳亚里士多德的十大范畴。在中国思想界这个语境中，利玛窦结合了他对中国语词的认识，另立了一个范畴表。利玛窦认为，每个事物都有它的本质使它得以成为它；事物的本质是上帝赋予的，因而每个个体事物都是独立存在的，拥有一个本质，并分别为类，如人、动物、植物、泥土等。各类事物各自拥有不同的属性，如人有灵魂，兽类有觉魂，植物有生魂，泥土无魂，等等。他强调，人们在谈论这些事物时首先要认识到，这些事物都是个体事物，拥有自己的本质，不能混淆，比如，不能把人的本质与兽类的本质混为一谈。

这种实体论思维对于"中士"来说是陌生的。先秦虽有名实之辨，但并未发展出像亚里士多德的范畴论那样的思路。汉代王充提出了一种"禀气说"，认为万物都是禀气而生。这种禀气说基本上为宋明理学家所接受，进而发展出一种"理气本体论学说"。禀气说把呈现在感官中的万物理解为一种"象"，其本体是"气"。万物是"气"在不同结构中的呈现（"象"）。"气"在一定结构中聚成各式各样的物，散则复归于"气"。因此，就本体而言，我们这些人和其他动物、植物、石头等都是由"气"而成，"气犹相近"。但是，由于禀气时所形成的结构不同，所以呈现出不同的"象"，即万物。"气"在聚成时有精细与粗糙、洁净与浑浊等方面的区别。不同结构的"气"有不同的运动倾向和存在方式，因而万物各有自身的运动倾向和存在方式。因此，区别万物的关键是观察它们的运动倾向和存在方式。比如，人不同于禽兽，乃在于人有"四端"（四种原始的运动倾向），由此形成人的生存方式。万物各有本性，乃在于它们禀气而生，并拥有自身的内在结构，故而拥有自身固定的运动倾向和独特的存在方式。就思想史而言，王充所谓的"禀气而生"是对《中庸》的"天命之谓性"的解读。人一旦禀气而生，就拥有"天命之性"。这里的"性"，指的是"气"在一定结构中的原始运动倾向和存在方式。作为固定的决定事物之运动倾向和存在方式的"性"来自天的命定。这个思路通过周敦颐和张载而成为宋明理学的基本思路。朱熹用"理"来指称这个"性"（即物中的"结构"），并用"理一分殊"的说法来表达天命与万物本性的关系。也就是说，尽管每个事物都拥有天命定的"本性"，且彼此相异，但事物结构都是天命定的，本于"天命"。这个宇宙所包含的万物，虽然其本体都是气，但如果没有天命之性，则浑然一体，无法分辨，不成宇宙。朱熹因此认为，"理在气先"。在朱熹的用词中，"理"更多指称事物的内在结构及运动倾向，以及万物之间的秩序。从这个角度看，"气"是在"理"中聚成万物的；万物是在"理"中聚成的"气"；万物本体即气，万物本性即"理"。因此，在本体上，万物是"气"的一种存在状态；在"分殊"的"理"中，万物各有自己的本性，并由分殊之理来规定其存在方式（"象"）。我们称这种思路为本体论，与范畴界定意义上的实体论有根本区别。

值得注意的是，宋明理学并不关心对万物的范畴界定。当代中国学界在对亚里士多德的实体说有相当理解的语境中，往往会把"理气说"与亚里士多德的实体说进行比较，认为"理"属于形式因，而"气"属于质料因。这种比较具有极大的误导性。就《天主实义》的文本而言，"中士"虽然客气地表示从利玛窦那里学到很多东西，但是他们一直未能走向范畴界定意义上的实体论。这里的关键点是，儒家关心的是如何通过对自己的天命之性的体验而率性而动，进而建立一个符合"天理"的社会秩序；而实体说关心的是如何界定并理解各种事物，进而获得关于这个宇宙的真理性知识。这两种思维方式的走向是不同的。

我们可以进一步分析"理气说"这种本体论思路，追踪儒家思想的走向。在"理气说"中，物之"性"乃天命定。"性"（或"分殊之理"）在一定的结构中聚集了一定的"气"而形成一定的事物。"气"乃阴阳之气，一动一静。在禀气中，"理"与"气"结合成事物（即有性之象）。于是，"性"作为事物的原始规定性，决定了事物（"象"）的运动倾向。或者说，事物之气的阴阳运动受到了"性"的限制而有定向。儒家使用"情"来指称这种有定向的事物运动，或事物运动倾向。有什么样的"性"，便有什么样的"情"，由此有"性情之说"。从认识论的角度看，人们只能观察到事物的运动（"情"），而事物的内在构成（"性"）并不在人们的观察范围内。在性情之说中，人们可以根据观察到的事物的运动，进而推论事物的内在结构（分殊之理和阴阳之气）。对各种"情"（物的运动倾向、人的生存倾向）的观察、命名、分类，是人们认识事物的基础。近年来，当代儒家思想家越来越能够认识到"情"在儒家思想中的地位和作用，比如，李泽厚提出"情本体论"的说法，陈来的"仁本体论"对儒家思想中的各种"情"进行结构性分类，等等。可以这样说，儒家主要是通过观察并界定各种"情"来认识和理解事物的。至于亚里士多德意义上的"本质"概念，他们不关心，所以也就没有讨论。就思想史而言，直到当今西方哲学界，人们对亚里士多德的"实体"或"本质"概念一直争论不休。因此，我认为，在理解和呈现儒家思想时需要进行情感分析，呈现儒家思想家在认识世界时对各种"情"的界定，以及对它们之间关系的认识和建构。儒家实际上把世界理解为一种情感关系或情感结构。利玛窦在实体论思维中完全无法理解儒家的本体论。同样，"中士"对利玛窦的实体论只是有一点点感觉。中国思想界接受并理解亚里士多德范畴界定意义上的实体论，应该是五四运动以后的事。

3. 关于至善问题的争论

《天主实义》中有一个围绕着张载的"为善无意"命题展开的争论。张载在《正蒙·中正篇》中说："有意为善，利之也，假之也；无意为善，性之也，由之也。"利玛窦虽然没有点张载的名，但是在行文中对"为善无意"这个命题进行了激烈的批评，认为这种说法"固异端之词，非儒人之本论"。然后，利玛窦从意志论的角度对"为善无意"进行了深入反驳。在利玛窦看来，人是在意志中进行判断-选择的。人拥有善意念，并在此基础上判断善恶。对于判断为恶的事物，人在意志中加以拒绝并远避；对于判断为善的事物，则选择并在行动中去追求。因此，为善者一定要分辨善恶，并在意志中追求善。人如果缺乏善意念、善恶判断和意志选择，就无法做任何善事。不难看出，利玛窦在使用"善"时，是从善意念、善恶判断以及意志选择等方面来理解的。这里的关键是善意念。人的判断活动是有依据的；善恶判断的依据归根到底便是善意念。有什么样的善意念，人就有什么样的善恶判断，从而就有什么样的求善活动和生存方式。就意志论而言，利玛窦对"为善无意"的批评似乎十分有力。

"善"的问题是思想史上的恒久话题。人在生存中必然涉及善恶判断问题。每个人都是一个判断者，并在自己的善恶判断中选择善的事物，进入生存。但是，对于同一件事，不同的判断者给出的善恶判断可能是不同的。在此为善，在彼为恶。而且，不同的判断者对同一件事做出不同的善恶判断并依据各自的判断而做事，就会引发现实生活中的冲突。即使一个群体拥有共同的判断标准，从而在本群体内可以消解冲突，不同群体之间仍然会出现判断标准的不一致，因而导致群体之间的冲突。因此，不同文明中的思想家在"善"的问题上倾注了无限的努力。我们可以称之为"善的困境"。利玛窦认为,只要大家都信天主教的天主,就可以完全解决这个"善的困境"。其实,儒家也可以承认,天命(上帝、天主)是善的,只要遵循天命就能走出困境。但问题在于:人们如何获得天主之善(或认识并把握天命)?利玛窦并没有在"如何获得天主之善"这个问题上提供更多讨论。然而,这个问题才是关键所在。

《中庸》开篇就说:"天命之谓性"。这句话是在宣告"天命"在人的生存中的终极性。儒家长期以来对天命持有"敬畏"情感。天命既是天地万物空间秩序的主宰,也是时间次序的主宰。人在出生时就领受了天命,因而天命乃人之生存的终极性来源。人性本善也是从这个意义上说的。人生活在世,只要遵循天命之性而为人处世,就能与万物及他人和谐相处,是谓正道。但是,人如何能够认识并把握天命之性?在考察这个问题时,《中庸》注意到了人在生存中涉及的两种完全不同的善,即意念之善和本性之善。

我们知道,人是在判断、选择中进入生存的,判断依据的是人的善意念。在善意念中给出的善,称为意念之善。人在判断中认定为善的,就会选择它并将之落实到实际生存中。有什么样的善意念,就有什么样的善恶判断,从而也就有什么样的选择和什么样的生存方式。因此,善意念是人的生存的直接出发点。张载便是在这个意义上说:"有意为善,利之也,假之也"(《正蒙·中正篇》)。至于人的善意念,不难看出,是在人的生存过程中形成的。比如,人可以从自己尊重或信任的人(如父母、老师等)那里领受各种善意念,并结合自己的生活经验和体会而形成自己的善意念。这些善意念是人进行善恶判断的依据。不同的个人拥有不同的善意念,共同的社会群体则拥有某种共同的善意念。人是在自己的善意念中生存的。不过,人的善意念是会变化的,昨天认为是善事,今天却后悔不及,认为自己做错了事。而且,不同的人之间、不同的群体之间,各自的善意念也可以不同,从而各自做出的善恶判断可以根本对立,导致彼此冲突。根据不同的善恶标准,人们可能做出完全对立的善恶判断。也就是说,人的善意念是人生存的直接出发点,同时它本身也是不稳定的、会改变的。

除了善意念中的善,人的生存中还有一种本性之善,即天命本性,这是人与生俱来且伴随人一生的善。作为人生的终极起点,天命之性源于主宰一切的"天"。作为宇宙万物的主宰,天命即秩序。因此,人只要遵循天命而生活,就能与万物并行不悖、和谐相处。这种来自天命的善是纯善，是人生的源泉和基础；而且，它是不可能成为恶的。但是，当人的意识完全为自己或他人的善意念所主导时，这个本性之善就消隐于人的意识中而失去作用，比如，某人完全固执己见，或受他人的善意念的束缚，在这种情况下，他的天命本性就无法起作用。在《中庸》看来，本性之善只有在人摆脱了内外善意念影响的生存状态中才能呈现在人的意识中。这种状态被称为"诚"。"诚"是一种内向情感，指向人自身中的天命本性。在"诚"这种情感中，人不受任何善意念的影响；这也是一种"无意"状态。本性之善只有在这样的状态中才能显现在人的生存中。

人是在善意念中进行判断–选择的，并且只选择并追求被认定为善的东西。每个善意念都是一个"概念"。人在善意念中追求善，因而是有意为善。利玛窦反复阐述这个生存事实。然而，问题在于，在社会中生活，自己认定而努力追求的善，在别人看来却是恶，从而必然引起善恶冲突。显然，善恶冲突来自不同的善意念。而且，如果双方都固执自己的善意念，冲突就永远无法消解。考虑到善意念并非一成不变，不难观察到，解决社会冲突的关键是不断地完善或改善人的善意念。利玛窦并未深入涉及善意念的完善问题，而是直接要求"中士"相信天主，领受天主之善。其实，基督教在善意念的完善问题上是有深入讨论的。保罗在《罗马书》中就提出，信徒在信心中领受神的恩典而不断地更新、改变自己的心思意念，且在这个过程中认识并把握神的旨意。不过，利玛窦并没有向"中士"阐述这个过程。

然而，儒家十分关心善意念的完善问题。实际上，它是《中庸》的核心问题。人的善意念是不稳定的、可改变的。一个人来到一个新地方，他的善意念与当地人并不一致。不过，随着他在新地方居住时间渐长而习惯了当地的道德规范，他的善意念就可能改变而与之一致。不难看出，人的善意念是可以朝不同方向发生改变的。从终极意义的角度看，《中庸》认为，善意念的完善方向是天命之性。因此，在"诚"中呈现天命之性，并在此基础上完善自己的善意念，最终就能进入"天人合一"的境界。张载对儒家思想史的这一思路体会至深，所以他说："无意为善，性之也，由之也"（《正蒙·中正篇》）。利玛窦对于张载"无意为善"命题所隐含的思想史进程缺乏足够的体会，同时也没有引入保罗"心意更新变化"的说法。就此而言，《天主实义》未能实质性地推进中西思维方式上的交流。

三、中西对话的原始文本

我们看到，《天主实义》本质上并非所谓的天主教传教著作，它更像一本思想上的文化交流著作。利玛窦在学习儒家经典文本时，对于儒家思想的精深是有感觉的，并十分推崇。实际上，这种感觉和推崇在利玛窦及其同伴中是有共鸣的，并进而推动他们努力向西方学界翻译和介绍中国文化，引发了欧洲 17、18 世纪译介中国思想的东学西渐思潮，甚至激发了欧洲的启蒙运动。也就是说，利玛窦在写作《天主实义》时无意把自己放在高处而对儒家思想评头论足，他只是把自己当作一个思想者而与当时的儒士进行思想交流。在交流中，他提供了一些新概念和新思维方式。这些新概念和新思维方式，虽然远未代表西方主流思想，但对于当时的儒士来说是陌生的、新颖的，并具有一定的吸引力。然而，儒家思想内含与时俱进的倾向，在思想史上有一个不断发展的过程。周敦颐和张载承传了儒家思想的核心问题意识，而他们对这些核心问题的处理在后学那里也产生了深远的共鸣。或者说，从先秦古典儒家到宋明理学的发展是具有内在线索的；周敦颐和张载是这条线索中的关键环节。利玛窦把他们与古典儒家割裂开来，并对他们进行了严厉批评。这些批评显得十分仓促，而且远未到位。这反映出他对中国思想史的认识和体会尚欠火候。自然地，儒士在面对利玛窦的天主教说法时，反而感觉到自己的思想有高度，视利玛窦乃西来学生而已。换句话说，对于当时的儒士来说，利玛窦的说法虽然有新意，但远未能触及儒家思想的深处，无法刺激儒家思想的发展。

无论如何，《天主实义》是中西思想交流史上的重要文本，在中国思想史上具有不可忽略的意义。正是看到了这一点，《四库全书》的编者把它编入"子部杂类存目"，虽然不那么重视，但也算承认它的存在意义。就中西文化交流而言，《天主实义》所传递的新概念和新思维方式，对于当今的中国人来说，已经不再新了。不过，回到《天主实义》写作的原始语境来阅读和理解它，并在此基础上呈现其中的争论，对于中国思想史的研究和重构来说，仍然具有重要意义。

第三章 《天主实义》中的中西思维方式之争[*]

利玛窦在儒家思想语境中阐述天主教的"Deus"，在与当时中国的士大夫们进行讨论时，深深地陷入了困境。简略而言，儒家的"天"与天主教的"Deus"是在两种不同的情感中呈现并被界定的。利玛窦企图通过思想论证来说明"天"与"Deus"的一致性；但在儒士的理解体系中，"天"不是思想对象，而是敬畏对象。在缺乏共同的理解基础的情境中，利玛窦与中国儒士之间的思想交流很快就陷入困境。我们注意到，共同的理解基础可以是感觉经验（通过感官而获得）以及在此基础上形成的思想论证和理论体系，也可以是共同的情感，以及在此基础上形成的意念体系。需要指出的是，不同的情感指向不同的对象，因而在不同的情感中无法取得关于绝对者的共识。耶儒各自在不同的情感中建构的绝对者信念，严格来说是无法相通的。而且，即使在共同的理解基础上，人们所形成的信念也不尽相同，需要在不断争论中达成共识。尽管如此，但只要有共同的理解基础，不同信念之间的争论就是一种互动的思想史关系，最后就可能形成共同的信念。这里涉及的是比较研究。比较研究不是要建立一个信念共同体，而是要借助于情感分析方法去比较两种信念体系，使人们能够理解它们。同时，在情感分析中，两种信念体系的持有者可以找到相互理解的途径，从而进行思想交流。

这里涉及一个方法论问题，即情感分析在比较研究这个领域的关键作用。在中西比较视域中，情感分析是一种有效的分析方法，这种方法的广泛使用将推动中国学界的比较研究进入实质性的思想史进程。

---

* 本章原以《情感对象是在情感中被界定的——对张俊教授商榷文章的回应》为题，发表在《南国学术》2018 年第 3 期。

一、类比和共同的理解基础

在比较研究领域，人们常常使用一种被称为"类比思维"的方法：设想甲乙两人来自不同的生活环境，如甲生活在大海边，乙生活在山区。当甲来到山区并向乙谈论大海时，对于乙来说，他没有见过大海，因而无法理解甲关于大海的谈论。为了让乙理解自己所说的大海，甲会借助于比喻，引导乙在见过的东西的基础上发挥想象力，去想象一个没有见过的事物，并对它加以理解和界定。比如，甲指着湖水或水池等，这些对象都是乙见过的事物，引导乙去想象一个大到无边无际的"湖"，并告诉乙，"大海"就是那样宽阔的大湖。如果乙通过这种方式理解了甲所谈论的大海，那么，甲乙之间关于大海的谈论就可以继续进行。当然，这种在类比基础上的理解是很不充分的。然而，在思想交流这一点上，乙通过类比思维至少可以了解大海的某种特征，从而实现对"大海"一词的赋义或界定。一般来说，对于那些没有见过的感觉对象，类比思维是交谈双方相互交流和理解的有效工具。

在两种文化的交流中，我们也可以看到类比思维的运用。明末清初，以利玛窦为代表的天主教传教士进入中国。为了向中国人传播天主教教义，他们需要用汉语来表达他们的思想。在掌握了语言工具后，他们发现，即使可以使用汉语，如何把他们所理解的东西按照当时的中国人能够理解的方式加以宣讲，对于他们来说仍是十分困难的。就语言交流而言，他们一旦掌握了汉语知识，就可以通过翻译的方式来表达他们的思想。如果只是涉及感觉经验事物，两种不同语言之间的交流可以通过指称的方式进行对译。然而，问题在于，一旦进入那些不在经验知识范围内的对象，就无法进行经验指称，对译就无法进行。这里，为了推进思想上的交流，传教士们使用了类比思维方法，即在汉语中寻找类似的概念，来表达那些不在中国人的意念体系中但却是他们思想中的重要概念并想让中国人知道的东西。

这种交流要求，比起经验类比思维来说，是一种更为复杂的情境，因为它要求传递的事物或对象无法通过经验指称来实现，因而缺乏一种共同的理解基础。比如，在天主教教义体系中，核心概念是"Deus"（God）。显然，"Deus"不是经验对象，无法通过经验指称来呈现。为了让中国人能够尽快理解"Deus"，利玛窦在中国古代经典中找到了"上帝""天"

等语词。根据利玛窦的阅读，这些语词与"Deus"是类似的。为此，他采用了"上帝""天主"作为"Deus"的译名。这样，中国人就可以在自己的经典文本中所界定的"上帝""天"的基础上来理解"Deus"。不难看出，利玛窦等人似乎在采用一种类比思维方法来达到让中国人理解他们的"Deus"的目的。

进一步分析这里的类比思维，可以发现，在经验类比中，双方都是依据经验来理解事物。这里，双方拥有的感官是相同的，通过简单的指称方式，可以形成共同的经验知识。在共同的经验知识的基础上，理解有了共同性。当一方用类比来表达对方没有见过的事物时，对方可以使用共同的经验知识，进而发挥想象力，去想象并理解从未见过的事物。在共同的经验知识这个框架内，双方关于事物的理解具有确定的共同性。因此，经验类比思维在谈论某种经验对象时是有效的。

然而，"Deus"不是感觉经验对象，因而不能通过经验指称的方式加以界定。"上帝""天"也不是感觉经验对象。显然，经验知识不能给它们提供共同的理解基础。利玛窦使用"上帝""天"来类比"Deus"，能否达到思想交流的效果呢？这就需要分别对"Deus"和"上帝""天"的界定语境加以分析，以寻找某种共同的理解基础。

我在《"敬仰"与"信仰"》①一文中指出，人在认识周围世界时一定会遇到两种不同的对象，即感觉对象与情感对象。感觉对象是通过感觉器官被认识的；情感对象则是在情感中呈现的。此外，人还会与另一种对象发生关系，那就是思想对象。一般来说，人是通过思想论证来呈现思想对象的。这三种对象都是外在于人们的认识对象，而人们必须通过三种认识器官去认识它们。思想对象和情感对象无法通过感觉来呈现；情感并不呈现思想对象和感觉对象；而思想论证对于情感对象和感觉对象来说则显得多余。这三种外在对象只能分别通过相应的认识器官被人们认识。反过来说，如果错用了认识器官，比如，用感官去认识情感对象和思想对象，或用情感去认识感觉对象和思想对象等，人就无法正确地呈现并认识相应的对象。

而且，就像耳朵听声音、眼睛看四周、鼻子闻味道等一样，不同情感中出现的情感对象也必须通过相应的情感来认识，比如，我们只能通过"恐惧"情感来认识恐惧对象，等等。正是在这个意义上，我发现，在敬仰中呈现的"天命"与在信仰中呈现的"Deus"的意义是不同的。原因

---

① 《"敬仰"与"信仰"》原发表于《南国学术》2017年第2期，并作为第五章收入本书。

在于，敬仰与信仰这两种情感作为认识器官，各自拥有独特的认识论功能去界定所呈现的"天命"与"Deus"。"天命"作为敬仰对象，只能在"敬仰"情感中被界定并理解；"Deus"作为信仰对象，只能在"信仰"情感中被界定并理解。

我们若进入思想史语境，具体分析利玛窦在类比思维中提出的"Deus"的译名问题，就会发现其中引申出来的问题更为复杂，也会深切地理解《"敬仰"与"信仰"》一文提出的方法论问题的重要性。

如何理解"Deus"这个问题，在基督教神学思想史上，一直是争论不休的。就其主导性思路而言，人们是在基督信仰中提出自己的理解，并坚持认为自己的理解才是正确的。实际上，正是在这个争论不休的过程中，留下了所谓的"正统"与"异端"的发展线索。其中一个重要争论涉及"自然神学"的出现。自然神学是中世纪天主教的主导性神学。自然神学认为，自然万物都是神的恩典，因而人可以通过认识神的恩典（大自然）来认识神。在这个思路中，自然神学提出了大量逻辑论证来证明神的存在。于是，如果一个人接受了这些论证而相信神，那就表明，他心目中的神是通过论证呈现出来的思想对象。正是在这些论证（作为思想对象的认识器官）中，神是实实在在的，是可以理解的。这里，当这个人宣称相信神时，他必须引入那些论证来呈现他的神。换句话说，神只有在那些论证中才是可以理解的。离开那些论证，神的实在性也就丧失了。作为思想对象的神，需要通过思想论证来呈现它的实在性。

利玛窦的神学思想属于自然神学。在与中国儒士讨论"Deus"的存在时，他坚持认为，"Deus"就是先秦儒家经典中的"上帝"。为了说服中国儒士，他提供了一种自然神学式的论证。他论证说，万物的产生都需要外在力量，如工匠制造器皿等；因此，如果没有上帝，那么就没有万物；反过来说，现在有了万物，所以上帝存在。这个论证的结论是，万物必有一个本源，即"天主"或"上帝"。当然，中国儒士能够理解利玛窦的论证。因为他们已经在《道德经》中读到过类似的论证。不过，对于中国儒士来说，从思想史角度看，这个论证无法避免《庄子·齐物论》提出的一个论证，即一旦提出一个时间上的原始存在，就可以追问这个原始存在的原因，从而有关于原因之原因的无穷追问。人们称这个论证为"无穷后退"论证。宋儒周敦颐提出"无极而太极"的说法，就是要消解本源论的这个困境。当时与利玛窦对话的中国儒士对此是深有体会的。也就是说，他们已经放弃了把"上帝"或"天"当作在论证中呈现的思想对象，而是把它当作某种情感对象，从而搁置对它的讨论或论证。比如，中国儒士在对话中提醒利玛窦，中国人在讲"无"的时候，其实是在谈论某种实在的东西，只是这个东西不是感觉对象。一旦把它当作感觉对象，就无法避免庄子的"无穷后退"论证所带来的思想困境。

那么，这个实在而又不是感觉对象的东西是什么呢？它就是"上帝"或"天"！对此，中国儒士采取了搁置争论、敬而远之的态度。中国儒士对"上帝"或"天"是承认的，但拒绝把它当作思想对象来谈论。比如，张载在《西铭》中以"乾父坤母"开篇，并把"天"当作"纯孝"的对象，把读者引向一种纯粹的"孝"（完全没有经验内容的"孝"），即把"天"归为"纯孝"情感的对象。利玛窦企图重新在论证中唤起中国儒士谈论"上帝"的意识，并带领他们把"上帝"当作信仰对象。问题在于，缺乏共同的信仰基础，利玛窦把"上帝"当作了在论证中呈现的思想对象。即使中国儒士理解利玛窦的论证，因而理解他所谈论的"Deus"，他们仍然会认为，这个存在是一个思想困境。

从这个角度看，利玛窦用"上帝""天主"来翻译"Deus"，企图运用类比思维来建立中国儒士对"Deus"的理解，但他没有注意到，思想论证所呈现的"Deus"或"上帝"、作为利玛窦的信仰对象的"Deus"、作为中国儒士在敬仰中呈现的"上帝"，三者之间有鸿沟。思想论证可以成为它们共同的理解基础，但无法过渡到作为信仰对象的"Deus"或作为敬仰对象的"上帝"。这里的问题是，"上帝"和"Deus"都不是感觉对象，因而感觉经验无法提供共同的理解基础。而且，对于中国儒士来说，"上帝"不是思想对象；尽管利玛窦企图唤起中国儒士重新思考"上帝"或"天"，但是厚重的中国思想史已经放弃了对"上帝"或"天"的思考。当他们强调"上帝"或"天"是无（既非感觉对象，亦非思想对象）而又认为它是实实在在的无时，他们实际上是在某种情感中谈论它的实在性。也就是说，它是一种情感对象。

其实，利玛窦把"Deus"当作思想对象的做法（自然神学），在当时欧洲的思想界已经受到了严重的冲击。马丁·路德发起的宗教改革运动，在神学上完全抛弃了自然神学。路德在"唯独信心"的说法中把"Deus"完全归为信仰对象。我在《"敬仰"与"信仰"》一文中所阐述的在"启示-信心"中界定"上帝"一词的思路，主要是在追踪这一思路。

我们在追踪这段思想史时发现利玛窦的"上帝"或"天主"是一个思想对象。当时中国儒士在心学思路中把"上帝"或"天"归为情感对象，丧失了从思想论证的角度去论证它的存在的可能性。利玛窦等传教士与中国儒士之间缺乏共同的理解基础，因而无法通过类比的方式实现思想交流。利玛窦以为可以通过类比思维把天主教教义传递给中国儒士，但他没有意识到，这只是一厢情愿而已。

二、在共同情感中界定情感对象

从思想史角度看，利玛窦虽然没有唤起当时中国儒士的上帝意识，但传教士们却大量地使用"上帝"一词，从而导致"上帝"的语义界定权转交给了传教士们。利玛窦之后，伴随着19世纪新教在中国的传播，"上帝"一词的界定权就被天主教和新教传教士们完全占有了。时至今日，在当代汉语中，一个人若想了解"上帝"的含义，那一定是从基督教的文献开始的。近年来，学界开始有人试图夺回这个界定"上帝"概念的话语权。我想，如果对如何界定"上帝"的方法论问题缺乏了解，那这种努力就只能是徒劳的。

"上帝""天"指称的对象不是感觉对象，也不是思想对象。就中国历代文献而言，"上帝""天"大量出现在《诗经》中，是在某种情感中呈现的。即使《尚书》，在涉及"上帝""天"时也都是带着某种情感的。在思想性的文字中，比如，在周公或孔子的言论中，虽然他们对"上帝""天"是带着某种情感的，但他们更多谈论的是"敬德""敬事"等。"德""事"都是可以在经验中谈论的。某人做事得到更多人的赞扬，对社会有突出的贡献，说的话有人听等，这些都是为人有德、做事得体的表现。这样的人都是在"天命"中行事的人。因此，"敬"隐含着对"上帝"或"天"的情感。不难看出，这种语言现象表明，"上帝""天"在用法上指称一种情感对象。一般而言，这种情感被我们称为"敬畏"情感；或者说，"敬畏"情感指称的对象便是"上帝""天"。

在宋明以前，儒家的主导话语体系都是在"敬畏"情感中谈论"上帝""天"的。人生活在这个世界上，"天"是人的生存起点，因而要敬！同时，"天"所定的时空秩序使人的生活有序，因而要敬！因此，"天"是一种巨大的主宰性力量。只有在敬"天"时，人们才知道"天"是一种主宰性力量。也就是说，"天"作为一种主宰性力量，只能在"敬天"情感中被知道！缺乏"敬畏"情感，"天"只不过是人们仰望天空时的那个天

（感觉对象），虽然高高在上，但并不主宰人们的生存。但是，一旦出现"敬畏"情感，"天"的力量就呈现了。因此，"天"作为"敬畏"情感所指向的对象，与"天"在感觉经验中的时空存在是完全不同的。

就"天"而言，它在感觉经验中的指称和在"敬畏"情感中的指向是两个完全不同的对象。作为感觉对象，人们是在时空中对它进行界定的，并在描述中使它与其他感觉对象进行时空联结和概念建构。这个"天"，是人们的理性认识对象。而作为敬畏对象，"天"是具有独立意志的、自行其是的存在。它强大无比，人无法与之对抗。也就是说，它是一种具有主动性的强大力量。在"敬畏"情感中，这个"天"与感觉经验中的万事万物之间的关系就是另一种图景了。这里，"天"不接受其他感觉对象对它的制约；相反，它是所有感觉对象的存在基础和主导力量。因此，这个"天"具有出发点的地位和作用，主导着对其他经验性概念的界定。比如，流传至今的说法有：当敬天而遵循天时时，人们就能得到天助；当违背"天"所命定的秩序时，人们就会遭殃。当君王在治理国家时犯了错，"天"就会惩罚他；如果王朝被推翻，则是天数已尽。顺从天意，就受天佑！违背天意，就遭天谴！这些说法都是在"敬畏"情感中产生的，是对"天"的认识。当然，关于它们是否正确，是否有助于"敬畏"情感的加强或维持，不同的敬畏者也许有不同的意见，但有一点可以肯定，作为敬畏对象的"天"是在"敬畏"情感中被认识的。

在认识活动中，情感对象与感觉对象是两类不同的认识对象。当"天"作为敬畏对象行使着对经验性概念界定的主导作用时，实际上是把两类对象放在一起而混同为同类对象了。这种认识论混同，虽然是历史事实，而且在人的现实认识活动中也不可避免，但如果不加分析，确实不利于人对周围世界的认识，包括对情感对象和感觉对象的认识。比如，科学主义者因为这种混淆而拒绝承认情感对象作为认识对象。在他们看来，经验世界或感觉对象在现代科学中是可以通过数学进行精确描述的。然而，数学无法对情感对象进行描述。在科学主义盛行的思想界，人们很容易否定将情感对象作为认识对象，盲目地生活在科学崇拜（把科学当作崇拜对象）中。

"情感"一词是用来指称生存中的各种倾向的，因为人是作为一种情感主体而生存的。通过进一步分析，我们可以发现，每一种情感都指向一个对象；即使像"着急"这样的情感，看似不指向任何对象，其实仍指向一种混沌的可能性。在人的实际生存中，人是作为情感主体而与情感对象发生关系的。对于情感主体来说，情感对象是外在的，因此，情感指向对象就会引导某种生存方向。比如，"恐惧"情感指向一个恶的巨大力量，因而引导人逃避它；"信任"情感指向一个善的力量，因而引导人放心地与它相处；等等。因此，人在生存中通过情感与情感对象发生关系。

情感对象对于人的生存来说是实实在在的存在，并时刻在影响人的生存。对情感对象的认识达到什么程度，人就会在什么程度上与情感对象建立关系。或者说，如果人拒绝把情感对象当作认识对象并进而去认识它们，人就会陷入一种与情感对象盲目互动的生存状态中，如科学主义者看不到自己生活在"科学崇拜"这种情感中一样。因为有些情感只是断断续续存在，从而它们所指向的对象在人的意识中呈现为忽现忽逝，无法成为稳定的认识对象。但是，有些情感可以长期存在于人的生存中，并且可以为一群人所共享。这种具有持续性、共享性的情感所指向的情感对象，对于人这个情感主体来说，也是一种持久存在。并且，对于这群人来说，它是作为一种共同对象呈现于情感主体面前的。这种情感对象，就是人们的认识对象。人们关于它们的认识将直接影响自己的生存。从认识论角度看，具有持续性、共享性的情感对象自然而然地会成为人的认识对象。

在中国古代，先秦儒家谈论的"天"便是"敬畏"情感指称的情感对象。原因在于：其一，"天"不是感觉对象。尽管人可以在感觉经验中谈论某一时段的天空，并通过感觉经验获取相关的经验知识，但儒家关于"天"的一系列说法，显然都不是关于这样一种感觉经验对象的。其二，人也可以在其他情感中谈论"天"。比如，在"杞人忧天"这个故事中，这位杞人是在"忧虑"情感中谈论"天"的——担忧"天"会塌下来。这种"忧虑"情感，等于把"天"呈现为一种力量不足的对象。但是，在儒家文献中，"天"是一种巨大的力量，因而不会塌下来。显然，儒家讲的"天"不是在"忧天"情感中呈现的对象。因此，这位杞人在历代文献中都是被嘲笑的对象。也就是说，"忧天"情感在思想史上仅仅是某个人的情感，并未在社会上流传而成为共同情感。

在"敬畏"情感中呈现的"天"是一种巨大的主宰性力量，它独立自在，它所命定的秩序不可违背。面对这种不会更改意志的巨大力量，在儒家看来，认识并遵循天命就能在这个秩序中获得益处，反之就遭殃。或者问：儒家关于"天"的这个界定根据何在？显然，根据在于"敬畏"情感！可以说，只要在"敬畏"情感中，"天"就是如此被界定的。

从认识论角度看，"天"在"敬天"情感中同时为情感对象和感觉对象。作为感觉对象，它是外在的；而且，由于它与人的生存直接相关，人需要认识它。这个"需要"是人们认识天的动力。就人的认识而言，五官是人们认识经验世界的渠道。五官对于绝大多数人来说是稳定的、共同的。因此，通过五官所获得的感觉经验是人们关于经验世界的认识的基础。面对那些具有稳定性、共同性的情感对象，从情感主体的角度看，它们作为外在的认识对象是通过情感而被人们认识的。也就是说，在这种认识活动中，人们至少拥有关于情感对象和感觉对象的知识。并且，这两种知识在人们的知识建构中往往被当作同一类知识来处理，不加分辨地共同建构成一种整全的知识体系。在儒家思想体系中，"天"在"敬畏"情感中已经被界定为主宰性力量，已经作为一种知识存在于人的思想中，因此，在儒家的知识建构中，这个关于"天"的观念就不能不起作用。可以看到，这里的"天"作为情感对象，与万事万物作为感觉对象，都被视为一个认识对象或一个世界。作为一个整全的知识体系，儒家关于宇宙与社会的看法包含着情感对象和感觉对象。

然而，如何处理主宰性的"天"（作为情感对象）与万事万物（作为感觉对象）之间的关系呢？在中国思想史上，曾出现了各种不同的处理方式，从而产生了各种不同的关于"天"的观念。比如，汉代思想界的"天人感应"说是一种处理方式。在这种处理方式中，"天"被理解为会通过某种兆象来表达自己的好恶。如果世间出现一些不好的兆头，如风雨不顺、天灾不断等，这就表明"天"在谴责当朝失政，皇帝因而要下"罪己诏"。"感应说"进一步发展为"谶纬说"，导致人们在解释一些自然现象时完全从自己的政治利益出发而随意发挥，甚至进而人为操纵，所以，这种天人关系处理方式很快就被放弃了。又如，宋代张载在《西铭》中也提出了一种处理方式。《西铭》以"乾父坤母"开篇，认为天定秩序和人伦秩序是相通的，人在"纯孝"情感中孝敬天地，如同在现实生活中孝敬父母。于是，张载在天地人伦的和谐秩序中把"天"（作为情感对象）与万事万物（作为感觉对象）整合为统一的知识体系。就思想史发展而言，张载的想法主导了宋明理学心学的发展方向，引导人们在处理人伦关系时有某种神圣感。这个思路实际上是把指向外在之"天"的"敬天"情感，转化为对内在的人伦关系的"敬畏"情感。一旦"敬天"情感消失，"天"就丧失了它的外在性。换句话说，"天"是在敬畏中呈现的一种外在的主宰性力量。"敬天"情感之淡化直接破坏了"天"的外在性。明末来到中国的天主教传教士利玛窦在与当时的中国儒士交流思想时，很快就发现了这一点。在他的传教过程中，利玛窦企图通过论证来重建"天"作为主宰

性力量的外在性。不过，这一努力并不成功。因为，使用论证思路只能把
"天"呈现为思想对象（仍然是内在的），无法重新唤起人们的"敬天"情
感，当然也无法唤起利玛窦所希望的天主信仰。

情感对象和感觉对象属于两类不同的认识对象，两者不能简单混同。
然而，思想史在这个问题上的盲点导致人们随意混同两者，并在混同中建
构各种知识体系。不难理解，这些不同的知识体系关于"天"肯定会有不
同的说法或观念。张俊教授在评论我的《"敬仰"与"信仰"》一文时，恰
当地注意到思想史上的各种关于"天"的观念，以及我的文章在讨论这个
问题时的缺失。从思想史角度看，这项工作确实值得去做。但要做好这项
工作，首先应从思想史上的各种儒家观念体系中分辨出指称情感对象和感
觉对象这两类认识对象的概念；在此基础上，才能深入分析并理解混同两
类认识对象而建构起来的各种知识体系，才能进入思想史的深层结构。

三、情感分析与比较研究

耶儒之间的对话交流和比较研究，自明末天主教传教士利玛窦来华以
来，至今已有四百多年的历史。利玛窦企图从思想论证的角度切入比较和
对话，其实是在比较两种信念体系，对于其中的基础性情感之差异几乎不
予注意。也就是说，利玛窦给出的耶儒比较没有触及两种信念体系的基础
性情感，因而他所努力从事的对话也就不着边际了，因为不同的情感呈现
不同的情感对象。1807 年，新教传教士马礼逊（R. Morrison）来华后，
很快就开始展开《圣经》的汉语翻译工作，并有了整个 19 世纪的《圣经》
翻译历史。有意思的是，在接下来的百年传教中，新教传教在教会人数增
长上几乎没有进展；即使中国在鸦片战争中的失败让传教活动获得了某种
意义上的国家层面的默许，新教教会的人数增长也极其缓慢。然而，白话
文和合本《圣经》于 1924 年问世后，伴随白话文运动，吸引中国人直接
阅读《圣经》，激发了一些读者的情感，并将其引向基督信仰。这些华人
基督徒在自己的基督信仰中建构自己的信念体系，比如，倪柝声的神学体
系极大地影响了华人基督徒的神学思考，推动了基督徒人数的增长。于
是，反映在当代中国思想界，耶儒两种信念体系之间的比较和对话就成了
显学。严格来说，我的《"敬仰"与"信仰"》一文是想寻找一种切实可行
的比较方法，即情感分析，并在此基础上推动耶儒人士相互理解，从而进

入实质性的对话。

在情感分析法中，我把儒家在"敬畏"情感中谈论的"天"，与基督教在"信仰"情感中谈论的"神"（Theos、Deus、God），分别处理为敬畏对象与信仰对象。由于敬畏与信仰是两种不同的情感，所以它们在呈现并界定对象时只能被赋予不同的意义或给予不同的界定。换句话说，对于儒家的"天"，只能在"敬畏"情感中进行理解；而要理解基督教的"神"，就只能在"信仰"情感中进行。因为不同的情感呈现并界定不同的情感对象。作为情感对象的"天"与"神"，在耶儒两种信念体系中都被当作认识对象，因而敬仰者与信仰者各自在进行知识建构时还会使它们与那些作为感觉对象的万事万物建立起概念关系，以此建构知识体系。因此，从认识论角度看，"天"与"神"还会在各种不同的意念体系中被界定。由于它们作为情感对象无法在经验中得到验证，所以它们只能作为信念（在某种情感支持中的观念）存在于各自的意念体系中。在这些意念体系中，情感对象与感觉对象未加区分；于是，人们往往就不自觉地在感觉经验基础上谈论"天"与"神"，并对这两种信念进行比较。但这种比较研究只会在理解上带来更大的困惑，甚至还会阻碍耶儒之间的相互理解。因此，在比较这两种信念体系时，切记不能把情感对象混同于感觉对象。所有感觉对象都可以通过现代科学的深入研究和精确描述而获得科学知识。但是，面对情感对象，现代科学无法提供任何知识。

还有一种看法认为，要理解儒家就必须成为儒士，要理解基督教就必须成为基督徒，等等。持这种看法的人感受到了情感在信念体系中的基础性地位和作用。"敬天"情感是理解儒家的"天"的基础，基督信仰是理解基督教的"神"的基础。但是，能否因此进一步推论说，只有儒士才能理解"天"？或只有基督徒才能理解"神"？如果是这样，这里谈论比较研究和相互理解就都没有必要了。一个明显的认识论事实是，在比较研究领域，研究者只能从自己的思想角度去处理其他信念体系。这就要求研究者站在某种相对独立的第三者视角上对两种信念体系进行分析和比较。至于相互理解，人只能在自己的信念体系中去理解其他信念体系。如果只有皈依才能理解一种信念体系，那就等于说，比较研究和相互理解都是不可能的了！

之所以说情感分析是一种比较研究的有效方法，是因为它的意义远远超出了比较研究领域。实际上，在宗教学、认识论、形而上学等领域，情感分析都是一种有效的分析方法。就比较研究而言，情感分析提供了这样一种分析和比较不同信念体系之信念用词的途径，即信念体系中的信念都指向某种情感对象；我们在分析中，首先要分辨这种情感对象，然后找到它们的对应情感，进而就对应情感的赋义或界定功能进行分析，从而理解这些信念用词。在这种分析方法中，"情感对象"是一个关键词。

人们在处理情感时往往只关注它们的主观性。就其主观性而言，情感是属于一个主体的。这样一种主观情感的出现和消失难以把握，因而具有不稳定性。在主体理性主义主导下的哲学分析中，情感的这种特征导致人们仅仅把情感当作心理学的研究对象，而忽略了情感是一种认识器官这个认识论事实。情感分析就是要呈现这样一种生存状态：情感是一种生存倾向，并指向一个对象。当某人的情感持续地指向一个对象时，他就会把它当作一个认识对象，并对它进行赋义和命名。一旦这种情感被众人分享，众人就会形成一个情感共同体，一起对这个情感对象进行认识，并形成共同知识或共同信念。思想史上的各种信念体系都是这样形成的。现在，我们在阅读并理解这些信念体系时，如果不还原这些信念背后的情感，那么就无法理解它们。总之，理解一个信念体系中的信念，必须回到对它进行赋义的情感中。

第四章 儒学思想研究的一些方法论问题[*]

中国哲学史研究在西学的刺激和影响下走过了近百年的历史。大概而言，自从胡适用他所理解的西方学界哲学史方法完成《中国哲学史大纲（卷上）》（1919 年）之后，不管同意还是反对，中国学界就开始了不同版本的中国哲学史写作。1929 年，钟泰出版了另一种类型的《中国哲学史》与胡适对抗，希望能够呈现一种纯中国式的中国哲学史。稍后，冯友兰《中国哲学史》（上册，1931 年；下册，1934 年）出版。冯友兰的这部著作在文献和分析上都十分扎实，目前仍在影响国内外的中国哲学史研究。从 20 世纪 50 年代起，马克思主义开始主导中国思想界。于是，中国哲学史研究陷入黑格尔的概念式哲学史研究路数，并采取苏联的"唯物-唯心"模式，被称为辩证唯物主义哲学史研究。这种研究路数也被称为"意念先行"。进入 20 世纪 80 年代后，我们重新回到原点。国门打开，学子在世界各地游学。他们归来后，各依自己所学，形成了现在"八仙过海，各显神通"的局面。

本章将追踪并分析新文化运动以来中国哲学史研究方法论的思路与争论，包括胡适提出的文献考据问题，冯友兰在"意念先行"中的逻辑分析法，陈寅恪以"了解之同情"表达的读书方式，进而从情感分析角度展示陆九渊在"六经注我"说法中传递的中国人的传统读书经验。在此基础上，本章还将分析读者与文本之间的情感-思想纽带，指出处理好读者与文本这两个主体之间的关系是中国哲学史研究方法论的关键所在。

一、文献考据问题

1905 年，清政府派遣了一批留学生赴欧美留学。同时，美国政府拿

---

* 本章原以《文本诠释与哲学史研究》为题，发表于《文史哲》2016 年第 4 期。

出一部分庚子赔款在中国设立清华学堂等，作为留美学生预备班。随后，其他西方列强也仿效美国。结果：进入 20 世纪的第二个十年后，大批留学生回国，带回各种各样的西方思想；而且，这些"海归"把他们所了解的西方思想奉为拯救中国社会的良方。于是，中国社会进入了一个思想动荡的年代。

1915—1917 年，胡适在美国哥伦比亚大学哲学系学习，一年完成课程，并获得博士候选人资格，接着埋头写博士论文。论文答辩后，胡适便回国出任北京大学教授①，并马上开设"中国哲学史"课程。1918 年夏天，胡适在讲课的基础上写成了《中国哲学史大纲（卷上）》②，并于次年由商务印书馆出版。蔡元培为胡适的这本大纲写了一个序言，特别提到这本书的写作角度："中国古代学术从没有编成系统的记载。《庄子》的《天下篇》，《汉书·艺文志》的《六艺略》《诸子略》，均是平行的纪述。我们要编成系统，古人的著作没有可依傍的，不能不依傍西洋人的哲学史。所以非研究过西洋哲学史的人，不能构成适当的形式。"③

我们知道，从 19 世纪起，西方哲学史学界在德国人的努力下，对古代文献进行了系统的考据工作。例如，第尔斯（Hermann Diels）于 1903 年出版了他的《前苏格拉底哲学家残篇》（*Die Fragmente der Vorsokratiker*）。这是一部对古希腊文献进行考据的巨著，对苏格拉底以前的哲学家（已无原著流传）在古代文献中留下的残篇进行甄别，按原作、引用、伪作等进行分类。与此同时，英美哲学界也开始进入所谓的分析时代（20 世纪）。分析哲学以分析方法对抗系统哲学。德国哲学家黑格尔在哲学上属于系统哲学，他的《哲学史讲演录》在方法论上采用了意念统辖史料的

---

①　围绕胡适的博士学位问题存在一些讨论。根据《胡适传》，胡适于 1917 年 5 月 22 日参加博士论文答辩，究竟当时胡适是否通过答辩，已无可考，参见易竹贤：《胡适传》，湖北人民出版社，1987，第 97 页。我估计是有条件通过，答辩委员会可能要求胡适修改并定稿，但当时胡适急不可耐地要回国，导致博士学位授予延迟。一直到 1927 年，由于胡适在中国的巨大影响，哥伦比亚大学才承认胡适的博士论文，并授予其博士学位。而"就目前学界考证的结果来看，胡适确于 1927 年 3 月正式获得美国哥伦比亚大学哲学博士学位"[肖伊绯：《发现"胡博士"讲义本（代跋）——〈中国哲学史大纲（卷中）〉的发现与初考，载胡适：《中国哲学史大纲：卷上、卷中》，肖伊绯整理，广西师范大学出版社，2013，第 417 页]。

②　值得一提的是，胡适的《中国哲学史大纲（卷中）》重见天日，广西师范大学出版社将卷上、卷中首次合辑定本。相关版本考据，参见肖伊绯：《发现"胡博士"讲义本（代跋）——〈中国哲学史大纲（卷中）〉的发现与初考，载胡适：《中国哲学史大纲：卷上、卷中》，肖伊绯整理，第 417 - 423 页。

③　蔡元培：《序》，载胡适：《中国哲学史大纲：卷上、卷中》，肖伊绯整理，第 3 页。

做法。虽然分析哲学日渐强大，但系统哲学的传统仍然在发挥影响。也就是说，在 20 世纪之初，西方学界的哲学史研究方法大致分为文献考据、文本-逻辑分析、意念统辖史料三种模式。至少，当时在美国大学哲学系学习过的人都应该接触过这些方法。

蔡元培对此略有所知。不过，对于西方学界关于哲学史的研究方法有不同乃至对立的观点，他并没有足够的体会。对于胡适的方法论，他做了四点概述，并认为这四点就是西学的哲学史研究方法：第一是证明（即考证）；第二是扼要（即抓住其哲学概念）；第三是平等（即中立地叙述）；第四是系统（即揭示发展线索）。显然，蔡元培把西学哲学史研究的两种方法混起来说了。实际上，蔡元培更多是在表达他自己对中国哲学史研究的期望：“我只盼望适之先生努力进行……把我们三千年来一半断烂、一半庞杂的哲学界，理出一个头绪来，给我们一种研究本国哲学史的门径，那真是我们的幸福了。”① 无论如何，在蔡元培看来，西学方法才是最先进的哲学史研究方法。至于是什么样的西学方法（考据、分析，抑或意念统辖），他并不是特别在乎。因此，他认为胡适的工作在方法和方向上是完全正确的，因为胡适的《中国哲学史大纲（卷上）》运用了西学方法。

我们需要考察一下胡适自己是怎么定位自己的方法的。胡适本人对这部《中国哲学史大纲（卷上）》十分得意，认为这是开山之作。1927 年，他写了一篇文章《整理国故与“打鬼”》，其中有一段强调其《中国哲学史大纲（卷上）》之重要性的文字：“但我自信，中国治哲学史，我是开山的人，这一件事要算是中国一件大幸事。这一部书的功用能使中国哲学史变色。以后无论国内国外研究这一门学问的人都躲不了这一部书的影响。凡不能用这种方法和态度的，我可以断言，休想站得住。”②

不难看出，胡适直言《中国哲学史大纲（卷上）》的重要性在于它的方法。胡适在哥伦比亚大学哲学系读了两年。杜威也在那里讲哲学，并愿意出任胡适的博士论文指导老师。因此，胡适对实用主义还是有所了解的。不过，在德国哲学史学界强盛的时代，英语哲学界似乎还没有从所谓的实用主义出发来处理哲学史的能力。或者说，哲学史界没有出现过所谓

① 蔡元培：《序》，载胡适：《中国哲学史大纲：卷上、卷中》，肖伊绯整理，第 3-4 页。

② 胡适：《整理国故与“打鬼”》，载《胡适文存三集》，上海科学技术文献出版社，2015，第 113 页。

的实用主义方法。从《中国哲学史大纲（卷上）》的写作思路来看，我们也读不到胡适有意从实用主义出发来处理中国哲学史的做法。许多人在评价胡适的中国哲学史研究方法时，认为胡适企图用美国实用主义观点来串联中国古代思想。这个评价缺乏足够的根据。我们读他的《中国哲学史大纲（卷上）》也得不出这个结论。①

那么，胡适的方法是什么呢？胡适自己在《中国哲学史大纲（卷上）》的导言中谈到：第一步是搜集史料；第二步是审定史料的真假；第三步是除去不可信的史料；第四步是整理可靠史料；第五步是领会史料并使之成为有系统的哲学。这五步加起来就是"述学"，主要是针对各家学说；接着就要"明变"，研究各家学说之间的异同和变迁次序；进而探讨这些学说变迁的原因，称为"求因"；最后是对它们进行"评判"，讨论它们的价值。

胡适的所谓"述学"，按照他的措辞，主要是指对古代文献进行考证。胡适认为，对于这些现成的史料，必须进行真假甄别。于是，在《中国哲学史大纲（卷上）》中，他用了大量篇幅讨论史料真假问题。我们来读一段他在导言中对中国哲学史现存史料的评论，大致地了解胡适处理史料的方法：

> 表面上看来，古代哲学史的重要材料，如孔、老、墨、庄、孟、荀、韩非的书，都还存在。仔细研究起来，这些书差不多没有一部是完全可靠的。大概《老子》里假的最少。《孟子》或是全真，或是全假（宋人疑《孟子》者甚多）。依我看来，大约是真的。称"子曰"或"孔子曰"的书极多，但是真可靠的实在不多。《墨子》《荀子》两部书里，很多后人杂凑伪造的文字。《庄子》一书，大概十分之八九是假造的。《韩非子》也只有十分之一二可靠。此外，如《管子》《列子》《晏子春秋》诸书，是后人杂凑成的。《关尹子》《鹖冠子》《商君书》，是后人伪造的。《邓析子》也是假书。《尹文子》似乎是真书，但不无后人加入的材料。《公孙龙子》有真有假，又多错误。这是我们所有的原料。②

---

① 人们在阅读《中国哲学史大纲（卷上）》时会遇到胡适对古代思想家的评论，并认为他的评论是从实用主义出发的。例如，《中国哲学史大纲（卷上）》第九篇第一章讨论庄子，硬说庄子的思想可被纳入进化论范畴。我想，任何一位实用主义哲学家都不会这样做。实用主义认为，一个意念的意义在于它在实践中的作用。对于胡适来说，如果哪位古代思想家的言论在他的理解中符合他所推崇的西方思想，那就是好思想。严格来说，这不是实用主义方法。

② 胡适：《中国哲学史大纲：卷上、卷中》，肖伊绯整理，第15页。

　　胡适在审查完中国古代文献后，得出了一个相当惊人的结论：那些一直主导中国思想史发展的文献"差不多没有一部是完全可靠的"。这个评价的根据是什么呢？——是"仔细研究"。然而，在上述引文中，我们读到的却是这些提法："依我看来""大概""似乎"。这些十分主观的用词表明，胡适的"仔细研究"就是他的直觉。胡适在没有提出任何文献甄别原则的情况下，对中国思想史的史料进行如此严厉但十分轻率的批判，实在令人震惊。站在学术的角度，我们不得不追问：难道这就是西学的哲学史研究方法？

　　按胡适的说法，他是要仿效西学哲学史研究的文献考据方法。然而，德国人在 19 世纪整理古代文献时是在一定原则下进行的。例如，第尔斯在整理苏格拉底以前哲学家的残篇时定了如下原则：考虑到苏格拉底以前哲学家的著作未能保存下来，在查考现有文献时，应区分直接引用（作为残篇）和间接引用（作为引述）。又例如，对于流传下来的柏拉图著作进行真伪判断时，人们提出语言习惯或修辞风格等原则。这些都是可操作的文献甄别原则。在一定原则中进行文献甄别工作，只要接受这个原则，人们就能达成共识，形成共同文本，从而建立一个学术共同体。在没有原则而仅仅依靠个人直觉的情况下，由于每个人的直觉互不相同，每个人对文献的判断自然就互不相同，如是，就不可能形成共同文本。而没有共同文本，就不可能出现共同讨论，从而无法建立学术共同体。只能说，胡适的学术共同体意识比较淡薄。或者说，他企图凭自己的力量按照自己学来的西学方法，另起炉灶，重建中国哲学史研究学术共同体，因而毫无原则地否定现存中国哲学文献的可靠性。这种割断历史传承的做法，显然不利于在中国学界建立一种新的中国哲学史研究学术共同体。

　　我们注意到，中学文献和西学文献有一个十分重要的区别。欧洲思想史从 5 世纪开始有过一段日耳曼族入侵导致的文化毁灭时期，之后便进入所谓的黑暗时期（7—8 世纪）。由于东西罗马的分裂，西罗马为拉丁文区域，东罗马为希腊文区域，西罗马开始忘却希腊文和古希腊文明，以致到了 14 世纪，几乎无人能阅读希腊文。大约从 11 世纪开始，他们从阿拉伯人那里重新了解并引进亚里士多德思想。而柏拉图的著作，当时只有《蒂迈欧篇》的一部分被译成拉丁文，西欧人所知道的柏拉图也就仅限于这篇对话。这种政治和语言上的障碍使西欧人长期无法了解自己文明的根源。14 世纪开始出现文艺复兴，人们重新发现了古希腊文明，开始学习希腊文，努力挖掘自己文明的根源，并出现了把希腊文文献翻译为拉丁文的热潮（一直到 16 世纪）。进一步，受马丁·路德发起的宗教改革运动的影响，人们开始把这些古代文献翻译成本国文字。这个时候，人们才开始对古代文献进行整理，进而有了所谓的文献考据活动。在这个方面，19 世纪的德国人贡献最大。

总体而言，中华文明在文献传承上是连续的。也许，秦始皇"焚书坑儒"事件需要一提。这个事件导致许多先秦书籍被毁。不过，这个事件持续时间并不太长。紧接着在汉朝，学者们就开始了一项大规模的文献考据工作，对"焚书坑儒"事件给文献保存造成的损害进行修复，此之谓"两汉经学"（包括古文经学和今文经学）。两汉经学成就显著，且代代相传，规定了中国思想发展的原始文献。当然，人们还是可以在这方面或那方面不同意汉儒的考据成果；但是，人们没有理由全盘否定他们的工作。汉儒最接近先秦时期，在处理先秦文献时，他们较之后来者更有发言权，值得后来者充分尊重。汉代以后，中华文明没有出现过断裂，书籍文献的传承有着基本的连续性。这种连续性保证了现存文献的基本可靠性。这与西方文明因语言隔阂和政治分离而出现的文献传承断裂状况，是完全不同的。胡适仅仅因为西方学界关于哲学史的研究是建立在文献考据基础上的，便要求中国哲学史研究也必须从全面考据文献做起①，这个要求并不合理。实际上，当代西方学界采纳了 19 世纪德国人的文献考据工作，哲学史研究的重点已经从文献考据转向了文本分析。

胡适对这个作为历史事实的中西文献差别毫无感觉，却标榜用西学方法来研究中国哲学史。当然，平心而论，就过去近百年来的中国哲学史研究发展而言，胡适的这个要求推动了中国学界重新审查汉代考据成果，并发现了一些问题，例如，《中庸》的写作年代问题②，等等。就此而言，胡适这个要求的积极意义是不可否定的。《中国哲学史大纲（卷上）》出版后轰动一时，并与新文化运动的西化倾向相辅而行，影响深远。不过，这种影响导向了一种"意念先行"的哲学史研究倾向，即在某种意念中重新审视并统辖古代文献。尽管人们在文献考据上没有太多的进展，但是，采

---

① 胡适在《中国哲学史大纲（卷上）》中处理先秦诸子学说，因而在文献考据问题上，他是冲着汉代经学讲话的。值得注意的是，清朝文献考据也相当发达，但这主要是针对宋明理学忽视文献的倾向。清朝经学强调学者应该对古代文献有更广更深的把握，这与汉代经学的考据真伪取向并不相同。特别地，清朝经学并没有否定汉代经学的成果。参考郭康松：《清代考据学的启蒙》，《湖北大学学报（哲学社会科学版）》2001 年第 2 期。

② 相关讨论，参见梁涛：《郭店竹简与思孟学派》，中国人民大学出版社，2008，第 261-291 页。

用某种意念来统辖（包括肢解和重释等）古代文献的做法却大行其道。近一百年来，我们对先秦文献的处理基本上仍然保持着两汉经学的样子，并没有取得什么全面性突破。这一现象表明，在先秦文献考据上，我们是无法跨越汉代经学的。近些年来，关于先秦文献在考据上的新发现大都与考古有关，特别是马王堆墓帛书和郭店楚墓竹简的发掘，而并非基于现有文献的考据。所以，胡适要求中国哲学史研究把注意力和精力主要放在文献考据上，这在中国思想史语境中是不合理的。

胡适在 1921 年写了一篇文章，题为《治学的方法与材料》[①]。在此文中，他进一步提出那个著名的"大胆假设，小心求证"的治学方法。虽然在《中国哲学史大纲（卷上）》中难以读到"小心求证"，但是"大胆假设"却随处可见。在科学上，任何假设都可能在实证中被证实或证伪。但是，在文献处理上，一个意念能否与文献交融在一起，并不是一个简单的证实或证伪问题，而是这个意念在解释文献的同时不断地修改自身的过程。鉴于此，中国哲学史研究应该充分正视文献传承的连续性和可靠性（而不是随意怀疑、否定），并且把更多的时间和精力放在文献理解与文本分析上。

二、陈寅恪与冯友兰之争

新文化运动传递的情感是向西方学习。但是，学什么，又如何学呢？海归学者对此的看法并不一致。冯友兰也去了美国哥伦比亚大学哲学系学习。不过，他在哲学系学习的时间比较长，对西方哲学界的各种思潮有更多的了解。特别地，他对美国刚刚兴起的分析传统有深入的体会。回国后，他大概是不满意胡适的《中国哲学史大纲（卷上）》，自己写了一部《中国哲学史》。这部哲学史著作在出版前被送给时任清华大学哲学系教授的陈寅恪评审。陈寅恪读了初稿后写了一个审查报告，评价甚高，并有感而发地写道：

> 凡著中国古代哲学史者，其对于古人之学说，应具了解之同情，方可下笔。盖古人著书立说，皆有所为而发；故其所处之环境，所受

---

① 胡适：《治学的方法与材料》，载《胡适文存三集》，第 101 页。

之背景，非完全明了，则其学说不易评论。而古代哲学家去今数千年，其时代之真相，极难推知。①

陈寅恪的这段评论提出了一个十分重要的中国哲学史研究方法问题。在他看来，中国哲学史研究的首要问题并非文献考据，而是如何阅读和理解古人的学说。他在上述审查报告中顺便批评了胡适的文献考据要求。他写道："以中国今日之考据学，已足辨别古书之真伪；然真伪者，不过相对问题，而最要在能审定伪材料之时代及作者而利用之。盖伪材料亦有时与真材料同一可贵。"② 一方面，在古书真伪辨别方面，中国人做得不错，"已足辨别古书之真伪"；另一方面，即便是伪材料，在一个连续的传统中，也是可用的，是值得深入分析、讨论的。中国文献传承的连续性，是陈寅恪上述感觉的基础。在连续的传统中，那些传承至今的古代文献一定是一直被阅读的材料，因而必定有其思想史效应。在这种历史连续性中，所有传承下来的材料都具有哲学史研究的价值。

人们谈论更多的是，陈寅恪提出了"了解之同情"这种哲学史研究态度。在我们的阅读中，古代文献不单纯是真伪考据的对象，而是我们追踪古人思想发展线索的文本，即前前后后具有内在关联的思想的文字载体。古人在写作时所面临的各种问题，他们在处理问题时所依赖的资源，以及他们所提供的解决方案等，都是在他们所处的语境中给出的。他们的问题意识和解决思路规定了历史的发展进程，进而影响了我们这些后生的问题意识和思维方式。也就是说，他们所处的语境与我们这些读者身处的语境虽然不同，但还是有内在联系的。这种语境上的同（历史传承）和异（语境已然不同）对于我们理解古人思想十分关键。在哲学史研究中，作为读者，我们是通过阅读和理解文本，与古人思想发生关系的。文本是我们与古人之间的纽带。从这个角度看，如何理解文本是中国哲学史研究的关键所在。

那么，如何去理解一个文本呢？陈寅恪拈出了"同情"一词。这其实涉及了理解的情感维度。在陈寅恪看来，对中国古代文献的阅读必须带着同情心。不难看出，怀着不同的情感，就会有不同的阅读和理解。胡适对中国哲学的先入之见是：它是落后的，因此，跟西方哲学相比，中国哲学

---

① 陈寅恪：《审查报告一》，载冯友兰：《中国哲学史》下册，华东师范大学出版社，2000，第432页。

② 同上书，第433页。

必须以西方哲学为标准而脱胎换骨。这种先入之见是建立在对中国哲学的某种嫌烦情感上的，怀有这种先入之见的人从一开始就不愿意深入了解中国哲学所隐含的问题意识、情感倾向和思想体系。陈寅恪提倡同情心，是要求中国哲学的研究者努力进入古人的思想语境，并在其中体会古人通过写作所要表达的情感和思想。所以，从陈寅恪的角度看，冯友兰和胡适是在两种不同的情感中处理中国哲学史的，前者是同情，后者是嫌烦。在这两种不同的情感中做出的中国哲学史研究完全不同。

在不同的情感中阅读文本会得出不同的理解与诠释，从而呈现出完全不同的中国哲学史。嫌烦对于文本阅读来说是相当消极的。胡适的这种情感具有传染性。特别地，通过新文化运动，当时许多读者感染了这种情感，进而养成了一种对于中国哲学的更强烈的厌恶心。对于这些读者来说，他们甚至拒绝把古代文献当作文本，往往在没有阅读的情况下就直接加以排斥。不管是嫌烦还是厌恶，都属于在消极情感中处理中国哲学，目的是修正它或放弃它，以便摆脱它对我们的影响。

作为对比，同情则是一种积极态度，具有这种态度的读者倾向于进入古人的语境进行阅读和理解。当然，作为积极态度的情感除了同情还有别的，比如，尊重、敬畏、信任，等等。同情使读者愿意进入文本写作语境，分享作者的心境和想法。这是哲学史研究所需要的最基本的情感。再进一步，如果某个读者带着"尊重"情感去阅读一个文本，比如一本在历史上被人反复阅读和诠释的经典著作，那么，该读者一定相信这个文本含有重要思想，需要认真挖掘。这样，他的阅读就会更加仔细。如果读者带着"敬畏"情感去阅读一个文本，比如圣人之书或宗教经典，那么，读者就会把自己当作学生，努力通过阅读吸收思想养分，建构作为自己生存依据的思想体系。在这种情况下，文本就是读者安身立命的基础，其中的每一个字都值得细细琢磨。或者，如果读者带着"信任"情感去阅读一个文本，那么，这就意味着读者相信所读文本是不会出错的。如果出现阅读上的困境，读者肯定不会认为是文本的错误，而是会归咎于自己理解能力不足，故而追求阅读理解能力的提高。这些阅读中的情感因素在我们的现实生活中随处可见，例如：上学时阅读老师指定的教科书，我们往往都是带着"信任"情感的；基督徒阅读《圣经》也是在这种情感中进行；等等。不难看出，只有带着某种积极情感去阅读文本，才能进入文本的深处。以上只是列举几种积极情感，对陈寅恪引入同情心作为哲学史研究方法的重要因素这个想法提供支持。陈寅恪的这个想法，十分值得重视。

　　陈寅恪认为冯友兰的《中国哲学史（上册）》在处理中国哲学史时包含了同情心。对于这个评价，冯友兰的反应有点矛盾。对于陈寅恪的正面评价，冯友兰当然不会拒绝①，但是，在中国学界的西化思潮中，陈寅恪的评价似乎不合潮流。同情心追求在阅读文本时产生某种共鸣，表现在意识层面，这种共鸣是一种直觉：似乎有某种东西在那里，在语言上却又说不清楚。冯友兰认为，强调思想的直觉性其实就是中国传统思想的特点。在他看来，正是因为强调这种直觉性，中国哲学在形式方面的发展才一直滞后。西方哲学的发展，关键在于逻辑分析，这才是科学的方法。因此，他强调，中国哲学史研究必须通过逻辑分析在形式上把中国哲学史呈现为一系列概念系统。

　　在始于1923年的科玄论战中②，冯友兰对直觉与理智（逻辑）之间的关系给出如下说法：

　　　　故谓以直觉为方法，吾人可得到一种神秘经验［此经验果与"实在"（reality）符合否是另一问题］则可；谓以直觉为方法，吾人可得到一种哲学则不可。换言之，直觉能使吾人得到一种经验，而不能使吾人得到一个道理。一个经验之本身，无所谓真妄。一个道理，是一个判断，判断必合逻辑。③

　　对于冯友兰来说，陈寅恪所说的那种同情心对于中国哲学史研究是不够的。我们在同情心中可以感受到古人的想法（直觉或共鸣）。但是，冯友兰认为，这仅仅是个人的感受或经验，不足以呈现中国哲学史。中国哲学史研究需要在语言上说清楚古人的思想，因而必须在逻辑中对古人的思想进行判断。这个工作称为逻辑分析，即在语言中给出形式上的系统说法。④ 在这一点上，冯友兰与胡适的想法有一致之处。⑤

　　陈寅恪在读冯友兰的《中国哲学史（上册）》时，究竟读到了什么内

----

　　① 冯友兰在《四十年的回顾》（科学出版社，1959，第27页）中特别提到"同情了解"，并觉得自己在这方面确实做得不错；与此同时，字里行间却也透露出不以为然的态度。
　　② 关于冯友兰在这场争论中的立场和观点，参见高秀昌：《冯友兰中国哲学史方法论研究》，北京大学出版社，2010，第16-17页。
　　③ 冯友兰：《一种人生观》，载《三松堂全集》第2卷，河南人民出版社，2001，第30页。
　　④ 参见冯友兰：《中国哲学简史》，赵复三译，中华书局，2015，第394-399页。冯友兰强调，我们要在现有的可靠文献基础上，通过逻辑分析来呈现古人的哲学观念和体系。
　　⑤ 陈卫平认为：胡适强调"疑古"，而冯友兰强调"释古"，共同点就是强调西方学界的逻辑分析；但是，冯友兰的释古精神表明了中国学界对中国哲学史研究走向的自觉意识。参见陈卫平：《中国哲学史研究的学科自觉——从胡适到冯友兰》，《中国哲学史》2003年第2期。

容而感到冯友兰与胡适不同呢？当然，冯友兰在中国哲学史料的确定性问题上不同意胡适的判断，他认为清儒在汉代经学的基础上对古代文献的考据是十分成功的①，不能像胡适那样随便否定。陈寅恪注意到了这一点。不过，让陈寅恪感觉更踏实的是冯友兰对古人思想的体会和理解，即那种被冯友兰称为属于直觉的东西。我们看到，尽管冯友兰认为哲学史研究的关键不在于直觉所呈现的东西，但陈寅恪却认为在"了解之同情"中的呈现才是关键所在。这里的分歧涉及两种哲学史研究方法论。

　　直觉（作为一种神秘经验）中呈现的对象，用语言往往说不清楚。冯友兰认为，这个对象仅仅与个人的某个经验相关，其真实性（或实在性）是不确定的，无法谈论它是否真实，也无法把它陈述为"道理"。这里，冯友兰的"道理"也可被理解为一种具有逻辑结构的系统理论。而且，他谈论的"真实"（或"实在"）应该是指一种不依赖于个人经验的东西。就前引文字来看，"真实"是在"道理"中呈现的。换句话说，真实的东西必须通过系统理论来表达；而缺乏理论说明的经验，其真实性无法保证。这种从理论的角度界定"真实"的做法，等于把真实性问题归结为一个理论问题。也就是说，如果没有形成一套说法，那么就没有真实的东西。直觉属于个人经验，所以缺乏真实性。理论是众人认可的，因而内含真实的东西。在这种思路中，冯友兰反对直觉方法，主张理论（逻辑结构）高于经验。

　　但是，通过逻辑分析建立起来的理论并不是终极真理。实际上，人们可以采取不同的理论框架来说明经验事实。反过来说，任何"事实"都不是中性存在，而是在某种理论中呈现的。冯友兰对此多少还是有些认识的。他追求用逻辑分析来研究哲学史，就是要提出一种能够说明各家学说的统一理论。哲学史应该在一种理论构架中加以呈现。但是，究竟用什么理论来呈现中国哲学史呢？他认为，这是可以不断替换的："写的历史及写的哲学史，亦惟须永远重写而已。"②"重写"是一定理论指导下的重写。"不断重写"意味着作为指导的理论不断更换。如果这样，我们如何能够谈论理论的真实性？

　　在陈寅恪的阅读中，冯友兰的《中国哲学史（上册）》传递了两类信息。一类是冯友兰在他的直觉或"了解之同情"中接触到的东西，即他在

---

① 参见冯友兰：《中国哲学简史》，赵复三译，第386页。

② 冯友兰：《中国哲学史》上册，华东师范大学出版社，2000，第14页。

进入古人思想语境时所形成的某种直觉性理解或"神秘经验";另一类是冯友兰用来说明他的这种直觉性理解或"神秘经验"的系统观念。我们知道,在阅读文本时,人的理解开始于对文本产生共鸣(直觉或"了解之同情"),进而就会尝试用自己的"系统观念"来解释它。有些"系统观念"比较松散,缺乏内在的前后一贯性;有些"系统观念"则拥有较为一致的逻辑关系(冯友兰认为这是西方哲学的优势)。但是,无论如何,这些用来说明"了解之同情"的"系统观念"都可以是不同的。或者说,它们是可以被替换的。例如,冯友兰先是采用所谓的"新实在论",20 世纪 60 年代则觉得"唯物-唯心"模式更好。① 然而,对于任何一个"系统观念",如果它是可以被替换的,那么,我们也就丧失了谈论其真实性的根据。

我们再来分析一下冯友兰关于"神秘经验"的说法。在他看来,"神秘经验"是通过直觉方法获得的信息。在中文语境中,"神秘"指那种既实实在在却又用语言说不清楚的感受。冯友兰有一段关于孟子的神秘主义的讨论。孟子自称:"我善养吾浩然之气"(《孟子·公孙丑上》)。他的学生要求他说清楚何为浩然之气。孟子的回答是:"难言也。其为气也,至大至刚,以直养而无害,则塞于天地之间。其为气也,配义与道;无是,馁也"(《孟子·公孙丑上》)。孟子承认这个东西说不清楚,但同时对浩然之气有实实在在的感受。冯友兰认为,孟子的这个感受是一种"神秘经验"。但是,既然孟子自己都说不清楚,那我们怎么能够把它说清楚呢?为此,冯友兰给出了自己的解释:"这段对话的上下文是讲两个武士培养勇敢精神的不同方法。从这里,我的推论是:孟子所讲的'气'是由人的'勇气''士气'而来。这和武士的气概是一回事,但两者之间有一点差别:'浩然之气'的'浩然'比武士的勇气更广泛,也更超乎世俗。武士的气概是指人与人的关系,因此,它仅仅是道德范围的事情;浩然之气是人和宇宙之间的关系,因此,它是超越道德的价值。它是和宇宙融为一体的气概,所以孟子说它是'塞于天地之间'。"②

冯友兰的解释在文本上是有根据的。但是,冯友兰在直觉中得到的信息是否就是孟子在"难言也"中要说明的信息呢?进一步,如果其他读者在阅读中体会到不同的信息,它们与孟子的"神秘经验"及冯友兰的"直

---

① 参见冯友兰:《自序》,载《中国哲学史新编》第 1 册,人民出版社,1962,第 1-5 页。
② 冯友兰:《中国哲学简史》,赵复三译,第 101-102 页。

觉"是否一致呢？冯友兰认为，大家得到的信息是不同的。但是，只要大家都在语言中通过系统观念把它们表达出来，我们就可以展开逻辑分析，进而发展出更好的系统观念。所以，他主张不断地重写哲学史。其实，这里涉及了如何处理文本、读者之间的关系等问题。稍后我们还将回到这些问题上。我这里想追究的是：孟子的"难言也"（直觉或神秘经验）与他在语言上的表达之间是一种什么关系？深入追究冯友兰对孟子这段话的解释，我们也会发现，冯友兰在用语言和某种意念体系进行解释之前一定是有了某种直接的体会或理解（其原始形式是一种直觉），只不过他觉得他可以很容易地表达他的理解。

　　每个人在阅读文本时都有自己的体会和理解。这些体会和理解对于当事人来说首先呈现为一种直觉或神秘经验，其次才有语言上的表达。冯友兰把理解这个环节省略了，直接谈论用某种系统观念来处理或诠释古人思想。这种做法很容易导致用观念肢解文本。例如，冯友兰认为，孟子谈论的"浩然之气"其实就像勇士在作战时表现出来的那种无所畏惧的"勇气"（这种勇气是可以在经验中观察到的），只不过是一种更大的"塞于天地之间"的气。但孟子是这样说的："以直养而无害，则塞于天地之间。"也就是说，只有在培养出来之后才"塞于天地之间"。就我的阅读而言，孟子在谈论"浩然之气"时，更多地是在讨论一种来自本性并推动人的生存的动力性因素。所以，他接下来便谈论"揠苗助长"的故事，目的在于强调万物都是按照这种来自本性的"气"生长的。就生命在于"气"而言，人也是如此。但是，人与其他生物不同，人可以"善养"自己的生命之气。

　　不难看出，在语言表达之前，孟子、冯友兰、我这三个个体就"浩然之气"都有某种直觉性的体会，并在这种体会的推动下用语言把它表达出来。冯友兰认为，这种个体的直觉性的"神秘经验"缺乏真实性。这一点恰好是陈寅恪不赞同的。较之胡适的《中国哲学史大纲（卷上）》对古人思想横加否定的做法，在陈寅恪看来，冯友兰的《中国哲学史（上册）》呈现出更多的"了解之同情"。因此，陈寅恪希望冯友兰在这方面走得更远些。较之系统观念，陈寅恪认为，原始性的直觉更真实，因为这才是独立自由的思想。晚年的时候，他特别强调："唯此独立之精神，自由之思想，历千万祀，与天壤而日久，共三光而永光。"① 所以，陈寅恪反对观念先行的研究路数。他在进一步了解冯友兰的思路后，很快便发现他们在

───────────

① 陆键东：《陈寅恪的最后二十年》，三联书店，1995，第 111 页。

方法论问题上难求共识。在对冯友兰《中国哲学史（下册）》的审查报告中，他写下了如下文字："窃疑中国自今日以后，即使能忠实输入北美或东欧之思想，其结局当亦等于玄奘唯识之学，在吾国思想史上既不能居最高之地位，且亦终归于歇绝者。"① 这段文字是要宣判"意念先行"这种哲学史研究方法死刑。

陈寅恪没有自己去写一部中国哲学史的想法。他关于哲学史方法论问题的见解，直到近些年来才受到学界重视。② 从胡适开始的所谓西学方法（最后归结为意念先行）对中国思想界的影响是深远的。冯友兰基本上属于这种方法的提倡者。而在贺麟全方位引进黑格尔的哲学史研究之后，中国学界在马克思主义意识形态中又深深陷入"唯物-唯心"模式。可以说，从胡适开始，中经冯友兰和贺麟，最后走向政治导向的"唯物-唯心"模式，"意念先行"作为一种方法论原则始终占据中国学界中西哲学史研究之主流，直到如今，仍然深深渗透在研究者的方法论意识中。③

三、"敬重"情感与六经注我

哲学史研究必须直接面对历史传承下来的文献。有些文献无法引起后世读者的兴趣，因而虽然具有文字性存在，但不是研究者的阅读文本。我们所说的文本，通常是指那些被人阅读并讨论的文献。因此，哲学史研究的主要工作是处理文本。

就中国哲学史文献而言，秦始皇焚书坑儒之后，汉代学者面临先秦文献的整理任务，因而有了所谓的两汉经学。其中，古文经学的最大贡献正在于对先秦文献的整理和保存，使中华文明在文献上得以延续。但是，汉代经学的古文经学传统以考据为主，今文经学则以体会圣人旨意为主。就

---

① 陈寅恪：《审查报告三》，载冯友兰：《中国哲学史》下册，第 441 页。

② 参见陈怀宇：《陈寅恪与赫尔德——以了解之同情为中心》，《清华大学学报（哲学社会科学版）》2006 年第 4 期；桑兵：《"了解之同情"与陈寅恪的治史方法》，《社会科学战线》2008年第 10 期。

③ 陈少明《中国哲学史研究与中国哲学创作》（《学术月刊》2004 年第 3 期）对此有些思考。该文谈论的"立场优先"和笔者所谓"意念先行"基本上是相通的。总体而言，中国学界对于"意念先行"思路缺乏深入的反思和广泛的讨论。例如，陈卫平在他的《中国哲学史研究的学科自觉——从胡适到冯友兰》一文中，对于胡适和冯友兰的哲学史研究方法只有赞扬，对于他们"意念先行"的方法论思路则未能提出批判性反思。

思想史发展而言，这两种经学传统对新思想或新观念的产生、壮大都会产生限制。宋朝思想家陆九渊于是提出了"六经注我，我安注六经"的说法，认为"学苟知本，六经皆我注脚"①。这里，陆九渊强调读者对文本的主动阅读和体会，很大程度上是针对汉代经学路数而发。我们注意到，陆九渊的这种说法，在当代西方诠释学语境中引发了大量的讨论，并引申出所谓的两种方法论（"我注六经"和"六经注我"）之争。② 在这场争论中，人们在不同程度上感受到了读者与文本之间的张力。认识并处理好这个张力，是哲学史研究方法论的关键所在。

人是带着一定的概念阅读文本的。同时，人也是在文本阅读中形成概念的。孰先孰后，很难争论清楚。这里暂且不论。当陆九渊谈到"六经注我"时，他强调他在阅读六经时所形成的理解，与六经中的内在信息是融为一体的。他所理解的"注"有两重含义。第一重含义是写作（"著"）的意思。在汉代经学中，"著"就是对经书进行注释。但是，陆九渊对这种注释性的"著"不太以为然，觉得这是一项多余的工作。在他看来，"注"还可被理解为概念的形成过程，即人在阅读时，自己的心思意念就接受了文本的制约，从而形成了关于文本的理解。"六经注我"是我的思想之形成过程。在他看来，人们通过阅读六经而形成的思想，如果通达了六经的本体（"学苟知本"），那么，彼此就一定是共同的。这样，费时费事地把已经在六经中说过的话再说一遍，就没有必要了（"我安注六经"）。

更加重要的是，人的阅读还带着某种情感。对于陆九渊来说，六经乃古代圣人的传世之作（圣贤书），内含为人处世的至理。读书与做人紧密相关。读书是为了做人；做人先要去读书。用陆九渊的话来说："古人自得之，故有其实。言理则是实理，言事则是实事，德则实德，行则实行。"③ 在这样的阅读经历中，陆九渊认为，内心对经文的敬重是至关重

① 陆九渊：《陆九渊集》卷三十四《语录上》，钟哲点校，中华书局，1980，第395页。关于陆九渊的这个说法，在原始文献中就有不同记载："或问先生何不著书？对曰：'六经注我，我注六经。韩退之是倒做，盖欲因学文而学道。……'"（《陆九渊集》卷三十四《语录上》，第399页）；"尝闻或谓陆先生云：'胡不注六经？'先生云：'六经当注我，我何注六经'"（《陆九渊集》卷三十六《年谱》，第522页）。这里，我采用"我安注六经"，其中"安"字取自陈来的校订，参见陈来：《宋明理学》，辽宁教育出版社，1991，第203页。其实，在陆九渊的语境中，不用"安"字，其意思也是清楚的。只不过在当代西方诠释学的语境中，缺了"安"字会引起许多误解。

② 参见刘笑敢：《诠释与定向：中国哲学研究方法之探究》，商务印书馆，2009。该书第二章的主题便是"六经注我"和"我注六经"的诠释学问题。刘笑敢关于诠释取向问题的讨论，值得重视。

③ 陆九渊：《陆九渊集》卷一《书·与曾宅之》，钟哲点校，第5页。

要的——因为天下只有一理，古人只不过先一步知道，而古人今人同此心同此理："其引用经语，乃是圣人先得我心之所同然，则不为侮圣言矣。"① 我们知道，关于"敬"这种情感，朱熹提出了所谓的"持敬"之说，强调行为举止的外在规范和内心持守。不过，陆九渊并不赞成这种基于外在规范的"持敬"。他说："（圣贤）未尝有言'持敬'者。观此二字，可见其不明道矣。"② 那么，究竟什么才是真正的"敬"呢？他说："吾友能弃去谬习，复其本心，使此一阳为主于内，造次必于是，颠沛必于是，无终食之间而违于是。此乃所谓有事焉，乃所谓勿忘，乃所谓敬。"③ 不难看出，朱熹和陆九渊虽然对"敬"有不同体会，但对于他们来说，"敬重"情感是支持并推动阅读进展，进而把读者引向深入的动力所在。在中国的读书传统中，这种带着"敬重"情感的读书感觉是具有传染性的。也就是说，人们必须恭敬对待这些圣贤书（六经），在阅读过程中形成自己的思想，并反过来用自己的思想来解释圣贤书，使自己的阅读与文本融为一体。这里，对古代圣人的敬重是基础性的情感。缺乏敬重，这种读书感觉就不会出现。

可见，在"六经注我"这种阅读经验中至少有三种因素：对圣人的敬重；对圣贤书内含为人处世的道理的预设；对自己能够与圣人之意融为一体的期望。其中，"敬重"和"期望"是情感因素，预设则是逻辑性的。当这三种因素出现在阅读中时，人们就能获得陆九渊"六经注我"的那种阅读经历。④ 然而，当中国学界接触到西方诠释学之后，人们在谈论陆九渊以及后代中国人的阅读经验时，便有意无意地忽视了其中的"敬重"和"期望"这两种情感。于是，原本需要在这种阅读经验中把握的圣人思想，就被简单替换为诠释学所批评的"本义"预设。⑤

在"六经注我"阅读经验中，人们在"敬重"情感的驱动下自然而然

---

① 陆九渊：《陆九渊集》卷一《书·与曾宅之》，钟哲点校，第 6 页。

② 同上。

③ 同上。

④ 参见陈美容：《从〈大学〉"新民"看朱子"六经注我"与"我注六经"之统一》，《江汉大学学报（人文科学版）》2011 年第 1 期。该文分析了朱熹改《大学》"亲民"为"新民"的用意，展示了陆九渊的"六经注我"阅读经验如何内含了"我注六经"。

⑤ 人们往往基于西方诠释学视角认为"六经注我"和"我注六经"是两种决然对立的诠释方式。"六经注我"被理解为坚持自己的现有观念，不顾文本的内在统一性，把文本仅仅当作被动的工具用来说明自己的现成观念。"我注六经"则被理解为执意去寻求文本的本义，看淡自己的观念形成过程。然而，现实中并不存在这样的阅读经验与诠释方式，这当然也不是中国人的阅读经验和诠释方式。

地预设了圣贤书的真理性。也就是说，读者只要深入圣贤书的本体层次，就能把握圣人之意，从而能够遵循而行，走在正道上。圣贤书内含的圣人之意是唯一的。读者之所以在阅读理解中争论不休，是因为他们尚未通达本体。一旦通达本体，融入并把握了圣人之意，读者之间的争论就会消失，而归于正确理解。从这个角度看，对于陆九渊来说，"六经注我"中的圣贤书是有本义的（敬重古代圣人的思想），而且这本义可以通过阅读而被读者理解和把握，从而实现六经与读者融为一体的境界。当然，这个本义预设是建立在对圣人的敬重之上的，具有强大的情感基础。

这种在"敬重"情感中的本义预设，不是理解意义上的本义预设。圣人思想作为本义，并非在理解中被界定的，而是在"敬重"情感中被确信并指向的。究竟什么是圣人思想这个问题，读者可以在阅读过程中不断追问。如果读者要用判断句来表达圣人思想，那么前提就是，读者的阅读理解已经通达本体。但是，谁能够说自己的理解达到了本体呢？如果不敢这么说，那么，在"敬重"情感中，圣人思想就是在阅读的不断进深的过程中被不断把握的。在这个不断进深的过程中，人的理解结构会发生改变：从理解得较少，到理解得更多。换言之，如果只是在现有理解力的基础上阅读圣贤书，人是不可能理解圣人思想的。"敬重"情感支撑着整个阅读过程。

如果在纯粹理解意义上面对一个文本，即去除各种情感（厌恶、好奇、敬重、信任等），仅仅把文本当作一个中立的阅读对象，那么，读者就只能依靠自己的主体性对文本进行阅读和理解，或者说，读者只能在现有理解力或理解结构中对文本进行阅读和理解，在这种情况下，文本的意义完全由读者规定，即读者对文本的意义有绝对的解释权。由于读者拥有绝对的解释权，文本的本义预设就自然不能成立。显然，当拥有不同理解力（或理解视角）的读者进行阅读时，他们将凭借自己的理解力对文本给出不同的解释。正是在这个意义上，伽达默尔认为，文本没有本义，文本的意义是在读者的阅读过程中生成的。他进而提出"视域融合"来描述这个意义生成过程，从"前理解"（或"前设"，即读者所处的历史环境）出发，分析文本与读者在理解和情感上的关系。然而，这种情感关系尚未引起中文学界的足够重视。① 人们在讨论诠释学时，几乎不涉及读者在阅读文本前所拥有的对于文本的情感。例如，人们在讨论伽达默尔的"视域融

---

① 参见洪汉鼎：《译者序言》，载伽达默尔：《诠释学Ⅰ：真理与方法》，修订译本，洪汉鼎译，商务印书馆，2010。

合"时，似乎把它当成一种没有情感参与的意义生成过程。[1] 当然，这不是实际上的阅读。读者不可能在无情感状态中阅读。在不同的情感中阅读文本，读者会在不同的方向上生成意义。朱熹、陆九渊所提倡的读书，是在敬重圣贤书的情感中阅读；与此类似，基督徒则是在相信《圣经》乃神的话语这种情感中阅读《圣经》；在校学生往往是在教师压力下所形成的"畏惧"情感中阅读指定课本；等等。因为处在不同的情感中，人们对文本的阅读理解活动可以沿着不同的方向生成意义。

四、读者与文本

我们还是要回到读者与文本的关系问题上，来处理中国哲学史研究的方法论问题。通过上述分析我们发现，读者不是抽象的主体，而是具体的个人。读者在阅读之前一定拥有对文本的某种情感。我们说，读者是在一定的理解结构中进入阅读的。这里所说的"理解结构"，主要包含三种因素：情感倾向、问题意识、意念体系。这三种因素各有自身的秩序，如：不同的情感（信心、疑心、恐惧等）在不同的语境中的秩序；在诸多问题中何者为主何者为辅；不同的意念体系。同时，这三种因素之间也是有结构的。这里不就理解结构问题而展开深入细致的分析和讨论。与本章主题相关，我们主要关心情感倾向作为理解结构的组成因素在阅读中的作用。

我们来分析初入学的某个小孩。一旦开始读书，他就拥有了相应的情感因素。比如，一本书摆在他面前，对于书上密密麻麻的字，他并不认识，但他可能充满好奇，也可能毫无兴趣。当教师作为在上者威严地要求学生读书时，诸如期望奖励或害怕惩罚等情感就会产生，原有情感状态因而发生了变化。教师关于文本的情感也会传递给学生，例如：中国古代私塾中的教书先生对圣贤书怀有"敬重"情感，基督教教会里的主日学老师坚信《圣经》乃神的话语，等等，这些情感对于学生来说都是传染性的。

---

① 刘笑敢批评"视域融合"这种说法未能充分注意到诠释的方向性问题。他说："'视域融合'的说法多强调融合而淡化或掩盖了经典诠释中的两种不同取向之间潜在的冲突，忽略了诠释者自觉或不自觉的取向的不同"［梁涛（采访）、刘笑敢（受访）：《我是这样研究老子的》，《光明日报》2006 年 6 月 20 日第 5 版］。我认为，刘笑敢虽然没有明确谈到情感在阅读中的作用，但他感受到的应该是诠释中的情感因素。更多讨论，参见刘笑敢：《诠释与定向：中国哲学研究方法之探究》，第二章。

学生对文本的上述情感一旦出现，其阅读理解就会受到相应的影响。实际上，在成人的阅读理解活动中，情感因素的上述影响也是显而易见的。成人读者所携带的情感更为复杂，他们的生存关注、社会关怀、既有阅历直接培养着他们的问题意识和情感，这些情感深深影响着他们的阅读。分析阅读活动中的情感因素，是理解阅读活动所必需的。

此外，人在阅读一本书之前必定已经拥有某种意念体系。这种意念体系是理解的基础，具有对文本中的语词和句子进行赋义，进而实现命题推论或演算的功能。如果文本中出现了一些新的语词或句子，读者首先会依据现成的意念体系对它们进行赋义，从而理解这些语词或句子。这个理解过程也是意念体系扩张的过程，即能够理解更多的对象。

不过，这种意念体系的扩张是有限的。一个人的思想在成长过程中会不断遇到理解上的困境，即遇到在现有理解结构中无法理解的文本。例如，通过日常经验观察，人们形成了"天体围绕地球运转"的意念体系。本着这种意念体系，人们无论如何也无法理解"地球围绕太阳运动"这种说法（文本）。只要坚持自己现有的意念体系，太阳中心说对于当事人来说就是一种错误的说法。但是，某个读者如果相信科学，认为教科书上的太阳中心说论述不会出错，那么，在这种"信任"情感中，他就会暂停使用现有意念体系，凭着信心接受太阳中心说的一系列命题。于是，他就开始在接受中形成一些新概念，重构自己的意念体系，并理解太阳中心说。这种在情感中放弃旧的理解结构并形成新的理解结构的过程，便是我们通常所说的"解构-重建"过程。这种"解构-重建"过程，我们在阅读传统经典著作时也会常常经历到。在某种意义上，这也是陆九渊所说的"六经注我"的阅读经历。

这里在使用"文本"一词时，并非简单指称各种文字性存在。需要强调的是，文本是一种主体性存在。作者的写作是带着问题意识和情感倾向的，通过运用自己的意念体系，思考问题并寻求解决途径。因此，作者是一种具有一定的理解结构（包括问题意识、情感倾向、意念体系）的存在。如果一个人写了一些文字，这些文字所表达的问题意识与读者的问题意识缺乏共通性，那么，读者读后就会兴致索然。或者，如果它所承载的情感在读者那里未能激发共鸣，又或者，它在概念上缺乏内在结构，例如前后矛盾明显，那么，它就难以在读者的阅读活动中维持其文本性存在。在很多情况下，读者会鉴于阅读时形成的消极性判断，停止阅读和分析。

人们或者会指出，读者在这方面经常犯错误，如在自己的阅读体验中对一些经典著作做出了消极性判断。读者在对阅读对象的判断上犯错误是不可避免的。不过，个人的消极性判断无法破坏经典著作的经典性。经典著作在历史上拥有大量读者，激发了一代又一代人的思想，因而在历史进程中深深地留下了自己的痕迹。它们不会因为某些人的消极性判断而丧失其经典性。其实，由于经典著作在历史上的痕迹，读者在阅读时会对它们怀有基本的"尊重"情感。比如，自己尊敬的老师极力推荐它们。在这种情况下，读者会把对老师的尊敬转化为对文本的尊重。读者对文本的"尊重"情感可以抗拒甚至阻止读者对文本做出消极性判断。在许多情况下，当读者无法感受到经典著作的问题意识和情感倾向，也无法进入其论证思路时，在"尊重"情感（或其他情感如信任、恐惧等）中，他们会倾向于认为问题出在自己身上，故而会努力提升自己的理解力，而不是给出消极性判断。这种情感力量可以支持读者继续阅读，直到有所体会和理解。当读者在情感和思想上进入文本后，文本的主体性就开始呈现出来。实际上，正是因为读者在"尊重"情感（或其他情感）中与文本发生关系，经典著作对于他们来说才不仅仅是被动的阅读对象，同时还是一种主体性的存在。

可以看到，读者是带着某种情感进入阅读过程的。在"尊重"情感中进行阅读，我们注意到，阅读对象作为一个主体性存在也是有情感的。随着阅读的推进，读者与文本的情感交流会进一步加深。当一篇文章或一本书在阅读中被理解时，它就作为文本开始向读者传递信息。读者与文本就开始进入互动状态。当然，在阅读过程中，读者与文本之间的情感交流可以向不同方向发展，正面或负面都有可能。读者可能会越来越尊重文本，如发现文本传递的信息对自己的思想和生存具有重要意义；读者对文本的尊重也可能消减，如觉得文本传递的信息无足轻重；等等。这里涉及的因素及其内在关系十分复杂，需要专门讨论。我只想指出这样一个事实：文本对于读者来说不仅是被动的阅读对象或判断对象，而且是一种能够与读者发生情感交流的主体性存在。因此，阅读是两个主体之间情感和思想的交流。

读者不仅需要与文本建立情感联系，还需要与文本进行思想交流。也就是说，读者需要在现有意念体系中理解并解释文本。由于文本本身具有内在的思想结构（包括概念界定和命题推演），读者在阅读中只能一步一步地进入其中。有时候，读者是在自己现有的理解结构中进行阅读和理解的，从略有体会，到体会较多，最后进入所谓的完全理解。这是一种在不改变现有意念体系的基础上对文本加以理解的过程。我们也提到另一种理解过程，即在某种情感的支持下，读者在阅读中陷入理解困境而经历解构-重构过程，并在重构的意念体系中理解文本。无论是所谓的"完全理解"，还是在"解构-重构"中的理解，对于读者来说，都是一个意义生成过程。前面指出，这是读者的理解与文本融合的过程。陆九渊在"六经注我"提法中表达的阅读经验，与这个过程是吻合的。

　　值得指出的是，这里的"意义"是对于读者而言的，并不是所谓的文本本义。文本的"意义"是在读者的理解结构中给出的。作为个体，读者的理解结构并不是文本作者的理解结构。显然，在不同的理解结构中，读者受到不同的问题意识、情感倾向、意念体系的制约，即使面对同一文本，所生成的文本意义也是不同的。如果我们把在文本作者之理解结构中呈现的文本意义当作文本本义，那么，我们将不得不面对读者在阅读中获得的意义与文本作者所要表达的意义不一致这个问题。考虑到同一文本还存在着其他读者，他们各自阅读并生成各自的文本意义，我们就不得不处理至少三种理解结构之间的关系问题。① 这样，何为文本本义，就更难回答了。当然，对于一群具有相似理解结构的人（如共属某一学派或某一师门者，在问题意识、情感倾向、意念体系方面具有更多的相似性）来说，他们在生成并诠释文本意义时会有更多的共同说法。但是，这些共同说法也不能被称为文本本义——因为它们终归是读者的某种理解结构，而且还需要面对其他学派的不同理解和不同诠释。

　　从这个角度看，取消文本本义预设有利于读者的阅读。我们在读书之初总是自然而然地倾向于寻索作者的意思。在阅读过程中，我们也常常把自己所理解到的内容归为作者的意思。其实，这不过是我们对文本的基本尊重，它本来是读者与文本之间的一种情感联系。然而，当我们进而认为我们在阅读中获得的信息就是作者的本来意思时，我们实际上混淆了情感和思想，把属于情感的东西强加给了思想。本义预设正是这种混淆情感和思想的产物。它对阅读的危害性主要有以下两个方面：首先，它妨碍了读者对文本的进一步阅读。对于读者来说，如果认为自己已经把握了文本的本义，那么，读者的阅读就到此为止，没有动力进一步深入了。其次，当遇到其他读者给出的不同诠释时，从自己已经拥有的标准答案（他所理解

---

　　① 关于文本、某个读者、其他读者这三者之间的关系问题，参见邹晓东：《〈大学〉、〈中庸〉研究：七家批判与方法反思》，《社会科学》2013年第7期。

的本义）出发，读者自然会判定这些不同的诠释不符合文本本义。除非有另外一种情感发挥作用（例如，某个不同的诠释是读者尊敬的人给出的），否则，读者只会以本义的名义完全否定所有不同的诠释，以致拒绝与他们交流。其实，只要我们对情感在阅读中的作用有清楚的界定和认识，作为混淆之物的"本义"预设就完全没有必要了。

我们分析了胡适和冯友兰所引入的西学哲学史研究方法。胡适忽略了中西文明在文献传承上的巨大差异，简单地认为中国哲学史研究需要从文献考据开始。这种做法是典型的东施效颦。冯友兰史料功底扎实，并且拥有对古代思想家的基本尊重或同情（陈寅恪评价），然而却在西化思潮中拥抱"意念先行"的哲学史治学方法，陷入以既定思想意念宰制哲学史文本的研究路数。在"意念先行"这种哲学史研究方法论的引导下，中国学界呈现了一种与中国人的生存和思想若即若离的中国哲学史。陆九渊的"六经注我"说法更好地表达了中国传统的读书经验。我们注意到，读者是在某种情感中进入阅读的。阅读活动首先是读者与文本建立情感纽带，读者与文本之间的关系因而是两个主体之间的关系。正是在这种主体间关系中，读者在阅读中理解了文本。这是一个意义生成过程。处理好读者与文本在情感和思想等方面的关系，是中国哲学史治学方法的关键所在。

第二部分

儒家的终极关怀

第五章 "敬仰"与"信仰":
中西天命观比较分析*

儒家的天命观虽然在五四新文化运动中被深度破坏,但其生命力仍然存在,并深深地影响着当代中国人的思维方式和行为方式。简略而言,儒家天命观认为"天"高高在上,自由运行,主宰万物,令人敬畏;而人之正道是顺从天命,与万物并行不悖,和谐相处。在古代文献中,敬畏天地、顺应天命是一种古老的情感。在解释周朝取代商朝的合法性时,周公提出了"以德配天命"这一说法,并警诫周朝子孙要"敬德"。在他看来,敬畏天地是在敬德中得以落实的。春秋时期,孔子提出以仁为本的君子理念,强调在修德中敬德;"始教于阙里"(《孔子家语·七十二弟子解》),于鲁都杏坛(今山东省曲阜市北)创办私学,引导学生进行内在的德性修养,目的是培养儒士这个知天命的群体。这个思路在思孟学派那里引申出在敬天修德中起关键作用的"诚"这种情感,即诚实地面对并认识自己的天命本性(与生俱来)。儒家传统中的天命观是在"诚"(一种内向性情感)中被界定的。这是敬仰文化中的天命观。

基督教也敬畏全知全能全善并主宰一切的上帝。但是,基督教的上帝作为主宰者同时也是启示者,会把自己的心思意念通过派遣先知的方式启示于人。面对上帝通过先知的自我启示,人只能在信心中接受。"信任"情感(信心)成为连接人与神的唯一纽带。在信心中,基督徒放弃了自己的判断权,成为一个接受者,相信耶稣基督,在基督教中领受神的恩典,寻求并遵循神的旨意。换句话说,神的旨意就是天命,是通过信心进入人的思想并被人理解的。这是一种信靠顺服的生存状态,也称信仰生活。在这里,神的旨意(天命)是在信仰中呈现并被界定的。

---

　　* 本章原以《"敬仰"与"信仰":中西天命观的认识论异同》为题,发表于《南国学术》2017 年第 2 期。

从认识论角度看，在"诚"中呈现并认识天命本性，与在"信"中接受并理解上帝旨意，是两条不同的认识进路。为了展示情感的认识功能，我想通过对比"感官"这种认识器官，指出情感认识官能的原始性，并根据儒家和基督教的相关文本呈现它们各自的天命观，展示它们的关键分歧点。

一、作为认识器官的"情感"

中西天命观的核心问题，是人如何认识天命或神意。也就是说，天命观的认识论问题，将是本章的关注点。就人的认识工具而言，研究者可以通过感觉经验获得关于经验世界的知识；在经验知识的基础上，则可以通过论证（命题演算）来呈现思想对象。但是，对于那些情感对象（非感觉对象，如恐惧对象、信仰对象等）的认识论问题，学术界的关注和讨论都显得不足。感觉经验来自感官，因而感官这种认识官能是人们认识感觉经验世界的工具。关于感官以及感觉经验在认识世界中的作用，以往已有很多讨论。对于"天命"这种非感觉对象，人们在多数情况下则不自觉地使用"情感"这种认识器官，这就需要对此做出分析。

情感是一种认识器官，就像感官提供关于感觉对象的知识一样，情感提供关于情感对象的知识。天命是一种情感对象。不同情感中呈现的天命是不一样的。缺乏对情感的认识功能之分析，就无法理解天命这一情感对象是如何被认识或理解的。感官和情感都是人类原始的认识官能，既不能相互取代，也不能混淆使用。

1. 感官作为认识器官

在当代认识论的主流意见中，感官往往被认为是唯一可靠的认识官能。因为，人在与周围世界打交道时，首先是通过感官来接受外界信息的，并通过记忆把这些信息（感觉材料）储存在大脑里，作为进一步建构感觉对象（经验世界）知识的原始材料。人们称这种知识为经验知识。感官在与周围世界交往时呈现了感觉对象，即所谓的"眼见为实"。在感官中呈现的所有对象都是实在的；或者说，感觉对象具有实在性。人们不可能把自己看见摸到的东西当作虚幻的存在。因此，建立在感觉经验基础上的知识，无论其形态如何，都是有根据的。唯名论-经验论对于这个认识论的基本事实做了一个极端的推论：经验世界是唯一实实在在的认识对象，是人们建构知识的可靠基础。人们只要对经验世界做出准确的描述，所获得的经验知识就是可靠的。在这个思路中，感官的认识功能是人们认识外部世界的唯一通道。①

近代经验论关于感官的说法可以归结为如下三点。其一，感官的可靠性在于它们是原始的感觉材料提供者，称为感觉的直接性。人们是通过感官与外界打交道的。没有感觉，就无法形成关于外部世界的任何认识。人们一睁开眼睛，便可以看到周围事物的各种形状和颜色；伸手去摸它们，就有了软硬的触觉；通过耳朵，就听到了各种声音；用鼻子嗅，就闻到了各种气味；用舌头尝，就品到了各种味道；等等。这些都是关于外部世界的第一手认识。

其二，感官提供的感觉材料具有稳定性。比如，这棵树在这个地方已经很久了。我每次看见它的时候，它都向我呈现了基本相同的形象。这就是说，我的眼睛这个感官向我提供的关于这棵树的信息是稳定的，因而是可靠的。因此，当我在记忆中拥有了关于这棵树的感觉材料后，我就可以使用这些感觉材料来建构关于这棵树的知识体系。只要我提供了关于这棵树的准确描述，我就拥有了关于它的可靠知识。

人们也许会提出所谓感觉的不稳定性或多变性问题。比如，一根棍子，在空中看是直的，但有一半入水时，看上去是弯的。究竟这根棍子是直的还是弯的？又如，一个物体，远看为圆，近看为方。究竟这个物体是圆还是方？有一种看法认为，这种感觉现象表明，在感觉中呈现的物体是不可靠的。在古代，一些古希腊哲学家用它作为否定感觉可靠性的例子。经验论在回答这个问题时指出，这个问题混淆了经验观察和理论解释。理论解释是建立在经验描述基础之上的。在相同的经验观察基础上，可以有不同的理论解释。当人们提出棍子本身的直弯这样的问题时，实际上是引入了"本质"概念，即这根棍子的本质是什么？但是，对于棍子的经验描述并不一定需要引入"本质"概念。人们完全可以采取如下更为精确的描述：在空中看，这根棍子是直的；一半插入水中，这根棍子是弯的。因此，这提供了两个经验观察，形成了两个经验描述（事实）。这些经验描

---

① 当代认识论研究的主流仍然是唯名论-经验论。就思想史而言，英国经验论者洛克（《人类理解论》，1690 年原版，可参阅 1957 年由商务印书馆出版的中文版，关文运译）、贝克莱《人类知识原理》，1710 年原版，可参阅 2010 年由商务印书馆出版的中文版，关文运译）、休谟《人类理解研究》，1748 年原版，可参阅 1997 年由商务印书馆出版的中文版，关文运译）等人的工作已经稳固地奠定了经验论思路。

述可以有精确度上的差别，但没有对错之分。因此，这里并不存在感觉的不稳定性或多变性问题。

其三，感官的可靠性还在于感觉的相似性和共同性。知识并不是建立在单个感觉经验基础上的，而是建立在共同的感觉经验基础上的。感觉的共同性可以从两个方面考虑。一方面，在正常身体状态下，人在使用自己的某一感官时，在不同时段的相同环境中可以重复获得相似感觉。由于人的记忆力，人用感官获取的感觉以记忆的形式存留在大脑中。人可以对这些记忆进行比较而呈现它们的共同性。另一方面，在正常身体状态下，不同的人在使用同类感官时所获得的感觉具有共同性。比如，我与张三、李四等人在观看一棵树并给出对这棵树的描述时，我们的描述虽然不可避免带有个人色彩，这里或那里不一致，但是，我们都会同意，我们在观察一棵共同的树；而且，即使在描述细节上有差异，主要特征仍具有共同性。

不同的人使用各自的同类感官，并认为他们获得的感觉是相同或相似的。这一认识论事实反过来加强了人们的这样一个信念：通过感官获得的感觉是可靠的。可以这样分析：个人在意识中已经认定了自己的感觉是可靠的；现在，他人也获得了同样的感觉；这等于说，自己的感觉得到了他人的证实，因而是可靠的。人们常常会遇到这种情况：自己看见了某个事物，并且十分肯定没看错；但是，如果有人同在却没有看见它，往往就会怀疑自己所见是否真实。一般来说，越多的人对同一对象获得相同或相似的感觉，这个感觉在人的意识中就越被认为是可靠的。

感官及其感觉之可靠性对于认识者来说是切身的，也是认识者建构知识体系的原始材料。但是，由于不同认识者的观察角度不同，他们获取的感觉并不完全一致，当认识者以此来建构知识时，所形成的体系并不相同。反过来，从不同的知识体系出发，人们对同一感觉对象的描述和解释就会出现差异。这种差异往往被归因为感觉的不可靠性。比如，中国思想史上的佛教提供了很多论证来否定感官和感觉经验的可靠性，等等。不过，描述与解释的不一致来自知识构造，涉及经验观察的角度和精确度，与感官及感觉之可靠性无关。

2. 情感作为认识器官

哲学上，唯名论-经验论关于感官和感觉在认识论中的地位与作用的分析、讨论是相当充分的。然而，人在与周围世界打交道时，并不仅仅依靠感官，还用情感与周围世界发生关系。虽然人们从未间断过关于情感如喜、怒、哀、乐等的讨论，对情感在人的生活中的作用和影响也完全承认,但在经验论思路中,这些讨论大多是把情感当作一种感觉对象进行研究,所获得的也不过是关于情感的经验知识。而把情感作为一种认识器官进行分析的研究和讨论并不太多。① 因此,这里与感官的认识功能对应,即从直接性(原始性)、稳定性和共同性这三个方面展开对情感的认识论功能的分析。

情感是人与外界发生关系时出现的一种倾向。比如,在"喜欢"这种情感中,人对某物有了肯定性倾向,愿意与之同在,甚至想要占有它;而在"厌恶"这种情感中,人对某物是否定的、排斥的,甚至想要毁灭它。这种倾向是价值性的。也就是说,作为生存倾向,人在情感中具有价值取向。这里,作为情感对象的某物可以是感性事物,并在感官中呈现为感觉对象。但是,在情感中,同样的感觉对象可以是完全不同的情感对象。比如,对于一条黑狗,在"喜欢"情感中,它是可爱的;在"厌恶"情感中,它是丑恶的。可见,感觉对象和情感对象不是一回事。

人的价值取向直接影响人的生存选择和方向,因此,对于任何一个人来说,情感在人的生存中都是出发点。拥有什么样的情感,往往就做什么样的选择,从而在选择中进入某种生存方式。情感在生存中的这种作用是可以直接感受的,实实在在,并且有很多功能,如行动动力、主体间纽带、主体间冲突等。不同的情感指向不同的对象,或肯定或否定,或追求或逃避,这些对象都会直接作用于人的生存。这里不展开情感在人的生存中的其他功能分析,只从纯认识论角度分析情感的认识功能。

第一,情感对象具有实在性。情感总是指向一个对象,有时这个对象比较模糊,有时则比较清晰;而且,情感对象既可以是感性对象,也可以是非感性对象。比如,一个人在恐惧中,他直接面临着一种可怕的损害性力量。这种力量可能是非常模糊的,如恶鬼等;也可能附在某个感性对象上,如可怕而神秘的黑猫等。又如,一个人在"信任"情感中,他依靠着一种能够给他带来祝福的力量。它可以是某个具体的人物,如小孩对父母的依赖等;也可以是某种从来没有见过的力量,如相信某种神秘力量等。再如,在热恋中,恋人都在爱情中认为对方是完美无缺的,尽管在现实生活中不存在完美无缺的对象。这些情感对象都是在情感中呈现的。但它们

---

① 近年来西方学术界开始有人重视情感的认识功能研究,如普兰丁格(《基督教信念的知识地位》,2000年原版,中文版2004年由北京大学出版社出版,刑滔滔、徐向东、张国栋、梁骏译)对信念这种情感的认识论分析引起人们的重视。国内也曾有文章涉及对情感的认识论分析,如周启杰、王春林的《论情感的认识论意义》(《求是学刊》1993年第6期),可惜再无后续。

是不是实在的呢？

　　关于"实在性"一词的使用，我们先看看在感官中呈现的感觉对象。对于一个感觉对象，如一棵树，只要在感觉它，它的实在性对于当事人来说就是显而易见的。如果有人问他"这棵树是实在的吗？"，当事人可以毫无犹疑地做出肯定回答。有人故作深奥地要求给出论证：凭什么说它是实在的？比如，古代怀疑论者在考察感觉时指出：这根直棍是实在的吗？这个方石是实在的吗？等等。在回应怀疑论者对感觉对象的实在性的质疑这一点上，人们在自己的感觉经验中有一个挥之不去的意识：在感觉中的感觉对象对于任何知识来说都具有原始性。实际上，在剥夺它的原始性的情况下追问它的实在性，显然是不合理的。论证属于命题演算，属于派生的知识。在感官中呈现的感觉对象是原始的，因而对于知识来说具有实在性。否定感觉对象在知识中的原始性，等于抽空知识的根基。

　　但是，对于一个情感对象，如"恐惧"情感中的恶魔，由于它不是感觉对象，因而它的实在性常常受到质疑。在人的生活经验中，恶魔仅仅在个人的恐惧中出现。一旦恐惧消失，它也就无影无踪了。因此，从感觉经验的角度看，人们往往认为，这个恶魔其实并不存在（缺乏实在性），而是属于恐惧者的幻觉。考虑到有些情感对象不与任何感觉对象发生关系，甚至没有任何想象中的形象，在当代经验论思路中，人们以感觉对象为标准对情感对象的实在性加以否定。也就是说，只要把感觉对象的实在性当作唯一的实在性，以此为标准，任何非感觉对象的东西都可以归为缺乏实在性。当然，这种做法是不合适的。因为，情感也是人们与外界发生关系的通道，在情感中呈现的情感对象也是原始的，情感对象的原始性与感觉对象的原始性是平行的。既然如此，如果感觉对象在知识上的原始性肯定了它的实在性，那么，情感对象的原始性也就表明了它的实在性。

　　第二，情感对象依赖于情感。一旦情感消失了，相应的情感对象也就消失了。情感对象的这种存在特征也培养了这样一种想法：情感的不稳定性决定了情感对象的不稳定性；因此，情感对象缺乏实在性。这种想法的背后有一个预设，那就是，实在的必须是稳定的。当然，这个预设是不成立的。稳定性可以加固人在意识中对对象的实在性的肯定，但稳定性不是一个对象的实在性的决定性因素。情感指向的对象对于当事人来说是完全实在的。不错，情感对象随着情感消失而消失。然而，情感指向的对象是外在于情感的存在，因而对于它来说是实在的。离开情感，当然无法谈论情感对象及其实在性。但是，就情感与情感对象的关系来说，其中的联结是实实在在的。作为一个对照,任何一个感觉对象都是不能脱离感官来谈论的。感觉对象直接呈现于感官,因而对于感官来说是实在的。如缺乏相应的感官,则相应的感觉对象就无从谈起。感官是人与外界发生关系的通道,情感也是人与外界发生关系的通道。感觉对象对于感官来说是实在的,与此同理,情感对象对于情感来说也是实在的。

从这个角度看,人们不能因为情感的不稳定性而否定情感对象的实在性。与情感相比,感觉具有持续的稳定性。人拥有感官,在健康状态下,只要使用它们,它们就能够稳定地、始终如一地呈现感觉对象。不过,感官也不是绝对稳定的。比如,人生病时,其感官呈现的感觉对象就会变异。而且,人的感官在一些情况下还会被剥夺。也就是说,当某种感官不能正常发挥功能时,相应的感觉对象就会消失。

第三,情感是可以持久维持的。有些人在相当长的时间内处于某种情感中,从而持续地与在这种情感中呈现的情感对象发生关系。对于当事人来说,这种持续存在的情感对象绝不是虚无的,而是他每天必须面对的。比如,对于一个敬畏"天"的人来说,"天"作为一种独立自主的巨大力量常在,违背它的运作就必然损害自己的生存,而符合它的运作就能得到它的护佑。他每天都与在敬畏中呈现的"天"发生关系。对于他来说,只要生活在敬畏中,"天"这种敬畏对象就是实实在在的,并且与他的生存休戚相关。因此,由于他在长时间内拥有"敬畏"情感,作为情感对象的"天"对于他来说就是实实在在的。

第四,情感的个体性不否定情感对象的实在性。人们往往会从情感的个体性出发来否定情感对象的实在性。在许多情况下,人在同一环境中,对于同一事件会出现不同的反应、不同的情感,情感具有显著的个体性,不同的情感呈现不同的情感对象;因此,尽管在同一环境中,但人们在不同的情感中看到的是不同的情感对象。比如,在一个计划实施受阻时,悲观的人看到的是失败的计划,而乐观的人看到的是成功的计划。由于情感的个体性,人们无法谈论情感对象的共同性;个别的情感对象谈不上实在性。或者说,缺乏共同性的对象,其实在性无从谈起。对于某个个体来说,它是实在的;但对于他人来说,谈论它的实在性毫无根据。

在逻辑上,人们在缺乏某种情感从而无法谈论这种情感指向的情感对象之实在性时,也同样没有根据否定它对于那些拥有相应情感的人来说具有实在性。情感对象是在情感中呈现的。如果可以肯定某人拥有某种情感,即使其他人不拥有它,也无法否定此人在这种情感中指向某个对象。

比如，一个人在恐惧中惧怕某种力量。对于他来说，这种力量是实在的。其他人作为旁观者，并不恐惧，因而无法理解他为什么惧怕；如果想要安慰他，简单地否定安慰者感受不到的那种力量是无济于事的。当然，其他人也可以采取一些方法，如与他同在并安慰他，消除他的恐惧，从而让那种可怕的力量在他的生存中消失；但同时，也可能会分享他的恐惧，从而直接地感受到那种可怕的力量就在眼前。

第五，情感可以感染别人并在人群中产生共鸣。当一群人拥有相同的情感时，他们在情感中就会指向一个共同的情感对象。换句话说，这个情感对象对于这群人来说具有共同性，并非仅仅个人所有。他们可以在共享情感中谈论同一情感对象的实在性，谈论它的意义。一般而言，在任何宗教团体中，都可以找到至少一种共享情感。因此，情感对象不仅仅属于个人而拥有个体性，在共享情感中，它也可以是共同的。

3. 情感在认识活动中的作用

情感对象具有实在性，并且作为外在存在而对人的生存发生影响和作用，认清这个事实，具有重要意义；否则，情感对象就会通过情感而盲目地引导人的生存。也就是说，必须把情感对象当作认识对象，并加以认识和界定，揭示它在人的生存中的作用，从而让情感对象在引导人的生存时成为一种有益的力量，而不是相反。情感对象是在情感中呈现的，因而情感不但呈现了情感对象的实在性，而且还是人们认识情感对象的必要途径。因此，情感具有认识功能。

为了了解情感对象是如何在情感中呈现并被认识的，需要拿感觉在认识中的作用与之对比。

首先，不同的感官呈现不同的感觉对象。人们在使用感官时，用听觉（耳朵）来呈现声音这种感觉对象，用视觉（眼睛）来呈现可见事物，等等。听觉在呈现了声音后就开始对它们进行区分、命名和分类，视觉对于可见事物的认识过程也是如此。听觉不可能呈现可见事物，视觉不能呈现声音。人们关于声音的知识只能通过听觉而不是视觉来获得。人们不能用视觉来肯定或否定听觉对象，反之亦然。因此，人们通过不同的感官分别认识各自的感觉对象。

同样地，不同的情感呈现不同的情感对象。不拥有某种情感，就对它所呈现的情感对象没有任何知识；或者说，它所呈现的对象就不是人们的认识对象。"信任"情感呈现信任对象，"厌恶"情感呈现厌恶对象，等等。换个角度看，"厌恶"情感不呈现信任对象，因而在"厌恶"情感中，信任对象不存在，不是认识对象。如果人们企图通过"厌恶"情感来认识信任对象，那么，无论做何努力，都是徒劳的。举个例子来说，你讨厌某人；在"讨厌"情感中，这个人不是你的信任对象，因而你就不会把他当作信任对象来认识。情感对象只能在相应的情感中呈现，并在这种情感中成为认识对象。

其次，感官对其呈现的感觉对象进行赋义。以视觉为例，人是在时空中观看对象的。在视觉中，人把对象呈现为一种具有空间形式（广延）的对象，使对象显现为一个样子或空间结构，并采用几何学的方式来描述对象。由于对象是在时空中被观看的，它在时空中的不同表现就被描述为变化中的样子。关于视觉对象的样子或空间结构的具体描述，便形成了关于可见事物的经验知识。

同样地，情感对其所呈现的情感对象进行赋义。考虑到本章的主题和篇幅，这里不展开讨论。① 设想一个人在某环境中出现"恐惧"情感，并面对着一个恐惧对象。它可以是某一感性事物，也可以是一种无形存在。对于他来说，这个对象是一种可怕而巨大的力量，实实在在，就在他面前，令他恐惧。这里的"可怕""巨大"是对这种力量的描述。对于一个有害的东西，如果人有能力控制它，那么，它也许令人讨厌，但不会是可怕的。只有可怕的巨大力量才能令人恐惧。他在恐惧中认识到这种力量后，为了避免受到它的伤害，他会动用各种认识工具进一步认识它的各种属性，寻找免受伤害的途径。

人们也许会认为，这种"可怕而巨大的力量"并不存在，而是恐惧者的幻觉。人们在使用"幻觉"一词时，是从自己的感觉经验角度来谈论情感对象的存在，所依据的标准是自己的感觉经验，即任何缺乏感觉经验的事物都是虚幻的。但是，情感呈现的对象与感官呈现的对象是两类不同的对象。以感觉经验为标准来判断情感对象的实在性，或以情感为标准来判断感觉对象的实在性，都是不合适的。因此，"幻觉"一词在这里不适用。

人们还会提出问题：究竟是恐惧赋义于这种力量，还是这种力量作用于人而引起恐惧？人要认识恐惧对象，除了通过"恐惧"情感，别无他途。上述问题的提出在于，提问者企图脱离"恐惧"情感来谈论恐惧对象。然而，缺乏"恐惧"情感是无法谈论恐惧对象的。或者说，如果根据

---

① 参见谢文郁：《语言、情感与生存——宗教哲学的方法论问题》，《宗教与哲学》2014 年第 3 辑。

感觉经验来谈论恐惧对象的话，只能误解恐惧对象，因为恐惧对象不是感觉对象。因此，这个问题本身是不合适的。在"恐惧"情感中，恐惧对象呈现了；恐惧对象一旦出现，一定是人恐惧了。"恐惧"情感与恐惧对象属于同一认识活动。

二、在"敬仰"中呈现的天命

在儒家经典中出现的"上帝""天"是一种最高存在，是不可感觉的存在。究其原始含义，上帝指的是远古的祖先。在原始社会中，人类与自然斗争，也彼此相争。在这个过程中，有些部落消失了，有些则存留下来。在存留部落看来，自己之所以能够存留下来，祖先肯定是关键性因素（起源和维护）。许多存留下来的文明，都有明显的祖宗崇拜痕迹。中国古代文献中的祖宗崇拜，可以在"上帝"一词的使用中表现出来。

"上帝"一词在古文使用中兼有远古祖先（起源）和当下主宰（维护）的意思。"帝"字在甲骨文中状如"蒂"，指花朵或果实与树枝的节点，意思是养料的供给环节。用在社会生活中，"帝"就有主宰的意思。"上"在汉语中可以表示空间关系中的"上"，也可以表示时间关系中的"上"，如上代人。因此，"上帝"可以是当下的最高主宰（在天上），也可以是上古或原始的祖先。在这个意义上，"天"与"上帝"在当下的最高主宰这层意义上可以通用，如《诗经》中有"昊天上帝"（《大雅·云汉》）的说法。就古代文献而言，使用"上帝"时包含两种含义，而使用"天"时则强调当下的最高主宰和管理者。

作为人之生存源泉和生命主宰，"上帝"或"天"是敬畏对象。《诗经》在谈到"上帝"或"天"时总是带着"敬畏"情感，如"畏天之威，于时保之"（《颂·我将》），"皇矣上帝，临下有赫"（《大雅·皇矣》）等。这里，试分析《诗经·大雅·荡》中有关"上帝"的文字，来展示《诗经》对"上帝"的敬畏。《荡》诗的开头文字是："荡荡上帝，下民之辟。疾威上帝，其命多辟。天生烝民，其命匪谌。靡不有初，鲜克有终。"其中的"荡荡"和"疾威"，在唐朝大儒孔颖达的理解中，在词性上有贬义的倾向，因而不能与"上帝"合用。在《毛诗正义》中，他谈道："上帝者，天之别名。天无所坏，不得与'荡荡'共文。"进而，他认为，这里讲的"上帝"其实是"以托君王"。相传《荡》诗乃召穆公所作，而当时的周厉王无人君之道，因此，孔颖达认为："故穆公作是《荡》诗以伤之。"我认为，这段诗句其实表达了一种怨气，是当时在周厉王统治下的社会失序状态和人民怨声载道这一社会现实的情绪反应，是一种泛指。从这个角度看，用现代汉语来翻译这一段就是："上帝不设秩序，人民无所适从；上帝只行己意，命令怪异无常；上帝生产万民，命令缺乏诚实；凡事无不有开始，但很少能有善终。"可以感受到，这里要表达的是一种对无良现状的抱怨，直指时空中的最高主宰——"上帝"。

　　然而，《荡》诗在陈述这个抱怨后，马上用周文王批评殷商纣王的口气，响应这种缺乏敬畏的态度，并在涉及"上帝"时特别指出："匪上帝不时，殷不用旧。虽无老成人，尚有典刑。曾是莫听，大命以倾。"召穆公是要消除人们对"上帝"的怨气，强调当下社会失序状态与"上帝"无关。当年"上帝"弃绝殷商纣王，正是因为纣王不承祖先传统，因而失德无道。召穆公要说的是，那时的情况和现在一样啊！因此，关键在于，人们遵守祖上的规矩（"老成人"的教训、智慧和祖宗留下的"典刑"），就会知道天命，进而听从"上帝"的安排，恢复秩序，管理好社会。可以看到，这种想法与周公的"以德配天命"思路是完全一致的。

　　《尚书·召诰》还记载了周公在周武王建设新都时说的一段话。周公反复强调"敬德"的关键性，认为夏、殷未能继续得到天命佐佑的原因在于"不敬厥德"。相对应地，周朝之建立乃在于周文王因"敬德"得到了天命的佐佑。因此，在他看来，为了周朝之延续，"敬德"是当务之急。

　　这里，周公在处理"上帝-天"与人的关系时注意到了两个方面。一方面，他强调天命的绝对性。一个王朝能否延续，关键在于统治者是否遵循天命。在周公看来，"天"是主宰，拥有自己的意志；同时，"天"也是按照秩序（时序）来管理这个世界的。因此，"天"必须得到足够的敬仰。但是，另一方面，如何保证自己的所作所为是在遵循天命而不是相反呢？周公谈道："王先服殷御事，比介于我有周御事，节性，惟日其迈。王敬作所，不可不敬德"（《尚书·召诰》）。这里涉及的"敬德"具体指善待并敬重那些"御事"之人，包括前朝和本朝的官员。善听人言，遵守传统就是《尚书》强调的"敬德"。

　　《尚书·西伯戡黎》谈到了天人关系。纣王在遭遇祖伊当面发表的"天既讫我殷命"批评时，曾颇为自信地感叹说："呜呼！我生不有命在天?"纣王认为，天命就是祖宗的保佑，一旦临到自己身上，就永远不会丧失。然而，祖伊跟他说："非先王不相我后人，惟王淫戏用自绝。故天弃我，不有康食。不虞天性，不迪率典。"纣王刚愎自用，不听人言，无视祖先留下的传统（"老成人"和"典刑"），所以天命已去。在纣王的感叹中，不难看到，纣王对天命还是持有一定意义上的敬畏的。不过，纣王认为，这个祖上的保佑（天命）一旦赋予即可随便使用，而且永不丧失。在这个思路中，纣王的"敬畏"情感在他的言行中是逐步减弱的，以至于走向自以为是，敬意尽失。没有"敬畏"情感，把自己的想法等同于天命，从而无视天命（相当于对他来说天命不存在了），这便是纣王的悲剧！周公认为，这个教训需要特别重视。不难看出，在这个教训中，传统与天命是联系在一起的。"敬德"就是敬畏天命。这样，对天命的"敬畏"情感就转变为对祖训或传统的"敬重"情感了。

需要注意的是，"敬畏"作为一种情感，指向一种外在的、不可抗拒的强大力量。在"敬畏"情感中，敬畏对象当然是实实在在的；它独立自存，显得力量巨大而不可抗拒。纣王在敬畏天命时也是有这一点认识的。不过，纣王对天命的认识是不充分的。在他关于"天"的理解中，"天"这种力量通过血缘关系赐给他之后，他可以随意使用。显然，一种可以被自己随意使用的力量是不值得敬畏的。因此，主政期间，纣王自以为独占并使用这种力量；同时，他也疏于对它的敬畏。当祖伊告诉他"天"放弃了他而不再保佑他，且他看到众叛亲离而无法使用这种力量时，他的"敬畏"情感被重新唤起，并感受到天命的力量。这时，他隐约认识到，天命并不总是与他一致的。不过，为时已晚矣。

周公发现，在敬畏中，上帝呈现为一种自行其是的力量：既可以保佑人们，如果人们的思想和行为符合其旨意时；也可以惩罚人们，如果人们悖逆了其旨意。一种只会保佑人们的力量是不值得敬畏的。上帝正是因为既可以保佑人们也可以惩罚人们，所以才值得敬畏。在周公看来，如果上帝是独立自主的巨大力量，那么，人们就必须时刻保持敬畏之心，努力使自己的所思所想和所作所为都符合上帝的旨意或天命（即符合祖宗传统），求得上帝的保护；同时，小心谨慎，莫违天命。只有这样，天命才在人们这一边，上帝才会保佑人们。这里，善听人言，遵守传统，从而持守天命，就是所谓的"德"。

在周公的思路中，敬天和敬德是一回事。"德"字在古代文献中通"得"，含义是拥有、获得、可以使用等。"得"适用于所有可以获得的事物，但"德"则限于对上帝旨意（即天命）及其做事方式的把握。甲骨文中的"德"字，形如眼睛望天而摄入心中。因此，有德之人乃顺从天命之人。

谁知道天命呢？谁能成为有德之人呢？显然，天命不是感觉经验对象。天命高高在上，是上帝对万物的安排，是人的感觉所不能及的。如果缺乏"敬畏"情感，人完全可以根据自己的感觉经验否定天命的存在。周朝文献对于"德"的理解还是相当一致的，那就是，祖先是人们的生存之源，人们作为后人承受祖先祝福而生存至今，这是值得感恩的。但是，如果不继承祖先传统，人们就无法继续领受祝福。这个宗嗣传承本身就是天命所在。因此，遵守祖先传统就是知天命，就是有德。在这个思路中，敬德就是尊重并遵守先人的教训、智慧和规范，尊重那些对祖先传统拥有知识的人，并听从他们的教导。人们在这样做时，就知天命了，就是有德之人了。

祖先传统可以通过两种途径传给人们：一种是通过听从那些对传统拥有知识的人的教导；另一种是通过了解并遵守先人传承下来的各种典法。不过，换个角度看，拥有关于传统的知识就是知道各种典法，承传祖训，从而知天命。因此，这两种途径可以归为一种，即听从那些知道传统的人的话。那些知道传统（祖训和典法）的人被称为"儒"。在儒家传统中，所有被称为"儒"的人都是有德之人；他们掌握了关于祖训和典法的知识，因此，他们是敬德之敬的对象。

于是，敬德的关键点在于"儒"或儒士。一个社会有儒士，并且统治者听从了儒士的教导，这个社会就是有德的，承继了天命，得到了上帝的保佑；否则，就是无德，背离了天命，自取灭亡。可见，对于任何一个社会来说，培养儒士都是敬德、承继天命的关键所在，因而也是社会秩序和安康的保障。孔子所在的春秋时代，"礼崩乐坏"，儒士不出，社会失序。孔子对此有深刻认识。顺着周公的思路，孔子认为，儒士不出乃天命湮没而社会动乱之根源。于是，他开办学校，广收学生，培养儒士，承续天命。同时，他还整理典籍，修订六经，提供儒士培养的原始读本。孔子一生从事的工作，就是要建立一个儒士培养机制，为社会培养知天命的儒士。

在儒士培养过程中，阅读学习祖传文献如孔子所整理的六经是关键环节。在孔子看来，这种阅读的目的并非简单地增长知识，而是要在阅读中认识天命。"学而时习之"的真正意图是深入体会并把握文献中所隐含的天命。值得注意的是，孔子强调"有教无类"。也就是说，任何人都可以通过读经典的方式来体会天命，并因此而成为知天命的儒士。但是，阅读这些经典文献，不同的人有不同的阅读和理解，并非每个人都能体会到其中的天命。孔子弟子中就有不肖者。也就是说，一个人仅仅依靠阅读经典还不足以使自己成为知天命的儒士。因此，还需要考察有助于一个人成为儒士的内在因素。

《中庸》对这个内在因素进行了详细分析和展示："天命之谓性，率性之谓道，修道之谓教"（第 1 章）。"天命之谓性"的意思是：每个人都有内在的本性，出生即拥有；它推动人的生存，使之形成独特性格，并规定了人的生存方向。这个本性虽然肉眼看不见，但可以通过人的思想和做事方式来表现。重要的是，人的本性就是天命。"率性之谓道"的意思是：按照自己的本性去生存，是人的生存之道，是正道。"修道之谓教"的意思是：就人的生存而言，每时每刻都必须在判断中选择；人是在判断-选择中进入生存的。但是，人的判断可能出错，因而需要不断纠正。判断的差错来自人对自己天命本性的错误认识。正确认识自己的天命本性而不断纠正认识上的错误，才能使自己走在正道上。这个纠错过程便是"教"，包括外在匡正和内在自纠。在儒家传统中，这个"教"被称为"修身养性"。

"天命之谓性"这种说法与天命即传统的思路并不完全一致，但具有内在联系。如果天命不在人的本性中，追根溯源，上古的祖先（他们也是人）如何能够把天命传承下来呢？因此，在《中庸》看来，天命是在人出生时就给予了人的，与生俱来而人人皆有。古代圣人的高明之处就在于，他们能够体会并把握自己的天命本性，并用语言加以表达，而平民百姓虽有天命在身却茫然不知。对于任何儒士来说，体会并把握自己的天命本性，以此教导世人，谏言君王，造福于社会，是他们崇高的责任所在。

但是，如何才能体会并把握自己的天命本性呢？对于儒家的儒士培养机制来说，这是一个必须回答的问题。《中庸》提出用"诚"来处理这个问题。"诚"是一种内向性情感，它指向的对象是什么呢？或者说，在"诚"这种情感中，所呈现的对象是什么呢？《中庸》谈道："诚者，天之道也"（第 20 章）。也就是说，"诚"作为一种情感，是连接人与天的通道。人与生俱来就有天命在身。因此，"诚"指向的对象就是人所拥有的天命本性。《中庸》认为，只要在"诚"中，人的天命本性就会作为一个情感对象呈现在人的意识中。

因为天命是人与生俱来的——"天命之谓性"，所以存在于每个人的生存中，但却无法在感觉经验中呈现（非感觉对象）。然而，在"诚"这种内向性情感中，天命实实在在地存在于人之中，作为人的生命动力和支撑，推动人的生存。它是纯善的。当然，对于那些缺乏"诚"这种情感的人来说，天命无法呈现，"不诚无物"（《中庸》第 25 章），天命在他们的意识中被遮蔽了，被视为"无物"。因此，他们往往无视天命的存在，当然也就不会遵循天命。在"诚"中，儒士能够认识、把握并遵循天命。因此，儒士培养的关键点是培养"诚"这种情感。

关于"诚"这种情感，儒家用如下词语来界定它："真实无妄""毋自欺""主静"。人一旦进入这种情感，就处于一种不受任何心思意念影响的生存状态，既不受外在权威思想的影响（"无妄"），也不受自己在过去生活中通过接受他人想法和自主经验而积累起来的主观意念的影响（"毋自欺"），同时还处于一种无外倾向即静的状态。① 总之，在"诚"这种情感中，人直接面对真实的自己，而与生俱来的天命本性就完全敞开并呈现在人的意识中。

由上可以发现，儒家的天命观呈现这样一条发展线索：从敬畏天命（敬重传统），到敬德（知天命），最后归结为在"诚"中与天命同在。在这条线索中，"敬畏"情感是主导性的。在"诚"中呈现的天命也是令人敬畏的。可以这样说，儒士在"诚"中看到的天命是属于儒士个人的，是儒士与生俱来的，但它来自外在的高高在上的"天"或"上帝"。因此，儒士在"诚"中仍然对自己的天命本性保持敬畏。"诚"作为一种内向性情感，引导儒士敬畏天命。可见，儒家的天命观，归根到底是在敬畏中呈现并被界定的。孔子在谈到这一点时说，自己在五十岁时才知道天命。孔子体会到的天命，其实在孔子出生时就赋予了孔子，并伴随了孔子一生，但孔子并不因为它是自己的而对它缺乏敬畏。虽然人的天命与生俱来，但是，人若对它缺乏敬畏，不去认识它（敬德），就可能违背天命，从而在现实生活中走向灭亡。因此，敬畏天命，并在"诚"中呈现它、认识它、把握它，然后在生存上遵循它，以此造福社会，这就是对"儒士"这个称号的界定。

这个天命观内含着儒家的宇宙观和人生观。简单来说，"天"是时空中万物的主宰，拥有更大的经纶或计划。它在每个人身上都赋予了天命。也就是说，天命既是个人的，也是众人的、社会的、宇宙的，是一种整全

① 参见谢文郁：《君子困境和罪人意识》，《哲学门》2012 年第 2 期。

的安排。《中庸》认为，如果万物（包括每个人）都顺从"天"所赐予的本性，那么，万物就能和谐相处、相辅相成。至于个人，认识并顺从自己的天命是一种"天人合一"的状态。

三、"信仰"与神的启示

基督教在进入希腊思想界后，西方的天命观就由基督教的天命观主导了。在基督教话语体系中，天命就是神的旨意。神是一个独立自主的绝对主宰，全知、全能、全善，有自己的意志和计划，并按照自己的意志安排宇宙中的一切，包括人类。当人的心思意念与神的意志一致时，神的力量就成了人的力量，人将所向无敌。当人违背神的意志时，神的力量就是人的阻拦，人将一事无成、烟消云散。如果停留在这里，与儒家的天命观做简单比较，那么，基督教关于神或天的这些说法与儒家的看上去并无太大差别。但是，基督教又进一步认为：人在面对如此独立自主而强大无比的力量时，往往从自己的理解角度出发去琢磨神的旨意，从而把自己的意志强加给神，制造了各种各样的偶像，并在自己制造的偶像中生存。因此，如果神不自我启示而彰显于人，人就永远无法知道神的旨意。于是，基督教与儒家的区别就出现了：基督教的神是启示的神，是自己主动地彰显于人面前。人只能通过神的自我彰显来认识神。

根据认识论的要求，无论谈论什么事物，都必须清楚地知道自己的认识途径或根据。儒家在谈论天命时，强调祖先传统（包括先人智慧、事迹、典法等），而祖先传统是通过经典文献流传于世的，孔子把这些文献编订为六经，提出在"诚"中认识与生俱来的天命本性，强调儒士培养需要摆脱思想意念的束缚而直接面对自己的天命本性。就认识途径而言，这是有道可循的。那么，基督教的天命观，具体到神的旨意问题上，又是凭什么去认识它的呢？

基督教强调，人是通过《圣经》来认识神的。《圣经》分为《新约》《旧约》。《旧约·创世记》是从天地之初谈起的。起初，神在混沌中创造天地。第一日，神造出光，分出黑暗，称为昼夜；第二日，神造出空气，称之为天；第三日，神在地上分出旱地和海，让地上长出各种植物；第四日，神造出太阳、月亮和星辰；第五日，神造出飞鸟和游鱼；第六日，神造出野兽、牲畜和昆虫，并按照自己的形象造人；第七日安息。七日创世是《旧约·创世记》中的故事。这里涉及了一个不能避免的认识论问题。如果说，在第六日造人之后，人开始感觉经验这个世界，从而把自己的感觉经验以某种方式世代相传，那么，人是可以在这传递的信息中知道这些感觉经验到的事情的。但人是如何知道前五日的那些事情的呢？这些事情没有人看见过，人凭什么谈论它们？严格来说，关于上帝创世的故事，人是无法从感觉经验中知道的。

奥古斯丁在追求真理的过程中曾深陷怀疑主义的泥坑，对关于真理的认识论问题有深刻体会。在阅读这个创世故事时，他问：摩西讲的这个故事是真的吗？根据是什么？① 因为，在创世故事中，"神说"是引导词。每一个创造动作都是在神说中进行的。"说"这个动作发生在两个主体（说者与听者）之间的交往中。假设在这个动作中，说者是在主动传递信息，把听者不知道的事告诉听者，那么：听者若想了解说者所说的事，就不过是被动的接受者；若自以为是，对说者的话进行判断，就无法接受并理解说者所说的。这种说-听关系被称为"启示"。因此，"神说"这种语言表达方式隐含着神的启示这层含义。神就是创造者，是创造活动的设计者和执行者，因而完全知道这个创世事件。但是，如果神不把创世事件告诉人，人就没有任何途径知道这个创世事件。在叙述创世故事时，对于摩西来说，整个故事的情节都是神告诉他的。如果不是"神说"，摩西就是在胡说。神把这件事告诉了他，摩西就知道了，并且有根据地记叙了创世故事。因此，整个创世活动都是神说的，在神说中世界被创造了；同样，在神说中创世事件也被描述了。换句话说，在神的启示中，摩西的创世故事是真实的。

"神说"对于摩西来说是神对他的启示，是神把一件人凭自己的感觉经验无法知道的事告诉了人。通过神的启示，摩西知道了神的创世活动。对于"摩西是凭什么知道神的创世活动的"这样的问题，答案就是：神的自我启示。摩西是领受了神的启示后知道了创世事件，进而写下了创世故事。因此，摩西的故事不是虚构的。对于《创世记》的读者来说，在"启示"这个思路中，他们只能相信摩西所写，并从中领受神的启示。很显然，神把创世故事向摩西启示了，并没有向其他人启示。不相信摩西，就无法知道创世事件。或者说，相信摩西领受了神的启示而记叙成文，是人们知道创世事件的唯一途径。奥古斯丁在提出创世故事的认识论问题

---

① 参见奥古斯丁：《忏悔录》，周士良译，商务印书馆，1963，第11章第3节。

后，马上指出，他必须相信摩西，相信他是在神的启示中记下这个故事的。在信心中，奥古斯丁发现，自己在创世问题上完全没有判断权，在摩西面前只能是一个简单的接受者。作为接受者，他只能承认，摩西记叙的创世故事是真的。于是，他知道，神无中生有而创造了这个世界。

奥古斯丁在阐释创世故事中所展示的认识论被称为"启示认识论"。这是基督教认识论的主导思路。不难看出，这个认识论有两条基本原则。首先，神是启示的神，愿意向人自我彰显。启示者向什么人启示、启示什么内容、以什么方式启示等，都是由启示者自己决定的。启示者选择摩西并向他启示，是启示者已经做过的事。启示者是否可能采取其他方式来自我彰显？回答是肯定的。但启示是一个历史过程。就认识论而言，对于启示者尚未启示的，人们无法获得知识。也就是说，启示是历史性的。根据《圣经》，神自我彰显的方式是这样的：他拣选摩西并向他启示创世故事。其次，面对神通过摩西发布的启示，读者只能在相信中接受创世故事。由于神没有向其他人启示创世故事，对于任何人来说，如果他想了解创世故事，他就必须相信摩西所写。如果他想避开摩西，他就不可能知道创世故事。或者，如果他不相信摩西所写，他就无法知道创世故事。在奥古斯丁的启示认识论中，相信先知是人领受神的旨意的必要条件。

在这个思路中，神是通过派遣先知来传达自己的旨意的。在《旧约》中，神的启示方式是：当神就某件事要对以色列人说话时，就派遣先知就事说事，向人传达神的旨意。所谓先知，就是那些被耶和华的灵充满，受耶和华派遣，并仅仅按照神的旨意说话做事的人。就这件事而言，先知说的话就是神要说的话。先知是否被圣灵充满，只有先知自己知道，任何其他人都无从断定。显然，断定者必须知道神的旨意，才能断定他人是否被圣灵充满。然而，神仅仅通过先知来传达他的旨意，其他人无他途知道神的旨意。神、先知、人之间的关系是这样的：先知是神与人的中介。对于以色列人来说，相信先知是知道神的旨意的唯一途径。

不过，当先知完成他的使命后，耶和华的灵就离开他，他与其他人就没有什么区别了。因此，先知的职分并不是先知自己通过任何努力获得的，也不能通过自己的努力维持到永久。一个人是否成为先知以及维持他的先知职分，其决定权完全在耶和华手里。但是，对于众人来说，一旦某人曾成为先知，他们就会赋予他先知职分。于是，有些拥有先知职分而无耶和华之灵充满的人便会利用自己的头衔发布预言。这种人在《旧约》中被称为假先知。①

因为出现了假先知，对于当时的以色列人来说，辨认真假先知就成了他们面临的一个重大生存困境，这里称之为"先知困境"。本来，先知由神派遣，向人传达神的旨意；面对先知，人只能在相信中从他那里领受神的旨意，先知只能在信心中接受。但是，当假先知自称先知时，如果不加分辨，就可能被假先知欺骗。问题在于：人能够分辨真假先知吗？神之所以派遣先知，是因为以色列人违背神的旨意；因此，先知说的话往往是人们不爱听的。在这种情况下，人们会自然而然地拒绝真先知。所谓假先知，他们往往都是顺着人们的意愿说话，因而深得听者的喜爱。于是，人们在分辨真假先知时，会拒绝真先知，接受假先知。先知是人与神的中介。没有人能够直接知道神的旨意，在信心中接受先知传达的信息，是领受神的旨意的唯一途径。在真假先知的分辨中，要想辨认真先知，就必须拥有关于神的知识；但是，离开先知，人无法拥有关于神的知识，或者说，如果人拥有了关于神的知识，人就不必通过先知来知道神的旨意了。因为人不拥有关于神的知识，所以人就无法分辨真假先知。实际上，人们只要开始去分辨真假先知，就只能拒绝真先知而接受假先知。于是便产生了先知困境：人无法分辨真假先知；但由于假先知的出现，人却不得不去分辨真假先知；而一旦开始分辨，人就只能拒绝真先知而接受假先知。

从另一个角度看，要求人分辨真假先知，等于要求人放弃信心，这在逻辑上等于宣判启示认识论的失败。实际上，《旧约》的先知困境是人的罪性的一种表现。假先知妄说预言，是违背神的旨意的；而众人按照自己的心思意念去分辨真假先知，则必然拒绝真先知。分辨真假先知，是解决先知困境的关键环节。可以看到，人凭自己是无法解决先知困境的。在启示认识论思路中，先知困境之解决取决于启示者。在《旧约》中，启示者在派遣先知时往往是：哪个方面有需要，就让先知说哪个方面的话。先知完成使命后便失去先知身份。要消解先知困境，启示者需要派遣一个全方位的使者，在任何时候和任何事情上都不会丧失其使者身份。对于这样一个使者，人们不需要做任何辨认，只需要完全相信。这便是弥赛亚盼望。

《约翰福音》对弥赛亚（基督）的身份进行了详细界定，并在恩典真

---

① 《旧约》中有很多关于假先知的记载，可在《列王纪》第20章略见一斑。

理论的说法中指出了一条走出先知困境的现实道路。① 在这个说法中，耶稣的独子身份十分突出。② 恩典真理论认为，耶稣是神的独子，是神赐给人的恩典。"独子"中的"独"可以从两个角度看。一方面，神派遣耶稣作为使者是全方位的。神把一切都向耶稣展示了，并且只让耶稣来彰显真理（神的旨意和荣耀），说神要说的话，做神要做的事。而且，神不会再派遣其他使者了。另一方面，耶稣完全凭着天父说话做事，只说天父要他说的，只做天父要他做的；除此之外，他不说其他的话，不做其他的事。因此，人面对耶稣只能完全相信接受，无须进行任何分辨。耶稣说话做事就是神在说话做事。在相信耶稣基督中，人就能知道神的旨意。恩典真理论在逻辑上贯彻了启示认识论，消解了先知困境。基督教的恩典真理论展示了一条独特的认识神的旨意（天命）之路。

恩典真理论中的信心，就其具体内容而言，指的是相信耶稣基督，相信耶稣是神的完全启示者。在信心中，人完全交出了判断权，使自己成为一个简单的接受者。这种完全的信心指向的神一定是全知、全能、全善的。设想神是有缺陷的，而人用完全的信心去面对神，那么，当人在信心中接受神的缺陷时，人的生存就必遭损害。而且，这个神必须为信徒提供完善的个人计划。设想神没有为信徒设计完善的计划，那么，信徒在信心中接受神的给予时，就必然带来生存上的损害。可见，"信心"这种情感指向一个全知、全能、全善的信任对象（上帝）。在信心中，信徒接受神的给予，理解神的旨意，认识神在自己身上的美好安排。这是一种信仰中的天命观。

以儒家为主流的中国传统天命观是建立在"敬仰"这种情感基础上的。在敬仰中，天命是一种不可抗拒的力量；但是，人们如果能够顺从天命，就能得到它的祝福。顺从天命需要知道天命，认识并把握了天命便是"德"，因而需要敬德。在"敬德"这个思路中，把自己的本性归为天命；在"诚"中呈现并认识自己的本性，就是知天命；知天命而顺从之，就是"德"。相比之下，基督教主导的西方天命观则是建立在"信仰"这种情感上的。信仰指向全知、全能、全善的神；这个神是"启示"的神，在基督里得以完全彰显；信徒在信心中放弃判断权而成为接受者，领受神在基督

---

① 参见谢文郁：《恩典真理论——从〈约翰福音〉看希腊哲学和希伯来文化的真理问题》，《哲学门》2007 年第 1 期。

② 参见谢文郁：《道路与真理——解读〈约翰福音〉的思想史密码》，华东师范大学出版社，2012，"导论"第 1 节。

里的自我彰显，从而认识并遵循神的旨意（天命）。

　　从儒家和基督教都在"敬畏"情感中面对天命或神的旨意这一点来看，两者确实有着某种共通之处。许多基督教人士认为，儒家的"上帝"与基督教的"上帝"是同一个"上帝"。然而，一旦进入认识论，我们就会发现，儒家与基督教的思路不同：儒家追求在"诚"这种情感中呈现并认识天命，是一种内向而求的思路；基督教则教导在"信"这种情感中成为接受者，是一种外向依靠的思路。由于思路不同，儒士和基督徒关于天命的认识也就不同。

第六章　寻找善的定义：义利之辨和因信称义*

中文和合本《圣经》用"义"来翻译保罗《罗马书》中的 dikaiosune（英译为 the righteousness），并进而用"因信称义"来翻译路德的 sola fida（英译为 justification by faith alone）。① "因信称义"给出了一种新的善的定义方式，与中国传统的"义利之辨"对善的定义完全不同。简略来说，"义利之辨"对"义"的定义可以归结为"以诚明善"，认为人在"诚"中可以认清善恶，并有能力判断善恶。"诚"是人们定义善的基础。"因信称义"则在信心的基础上定义"义"，认为人没有能力判断善恶，因而在善恶问题上必须完全依赖耶稣（至善本身）。进一步分析表明，"诚"要求人在判断善恶时拥有完全的判断权，而"信"则要求人在面对善恶时完全交出判断权。在逻辑上，这是两种完全不同的善的定义方式。拥有判断权与放弃判断权是对立的两端。不同的善的定义方式引导着不同的生存方式。

我想对"以诚明善"和"因信称义"这两种善的定义方式进行思想史追踪，并对它们所引导的生存方式进行分析。我们发现，"以诚明善"最终引导人的生存走向以善明善的霸权话语而陷入困境，而"因信称义"则在真神判断问题上可能走向迷信而进入险境。在这一基础上，我进一步探讨把这两者合二为一的"善"定义方式，发现"因信称义"可以带领人走出"以诚明善"所引导的生存困境，但同时，"因信称义"中的恩典概念要求每个人都必须在"诚"中持守独立判断权。于是，我们面临这样一个生存问题："诚"和"信"共存是一个生存悖论。本章要指出的是，任何

---

　　* 本章原发表于《世界哲学》2005 年第 4 期。
　　① 希腊文动词 dikaio（英译为 justify）加上后缀 syne 指的是一种合适的行为。柏拉图在《理想国》中对 dikaiosune 的讨论引申为"善"的问题，即合适的行为必须由善意念带领。

逃避这一生存悖论的企图，其结果都是将人类引向死胡同。因此，我们必须正视人类生存的这一悖论性。

一、儒家"义利之辨"中的"义"

我们知道，早期儒家有一场影响深远的"义利之辨"。这个问题虽然在孔子之前就有人谈论，但是，作为一场运动并对思想史产生深远影响，我认为是从孔子开始的。孔子说："君子喻于义，小人喻于利"（《论语·里仁》）。于是，"义利之辨"就开始了。阅读孔子与他学生的对话，我们发现学生对于何为"利"似乎都比较清楚，因而不太追究它的含义，但对于何为"义"则似懂非懂，所以需要老师不断指点。孔子说："君子义以为上"（《论语·阳货》）。也就是说，君子把"义"当作最高行为准则。或者说，君子就是按"义"行事的人。

问题出在对"义"的规定上。如果"义"是君子的最高行为准则，那么，我们就有理由要求孔子给出具体的说法，让我们按章做事成为好人或君子。然而，孔子没有告诉我们"义"究竟是什么意思。孔子在与子路谈论何为"成人"时指出："见利思义，见危授命，久要不忘平生之言，亦可以为成人矣"（《论语·宪问》）。"成人"在孔子的用法里并不是我们日常用语中说的长大成人，他指的是完全的人，即所谓的"君子"。孔子谈到"君子有九思"，其中的一思便是"见得思义"（《论语·季氏》）。"见利思义"和"见得思义"在意思上很接近。人在生活中总是要为自己追求点什么，人的追求源于人的肉体欲望，所以有"食，色，性也"。由此所追求的东西都可以归为"利"。人追求"利"的结果是占有某些东西，因而总会有所得。就物质而言，这些"利"和"得"都是可以指称的，因而理解起来没有困难。孔子的意思看来很明确：人要在这些"利"和"得"的基础上去思考何为"义"。也就是说，人在这个世界上生存，不要停留在物质水平上，而要看得长远一点、深刻一点。但是，人在"利"和"得"的基础上会体验到什么"义"呢？

孔子在与子张谈论国家治理问题时，提出了"惠而不费"命题。子张不解，孔子解答说："因民之所利而利之，斯不亦惠而不费乎？"（《论语·尧曰》）我们指出，在生活中最先接触的"利"只能是个人的私利。我们在这些私利上思考"义"，会发现一些长远利益和公众利益。比如，人一味想占有更多个人私利，就必然与他人发生冲突，并在冲突中受到损害，最终得到的反而更少。人们在彼此合作时，反而会得到更多。对这种得失的思考会引导一种"公利"意识。在孔子的说法中，如果一个统治者为百姓谋利益（公利），他的统治就会得到巩固，而他也就不会为了自己的统治（私利）而到处压制他人，忙忙碌碌，耗尽精力。

在上述统治者与被统治者之间的关系中，巩固统治是统治者的私利。但是，如果统治者能够做到"因民之所以利而利之"，那么，他就为人民造了福，因而提供了公利。我们看到，在"惠而不费"这个命题里，公利与私利结合在一起了。这种结合有一个显著的特点，即由于引入了"公利"意识，私利反而得以充分实现。或者说，为了得到私利，人们应该把目光放在公利上。人的"公利"意识来自对私利的深入反思。这种情况被称为"见利思义"。这里，孔子提供了一种具体认识公利的途径。

从这个角度看，相对于私利而言，公利是一种"义"。但是，公利不能等同于"义"。孔子说："君子之于天下也，无适也，无莫也，义之与比"（《论语·里仁》）。意思是说，君子生活在这个世界，除了追求"义"，没有别的爱好和嫌恶。如果公利就是"义"，那就等于说，国家利益或团体利益这些公利就可以规定什么是"义"，从而左右君子的为人处世。

能否把"义"理解为一种道德规范？孔子说："君子义以为质，礼以行之，孙以出之，信以成之。君子哉！"（《论语·卫灵公》）这里提到了"礼"、"孙"（指谦和）和"信"等道德因素与"义"的关系，认为道德规范（"礼"）和道德品格（"孙"和"信"）是表达并成就"义"的。显然，"义"不是道德规范，而是道德规范要表达并加以成就的东西。"义"高于伦理道德。因此，有人把"义"解释为一种道德本体（"质"）。但这种道德本体究竟是什么呢？

孔子要人们"见得思义"。这个"得"可以分为几个层次，比如，私利、公利、美德，等等。君子在私利上"思义"，可得公利；既得公利，君子还可以进一步"思义"而认识美德；有了美德后，君子还是可以"思义"，进入"义"的更深层，比如"天意"等。实际上，人们得到很多以后，往往会被这些所得蒙蔽住自己对"义"的体验。因此，孔子"君子三戒"的最后一戒是："及其老也，血气既衰，戒之在得"（《论语·季氏》）。这一戒的目的是使人"见得思义"，即在所得的基础上进一步去体验更深层的"义"，因为只有"义"才是终极的，因而值得君子不断去追求。

由此看来，"义"在孔子的体验中指称一种终极的善。我们注意到，宋初文学家徐铉在校《说文解字》时对"義"有附加说明，认为："此与善美同意，故从羊。"从语义上说，善与好是相通的。就原始意义而言，最直接的好就是那些能够满足私利的东西，接着是公利，然后是道德，最后是天意。一步一步，人们在"思义"中走向至善。

孔子未能对"义"给出具体规定，导致了后人对"义"的不同体验，进而引发了儒家传统中的"义利之辨"。我们注意到，孔子论"义"和"利"时并没有做一刀切的分割，但却强调"义"在人们生活中的优先地位。这种想法在孟子的"仁义而已，何必曰利"，荀子的"先义后利"，以及《大学》的"以义为利"等说法中得到了进一步的阐述。

二、《中庸》的"以诚明善"

有意思的是，《中庸》似乎有意回避"义利之辨"，而从人与人之间的关系角度对"义"进行诠释："义者，宜也，尊贤为大"（第 20 章）。"宜"指的是合适的人际关系（"仁义"）。人要是认识到人与人之间的合宜关系，就体验到了"义"；当人在自己的生存中实践这种体验时，人的生存就进入"中庸"状态。人们在现实生活中不可能不与他人发生关系，因而每个人都有一套为人处世的思想意念。但是，有些人往往固执一定的想法，排斥任何与自己想法不同的其他思想。《中庸》把这类人归为小人，并用以下语言来描述："愚而好自用，贱而好自专，生乎今之世，反古之道。如此者，灾及其身也"（第 28 章）。小人当然是无法真正体验到"义"的。但什么样的关系才是合宜的呢？人如何才能进入其中呢？《中庸》认为，合宜的人际关系要在"尊贤为大"中落实。"尊贤"仅仅指的是一种态度，即尊重那些对"义"有深入体验的人。但是，如果一个"贤人"故步自封，他马上就失去其作为"贤人"的资格而成为小人。因此，"尊贤"和"思义"其实是一回事。

我们看到，孔子提出的"见利思义"和"见得思义"的关键是体验"义"。但是，现实中的人有"利"有"得"，却并不一定会去体验"义"，如小人所为。这就是说，我们可以问：究竟有什么生存上的力量推动人去体验"义"呢？《中庸》对这个问题的体验深入了终极性层面，提出了以诚为本的君子之道。

《中庸》是这样谈论君子的："射有似乎君子，失诸正鹄，反求诸其身"（第 14 章）；"君子之道，譬如行远必自迩，譬如登高必自卑"（第 16 章）。做一个君子，首先是从自己当下的生存出发。离开自己的当下的生存，再美好的东西对于人来说也是没有意义的。然而，我们每个人都有不同的生存状况，有不同的利益、心思意念、品格、理想，等等。从自己当下的生存状况出发，人们受到自己的利益、心思意念、品格、理想等的影响和支配，各自走的是不同的道路，如何能走出共同的君子之道呢？

《中庸》注意到了这样的事实：人对自己当下的生存状况往往没有清醒的认识。比如，当一个人的思想为某种固定的意念（他人的或自己的）所束缚时，他就无法对自己的生存状况有全面的认识；因为这个束缚他的意念支配着他，使他只从一个角度观看自己以及自己的处境，从而无法看到自己的真实面目。这也就是小人的生存状况。所以，《中庸》一开始谈论君子时就指出："是故君子戒慎乎其所不睹，恐惧乎其所不闻。莫见乎隐，莫显乎微，故君子慎其独也"（第 1 章）。这就是说，做一个君子，不能一叶障目，而要在"隐""微"处面对自己，因为在隐微处一切都暴露了。因此，做君子的关键是看清自己的真实面目。

直接面对并看清自己的真实面目便是《中庸》所说的"诚"。就字义而言，"诚"指的是人在面对自己时没有修饰，没有欺诈；无欺无伪就不会被任何欲望、利益、意念等影响和左右，从而能够完全暴露自己的真实面目。其实，除了人以外，万事万物都遵循自己的本性而动，时时刻刻都真实地面对自己，并没有所谓的修饰欺诈。从这个意义上说，"诚"是万物的本来运动。《中庸》说："诚者，天之道也"（第 20 章）；"诚者自成也，而道自道也。诚者物之始终，不诚无物"（第 25 章）。但人是一种特别的存在，人会固执于某种意念，会伪装自己，会做错误的选择，等等。这些做法都可能使人脱离"诚"，比如那些小人所为。因为人在现实生活中会偏离"诚"，所以《中庸》认为回归"诚"并从"诚"出发对于人的生存来说至关重要。回归"诚"，也就是无欺无伪地面对自己的真实存在。《中庸》称此为："诚之者，人之道也"（第 20 章），即人生的真正道路是回到"诚"中并从"诚"出发。

由于人在"诚"中真实地面对自己，人就能一览无遗地观看自己的一切欲望利益、行为规范、思想意念等，对其中的善恶美丑也就一清二楚。《中庸》说："不明乎善，不诚乎身矣"（第 20 章）。进一步，如果善恶分明，人是不可能不追求善的。因此，从"诚"出发就一定会追求那在

"诚"中显露出来的善："诚之者，择善而固执之者也"（第20章）。

我们注意到，《中庸》的作者完全自信地认为，只要人在"诚"中真实地面对自己，就一定善恶分明，并选择善、追求善。人们也许会反问：每个人的生存状况都不相同，即使都回到"诚"中，所认识的善也必不相同，所以当人们因此而追求善时，追求的是不同的东西。常见的是敌我之间，在此追求的善在彼看来是十足的恶。

《中庸》的作者对这一点有很清楚的认识。在《中庸》的作者看来，任何时刻，人在"诚"中面对自己的真实面目时所看到的善都是真正的善，因而不会也不能放弃；因为除此以外，人没有其他途径认识善。真正的善只能在"诚"中显现。但是，如果人们认为在"诚"中得到的善是终极不变的善，并进而把它当作自己的全部追求，那他们就离开了"诚"而为某种善所左右，成为小人。离开"诚"的善不能维持其善性。因此，人对善的追求，必须每时每刻都回到"诚"中。如果人每时每刻都在"诚"中，人就每时每刻都面对善。这样的人是至诚的，同时也拥有了至善。这样一种"以诚明善"的道路也就是君子之道。

"以诚明善"的道路是一个无止息的过程（"至诚无息"）。《中庸》的作者深深体验到"诚"在生存上的终极性，认为这就是人生的起点和终点（"诚者物之始终"），因而是终极可靠的。因此，《中庸》的作者对"以诚明善"最终能够带来在善知识上的一致这一点深信不疑。只要人人都能够时时刻刻真实地面对自己，即达到"天下至诚"，现实中的善知识之间的差异就会消失："惟天下至诚，为能经纶天下之大经，立天下之大本，知天下之化育。夫焉有所倚？"（第32章）

总结来说，由义利之辨引导的关于"义"的理解，归根到底是如何认识善的问题。我们注意到，善知识的差异是一个事实。谁的善知识才是真正的善知识呢？当人们自以为是，认为自己的善知识才是真正的善知识时，就会出现这样一个问题：人们根据什么做出这种判断呢？[①] 在"以诚明善"的思想中，"义"或"善"不是一种固定不变的想法或理念，而是在"诚"中呈现的生存冲动或方向，并且是在过程中不断被改变的想法或理念。当然，在《中庸》中，"天下至诚"所带来的善知识是终极的、最

---

　　① 《庄子·齐物论》中的讨论完全否定了这种判断的可能性。在这里我不对这个问题展开讨论。我想指出的是，《庄子》对是非标准的讨论对于儒家关于"义"的理解有紧迫的压力和推动。

高的。尽管那是在谈论遥远的未来，然而，《中庸》的作者深信，现实生活中人与人之间善知识的差异终究会消失在"以诚明善"的过程中。

三、"因信称义"中的"义"

前面的讨论表明，"义"或"善"在中国思想史上的隐含意义是十分深远的。我们在中文语境中理解"因信称义"时，就不可能无视这种隐含意义。为了对这一隐含意义在华人基督徒思想中的影响有深入的认识，我想从纯中文思维的角度对"因信称义"这一说法进行语言分析，指出儒家的"义"对华人基督徒思想的渗透性影响，同时也展示"因信称义"对儒家的"义"的根基性冲击。

我想要特别指出的是，虽然"因信称义"是一种翻译，但在语言上，"因信称义"是一个独立判断句。指出这一点，在翻译学上是有重要意义的。我们知道，如果"因信称义"是一个独立判断句，那么，与单字翻译不同的是，它的内在结构可以独立地传递它的信息，而无须回到它的译文原本。这是翻译学上的一个重要事实。也就是说，对于一个完整的判断句，如果其中的概念在自己的意念体系中已经被定义，那么，人们就不需要任何外在的指示而直接地使用自己的意念体系对它进行诠释。

在这一共识下，我们可以对"因信称义"做如下语句结构分析。表面上看，它的语句结构是：因为信，所以可以宣称自己是"义"的。但中文在使用"称"时可以主动和被动兼用，而且"信"在基督教背景中指的是"信神"或"信耶稣"，因此，这句话还可被理解为：因为相信神或耶稣，所以被神或耶稣宣称为"义"。进一步，中文语句结构允许在动词主词明确的情况下省略主词，因此，整个句子可以导致这种解释：人（包括你、我、她）在相信神或耶稣时，人就被神或耶稣宣称为"义人"。

中文语境中的"信"，在儒家思想中主要指朋友之间的彼此信任（没有宗教含义）；在道教那里主要指相信存在着一些长生不老的仙人（含有某种宗教意义）；佛教要求善男信女相信佛的存在，相信灵魂轮回（需要宗教上的投入）。基督教则指相信耶稣是神的儿子（完全的宗教信仰）。我们注意到，"相信"有两个方面的含义：一方面指思想感情中的一般性意向或倾向性认定；另一方面则指向某种特定的对象，如仙、佛、基督，等等。为了对"因信称义"中的"信"有理解，我们可以做特别的规定：我们相信的是一个具体的历史性个体，即相信以色列历史上的拿撒勒人耶稣是神的儿子，而不是一般意义上的"信神"。也就是说，"因信称义"中的"信"是可以澄清的。

问题出在"称义"二字上。许多基督教神学著作在解释"因信称义"时，特别强调"称义"是一个法律用语。但是，从语言的角度看，我们无论如何也无法把中文的"称义"理解为法律用语。在中国人的心（当然是历史积淀的产物）中，在法律上守法的人并不一定是有"义"的人，比如那些小人，他们遵纪守法，却不愿真实地面对自己，从而放弃了对善（"义"）的追求。他们无法"思义""明善"，因而不能成为"义人"。硬性规定"称义"是一个法律用语，其结果是打乱中文字典；换句话说，放弃用中文思维。① 当然，文字是发展变化的。一个词或一个字，其定义可以增减。但是，重新定义一个词或一个字的基本要求是，新定义必须与原定义有某种相通性，从而可以从原定义引申出新定义。当我们把"称义"规定为一个法律用语时，其中的相通性在哪里呢？如果找不到这种相通性，我们就很难在中文思维中维持这样的规定。

无论从哪个角度看，在中文思维中，"称义"都更像一个道德用语。我们知道，中国思想史上谈到"义"时没有人把它与"称"字连起来用。"义"拥有至善的含义。追求并得到"义"，是人们在修身养性时所致力的。就思维习惯而言，"成义"更适合中国人的思维。因此，我们说"因信成义"，似乎更符合中文表达，或更中国化。但是，比较"成"与"称"，"成"强调一个过程的完成，而"称"则是一个判断动作，可以一次性完成。也许是基于这种考虑，"因信称义"的译者使用了"称"字。"因信称义"要表达的是，当我们信耶稣是神的儿子时，耶稣就宣称（或判断）我们为"义人"。这个"宣称"是一次性完成的。

然而，如果当初译者采用了"因信成义"这样的译法，我们的理解就会走向另一个方向：因着相信耶稣，我们就成全为"义人"。"成全"是一个过程，需要人自己的努力。这当然不是"因信称义"所要表达的信息。因此，"称义"不是"成义"。

在分析儒家"义利之辨"对"义"的理解时，我们指出，人们对"义"的指称是不确定的，比如，它可以是公利，进一步也可以是天意。

---

① 当然，希腊文中的 dikaio 有法律上判断的意思。我要指出的是，由于 dikaio 被译为"称义"，其原有的法律含义就消失了。

"义"在指称上的不确定性是"义"这一概念的主要特点。"义"的这种不确定性也出现在"因信称义"的"义"中。比如,亚伯拉罕因相信神的应许所以被称为"义"。我们知道,《旧约·创世记》记载亚伯拉罕的"义"无非是要子孙繁多而且强大。这样的想法因着他的信心而被称为"义"。人的想法是会变化的,昨天以为好的东西,今天却认为不好。这些变化在信心中是允许的。我昨天想要生活富足,因着信心,我按照昨天的想法而被称为"义人"。但是,我今天想要永生,因着信心,我带着永生的盼望而被称为"义人"。也就是说,我的"义"不在于我有什么想法和品格,而在于我相信还是不相信。我的信心决定了我的"义"。

不难看到,"因信称义"中的"义"可以是任何人认为的好的东西。它可以是完全的私利,也可以是某种公利,还可以是某些所谓的"高尚"道德信念,等等。人们也许会问:私利、公利,还有道德信念,哪个更好或更有"义"?这样的问题在"因信称义"中是受到排斥的,因为人在信心中交出了关于"义"的判断权。换言之,我是不是一个"义人",不在于我当下拥有什么样的"义";而且,我也没有判断权来决定我该拥有什么样的思想意念和道德品格才算是"义人"。判断权在我们所信的耶稣手中。

有一种看法认为,"因信称义"中的"义"只能是神的"义",否则,"义"就不是"公义"或"正义"。我们指出,在信心中,人必须放弃判断权。当神宣称我们为"义"时,我们就是"义人"。因此,就神是判断者而言,在神看来为"义"者当然都是神的"义"。但是,我们常常借"神的义"来判断他人的思想和品格。比如,我们是在我们所拥有的某种道德信念基础上信耶稣的,所以,我们是按照我们的这一道德被宣称为"义"的。当我们依据自己宣称为"义"的道德标准来做判断时,很显然,只有符合我们道德标准的言行才是"义"的。当我们推广这个判断而应用于他人言行时,我们就僭越了真理判断权。这种僭越破坏了神的"义"。实际上,任何人的判断所给出的"义"都不是"因信称义"中的"义"。

我们看到,"因信称义"中的"义"是在信心上被定义的。有两点需要特别指出:第一点,"义"只能由耶稣给出。当我们信耶稣是神的儿子时,耶稣就成了我们是否为好人的判断者。由此有第二点,对于何为"义",我们没有判断权。尽管我们有各种不同的好坏意念,但是,这些好坏意念本身的善性需要由耶稣来判断。

四、善的定义：困境和出路

比较"因信称义"和"义利之辨"，我们发现，从表面上看，这里的两种"义"都没有确定的指称；但是，深入地看，它们的定义基础完全不同。"因信称义"谈论的"义"以信心为基础，"义利之辨"（或"以诚明善"）则以"诚"为基础对"义"进行定义。因此，两种"义"的定义方式是不同的。进一步分析表明，"因信称义"对"以诚明善"的冲击是根基性的。

我们先来看"以诚明善"的定义方式。人们的善知识不尽相同，甚至相互对立。任何善知识都受个人的认识能力和所收集信息的影响，因而只能是有限的。如果人们的生活完全由自己既有的善知识来引导，结果就只能是受到有限的善知识的束缚而走入死胡同。因此，人的生存基础不能是某种善知识。在《中庸》看来，人的生存基础是"诚"，即真实地面对自己。在"诚"中，面对真实的自己，善恶、美丑、利弊一并显现出来，从而可以知道何者为善。既知何者为善，那么人就一定执着于所认识到的善，并努力追求它。但是，"诚"作为人的生存基础，从时间上看是持续不断的过程；因此，人必须时时刻刻守持"诚"，此即"至诚"。"诚"是善知识的基础；当人在"诚"中看到的善与原来的善知识不同时，善就被重新定义了，而旧有的善知识就不再为善了。善永远是在"诚"中被定义的。人一旦把某种善知识当作生存基础，就走上了小人之路。

这种定义方式有如下一些特点。首先，善知识不是固定的，它在"诚"中可以被修改乃至放弃，也可以被修改而不断完善。其次，作为善知识基础的"诚"，是一种生存状态。人可以进入或拒绝进入这种生存状态，但人没有任何力量可以改变它。最后，在"诚"中，人是判断善知识的主体。善恶是在"诚"中显现的，因而人在"诚"中无须依据任何标准就能看见善并执着之。不难发现，这种定义方式淡化了善的标准问题，因为人在"诚"中定义善时不会追问这样的问题：根据什么说这是善那是恶？

由此看来，"以诚明善"驱动人们不断地认识善。在这一驱动中，所谓的绝对善知识是不可能的。不过，《中庸》并没有否定绝对善知识，比如它认为，人在"至诚"中可以认识并掌握"天下大经""天下大本"和

"天下化育"。也就是说，在"天人合一"的境界中，人达到了绝对善知识。当然，这是很难的："达天德者，其孰能知之?"（第 32 章）尽管人们可以强调说在"天人合一"中的绝对善知识是一种理想型的善知识，但这并不意味着现实中有某些人达到了这个境界并拥有了它。但我们还是能够觉察到，这种对绝对善知识的认可与"以诚明善"的主旨是不相容的。这种不相容性值得注意。

为了对这种不相容性有深入的认识，我想对人在"诚"中的择善过程做一些生存上的分析。人在真实地面对自己时，各种选择可能性都显现在人面前，包括好的和坏的、比较好的和比较坏的，以及最好的和最坏的。人选择的当然是最好的。这便是"明善"而"固执善"的过程。但人的生存选择并不是一次性的。我们在进一步追踪人的生存选择时发现，当人做了一次选择后，此次选择对以后的选择将产生方向性的影响。

考虑到选择的连续性，为了讨论的方便，我们忽略以前的选择。设想：某人在第一次选择时面临甲、乙、丙、丁四种选择可能性；他在此次选择时不受任何标准或原则的限制；他选择了甲。在这一选择中，与其余三种选择可能性做比较，甲是最好的，因而被认为是善。从选择的角度看，与甲比较而言，乙、丙、丁是不好的，因而被放弃。在接下来的选择中，甲的重要性就凸显出来了：任何与甲有关系的事物都将成为下次选择中的选择可能性。而且，乙、丙、丁等因为在第一次选择时被否决而被放弃，所以在下一次选择中被考虑并被选择的可能性就更小了。随着生存选择的进一步推进，甲就成为下一次选择的基石。于是，甲在这个人的生存选择中就举足轻重了。换言之，甲将成为"明善"的标准。

"以诚明善"中的善是在"诚"中被定义的。但是，当某种善知识（如善知识甲）最后成为善的定义者时，人的生存基础就从"诚"转移到善知识甲上。这一转移的直接后果是：人偏离君子之道而成为小人。这种善知识起初看起来无论如何尽善尽美，因着它的有限性，最终都一定是走入死胡同的。《中庸》说："小人之道，的然而日亡"（第 33 章）。虽然《中庸》追求"以诚明善"，但是，人的生存无法避免走向"以善明善"。

这一生存转移的不可避免性来自"以诚明善"的判断者，即"诚"的主体：人。人在"诚"中面对真实的自己时，善恶分明，因而可以执着于善。这"明"是对于在"诚"中的主体而言的。在"明"中，人对善恶加以分辨。因此，人必须做判断。人的判断起初可以不偏向任何选择可能性。然而，随着善知识甲在判断者（人）的生活中变得越来越重要，它对人的判断的影响也渐渐成为渗透性的。一个人的善知识发展到最后，可以是无所不包的，因而可容纳各种不同观点，如孔子所达到的境界："五十而知天命，六十而耳顺，七十而从心所欲，不逾矩"（《论语·为政》）。这时，善知识甲对人的判断就是渗透性的。在这种生存境界中，人在意识上仍然是"以诚明善"，但是，善知识甲实际上已经成为善恶判断的主导或霸权话语。一旦进入这一境界，人的生存基础就落实在善知识甲上了。

　　以"诚"为基础的生存是一种生生不息且不断更新的生存。这是儒家思想的精髓所在，也是它对中华文化的深远贡献。不幸的是，它无法避免走向它的反面，即在一种僵化思想或道德体系控制下（或以善知识甲为基础的霸权话语体系）的生存。"以诚明善"在生存上的这一困境是实实在在的。我们有别的出路吗？或者可以问："因信称义"能够提供一条出路吗？

　　我们知道，"因信称义"对善的定义基于信心之上。这种定义方式注意到这样一个认识论事实，即人的所有善知识都是人在不同视角和水平上对善的理解，因此，人的善知识都是有限的，并且人对善知识的追求永远都无法进入绝对的善中。任何人，如果他宣称他的善知识是绝对的善知识，那么，他就完全是自以为是。这种自以为是的宣称是没有根据的。从逻辑上看，我们可以问：他根据什么认为他的善知识是绝对善知识呢？如果他争辩说，因为他的善知识是绝对的善，所以它是绝对的善知识。这种说法是一种循环论证。任何善知识在这种循环论证中都可以被说成绝对的善。但是，这样的善没有普遍性，如何能够是绝对的呢？如果他是根据善的标准来判断他的善知识是绝对的善，那么，这个善的标准本身是否为善也是成问题的。简言之，人对善没有判断权。人所做的判断都不是善判断。

　　因此，根据这种定义方式，我们可以继续推论：既然人不能做善判断，那么，在这个世界上就没有人知道善，从而没有善良的人，即没有"义人"。但是，人不能不追求善。回顾我们在分析儒家的"以诚明善"时所遇到的生存悖论：人追求善却因为没有真正的善知识而得不到善。人对这一生存悖论的体验尚未深入时，总是以为可以通过努力追求善来摆脱它。结果是，人充其量不过一而再再而三自以为是地宣称得到了善。这种状况在"因信称义"看来正是人的罪性的表现。

　　"因信称义"要求人们放弃善恶判断权，把它移交给善的拥有者，即耶稣，并在信任耶稣中接受善的给予。从这一角度看，"以诚明善"在定义善时所面临的困境在于：一方面，人无法认识并拥有真正的善；另一方面，人却拥有善恶判断权。从逻辑上看，善恶判断权只属于善的拥有者。如果我们找到了真正的善的拥有者，并只让他来做善恶判断，那么，上述生存悖论就不复存在。如果耶稣真是神的儿子，从善的源头那里来，知道什么是真正的善，那么就只有耶稣才拥有善恶判断权，而人需要做的仅仅是信任耶稣。

我们注意到，信任与判断权之间存在着这样的关系：人在信任中放弃判断权。比如，当某人在某方面对他人有点信任感时，他就在这方面放弃一部分判断权，并转交给他信任的人；越是信任某人，放弃的判断权就越多。一个人对他的医生越是放心（信任），就越能接受医生关于他的身体状况的判断。显然，当一个人只信任自己（对他人没有信任感）时，他就完全独自拥有判断权；相反，如果他完全信任某人，他就把判断权完全交给这个人。

在善恶判断这个问题上，情况也是一样的。在"以诚明善"中，"诚"的主体拥有完全的判断权，摒斥外来影响，仅仅从真实的自己出发进行善恶判断。这就是说，在"明善"问题上，人必须拥有完全的判断权。但是，"因信称义"要求人进入一种以"信"为基础的生存状态；在那里，人相信耶稣是神的儿子并拥有真正的善，因而完全交出善恶判断权。这样，耶稣就在人的生存中完全拥有善恶判断权。当耶稣宣称（判断）某人为善时，无论这个人的善知识如何，这个人就是善的。人在信仰耶稣时完全交出了善恶判断权。

我们指出，人在"以诚明善"中对善恶判断权的完全拥有最后带来的是人的生存基础挪位，让某种善知识取代了"诚"，堵塞了人的生存对善的继续定义。然而，如果"因信称义"剥夺了人的善恶判断权，那么，人的生存是如何对善进行定义的呢？会不会同样导致某种善知识固化为人的生存基础，从而走入同样的死胡同？

为了回答这两个关键问题，我们需要先分析人们在放弃了善恶判断权后所进入的生存境界。我们看到，人们面临的是各种善恶不分的选择可能性；人们因为放弃了判断权，所以不能判断其中的善恶。这是没有善恶的生存境界。同时，人们把判断权给了耶稣，并相信耶稣会给自己做善恶选择。这便是基督徒意识中的恩典概念。人们相信，耶稣一定会把善者给予我们。于是，人们的意识中就出现了等待的心态。等待是指望耶稣为自己做选择。这并不是一种消极心态；相反，人们在等待中必须保持警觉，因为人们不知道耶稣会在什么时候以什么方式把选择结果告诉自己。耶稣（通过圣灵）可以直接地（如灵感、领悟、梦示等）告诉人们该如何做事，也可以间接地（如他人劝告和批评、环境的阻拦，以及使人们在失败中学习等）带领人们做事。相应地，人们在等待中养成了接受心态。无论耶稣以什么方式把他的判断给予人们，人们都接受，因为它一定是善的。人们在信心中知道，耶稣拥有善，他的判断一定是正确的。因此，人们接受的是善的。

当然，在实际生活中，人们所接受的彼此不同，甚至相互冲突；而且，同一个人在不同的时间所接受的也会不同，甚至对立。在善恶不分的生存境界中，究竟什么东西会向人们显示是人们无法预见的。但是，凭着对耶稣的信任，无论人们接受的是什么，都因人们的信心而被称为"义"。

我们考察这种善定义方式，发现，它避免了"以诚明善"所带来的困境。在"因信称义"中，人们在信心中接受并认定善知识甲为神的旨意；既然它被神宣称为"义"，且神是绝对的善，那么被神判断为"义"的善知识甲就是绝对的善。于是，善知识甲就在神的名义下成为人们的生存基础。这种转移在"因信称义"中是不合法的。很显然，人们在把某种善知识当作绝对的善并占有它时，就开始拥有善恶判断权。人们一旦拥有善恶判断权，就不再需要耶稣为自己做判断了，从而对耶稣的信任也就不必要了；当然，信心也就因此而失去了作为善定义的基础地位。在逻辑上，这种生存转移的不合法性在于：无论在什么情况下，人们一旦进行善恶判断，就背离了"因信称义"。在信心中，任何善知识都不能成为人们的生存基础。

五、"诚"和"信"：人类生存的悖论性

以上讨论展示了两种"义"的定义方式。"因信称义"以信心为人的生存基础，而"以诚明善"则把"诚"归为人的生存基础。"信"和"诚"所引导的是两种不同的生存方式。我们注意到，"因信称义"避免了"以诚明善"在定义善时所陷入的困境。我们能否因此而得出结论："因信称义"可以取代"以诚明善"而成为定义"善"的唯一方式？

我们需要对"因信称义"所引导的人的生存做进一步的分析。我们知道，"因信称义"要求人们完全信任神，并在信任中交出善恶判断权。在

这种生存境界中，人们对神的认识完全通过信心来接受；除了接受，人们没有别的途径认识神。但是，信心可以指向任何对象，比如，指向某个我们信赖的人或团体。在这种情况下，我们可以把这个人或团体当作神的代言人或者神本身，并把自己的判断权交给这个人或团体。于是，虽然我们的生存基础仍然是信心，但我们却是某个人或团体的奴隶。这样的生存也是一个死胡同。比如，有些基督徒对神职人员的绝对顺服，等等。因为对神的信心和对人的信心都是信心，而在信心中我们没有判断权，所以，对于我们的生存以哪种信心（指向神或指向人；或者，指向这个神或那个神）为基础这样的问题，作为当事人，我们是无法区分的。

　　如果我们的信心指向某个人或某个假神，即迷信，那么，我们的生存就被置于一个危险的基础上。为了避免这种情况发生，人们可以强调，我们在信心中指向的必须是真神。但是，谁是真神呢？这就要求我们做出判断。也就是说，我们必须首先认清（判断）真神，然后相信并依赖他。于是，我们回到了判断权问题上。在辨别真神时，神在这个判断活动中是我们的判断对象，而我们自己则成了判断者。如果我们是判断者，神（在我们的判断下作为判断对象）就失去了主导地位。当我们把自己的全部信任归给这样一个"神"时，我们实际上是依赖一个自己造的"神"。这样的"神"不可能给予我们任何东西，因为它的属性是我们在造它时给予它的。也就是说，任何在判断中给出的"神"都不是"因信称义"所指向的神。在"因信称义"中，我们只能信任并接受神的给予。所有关于神的知识也是在神的给予中形成的。因此，真神辨别问题这种提法本身就是不允许的。进一步，如果无法辨别真神，那么我们就无法排除走向迷信的可能性。

　　这里，我们遇到了两组对立的陈述：在"诚"中，我们拥有判断权，但我们的判断权给我们带来了一套僵化的霸权话语，从而窒息我们的生存；在"信"中，我们放弃了判断权，但我们的信任可能把我们的生存带向迷信而进入危险境界。拥有判断权与放弃判断权在逻辑上是不相容的。

　　我们知道，选择是人的生存的一个基本事实。人在选择时一定是在诸多选项中选择最好的。任何选择都离不开判断。"以诚明善"注意到人的生存的这一事实，提出"诚"作为人的选择基础。这一洞察无疑是深刻的。人在"诚"中进行选择时拥有完全的独立判断权，不受制于任何他人。但是，人的生存中还有另一个基本事实，即信任。人在信任中是交出判断权的。正是在信任中，人扩展了与他人的联系，扩展了自己的视野。

一种没有信任的生存是一种自我禁锢的生存。"因信称义"要求人在信心中扩展自己的生存，是对这一生存事实的完全揭示。在"信"中，人完全交出了判断权。

由此看来，拥有判断权与放弃判断权是人的生存的两个极端。它们共存于人的生存中。拥有与放弃是两个对立的动作。"以诚明善"和"因信称义"无非是展示了这两个动作的极端而已。在实际生活中，一个"以诚明善"的人最后只依赖于自己的判断，并完全在自己的判断之下生活，从而没有真正意义上的信任；而一个在"因信称义"中生活的人把判断权交给神，自己完全不做判断，从而没有终极意义上的自主权。以上分析表明，"以诚明善"难免走向僵化，而"因信称义"可能陷入迷信。可见，偏执于任何一端都将破坏人的生存。

我们不难做出这种推论：人的生存，就其健全状态而言，是一种悖论性的生存，是处于拥有判断权与放弃判断权之张力中的生存。无论是在"以诚明善"的基础上排斥"因信称义"中的信任，还是从"因信称义"出发来否定"以诚明善"的自主性，我们看到，结果都会损害人的生存。这一点，在我看来，是人的生存的基本事实。

第七章 "诚"与儒家的宗教性*

　　探讨儒家的宗教性，就是展示儒家在天人关系问题上是如何理解人与"天"之间的交接环节的。在传统儒家的认知中，"天"作为绝对者，是至高无上的力量；人虽然拥有主体意识，但仍然是一种有限存在；人可以顺从天命而从中获益，也可以与之冲突而遭受损害。因此，在趋利避害动机的驱动下，人需要与"天"交接。在这一点上，《中庸》的"诚"是我们理解儒家关于天人关系思想的钥匙。"诚"是一种内向性情感，指向人在出生时就从天命中领受的本性。在《中庸》看来，与天命本性直接交接，进而认识它并顺从它，引导一种与之相应的生存方式，是一种终极生存诉求。深入分析《中庸》对"诚"的使用，可以展示儒家的天人关系观及终极生存诉求，回答所谓的儒家宗教性问题。

　　有意思的是，儒家宗教性问题是西方学界首先关注的，并引起了中国学界的重视。① 不过，我想指出，在儒家宗教性问题上，有两点值得重

---

　　* 本章原以"The Concept of *Cheng* and Confucian Religiosity"为题，发表于《东西方思想杂志》(*Journal of East-West Thought*) 2012 年第 2 期。此次译成中文出版，内容稍有改动。

　　① 西语学界较早地进入了对儒家宗教性问题的研究和讨论。比如，白诗朗（John Berthrong）的以下两篇文章是最早从学理层面揭示儒家宗教性的努力：John Berthrong, "Trends in Interpretation of Confucian Religiosity," in *Confucian-Christian Encounters in Historical and Contemporary Perspective*, ed. Peter Lee (New York: The Edwin Mellen Press, 1991), pp. 226 -254; John Berthrong, "Confucian Piety and the Religious Dimension of Japanese Confucianism," *Philosophy East & West* 48/1 (1998): 58 - 68. 南乐山（Robert C. Neville）也涉及了儒家宗教性问题，参见 Robert C. Neville, *Boston Confucianism: Portable Tradition in the Late-Modern World* (New York: SUNY Press, 2000). 中文学界对儒家宗教性问题的关注集中在"超越性"问题上，而争论焦点是"内在超越"和"外在超越"。在这一点上，杜维明关于儒家宗教性的说法具有代表性，他说："我们可以把儒家宗教生活界定为，终极性的自我超越作为一种共同行为和一种信仰而辩证式地指向超越者"[Tu Wei-ming, *Centrality and Commonality: An Essay on Confucian Religiousness* (New York: SUNY Press, 1989), p. 95]。这里的"辩证式""超越者"都是在西方思想语境中界定的。不过，这些界定无助于我们理解儒家的宗教性。尽管如此，"内在超越"和"外在超越"问题仍然是中文学界关注的焦点。此外，在儒家宗教性问题上，中

视。第一点，"诚"在儒家思想中，特别是在宋明理学中，一直是关键字。然而，西语学界对此缺乏足够的关注和讨论①，于是导致了第二点，在西语学界过去几十年来关于儒家宗教性问题的讨论中，学者们几乎是在完全忽略"诚"在天人关系中的地位和作用这种语境中讨论儒家的宗教性。②由于"诚"的缺场，西语学界关于儒家宗教性问题的大多数讨论都是浅尝辄止，从而无法展现儒家的终极关怀或儒家君子的敬虔。

（接上页）文学界还有一种从历史和社会学角度切入的努力。在西语学界关于儒家宗教性问题的讨论的刺激下，任继愈主编了一本《儒教问题争论集》（宗教文化出版社，2000），其中收录了20世纪80年代以来国内学者关于儒家宗教性问题的讨论。其中，有一些说法值得重视。这些年来，中文学界因为关注儒家宗教性问题而对德国社会学家马克斯·韦伯的著作 *Konfuzianismus und Taoismus*（中译本参见马克斯·韦伯：《儒教与道教》，洪天富译，江苏人民出版社，2008）感兴趣起来。韦伯是从西方宗教的视角来谈论儒家宗教性的，他的谈论更多是一种现象描述。这种兴趣激发了人们对美籍华人杨庆堃的 *Religion in Chinese Society*（中译本参见杨庆堃：《中国社会中的宗教》，范丽珠译，上海人民出版社，2007）一书的兴趣。杨庆堃从社会学角度探讨了儒家的宗教性，并触及了儒家思想中的宗教感问题。此外，当代中国学者还企图通过追述康有为等人的思想来推动对儒家宗教性问题的讨论，发表了一些相关论文。这里就不赘述了。总的来说，在当代中西思想互动的语境中，我们确实需要深入探讨儒家宗教性问题。

① "诚"在儒家思想中占据着核心地位。就学界的关注而言，西语学界对"诚"在儒家思想中的重要性一直缺乏意识，直到20世纪末，西方学者对此都没有什么感觉。比如，1998年第1期《东西方哲学》（*Philosophy East & West*）刊登了三篇关于儒家宗教性的文章，都没有提及"诚"。进入21世纪后，情况略有改变。杜维明1989年出版了《中庸——论儒家的宗教性》（*Centrality and Commonality：An Essay on Confucian Religiousness*）的修订版，认为应该从 reality（实在）的角度来处理"诚"。这个研究开始引导西语学界重视"诚"。安乐哲（Rogers Ames）和郝大维（David L. Hall）在2001年出版了合著《中庸研究》（*Focusing the Familiar*），把"诚"译为 creativity（创造性）。西方学者对"诚"在儒家思想中的重要性的认识有所提升。不过，总的来说，西语学界的总体倾向并没有改变。2005年，安延明出版了《中国哲学史中的诚理念》〔*The Idea of Cheng（Sincerity/Reality）in The History of Chinese Philosophy*〕一书，虽然整本书都在谈论"诚"，但对"诚"在儒家思想中的重要性却做了轻描淡写的评价。值得提及的是，"诚"在朝鲜理学传统中也占据着核心地位，参见 Young Chan Ro, *The Korean Neo-Confucianism of Yi Yulgok*（New York：SUNY Press，1989），pp. 75–110。在西语学界，关于"诚"的翻译问题，学者们一直都是争论不休的，参见 Wen Haiming, "From Substance Language to Vocabularies of Process and Change：Translations of Key Philosophical Terms in the *Zhongyong*," *Dao：A Journal of Comparative Philosophy* 3，2（2004）：217–233。

② 西语学界关于儒家宗教性的讨论，基本都没有涉及"诚"的作用。比如，安乐哲虽然重视"诚"，甚至从宇宙论视角出发把"诚"理解为创造性，但在涉及儒家宗教性时只讨论了礼教问题，并未涉及"诚"，参见 Roger Ames and David L. Hall, *Focusing the Familiar*（Honolulu：University of Hawaii Press，2001），pp. 30–35，50。就西语学界的文献而言，陈荣捷对"诚"的认识算是较为深入的。在他编辑的《中国哲学资料集》（*A Source Book in Chinese Philosophy*）中，陈荣捷对"诚"在儒家思想中的核心地位做了深入的介绍，但更多论及"诚"作为哲学概念，并未触及其中的宗教意义，参见 Chan Wing-tsit, *A Source Book in Chinese Philosophy*（Princeton：Princeton University Press，1973），pp. 28–32。

　　这里，我深入分析《中庸》这个文本对"诚"的界定，以及"诚"在天人关系中所占据的地位和在天人相交中的运作，以展示儒家的宗教性。简略而言，"诚"是一种内向性情感，指向人内心的天命本性。这种天命本性不是感觉对象，亦非思想对象，而是情感对象，只能在"诚"这种情感中呈现。它是天命所赐，因而具有神圣性，是绝对的善，同时也是人的生存基础和原始动力。对于儒家君子来说，敬虔就是进入"诚"这种情感状态，直接面对天命本性，择善固执，完善自己的善意念体系，建构自己的生存秩序。

　　为了便于讨论，我采用情感分析方法，对"诚"作为一种情感进行深入的生存分析，以展示它在人的意识中的运作方式，特别是它的认识论功能。我认为，"诚"在儒家思想中的重要地位和作用之所以未能得到充分展示，是因为我们缺乏对情感分析方法的认识和使用。本章希望在展示对"诚"的情感分析时，激发学界对情感分析这种方法的重视和使用。

一、追问人的本性

　　《中庸》开篇即说："天命之谓性，率性之谓道，修道之谓教。"孔子敬天，但不认为"天"会直接干涉人间事务。这种传统保留在《中庸》中。孔子的敬天意识传递了一个重要信息，即"天"是人的敬畏对象，具有神圣性，并且是人的生存起点。这种神圣而不干涉人的生存的力量，是宇宙万物运行秩序的给定者，以天命的形式而存在。对于人来说，遵循天所命定的自然秩序是本分所在。既然如此，人就应该遵循天命秩序，比如，在农耕中按照季节变化播种收获，等等。天命秩序应该还包括社会秩序，即人在社会生活中应该采纳的行为规范。在《中庸》看来，人的行为规范，如同自然秩序，也是天命定的。人必须遵循天所命定的社会秩序。这个天命秩序涉及人的行为规范，是"天"在人出生时赋予人的。人在社会中的所作所为都必须遵循自己内在的天命秩序。这个内在的天命秩序便是所谓的"人的本性"。从这个角度看，每个人都拥有天命本性，即"天命之谓性"。为人处世，遵循天命本性就是正道。

　　遵循天命本性，首先要对天命有所认识和把握。人是在一定的意识中进行判断-选择的。如果缺乏关于天命本性的知识，人就无法遵循天命本性。人是如何认识天命本性的呢？值得注意的是，在《中庸》的写作期间，中国思想界已经对人的本性问题有过激烈的争论，如性善论与性恶论之争。这场争论涉及面极广，是先秦思想界的大事。但《中庸》的作者似乎对这场争论不感兴趣。在涉及人的本性问题时，《中庸》只字未提这场争论。该如何解释这个文本现象呢？

一种解释是，《中庸》的写作时间早于孟子，那时中国的思想界对人的本性问题还没有感觉，故而对这场争论缺乏意识。这种解释的前提是《中庸》的写作早于《孟子》和《荀子》，如《史记》所言，"子思作《中庸》"。子思的生卒年为公元前 483—前 402 年。不过，历代学者对《中庸》的写作时间多有争论。近代以来，越来越多的学者倾向于认为，《中庸》应该是西汉初期的作品。在文字上，"今天下，车同轨，书同文，行同伦"一句中的"今"，相当强烈地表达了秦朝开始的统一规范、道路和文字的举措。因此，《中庸》的写作时间应该在此之后。也有一种看法认为，《中庸》有两个写作时间，目前我们读到的《中庸》包含了子思和西汉儒者的文字。① 我更倾向于后一种看法。

人的生存可被切片为一个个瞬间。在任何一个生存瞬间，人都面临两个或两个以上的选项，并在其中选择一个而结束这个瞬间，进入下一个瞬间。在任何一个生存瞬间，人都是在选择中度过的。在当事人看来，自己选择的一定是促进生存的，因而是善的。反过来说，人不可能选择在自己看来有损生存的选项，即不可能选择恶。因此，在这个生存瞬间，人首先要分辨选项之善恶，然后以此为根据而选择善的选项，即在判断中选择善的选项，完成这个生存瞬间。

不过，人的善恶意念是多样的。对于同一个选项，在不同的善恶意念中，人们做出的判断也是不同的。比如，对于当事人甲来说，他在自己的善恶意念中进行判断，选择了一个善的选项。然而，拥有其他不同善恶意念的人做出了相反的判断，认为甲选择的是一个恶的选项，甲作为当事人是一个恶人。拥有对立善恶意念的人做出的善恶判断必然是对立的。在这种情况下，谁是善人？谁是恶人？庄子在《齐物论》中突出了这个问题，认为这就像"儒墨之是非"那样不可能在争论中得以解决，因为各自根据

---

① 相关讨论，参见翟廷晋：《孟子思想评析与探源》，上海社会科学院出版社，1992，第 27-30 页；Tu Wei-ming, *Centrality and Commonality*, ch. 1. 关于《孟子》与《中庸》写作时间的先后问题，我认为可以比较一下"思诚者"和"诚之者"的用词思量：《孟子》的"思诚者"强调从"思"出发，而"诚"是在思想中呈现的；《中庸》的"诚之者"强调"诚"是出发点，"诚"是"不思而得"的。就语词表达而言，"诚之者"更为精细，内含更为深刻的思考。

的善恶标准不同。

　　具体分析性善性恶之争，我们发现，争论双方都注意到了"人在生存中追求善"这个生存事实，进而在这个观察基础上展开各自的阐释。性善论认为，人在生存中进行判断-选择时都是追求善的。对此，孟子提出了"可欲之谓善"这种说法，认为人在实际选择中都是指向善的。这里"可"的意思是符合本性、遵循本性，故而"可欲之谓善"的意思就是从本性出发的欲望都是善的。主张性恶论的荀子认为，人生活在自己的善恶意念中；因为每个人的善恶意念彼此不同，而人只能按照自己的善恶意念进行判断-选择，所以，在实际选择时人的行为表现为自私自利。这种自私自利，由于与他人利益冲突，故而在他人的判断中往往被认为是恶的。

　　换个角度看，性善性恶之争无非企图解释现实生活中的"恶行"现象，并寻找途径加以消除。战国时期，"礼崩乐坏"，恶行满天下。如何消除这些恶行呢？性善论认为，既然人从本性出发进行判断-选择都是善的，那么恶行一定是在违反本性的欲望中进行的。解决恶行问题的关键是要求人回归自己的本性，约束那些违反本性的欲望和追求。只有这样，才能消除恶行，进而建立一个符合人的本性的社会。这样的社会是善的。性恶论则认为，人在现实生活中的判断-选择，就人的个人意识而言，是追求善的。但是，在他人的判断中，这种追求是一种自私自利，损害了他人利益，因而是恶的。善恶不能依据个人的判断，而必须得到众人的共同认可，否则，社会就会在个人的判断-选择中陷入冲突。因此，众人必须拥有一种共同认可并遵守的善恶意念，以此为出发点，节制那些损害他人利益的愿望和行为。只有这样，才能约束并限制恶行，进而建立一个具有共同规范的社会，即在众人的判断中皆为善的社会。可见，性善论和性恶论都注意到了现实生活中的恶行，追求建立一个善的社会。

　　性善论和性恶论还有一个共同点，那就是所谓的进步论。它们都注意到了现实生活中的恶行，并认为这是一种不完善的状态。因此，问题在于如何改变这种不完善的状态。性善论认为，完善的途径在于发扬光大人的本性，节制那些违反本性的欲望和行为。当人的行为遵循人的本性时，社会就进入"天人合一"的理想状态。性恶论则认为，在社会中形成一种共同的善恶意念，从而人们都能在共同的善恶意念中进行判断-选择。如果人们在善恶判断上没有冲突，那么恶行就不复存在了。发扬本性之善和形成共同之善都是在过程中实现的。如果目的都是建立一个善的社会，我们把目光聚焦于未来，那么，所谓的性善性恶就不是一个重要问题了。

显然，如果认可《中庸》的两个写作时间（子思作《中庸》和西汉学者的增补），子思时期性善性恶之争未起，而西汉时期性善性恶之争进入尾声，那么，《中庸》不论性善性恶就是一件可以理解的事了。① 《中庸》更为关心的是，就问题意识而言，人的本性作为生存的起点和基础对于人的生存来说具有终极性意义，追踪它的来源才是关键所在。换句话说，《中庸》开篇就提出"天命之谓性"，强调人的本性来自终极性的天命，进而追究对天命的认识和把握（即追求天意），与天命运作融为一体，实现"天人合一"。

"率性之谓道"涉及人的生存之道，即遵循天命本性而行是为人之道。在先秦思想界，"道"是一个核心概念。就其终极意义来界定，"道"是人在一生中该走的路，不仅涉及过去走过的路，也涉及未来的人生方向。因此，思想家在提出自己对"道"的理解时已经触及"正道"的意思。"率性之谓道"要表达的是，人只要遵循自己的天命本性，就是走在正道上。

然而，在"礼崩乐坏"的现实社会中，人拥有天命本性却到处作恶，究竟是什么原因呢？《中庸》的解释是直截了当的，即人在生存中未能遵循本性。理想的社会处于人人都遵循自己的天命本性的秩序状态。人在生存中偏离本性规定的方向时，需要纠正偏离，回归到本性规定的正道上。因此，《中庸》补充了"修道之谓教"。这里的"教"与"校"（即校正之意）在先秦文字中是通用的。就语义而言，"教"可被理解为教化（即被校正或他教），也可被理解为自校（即自我校正）。《中庸》接下来主要谈论自校，也称"修身"。人拥有天命本性，因而可以依据自己的本性来校正自己的意念和行为，回归本性规定的生存方向而进入"天人合一"的生存状态。

前面谈到，儒家采纳了一种进步论，即主张人的生存是一个自我完善的过程。人在生存中拥有天命本性，但在生存中出现了违背天命本性的倾向。儒家认为这是一个生存事实。天命本性作为生存的起点，具有各种发展可能性。人的任何一种意识和思想都起源于它，是对其中某些可能性的认识。如果从某种意识出发对本性进行评判和规定，那就不可避免地把本性局限在自己的某种意念中了，从而扼杀了本性中的其他可能性，呈现出一种残缺的本性，或者说，遮蔽了本性。从这个角度看，在意念中界定的

---

① "《中庸》涉及本性但不论善恶"这一点，在明代思想家王阳明的四句教首句"无善无恶是心之体"中有清楚的表达。《传习录》中钱德洪的解释是这样的："心体是天命之性，原是无善无恶的"（《传习录下》）。相关讨论，参见陈立胜：《王阳明"四句教"的三次辩难及其诠释学义蕴》，载《宋明儒学中的"身体"与"诠释"之维》，商务印书馆，2019，第249-258页。

本性是不完全的。① 同样，人让自己的某种意念来主导自己的生存，把自己的生存固定在某个方向上，这也是在破坏自己的本性。也就是说，人的生存基础就是天命本性（"天命之谓性"）；而人能够做的便是反省自己的意识状态，回归本性，不断地在本性基础上完善自己的意念，使自己的意念和行为都顺从本性（"修道之谓教"）；这样，人就生活在正道上（"率性之谓道"）。

这种进步论引导读者回避性善性恶之争，是一种指向未来的思维方式。在它看来，人在出生时就拥有了天命本性。人在意识上不可能追踪自己的本性的起源，但必须敬畏天命，进而感受自己的本性冲动，反思自己的意识状态，进入一个自我意识不断完善的过程，并在自我意识与天命本性的协调一致中进入"天人合一"状态。《中庸》把处于这种生存状态中的人称为"君子"。在接下来的论述中，《中庸》努力界定君子人格，阐述君子之道。可以说，儒家的宗教性意识是通过君子意识来表达的。

二、何为君子之道？

《中庸》大量引述孔子的语录，这些语录有一个共同的主题，即描述"君子"人格。简略而言，它对君子做如此规定："君子中庸，小人反中庸"（第 2 章）。这里，"中庸"是用来描述或界定"君子"人格的基本特征的，也可以说是君子的本质性规定。在语义上，"中"的意思是适中、恰当、适宜，"庸"涉及在行动中的运用，两个字合起来，意思是恰当的运用，或适宜的行动。一个人凡事都做到了恰到好处，那么就是君子了。

"中"内含两个端点，一个是当事人的行为，另一个是行为标准。也就是说，一个人的为人处世是恰当的，指的是他的所作所为符合行为标准。如果没有这个标准，这人的所作所为就不存在所谓的恰当问题。"中也者，天下之大本也"（第 1 章）。这个"中"指向的标准，《中庸》称为"天下之大本"。作为评价君子行为是否恰当的标准，这个"大本"就是天命本性。"中"的另一个端点是当事人的行为。当事人的行为符合标准就是恰当，偏离标准则是不恰当。《中庸》中有这样一个比喻："射有似乎君子，失诸正鹄，反求诸其身"（第 14 章）。显然，在"射箭"这个动作中，

---

① 王阳明用"悟"来指称人的意识与人的本性之间的关系："本体功夫，一悟尽透"；并把人在意识上对本性的认识称为"习心"，认为在"习心"上为善去恶而追求对本性的认识（良知）才是关键所在。他说："人有习心，不教他在良知上实用为善去恶，只去悬空想个本体，一切事为俱不着实，不过养成一种虚寂"（《传习录下》）。

"中"的意思是射箭者射中靶心。可以看到,《中庸》在谈论"中"时,就是展现当事人的行为和行为标准在人的生存中的张力。脱离这两个端点就无法谈论"中庸"。这里,作为对"君子"人格的描述,"中庸"二字涉及了两个问题:何为君子为人处世的标准? 君子如何才能做到符合这个标准?

我们来读这段文字:"故君子不可以不修身;思修身,不可以不事亲;思事亲,不可以不知人;思知人,不可以不知天"(第20章)。"修身"指的是纠正自己的行为,养成正确的生活习惯。"身"涉及人的行为。人在生存中会出现各种不合适的行为。修身就是要使自己进入一种有序化的过程,使自己的所作所为适宜、适中。人在孩童时期,如果缺乏父母的管教,行为就可能混乱无序。人的行为进入有序化过程,是从父母管教开始的。父母与子女之间的关系是一种"亲"的关系。父母会把自己认可的行为规范加在孩子身上,称为"家教"。人在孩童时期是在家教中听父母的话,体会父母的心思意念,并规范自己的行为。人的修身从家教("事亲")开始。随着不断成长,人要走出家庭,进入社会,与更多的人发生关系。在家教中,父母的旨意就是孩童的行为标准。进入社会后,人将遇到更多的人。这些人拥有不同的行为标准。对于当事人来说,他的行为是否恰当就不可避免地受到这些人的评价和限制,这迫使他去了解他人的行为标准,并在这种了解("知人")中纠正自己的行为,以适应与他人的相处。这是在"知人"中修身。然而,众人的行为标准是多元的,且不同时期还会变动不居。如果只听某些人的劝告或管教,人的生活就会陷入惘然而不知所措的状态。因此,社会生活需要某种共同的伦理规范。当然,所有共同的规范都是在一定的社会共同体中适用。不同的社会共同体有不同的伦理规范。这就要求人在修身时找到一种普遍适用的伦理规范。另外,共同的规范往往也只适用于一定的历史时期。修身还需要恒久适用的伦理规范。这就是说,人在修身过程中必然遇到终极性的行为标准问题。因此,在修身过程中,人需要"知天",即天所命定的秩序。这是修身所依靠的终极性秩序。这便是"修身""事亲""知人""知天"的次序,是每个人在成长过程中的生存次序。

人的修身过程是从"事亲"开始的。"事亲"是一种经验性活动。人在孩童时期与父母之间的关系是亲密的,可以通过各种经验性动作与父母互动,进而理解并接纳父母的心思意念。在"事亲"中,孩童知道了父母的心思意念,并将其接纳为自身的行为标准,进而养成自己的生活习惯。随着不断成长,他要走出家庭与其他人发生关系。这种关系已经不再是亲密关系了。这时,他是他人评判的对象。为了在与陌生人的关系中适宜地

活动，他必须对他人的心思意念有所认识并在一定程度上加以接纳，从而
节制自身，以免触动他人的恶意判断。最后，他的意识活动指向天意，认
识并接纳天所命定的秩序。不难看出，在认识和接纳外在意念（他人意念
和上天意念）的过程中，修身这种行为活动依据的是一种意识活动。修身
过程中的"思"是要在自己的意识中认识父母、他人、社会、天命等外在
意念。这些意念各不相同，甚至相互冲突。如果接受了父母的意念，并以
此为行为标准，那么，人就会拒绝他人的意念。如果拒绝他人的意念，坚
守在家教中养成的行为习惯，那么，人的修身过程就停留在家庭内，不可
能融入社会。如果坚持自己生活于其中的社会共同体的行为习惯，那么，
人就会对任何其他社会共同体的伦理规范持排斥态度，其修身过程也就局
限在这个社会共同体中。当然，天命秩序也就不可能进入人的意识并成为
人的修身标准。可见，修身过程是不断进入他人意念，并最后进入天命
的。在这种意识活动中修身，最为关键的环节是意念的更新改变。那么，
人在一种意念中是如何认识并接纳另一种意念的呢？

　　我们来分析以下《中庸》中的文字：

> 　　在下位不获乎上，民不可得而治矣。获乎上有道：不信乎朋友，不
> 获乎上矣。信乎朋友有道：不顺乎亲，不信乎朋友矣。顺乎亲有道：反
> 诸身不诚，不顺乎亲矣。诚身有道：不明乎善，不诚乎身矣。（第20章）

在朱熹为《中庸》划分的章句中，第20章最长。开章第一句就是"哀公
问政"，涉及的主题是为政者的修身活动。这些为政者都必须是君子。君
子从事政治活动，也就涉及了人际关系，从而必须"知人"。君子如何
"知人"呢？前面指出，"知人"是对他人意念的理解和接纳。对于人的内
在意识活动而言，接纳一种不同的意念是十分困难的。这段文字企图阐述
人在接纳他人意念时的意识状态。

　　这段文字似乎指称上级对下级的一种情感状态。"获乎上"是指下级
取得了上级的信任和许可。上级放手让下级做事是一种授权，表明上级认
可了这位当事人（下级）。下级的工作能力和工作方式是否胜任，判断者
是上级。能够取得上级的认可，表明当事人的所作所为让上级放心，即在
上级的判断中这位下级的所作所为是适宜的。如果某人的所作所为在上级
的判断中是适宜的，那么他就能"获乎上"，进而可以去做与他的职位相
称的事。"获乎上"的判断者是上级。也就是说，当事人（君子）首先要
理解并接纳上级意念，进而按照自己所理解和接纳的上级意念去做事。只
有这样，下级才会获得上级的认可，并受到重用。因此，从君子修身的角
度看，当事人对上级意念的理解和接纳是关键。那么，当事人在什么样的

意识状态中才能理解上级意念呢？当事人要"信乎朋友"，即在"信乎朋友"中的"信"这种情感的基础上面对上级。① 从认识论角度看，如果不信任上级，人就不可能理解上级意念，更不可能采纳上级意念并将其作为自己的行为标准，从而不可能"获乎上"。

这里，"信乎朋友"是关键环节。我们可以从两个角度来理解"信乎朋友"。一个角度是，它对"信"进行界定。"信"是在朋友关系中理解的；只要是朋友，彼此之间就有"信"。当事人拥有这种朋友之"信"，进而就可以理解并采纳上级意念。《中庸》把"信"这种情感归为当事人理解并采纳上级意念的基础。另一个角度是，它强调当事人拥有一些朋友，并在朋友关系中彰显了美德，上级看见了并认定当事人具有良好品格。这第二种解释虽然是很容易形成的阅读印象，但它忽略了这个主题，即这里是在谈论君子在修身时如何"获乎上"。当然，"获乎上"也描述了上级的"赞许"情感。但是，《中庸》的上述文字并不是追踪上级的意识状态，而是追踪下级在"获乎上"中的情感状态。因此，我认为，这里的"信乎朋友"是强调修身者的"信任"情感的生成。在《中庸》看来，只有拥有"信任"情感，君子才能"知人"，才能理解并采纳上级意念。

在朋友之间，信者在"信任"情感中指向对方。首先，信者对对方放弃了善恶判断权。在信者的意识中，对方对自己是全然无害的，是一个善的主体，因而不对他进行善恶判断。一旦出现善恶判断，比如，开始怀疑对方有某些不良意图或动作，对对方的"信任"情感就消失了，彼此也就丧失了朋友关系。其次，信者在面对对方时是一个接受者。只要是来自信任对象的信息，信者都会不加善恶判断地接受。如果他的信任对象还包含了对方的知识和能力，那么，信者就会不加善恶判断地接受来自对方的所有说法和决定，并加以采纳。"信任"情感的这种功能（不行使判断权和作为接受者）具有深刻的认识论意义。

作为为政者的君子必须在"信任"情感中面对上级。下级如果一开始就对上级行使善恶判断权，那么，是不可能与上级建立"信任"情感中的上下级关系的。比如，甲被迫屈居于乙的威权之下，而甲认为乙是一个有污点的人，或者乙就是一个恶人，那么，甲在意识上就不会视乙为上级。在这种情况下，甲不会去体贴乙（作为"上级"）的意念，更不会按照"上级"意念来规范自己的行为。当然，甲也就不可能得到乙这位"上级"

---

① 读者也许会注意到，《中庸》在这里谈论上下级关系时没有涉及"敬"。我想指出的是，《中庸》在这里是要处理如何接受、理解和采纳他人意念的问题。这首先是一个认识论问题，即其中的"信任"情感才是"知人"的通道。

的认可。从这个角度看，甲、乙之间不可能建立真正的上下级关系，即使他们在形式上是上下级。① 然而，在天命秩序中的上下级关系，其纽带则是"信任"情感。在"信任"情感中，下级相信上级，因而在放弃善恶判断权的基础上接受上级指示，理解并采纳上级意念。这样，当事人就可以正确地领会上级意念并在实践中将其落实。上级在按照自己的意念对他的行为进行评判时，就会称赞他并给予许可。因此，"不信乎朋友，不获乎上矣"。也就是说，"信乎朋友"之"信"是君子在处理上下级关系时接受并理解上级意念（"知人"）的情感基础。

《中庸》进一步指出，"信乎朋友"之"信"是在"顺乎亲"中产生的。父母对子女是养育和家教，而子女对父母则是顺从。这里的"顺乎亲"主要指，子女对父母在生活上完全依赖供给，在行为上完全听从约束，在意念上完全接受教导。一开始，孩童在生存上完全依赖父母的供给，并在这种依赖中生成了对父母的"信任"情感。就人的意识的原始状态而言，孩童在面对父母时最先表现的便是依赖性。实际上，在"顺乎亲"中，孩童对父母有各种情感，但主导性情感是信任，比如，孩童认为父母说的都是对的（对自己是好的，对所有人都是正确的，等等）。从这个角度看，"信任"情感是在家庭关系（"顺乎亲"）中培养出来的。随着不断成长，孩童开始走出家庭，带着这种在家庭生活中养成的"信任"情感进入社会。于是，这种"信任"情感就成了人与人交往的基础，并在此基础上建立朋友关系。就"君子"人格的形成过程而言，"信乎朋友"之"信"源于"顺乎亲"。② 可以看到，《中庸》把"信任"情感归为"知人"的情感基础。

君子修身还需要"知天"。"信任"情感只能发生在人与人之间。人如何能够"知天"呢？《中庸》给出的回答是："反诸身不诚，不顺乎亲矣"。"反诸身不诚"是要求君子回到自身，进入一种被称为"诚"的情感中。换句话说，只要身"诚"了，人就能"顺乎亲"。

对于一个人来说，"身"拥有各种生存倾向，比如意念、欲望和情感等。意念是派生的，比如，人使用五官而获得各种关于感觉对象的意念，在"信任"情感中接受父母的各种意念，在欲望中对那些可满足欲望的事

---

① 当然，现实生活中有各种不同的上下级关系，比如，那种为了某种利益而谄谀上级的例子，等等。不过，对于《中庸》来说，这里要处理的是那种天然的上下级关系，并不涉及不正常的或被玷污了的上下级关系。

② 《孟子·离娄上》中有"不顺乎亲，不可以为子"一句，其中的"顺乎亲"是在谈论子女与父母之间的"孝"这种情感。子女与父母之间的关系，作为人与人之间的关系的原始状态，涉及许多情感纽带，而"信任"情感只是其中的一种。《中庸》是从"信任"情感的生成角度谈论"顺乎亲"的。

物的印象（如食品意念），等等。显然，回到自己的意念中无法说明人的"信任"情感的生成。至于人的欲望，它们是原始性的，直接驱动人去满足它们。在欲望中，人的意识会为它们所束缚而单单追求它们的满足。因此，"信任"情感（接受性）也不可能在欲望中生成。"身"还包括人的各种情感，比如喜、怒、哀、乐等。情感也是原始性的，不同的情感引导人与周围世界发生各种关系。"信"（包括对父母的信任和对他人的信任）是"知人"的情感基础。《中庸》关心"信"这种情感的起源问题。这里，把"信"与"诚"挂钩，其中的考量是什么呢？

在《中庸》看来，"诚"与"信"是两种相辅相成的情感。"诚"是一种面对并指向自身的情感。在这种情感中，人所拥有的一切都全然无遗地呈现于人的意识中，包括过去所经历的事情（以记忆的形式存留）、各种各样的生存倾向（作为意念、欲望和情感），以及思想活动（通常表现为知识、价值体系）等。在"诚"这种情感状态中，人并不对自己所拥有的这些东西进行善恶判断，也不让它们中的任何一种来主导自己的意识，而是简单直接地把它们呈现在自己的意识中。这是一种无差别地面对自己的所有内在因素的生存状态。不难指出，这也是一种与"信任"情感相似的生存状态。我们谈到，人在面对信任对象时放弃了善恶判断权，不动用自己的任何因素对对象进行善恶判断，并使自己成为一个简单的接受者。"诚"在面对自身时也不做善恶判断，不让其中的任何因素来主导自己的意识。不过，"信"与"诚"有一个根本的不同点："信"是外向的，指向一个外在的信任对象；"诚"则是内向的，指向人自身（天命本性）。《中庸》把它们放在一起，一方面是指出它们这两种存在状态有共同点，因而可以共存（显然，作为生存倾向，许多情感是相互冲突而不能共存的，但"诚"与"信"可以共存）；另一方面是希望深入展示"知人"（认识一个外在主体）和"知天"（把握天命本性）的区别，追溯"知天"的情感基础。从这个角度看，人在面对自身时，如果"诚"这种情感没有出现，那么，"顺乎亲"中的"信任"情感就不会出现。"诚"与"信"不是同一种情感，但却是共存的、互通的。①

人在面对自身时，如果受到自身中的任何因素的引导，就不是处于"诚"的生存状态。比如，自身中的某个欲望在引导自己的意识时，人就处在满足这个欲望的过程中。这不是"诚"的生存状态。又如，人在一定的善恶意念中对自身进行判断，分辨自身中诸因素的善恶。这时，人是在

———————

① 许慎的《说文解字》用"信"来解释"诚"。我想，许慎是意识到了这两种情感之间的相同点，虽然未能对它们之间的内向、外向加以分辨。

某种善恶意念的主导下进行自我反省。这也不是"诚"的生存状态。严格来说，只要被自身中的任何因素（包括意念、欲望和其他情感①）引导，人就不处于"诚"的生存状态。因此，"诚"呈现的是自身诸因素无差别地共存的存在状态，而不是受自身某些因素主导的存在状态。

《中庸》接着说："不明乎善，不诚乎身矣"。从"明善"的角度来界定"诚身"，朱熹在《中庸章节》中是这样注释的："不明乎善，谓未能察于人心天命之本然，而真知至善之所在也。"这是相当准确的理解。值得注意的是，不能将这里的"善"理解为意念中的善。人在自己的意念中有自己的善恶标准。如果以此为标准来分辨善恶，那么，人就处于某种意念的主导中，而不是处于"诚"的生存状态。前面谈到，《中庸》在追踪人的本性时涉及了天命本性。严格来说，这种天命本性是至善的。王阳明用"无善无恶心之体"来表达。因此，"明善"中的善指的便是天命本性。这句话的意思是，天命本性是在"诚"中呈现的；或者，只要天命本性呈现了，人就在"诚"中了。"明善"和"诚身"是在同一种生存状态中。从这个角度看，"知天"是建立在"诚"这种情感基础上的。

《中庸》认为，君子要修身，就必须"知人""知天"。"知人"是在"信任"这种情感中进行的，"知天"是在"诚"这种情感中进行的。在这个思路中，需要进一步分析和阐述"诚"的认识论功能。

三、"诚"的认识论功能分析

在"诚"中如何"知天"呢？这是一个认识论问题。② "天"是认识

---

① 这里说的"其他情感"是指"诚"和"信"之外的其他情感。也就是说，只有"诚"才能呈现一个完整的自身，无差别地对待自身的诸因素。在"信任"情感中，自身的诸因素也是无差别地共存的生存状态。因此，"诚"与"信"可以共存。

② 就思想史而言，儒家没有把认识论当作一个独立学科来对待。《中庸》在不少地方提到了"知"，但大都停留在"对某种东西有意识"这个层面，并未涉及认识论分析或建构，尽管《中庸》的作者深刻地感受到了"在诚中知天"这条认识途径，并引导人们进入其中。朱熹在阐释《大学》的"格物致知"时，认为"理一分殊"，因而可以通过认识万物（包括感觉对象）来认识"理"。但是，朱熹并没有提供具体的认识途径。比如，面对竹子，种植者、编织者和修身者等的认识关注不同，故而他们对竹子的认识途径就完全不同。王阳明发现，在意念中把握天理其实是一个修身过程（进步论）。他进而提出了"知行合一"说，把认识论归结为功夫论。关于儒家的认识论-功夫论的讨论，参见倪培民：《儒家功夫哲学论》，商务印书馆，2022，第2、3、4章。相比较于西方思想界的认识论研究，儒家认识论思想确实有待挖掘。我们知道，柏拉图的理型论深深地涉及了关于思想对象的认识问题；近代以来，在伽利略的数学-实验方法的基础上，经验认识论主导了思想界的认识论研究和讨论。在西学优势的话语中，当代学界几乎忽略了儒家认识论问题。

对象；它不是感觉对象，即不是人们在感觉经验中看到的天空；它也不是思想对象，因为儒家并没有提供任何论证来谈论"天"的存在。但是，在敬畏中，"天"是直接呈现在人面前的对象，是实实在在的。"天"高高在上，遥不可及，既是万物的源头，也是时空秩序的主宰；顺之则益处不断，逆之则到处碰壁，因而令人敬畏。趋善避恶，人必须"知天"。但是，人有什么途径可以认识它呢？《中庸》认为，尽管"天"高高在上，但"天命之谓性"，即每个人在出生时就被赋予了天命本性，本性存在于人自身内，因而人可以通过"诚"这种情感来呈现（作为"诚"的对象）。认识了本性，就认识了"天"。①

我们继续分析《中庸》中的文字：

> 诚者，天之道也；诚之者，人之道也。诚者，不勉而中，不思而得，从容中道，圣人也。诚之者，择善而固执之者也。博学之，审问之，慎思之，明辨之，笃行之。有弗学，学之弗能，弗措也。有弗问，问之弗知，弗措也。有弗思，思之弗得，弗措也。有弗辨，辨之弗明，弗措也。有弗行，行之弗笃，弗措也。人一能之，己百之。人十能之，己千之。（第20章）

朱熹用"真实无妄"来诠释这里的"诚"。现实中的人拥有很多生存倾向，并在某种生存倾向的主导下进行判断-选择而进入生存状态。"诚"的生存状态是由"诚"这种内向性情感主导的。在这种生存状态中，所有其他的生存倾向都呈现为独立而互相不影响的存在状态。这样的存在状态，朱熹认为，是真实无妄的。显然，如果自身为任何一种生存倾向所主导，那么，其他生存倾向都只能在这种主导性倾向的影响下运作，进而丧失独立自主状态（或真实无妄状态）。《大学》在谈论"诚其意"时，用了"勿自欺"这个说法。这里的"自欺"就是指在某种生存倾向主导下的生存状态。比如，在某个意念中，人以这个意念为标准分辨善恶，要求其他生存倾向助力于或服从于它。一个把挣钱置于主导地位的人，他的其他生存倾向或者助力于挣钱活动，或者被压抑而不妨碍挣钱活动。"诚其

---

① 这里引入了情感分析。人在认识周围世界时，不可避免会遇到三种认识对象：感觉对象（通过感觉来呈现）、思想对象（通过论证来呈现）、情感对象（通过情感来呈现）。儒家认识论主要是一种情感认识论。关于情感认识论的讨论，参见谢文郁：《情感认识论中的主体与对象》，《哲学研究》2022年第1期；谢文郁：《"敬仰"与"信仰"：中西天命观的认识论异同》，《南国学术》2017年第2期。

意"，就是要人摆脱这种"自欺"的生存状态，取消任何生存倾向的主导性，让各生存倾向回归其原始的独立自主状态。生存倾向自然而然地都是趋善避恶的（"恶恶臭，好好色"）。在"诚"中，人的所有生存倾向都独立地呈现在人的意识中，彼此互补，相互影响。《中庸》称这种生存状态为："不勉而中，不思而得"。这种由"诚"主导的生存状态也被称为"天之道"，即与"天"相通的存在状态，或通往"天"的道路。所有生存倾向都是天命定的。当它们都独立地呈现时，人的生存就处于天然状态，即回归天命本性。从这个角度看，"诚"对于人的生存来说是一种起点性的生存状态。

　　所有生存倾向都有内在的动力去追求满足自身，比如，饿了觅食、冷了加衣，等等。它们共同地存在于一个人身上，在追求满足自身的过程中会不可避免地发生冲突。因此，现实生活中的人需要对这些生存倾向的重要性和优先性进行比较，在此基础上建立一种秩序，并在秩序中满足它们。① 一般来说，不同的内在秩序引导不同的生活方式，造就不同的人。当然，这些秩序是不完善的。这就是说，人的内在秩序需要一个重构和完善的过程。《中庸》认为，人不可能在现有秩序中进行自我重构和完善；只有回归其原始状态，即秩序化之前的状态，人才可能进行真正意义上的重构。换句话说，只有在"诚"中，人才能排除人为（在某种生存倾向的主导中）的干扰，重现所有生存倾向，进而在此基础上进行自我重构和完善。

　　人的内在秩序是在某种生存倾向的主导下建立起来的，其他生存倾向都受到压抑，并以主导性生存倾向为导向。在这种生存状态中，人不可能摆脱这种主导性生存倾向的支配，因而各种自我重构和完善都受其约束。因此，重构和完善要求回归本性的原始状态，即进入"诚"的状态。从这个角度看，"诚"是人的生存起点。出生时，人没有任何先在的秩序，从零开始建构内在秩序。成人后，人受现有秩序的主导，故而必须摆脱它而回归原始状态才能进行重构和完善。这是生存的重新开始。摆脱了主导性生存倾向的支配，各种生存倾向就开始回归其独立自主状态，在这种"诚"的状态中，人就可以重构内在秩序了。《中庸》认为，人应该回到这

---

　　① 所有生存倾向都是纯善的。但是，一旦开始建构生存秩序（各种生存倾向的满足次序），就有善恶之分，从而有完善之说。在宋明儒学的阐释中，这种意识活动被称为"意动""心动""私心"等。

个起点，重构内在秩序，不断完善。因此，"诚之者，人之道也"。

《中庸》进一步阐述了这个"人之道"的具体进程：第一步，"诚之者，择善而固执之者也"。我们先来分析"择善"①。人在生存中都是求善的，无人求恶。如果一个人处于受某个意念主导的生存状态，所有其他生存倾向都必须依附于它，那么，在它的评判中，有些生存倾向是善的，有些是恶的。凡有助于它的生存倾向都是善的，而无助于它的则或者是恶的，或者是无用的。可见，只要是在某个意念中求"善"，人所追求的"善"就是必须依附于这个意念。这样的追求不是在"诚"中的"择善"。

然而，在"诚"中（不受任何意念主导），所有生存倾向都回归原始状态，并独立而不受干扰地指向"善"。这些生存倾向之善只是作为一种内在冲动而呈现于人的意识中。人在意识中首先要对这些生存倾向进行命名。这个命名的动作便是"择善"。需要注意的是，这里的"择"不是一种身体行动，而是一种意识活动。在"诚"中，人面对自己的天命本性，面对所有生存倾向。所有生存倾向呈现为无序的可能性状态，它们具有生存冲动，追求满足自身。这是最原始的意识活动，即"择善"，即在命名中对它们的力量和方向加以界定。这种命名让人对自己的天命本性有了一种初步的意识，使人能够分辨它们而不至于混淆，称为"固执"。

第二步，"博学之，审问之，慎思之，明辨之，笃行之"。这里的"之"作为代词，指称那些被命名的生存倾向（或已择之善）。在这五个小步骤中，"博学"先行。人在命名并界定这些生存倾向时，必然动用了自己的意念体系。但命名活动不是个人的事，而是在共同体中通过交流合作进行的。一方面，合作命名产生共同的名字，比如，人们用"信"来指称一种彼此信任的人际关系等。另一方面，合作命名可以帮助人们更准确地理解名称所指的对象。这是一个学习的过程。当然，人不可能随意放弃或修正自己的命名。每个人对于自己的生存倾向都有直接感受，并在此基础上学习他人的命名。这需要在交流中相互切磋和反

---

① 朱熹对"择善"的解释严重偏离文本。他在《中庸章句》中说："故未能不思而得，则必择善，然后可以明善。……择善，学知以下之事。"在这种解释中，"诚之"和"明善"是两个分离的动作，中间插入了"择善"（或"学知"）这个环节，即"择善"而"明善"。这种处理与他此前对"不明乎善，不诚乎身矣"一句的解释相冲突，并引导读者从某个意念出发来理解"善"。王阳明批评了朱熹的这个解读，强调"择善"是"意之动"层面，而"诚之"和"明善"则在同一个层面作为"择善"的基础。因此，"择善"是在"明善"的基础上进行的。作为天命本性的"善"，是在"诚"中呈现的；反过来说，在"诚"中，"善"就呈现了。

复修正，从而进入"审问"的过程。在"博学"和"审问"之后，人还需要独立思考，加以分辨，以便更加准确而全面地认识那些生存倾向。所有生存倾向都是需要落实、满足的，最后引导人的身体活动（"笃行"）。这是"择善"的落脚点。

不过，第二步中的学、问、思、辨、行并不是一种一蹴而就的过程，而是一种不断反复索求的进程。因此，《中庸》不厌其烦地使用"弗措也"来强调这种进程。从另一个角度看，这种进程也是建立自己的意念体系的过程。前面指出，人在秩序中满足自己的生存倾向，因而需要对这些善意念进行秩序化，并在秩序中实现这些生存倾向。当然，一旦建立秩序，有些生存倾向的重要性和优先性就高于其他生存倾向。不同的秩序引导不同的人生。在《中庸》看来，在人的一生中，这个秩序是不断调整和完善的。不过，关键是，人只有回归到"诚"的状态，才能进行真正意义上的调整和完善。在生存中，人无论处于什么秩序中，都要保持"诚"的状态，称为"至诚无息"。

在这个思路中，《中庸》所理解的君子人生是这样的：人要进入并持守"诚"这种情感，让天命本性充分地呈现在自己的意识中，在"择善"中对所有生命倾向进行界定，对其形成知识，进而分辨它们的重要性和优先性，在此基础上建立秩序，并在秩序中满足它们。这是一个从"诚"出发而"明善""择善"的过程，即"率性"的过程（"自诚明，谓之性"）。当然，人还需要不断地校正自己的生存秩序（"修道"），以完善人生。这就要求人不断地回归"诚"的状态，重新呈现原始状态中的生存倾向，并更为精确地加以界定；同时，人也需要对一些新的生存倾向进行命名和界定，并在此基础上构建新的生存秩序。这个不断校正的过程被称为"自明诚，谓之教"。君子的敬虔就在"诚"而"明"、"明"而"诚"中体现出来。

四、儒家的宗教性

《中庸》要求君子在"诚"中面对天命本性，并且在生存中不断回归"诚"的状态。这个要求是宗教性的。现代汉语中的"宗教"一词是西语religion 的译名。religion 也可译为"敬虔"，指的是人对终极性存在的一种情感状态。我们可以比较一下基督徒和儒家君子的敬虔。基督教是在对基督的信仰中表达其宗教性的。基督徒相信耶稣是基督，相信耶稣的所言所行都是在传递神的旨意。在这种信心中，基督徒以耶稣基督为道路而在意识上寻求神的旨意，在生存中遵循神的旨意。这便是基督徒的敬虔。或者说，他们以耶稣基督作为终极性的信任对象，并在这种信任中落实他们的宗教性。保罗用"本于信，以至于信"①来阐述基督徒的宗教性。在保罗看来，信徒之所以是信徒，就在于信徒对耶稣基督的信心。信徒只要维持这种信心，就维持着自己的信徒身份；反过来说，任何时候，丧失了信心，就丧失了自己的基督徒身份。因此，信心是基督徒作为基督徒的生存基础。

《中庸》则认为，君子在"诚"中直接面对天命本性，并在"至诚无息"中与绝对者同在，这样，君子就是敬虔的。这里的"无息"是一个时间概念。当一个人时时刻刻都在"诚"中时，他就处于一种"至诚"的生存状态，从而时时刻刻都能直接面对天命本性，保持对各种生存倾向的直接意识，对它们进行命名、界定和重新认识。天命本性对于儒家君子来说是终极性存在，是人的生存起点和存在基础。在意识上时时刻刻保持对天命本性的警醒，对于他们来说，就是敬虔所在。《中庸》谈道："莫见乎隐，莫显乎微，故君子慎其独也"（第1章）。只有在这样的敬虔中，人才能对天命本性中的各种生存倾向有越来越清楚的认识，从而建构越来越完善的生存秩序。在"至诚不息"中，《中庸》是这样要求君子的："故君子之道：本诸身，征诸庶民，考诸三王而不缪，建诸天地而不悖，质诸鬼神而无疑，百世以俟圣人而不惑"（第29章）。这是一种宗教性的要求。

儒家的这种敬虔十分独特。对于君子来说，天命本性是终极性存在，因而具有神圣性。但是，一种内在于自身的对象是如何获得神圣性的？显然，无论是凡人还是圣人，他们都无法把神圣性加在自己身上。那样做是一种僭越，终将沦为笑柄。早期儒家存在着一种强大的敬天传统。"敬"是指向一种外在的高贵力量的情感。在"敬天"情感中，"天"是一种外在的、在生存上不可抗拒的伟大力量，因而具有神圣性。人的本性是"天"命定的。就其来源而言，天命本性来自"天"，从"天"那里获得神圣性。也就是说，在"敬天"情感中，人的天命本性具有神圣性。对于君子来说，当在"诚"中面对天命本性时，其"敬天"情感就把天命本性呈

---

① 《圣经·罗马书》第1章。

现为神圣的。《中庸》并没有太多地阐述君子的"敬天"情感,但是,在它看来,君子是敬天的。因此,君子的宗教性包含了"敬天"情感。君子的敬虔就是在"敬"和"诚"中面对天命本性。①

　　尽管儒家没有努力设立相关仪式和组织架构以培养与维持君子的敬虔,进而组建一种体制性的宗教团体,但是,借助于科举制,《中庸》作为儒家四书之一,它所传递的宗教性实际上造就了一代又一代敬虔的君子群体,承载着中国社会的生存和发展的主导力量。分析君子群体的这种宗教性及其对中国社会所起的作用,具有十分重要的意义。

---

　　①　宋明心学十分重视对"诚"的解读,对于"诚"作为生存起点的地位有深刻的意识和展示。不过,心学家们在谈论"万物皆备于我心"时,实际是企图绕过外在的"天"而直接把神圣性赋予内在的天命本性。不过,这种赋予凡人神圣性的做法实际破坏了神圣性。换句话说,缺乏"敬天"情感的支持,仅仅凭借内向的"诚",天命本性之神圣性是难以维持的。

第三部分

儒家的人性论

第八章 《中庸》的君子和康德的善人 *

康德曾使用如下语言来批评基督教的恩典概念："人或者因为这样的信念而洋洋得意，即他不必自己成为一个善人，上帝也能让他拥有永恒幸福（通过免除他的罪）；或者，如果这样不行，那么，他最多不过是提出要求，上帝就能使他成为一个善人。"① 康德这里提出了一个"善人"（besser Mann，英译为 better man，亦可译为"更善的人"）概念。在语境上，康德《仅论理性限度内的宗教》（*Religion within the Limits of Reason Alone*）一书遇到了所谓的"根本恶"问题，即人在生活中采纳了一种恶的行为规范，并把它奉为道德规范而加以遵守。对于这个人，他越是严格遵守这一"道德"规范，他就越恶。一个生活在"根本恶"中的人，在康德看来，也是拥有原始的求善意向的。于是，问题就转化为：这个人如何能够走出恶的钳制而过一种善的生活？或者，恶人如何能够成为善人？

任何道德规范都是在一定的善意念基础上建立起来的。这个恶人的根本问题是，他采纳了一种恶的道德规范。要改变这种规范，就必须改变他的善意念。因此，康德认为，这里的问题是"心灵改变"问题。如果我们

---

* 本章原以《康德的"善人"与儒家的"君子"》为题，发表于《云南大学学报（社会科学版）》2011 年第 3 期。

① Kant, *Religion within the Limits of Reason Alone*（New York：Harper & Brothers, 1960），p. 47. 这里引用的该书的中译文由我从英译本译出。关于康德的这本书，国内目前只有李秋零教授的中译本《纯然理性界限内的宗教》，收入由他自己编译的《康德论上帝与宗教》（中国人民大学出版社，2004）。我参考了这个译本。不过，这个译本在一些关键词的翻译上会导致阅读理解的困境，所以我还是决定使用自己的译文。关于"善人"一词的翻译，我想做如下说明。中文语境中的"善"并不是一个简单的道德伦理术语。伦理学意义上的"善"指的是依据一定的道德规范给出的价值判断。价值判断中的"善"取决于给定的道德规范，因而自身不可改变。然而，中文中大量出现"完善""改善"这类用法。这类用法说明，中文语境中的"善"是可以改变的。也就是说，"善"允许自身变化。在这个意义上，"善"至少不是一个简单的价值判断术语。本章在分析《中庸》君子论时将对"善"的用法做进一步阐释。康德使用比较级 besser Mann（英译为 better man）来指称他心目中的理想人格，我想其中是有所用心的。这从一个侧面反映了康德对儒家思想的深刻体会。

能够找到心灵改变之路，我们就能说明，即使在根本恶这种情况下，人也是可以弃恶从善的。然而，康德认为，上述基督教的恩典概念忽略了人在现实生活中的自我完善问题，因而无法在理论上对"心灵改变"问题进行说明。

这里，康德凭什么批评当时居主流地位的基督教恩典概念？我们注意到，康德反复强调人的自我完善。自我完善是儒家修身养性的主调，也是儒家"君子"这种理想人格的根本特征。尽管康德从未提过儒学对他的思想有何贡献，但是，我们的分析表明，儒家的"君子"和康德的"善人"在概念上具有惊人的相似性。从思想史的角度看，我想指出，这种相似性是一种跨文化的承传关系。也就是说，康德是在儒家的影响下，具体来说，是在17—18世纪欧洲中国文化热的刺激下，提出"善人"概念的。"善人"这一提法，本质上是儒家的"君子"概念。

在这个基本观察中，我想通过分析比较康德的"善人"与儒家的"君子"，指出它们在概念上的相似性和相通性。进一步，我还将追踪康德提出"善人"概念的思想背景。我要说明的是，康德的"善人"不过是儒家的"君子"的康德表达式。康德谈到，人的自我完善问题在基督教的恩典概念中被忽视了。鉴于自我完善在人的生存中的重要性，他进而给欧洲人提出一个解决方案，即培养人在绝对自由基础上的自我完善意识。我称此为"儒家式的解决方案"。

一、《中庸》的"君子"概念

值得指出的是，在上述关于"善人"的说法中，康德无意做概念分析。原因在于，在他看来，欧洲人在基督教的恩典意识中压抑人在生存中的自我完善倾向，而他的"善人"说法是要引入一种新的生存意识，即自我完善意识。这是每个人必须拥有的生存意识。而且，他自己就想做一个"善人"。[①] 有意思的是，"善人"这一概念在康德思想研究界讨论得并不多，结果是忽视了人的自我完善问题在康德思想中的重要性。为了深入分

---

① 参见库恩：《康德传》，黄添盛译，上海人民出版社，2008。在此书中康德说："我们的任务不是制作书本，而是制作人格"（第53页）。在康德的术语中，一个过恰当生活的人便是能够自我完善的人，即"善人"。库恩（Kuehn）认为，康德的这一表述走在蒙田和斯多葛主义路线上。然而在我看来，库恩忽视了康德"善人"概念的一些根本特征，比如，人性中的绝对自由这一康德所独有的预设。

析这一概念，我想先来考察一下儒家的"君子"概念，并为进一步分析、讨论这两个概念搭建平台。

我们知道，"君子"一词在汉语文献中被广泛使用，而《中庸》则是界定这一术语的原始文本。以下分析和讨论只依据《中庸》中的相关文字。作为四书之一，它的重要性不言而喻。我认为，厘清《中庸》的"君子"概念，是我们把握儒家在这个概念中所表达的生存意识的关键。

《中庸》说："君子中庸"（第2章）。在汉语中，"中庸"这一术语由"中"和"庸"组成。"中"的字面意思是"中间"、"中心"或"恰当"，"庸"的意思是"使用""运用"等，合在一起的意思是"恰当的运用"或"正确的行动"。因此，在现代汉语中，《中庸》这一书名可被理解为"论恰当行动"。按照这个思路，"君子中庸"这一说法指出的是，君子是恰当地行动的人。从哲学上看，我们可以这样追问"恰当行动"这一概念。首先，为了做到恰当，人需要一个模范作为衡量标准。对于个人来说，它可以是一个理想的或完美的典范。其次，所谓的恰当还包含了它对于人的生活来说是善的这层含义。如果它不是善的，它就失去了恰当性。因此，理想人格作为人生的典范必须包含人所欲求的善。我们用"恰当行动"这一术语来界定"君子"，也就是说，君子是供人们效法的善的模范或人格。"君子"是"善人"。不过，进一步分析，我们马上就会遇到那个充满困难且令人烦恼的善意念问题。从意念上看，善可以仅仅是个人的，也可以是属于某一社会的，还可以是对全人类普遍有效的。如果"君子"是"善人"，那么，这里的善指的是哪种意义上的善？

我们需要对《中庸》的君子论的写作背景有些讨论。也许，我们可以讨论一下庄子的《齐物论》。庄子认为，在人与人之间的是非之争中不存在普遍一致的标准。从不同的思想角度出发，是非善恶的判断可以完全不同。人的是非善恶判断来自自己的善意念。人不可能违背自己的善意念进行判断。因此，对于任何不同于自己的善意念，人一定会给出否定性判断。当一个人宣布自己的是非善恶判断，并对对方的善意念加以否定时，他将遇到对方的同等效力的否定。庄子提到，关于不同的是非善恶判断之间的分歧，我们无法找到一个共同的标准来做裁决，从而双方之间的相互否定具有同等效力。既然是非善恶判断之间的分歧无法解决，那么我们只能得出不存在普遍一致的善这一结论。在《齐物论》中，这个结论是相当突出的。

庄子的论证虽然十分有力，但他所提供的生活方式似乎不是人的生活，对于大众来说是无法遵循的。显然，人的生存要求人进行判断并选择善。没有关于善的判断，就没有选择。也就是说，判断-选择是人的生存不可跳跃的环节。然而，作为社会性动物，人总是生活在社群中的。人在根据自己的善意念进行是非善恶判断，并据此做选择时，一定是在下普遍判断。① 也就是说，每个人的是非善恶判断不仅适用于他自己，也适用于他人；不仅适用于此时此地，也适用于彼时彼地。这样一来，如果其他成员对善有不同的理解，他们就不会接受前者的判断。对于人的生存来说，是非善恶判断是不可避免的，而判断一定是普遍的，因此，个人的是非善恶判断一定会导致与他人的冲突。为了避免冲突，像庄子所建议的那样不下判断，实为明智之举。但是，我们也看到，离开了判断，人也将终止自己作为人的生存。

　　庄子的论证揭示出来的困难在于，不同的是非善恶判断之间的分歧和冲突是不可避免的；但是，人只能在判断-选择中生活，而且所做的判断具有普遍性；在逻辑上，判断的普遍性要求消除判断之间的分歧；或者反过来，判断之间分歧的不可避免性无法满足判断的普遍性要求。这便是判断的困境。除了庄子的解决途径，我们能否还有其他出路？比如，我们可不可以换种方式思考，找到一种途径消解这里的困境？

　　我认为，《中庸》对这一点是有深刻认识的。它的君子论便是一个解决方案。②《中庸》首先区分了两种善。一种是在人的生存之初，"天"赋予人的本性。这一本性一旦赋予，就成了人的生存的原始起点，其中包含的各种因素会在人的生存过程中展现出来，直至完成。在这个意义上，本性就是人的生存，不可能与人的生存对立，因而是善的。我们可以称之为"本性之善"。另一种是本性之善的概念化。人在生存中必须进行是非善恶判断，因而拥有一定的善意念。这个善意念是对本性之善的把握。一个人在生存的不同阶段可以对本性之善有不同的意念。比如，一个善意念可以在一段时间内是善的，而在另一段时间内则可能被视为恶的。因此，善意

① 在康德的分析中，这一绝对命令是道德判断所要求的。庄子当然不知道康德，但是他对道德律令的理解也包含了这一命令。

② 人们也许会提出《中庸》和《庄子》的年代顺序问题。我们注意到，《中庸》从未引用过庄子的《齐物论》。而且，目前我们所拥有的史料表明，《庄子》的年代要早于《中庸》。当然，学术界对此还是有争论的，比如，至少《中庸》的部分文字出自西汉初期。我避开《中庸》和《齐物论》的年代问题。我在此叙述庄子的论证，仅仅是将它作为一个大背景。我之所以选择庄子的论证，是因为他以简洁的方式给出了完整的论证。极有可能的是，这个论证在被收进《庄子》之前很久，就已经在思想家之间讨论并传播了。

念是可以被改变的。尽管这两种善在所有人身上都存在，但是，《中庸》认为，人还是可以被划分为两类：一类是君子。君子能够意识到这两种善的区分，并且在所有时间内都能与本性之善保持直接的接触，并根据本性之善改进自己的善意念。另一类是小人。小人往往指的是那种执着于某种不变的善意念、压抑本性之善的冲动的人。换言之，小人是在坚持善意念的名义下，将这两种善等同起来的人，因而用善意念抹杀了本性之善。表现在生活中，君子的一生是一个不断修身养性的过程；君子不断改进自己对善的理解，从而能够越来越多地认识他人的是非善恶判断，从而减少与他人的判断发生冲突。就其最终结果而言，君子在修身养性中使自己的善意念更加准确全面地把握本性之善，达到能够与世界上的所有事物（包括人）和谐相处。这便是"天人合一"的境界。

我们进一步分析这一君子论。《中庸》开篇这样说："天命之谓性，率性之谓道"（第1章）。在这一说法中，"天"超越于人的知识，然而又必须被尊崇为人生活于其中的世界的根基。"性"指人的本性。"天命之谓性"可被解读为"生存中的那些得自天的东西就是人的本性"。这是人生存的开端。作为被给予者，"天"所赋予的本性启动了人的生存，因而它对于人的生存来说必定是善的。因为它存在于人的生存之初，所以它对于人的思想来说是在先的、原始的，因而不能在判断中谈论。或者说，这个原始的善不是一个是非善恶判断。在这个意义上，我们说它是绝对的善。

作为人的生存起点，这一本性是人生存的出发点和驱动者。由于人的生存是在判断-选择中进行的，所以，人可以选择遵循或拒绝本性的驱动。不同的判断-选择会造就不同的生存，并发展为两种人：君子和小人。《中庸》认为，人应该过一种君子的生活，而小人的生活方式则应该受到抵制。当一个人拒绝服从本性的驱动时，他就走上了通往小人的错误之路。正确的道路是遵循本性。按照这一思考，"天"所赋予的本性是一种善的驱动力。因此，"率性之谓道"。

我们可以把这种禀赋称为本性之善。然而，我们如何才能在自己的生存中找到这一本性之善呢？我们继续来读《中庸》：

> 在下位不获乎上，民不可得而治矣。获乎上有道：不信乎朋友，不获乎上矣。信乎朋友有道：不顺乎亲，不信乎朋友矣。顺乎亲有道：反诸身不诚，不顺乎亲矣。诚身有道：不明乎善，不诚乎身矣。（第20章）

最后一句把"善"与"诚"联系了起来。人们在理解这句话时，往往加上时间顺序，即人只有在"明乎善"之后才能"诚乎身"。英文翻译几乎无一例外地用因果关系加上未来时态来处理"不明乎善"与"不诚乎身矣"的关系。我认为，这是一种误读。上述引文描绘了人生中的一种生存状态，在这一状态中，人在"诚"的同时就会看到善。或者，在人看到善的同时，人就是"诚"的。善在"诚"中显现，而"诚"以善的彰显为标志。"不明乎善"，说明尚未"诚乎身"；同样，未"诚乎身"，则尚未"明乎善"。两者完全相互依存。

西方汉学家在处理"诚"时，往往感到束手无策。人们用 honest（诚实）、sincerity（真诚）、truthful（真实）、real（实在）等词来翻译"诚"。① 不过，容易指出，在英语中，sincerity（真诚）适用于社会道德语境。然而，《中庸》使用"诚"这个术语时，常常是指一个人真实地面对自己的生存倾向。往深处讲，它指的是人直接与自己的本性同在的生存状态。这种生存状态可以是人独处时的一种态度，与他人无关。我想，如果一定要翻译，译作 being truthful to oneself（真实地面对自己）或许比较合适。我在下面的相关讨论中还要谈到，它隐含着康德意义上的绝对自由。

在"明乎善"和"诚乎身"中，《中庸》指出了人的生存的原始状态。在它看来，只要在"诚"中，本性之善就会呈现出来，因而人就能直接看到自己的本性之善。因为"诚"所表达的是一种直接与本性同在的倾向，在"诚"中显现的善就是"天"所赋予的本性，即本性之善。

然而还存在着另一种善。人在判断-选择中生存。按照《中庸》的说法，人只要在"诚"中就能看到善，就会遵循之。但人不是以本能的方式遵循这个在"诚"中呈现的本性之善。人必须先把这个本性之善概念化为善意念，然后才能进行判断-选择。《中庸》说："诚之者，人之道也。……诚之者，择善而固执之者也"（第20章）。这里，"善"这个术语出现在判断（"择善"）的语境中。与在"诚"中看到的善相比，判断中的善仅仅是一种概念化的善。这个善意念当然来自在"诚"中看到的善。但是，

① 比如，安乐哲和郝大维把"诚"译为 creativity，参见 Roger Ames and David L. Hall, *Focusing the Familiar*, pp. 30 - 35。这种翻译确实触及了"诚"的某些本质特征。例如，"诚"是作为人的生存出发点起作用的。然而，这样翻译只是对西方思维的一种迁就，因为"创造"（creation）意念无论如何都无法与《中庸》相切合。关于翻译的更多讨论，参见 Wen Haiming, "From Substance Language to Vocabularies of Process and Change: Translations of Key Philosophical Terms in the *Zhongyong*," *Dao: A Journal of Comparative Philosophy* 3, no. 2 (June 2004): 217 - 233。

这个概念化过程说明，善意念不过是本性之善的一个意念把握。这个把握可能是不准确的、不完整的。最重要的是，它不是原始的，而是派生的，因而是可以改变的。对于同一个人来说，他的善意念在时间中是变化的。

所以，在提出"善意念"这个概念后，《中庸》马上转入这个话题："有弗学，学之弗能，弗措也。有弗问，问之弗知，弗措也。有弗思，思之弗得，弗措也。有弗辨，辨之弗明，弗措也。有弗行，行之弗笃，弗措也。……果能此道矣，虽愚必明，虽柔必强"（第20章）。讲这些话的目的在于，鼓励人们坚持不懈地改进自己。不过，这里的改进是针对善意念而言，而不是针对本性之善而言。

由此看来，《中庸》谈到了两种善，即本性之善（在"诚"中看到的善）和善意念（对本性之善的概念化）。我们发现，这两种善的划分对于理解"君子"概念至关重要。我们可以把上述概念做如下梳理。按照《中庸》，"天"赋予人本性。人若能真实地面对自己，就会看到被赋予的本性。这便是在"诚"中看到的本性之善。与此同时，人必须在判断-选择中生存。当人在"诚"中看到善的时候，人必须把这个善概念化，并以之作为判断-选择的基础。通过这种方式，在"诚"中显现自身的本性之善转化为善意念。于是，这个善意念就成了判断的出发点，进而直接主导人的生存。本性之善是"天"赋予的，是人生存的基础，自始至终存在于人的生存中。对于这个本性，人可以遵循或不遵循，但无法改变。善意念则是对在"诚"中呈现的本性之善的把握并概念化。在这个概念化过程中，善意念可能与在"诚"中呈现的本性之善相吻合，也可能与之背离。但是，只要人继续在"诚"中，这种背离一旦被意识到，现存善意念就必须做出相应的改变。

这便是《中庸》的"君子"概念。一个人在真实地面对自己时，就能看到本性之善，并将其概念化为善意念，然后在此基础上做是非善恶判断，进行选择。但是，本性之善只能在"诚"中彰显自身，所以，人一旦脱离"诚"的状态，就失去了与本性之善的接触，从而无法根据本性之善来改变现存善意念。也就是说，君子必须时时刻刻处于"诚"中。只有这样，君子才能按照本性之善对善意念加以改进。这样的生存是一个自我修养的过程。在儒家传统中，君子的一生就是通过修身养性不断改进自己的一生。

与此相反，还有别样的人生，即小人的人生。作为一个人，小人也是从"诚"开始的。然而，正如我们会看到的那样，一个人在对自己的本性之善进行概念化时，往往认为自己的把握是准确的，并进而认为，自己的善意念完全把握了本性之善。于是，一旦善意念形成，他就完全依据自己的善意念进行判断-选择。在他的意识中，除了善意念之外并无其他善存在。他否认有两种善存在。甚至当他的生存遇到困境时，他还会有意识地压抑本性之善的冲动。可以看到，人会把善意念当作生存中唯一的善，毫无保留地按照它来下判断、做选择。如此一来，人就不再关注在"诚"中呈现的本性之善了；而善意念作为判断-选择的出发点和依据也就失去了自我改善的动力。这样的人，《中庸》称之为"小人"。小人完全受制于自己的某种善意念。《中庸》是这样描写小人的："愚而好自用，贱而好自专，生乎今之世，反古之道"（第 28 章）。①

综上所述，我们对君子和小人依据《中庸》进行了区分。君子始终在"诚"中，能够意识到本性之善和善意念的区别，因而能够按照在"诚"中所见的本性之善改进善意念。小人则与此不同，小人把本性之善概念化为一个善意念，然后把此善意念当作人生中唯一的善，并且压抑、抵制任何与之不吻合的善意念；而且，即使在生存中感受到本性之善的驱动，小人也宁愿固守这一善意念，拒绝改善。

二、康德的"善人"

在《仅论理性限度内的宗教》中，康德通过讨论"心灵改变"来处理"根本恶"的问题，并且在绝对自由的基础上提出"善人"概念。在本章开始处，我引用康德的话展示了康德对基督教恩典概念的挑战，以及他以自由概念说明"善人"的企图。接下来，我们进一步分析康德的这种想法，说明"君子"和"善人"在概念上的共通性。

按照康德的说法，人拥有自由意志，因而对善恶选择负有责任。他说："人只能自己使自己进入，或者已经使自己进入了某种道德状态，不论是善的还是恶的，是他自己要成为或已经成为的。前提条件必须得是自由选择。"② 就此而言，人是在自由意志中选择恶的。若人选择了恶（无论什么原因），人就是不道德的。尽管追溯人选择恶的原因是困难的，但

---

① 关于"小人"，《中庸》仅以寥寥数语带过，并未提供进一步的分析和讨论。《中庸》的做法大概是出于这样一种意识：君子的人生是值得提倡的，而小人的人生则不值得提倡。然而，无论从理论还是实践的角度看，小人问题都具有同等甚至更大的重要性。

② Immanuel Kant, *Religion within the Limits of Reason Alone*, p. 40.

是人的自由意志有原始的向善禀赋，因而去恶向善依然是恶人的责任。这便是"心灵改变"问题。康德认为，这一问题的关键点是寻找恶人改善心灵的理性机制。

康德认为，人可能陷入三种类型的恶。第一种类型是，人无力遵守自己已经采纳的道德准则。在人的判断中，行动违反自己采纳的准则，会被视为一种恶。每当人发现自己的行为与自己采纳的准则不一致时，人会立马对所犯的恶行感到内疚。而如果一个社会成员不遵守社会准则，这种不遵守就会被其他成员判断为恶。一句话，恶是根据已确立的准则被判断出来的。第二种类型是，一个人生活在一定的道德准则之下，而他的判断-选择却不在这个道德准则中；相反，他的判断-选择出于这个道德准则之外的某种动机。在这种情况下，虽然他的行为并不违背道德准则，但却是恶的。因为没有以道德准则为动机，所以他的行为是恶。

康德认为，人不难摆脱以上两种类型的恶。对于第一种类型的恶，人只需有意识地约束自己的行为，使之与人采纳的道德准则一致。通过强调已采纳的道德准则，就可以实现这种纠正。对于第二种类型的恶，人需要反省自己的动机，并确保所有动机皆来自自己的道德准则，而非来自任何其他东西。然而，还有第三种类型的恶，称为"根本恶"。康德是这样界定这种恶的：人在生存中不知道出于什么原因，采纳了一种恶的准则，并把它当作"道德"准则，从它出发规范自己的行为。在这种情况下，人越是努力坚持遵循这个"道德"准则，人的所作所为就具有越大的恶性。人的恶来自人采纳的"道德"准则。对此，康德说：

> 也可以称它为人心之反常，因为它颠倒了自由意志的诸动机之伦理秩序。尽管在它那里可以找到在准则意义上是善的（即合法的）行为，然而，他的心思却已经从根底上（就其道德倾向而言）腐败了。因此，这个人被认定为恶人。[①]

这种类型的恶也被称为"根本恶"。在康德的分析中，这种类型的恶有两个特征。首先，它与自由意志的原始禀赋背反。人的原始禀赋是纯善的。[②] 我们注意到，康德从两个方面理解自由意志，即禀赋的与获得的。从禀赋的角度看，人的自由意志是向善的；但是，人在进行选择后，就会

---

① Immanuel Kant，*Religion within the Limits of Reason Alone*，p. 25.

② 可参见康德对原始禀赋的讨论（Immanuel Kant，*Religion within the Limits of Reason Alone*，pp. 21 - 23）。

得到自己预想在选择后所得到的东西。从人所获得的东西出发，人的判断-选择仍然是自由的，但其倾向却是可善可恶的。其善其恶取决于人在获得中采纳了什么样的准则。人如何获得一种恶准则，其中的原因是无法说清楚的。但有一点是清楚的，人是自由地采纳一种恶准则的。当人采纳了一种恶准则并以此进行判断-选择时，人的选择就"颠倒了自由意志的诸动机之伦理秩序"。道德中的绝对命令是为自由意志的原始禀赋所规定的，而这原始禀赋是向善的。因此，如果人从恶准则出发而做出恶的判断-选择，那么，人就违反了自己的向善禀赋。或者反过来说，这种根本恶与向善禀赋是完全背反的。

我们来分析"自由意志的诸动机之伦理秩序"这种说法。所谓的"诸动机"，指的是人的自由意志进行判断-选择时面对不同选项的倾向。每一个选项都具有某种吸引力；从自由意志的角度看，这种吸引力便是人的动机。只有那些对人有吸引力的对象才是自由意志的选项。因此，就其具有吸引力而言，每一个选项都是自由意志所指向的。但是，这些选项的吸引力在程度上是不一致的。这种程度上的差异便是所谓的伦理秩序。就其正常秩序而言，选择者会选择最好的选项。如果以最好的选项为标准，那些次好的选项就是不好的或恶的。如果人在选择时放弃最好的选项而选择次好的选项，那么，选项的伦理秩序就被颠倒了，即人选择了恶。对于那些在道德规范中进行选择的人来说，他们可以通过道德规范来纠正自己的错误选择。然而，当人依据恶准则进行选择时，选项的伦理秩序就被完全颠倒了，即把善的当作恶的，同时把恶的当作善的。这便是"根本恶"。

这种伦理秩序的颠倒破坏了人的道德生活。我们这样看，人是在一定的准则中进行判断-选择的。从一定的准则出发，与之一致的，在判断中就是善的。然而，在根本恶那里，人生活在恶准则之下。对于这种人，所有恶的东西都会被判断为善。他们陷入了善恶不分的生存状态，以善为恶，或以恶为善，并在善的名义下作恶。这样的人没有能力过一种道德生活，因为他们的心从根本上腐败了。

于是，康德面临这个问题：人怎样才能克服根本恶呢？一旦采纳了恶准则，人心就腐败了；在这种情况下，除非找到办法把这颗恶的心灵改变为一颗善的心灵，否则人就无法克服根本恶。在思想史上，我们知道，基督教在处理这个问题时提出了恩典概念，并希望通过恩典概念来解决这一困境。然而，我们在本章开始时引用的文字里可以读到，康德有意识对此加以拒绝。在回应路德宗神学的"唯独信心"的命题时，康德说："对于那些所谓的恩典事件，究竟它们是由于恩典工作，还是一种内在的自然结果，对此我们无法给出理论说明，因为我们对因果概念的使用无法超出经验，因而亦不能超出自然。而且，设想这一观念在实践中的运用则是完全自相矛盾的。"① 这里，康德提供了两个观察。首先，人们在描述恩典工作时使用了因果概念，即发生如此这般的事，其原因在于神的恩典。然而，因果概念只适用于经验世界，故而可以做经验上的解释。如果是这样，所谓的恩典解释就无非是对事物的内在自然变化的解释。或者说，恩典解释是不必要的。其次，如果我们从道德实践的角度谈论恩典工作，即人们之所以能够变恶为善，原因在于神的恩典，那么，康德认为，那是"完全自相矛盾"的。在实践上，变恶为善这件事需要改变那颗恶的心灵。如果恶的心灵没有改变，就谈不上变恶为善。恩典作为一种外在力量，除非它改变了恶的心灵，否则就无法做到变恶为善。如果恶的心灵得到了改变，那么，我们还是回到内心的改变问题，而恩典与此无关。因此，从恩典-拯救的角度无法说明心灵改变。②

按照康德的说法，这个问题涉及的是心灵的内在改变，因此要排除所有外在因素。我们注意到他曾提及"自由意志的动机"。我们需要对他的自由概念进行一些讨论。在处理经验知识的"第一批判"中，康德把自由处理为一个二律背反，关于它的肯定命题和否定命题在逻辑论证中是可以并列的。③ 康德写道："自由只是一个理念，其客观实在性无法依自然律或在任何可能经验中得到展示。"④ 也就是说，自由概念在理解经验世界方面派不上用场，是多余的。然而，在"第二批判"中，康德把自由作为他分析道德问题的出发点。他说："自由必须被预设为所有理性存在物的意志的属性。"⑤ 特别地，在分析绝对命令的语言中，康德指出，意志自律是道德的必要条件。

值得指出的是，我们在他的宗教论中读到，自由意志仍然作为讨论的出发点。在他看来，人在实践中从善良的自由意志出发，却在其中出现了

---

① Immanuel Kant, *Religion within the Limits of Reason Alone*, p. 48.
② 同上书，第 48 - 49 页。关于这一努力的更多讨论，参见谢文郁：《自由与生存：西方思想史上的自由观追踪》，张秀华、王天民译，上海人民出版社，2007，第 4 章。
③ 参见 Immanuel Kant, *Critique of Pure Reason* (London：William Pickering, 1848)，pp. 314 - 315。
④ Immanuel Kant, *Critique of Practical Reason* (Chicago：The University of Chicago Press, 1949), p. 113.
⑤ 同上书，第 103 页。

根本恶。如果我们寻找出路，从根本恶中走出来，变恶为善，我们还是要回到自由概念中。他说："意志的自由具有独一无二的本性，即只有当一个人把某种动机纳入他的准则时，这一动机才能支配意志采取相应行动……只有那样，动机（无论什么样的动机）才能和意志（即自由）的绝对自发性共存。"① 对于人来说，生存就是做选择（意志的自由选择）；而选择是在一定的善恶判断中进行的；进一步，善恶判断必须以某种已采纳的准则为依据。选择是自由，因为选择面临多个选项，并自主地选择其中之一。人既然自由地做选择，那么就对自己的选择负有责任。这里，选择的基础是自由。对生存做如此理解，康德进一步推论到，人采纳任何一种准则都是在自由基础上进行的。因此，自由是人采纳一种行为准则这一动作的终极基础。既然如此，那么人就必须对自己采纳恶准则负全责。而且，前面指出康德排除了恩典工作，因此，在他看来，我们如果想消除根本恶，就需要考察人的自由意志。有意思的是，关于人为什么选择了恶准则这个问题，康德回答说："对于我们来说，这是不可理解的。"② 考虑到人的生存的原始禀赋是向善的，这个问题就变得更加难以回答。一个禀赋趋向于善的人为什么会选择恶呢？康德承认，我们无法找到一个"可理解的基础，以此说明我们里面的恶之原始来源"③。然而，康德坚持认为，即便一个人无法知道他选择恶准则的缘由，他依然有责任使自己变恶为善，即改变自己的心灵，用善准则取代恶准则。

康德谈到，人的意志是在自由中采纳一种恶准则的。然而，原始禀赋是向善的。这等于说，人是在向善的原始禀赋中采纳一种恶准则的。显然，恶准则不是原始的向善禀赋所指向的。既然如此，那么在其原始禀赋的驱动中就必定蕴含着弃恶从善的出路。或者说，我们肯定可以在意志自由中找到以善准则取代恶准则的道路。康德对此充满信心。他说："在一个人即将采取某个自由行动的时刻，无论他有多恶（以至于恶实际上已经成为他的习惯或第二本性），他都不仅（在过去）有义务变得更善，而且现在仍然有义务使自己变得更善。"④ 这里，康德把自由与义务连在一起。我们这样分析，在概念上，自由存在于可能性中。我们自由地选择什么，

---

① Immanuel Kant, *Religion within the Limits of Reason Alone*, p. 19.
② 同上书，第 38 页。
③ 同上书，第 38 页。
④ 同上书，第 36 页。

就意味着我们不是非选择它不可。促使我们选择它的理由，可能是任何不确定的东西。但是，义务则意味着必然性。我们出于义务而做某事，就意味着我们别无选择而只能去做这件事。促使我们做它的理由是确定的，是不能改变的。可见，在定义上，自由排斥义务，而义务亦不容自由。康德对自由与义务的界定有清楚的认识，对两者之间的张力也是有意识的。那么，康德必须处理这个问题：人在自由中如何能够必然地做某事呢？

在康德看来，我们完全可以接受这一预设，即原始禀赋在人的生存中是向善的，其中有一种禀赋倾向被称为道德敬畏感。原始禀赋对于实践来说就是各种可能性。意志是在可能性中自由运作的。意志自由地构造了人的本性。这个本性组合了一些禀赋倾向。由于本性在结构上可能颠倒了道德次序，比如未把道德敬畏感置于重要的位置上，以至于其他禀赋倾向优先于道德敬畏感，在这种情况下，意志就会采纳恶的行为准则。我们可以这样理解，道德敬畏感虽然被置于不重要的位置上，但是，它不会丧失掉。因此，在道德次序颠倒的生存状态中，它仍然要求意志纠正错误，直到把它置于本性中的重要位置上。当道德敬畏感在本性中居重要位置时，人的义务意识就形成了。义务意识形成后，就开始引导人的意志采纳善的行为准则。在康德的理解中，道德敬畏感-义务意识是引导意志不断完善本性结构、采纳善的行为准则的力量。这种力量是内在于人的原始禀赋的。因此，某人如果在现实生活中采纳了某个恶的行为准则，那就是说，他误把恶者当作善者，即把恶的行为准则当作是善的行为准则。然而，这个人的道德敬畏感-义务意识会要求他过一种更善的生活。他在自由中犯了某种错误（并非出自他的原始禀赋），采纳了恶准则。但是，道德敬畏感-义务意识会驱动他自由地重构本性，改正错误，继续向善。或者说，在任何时候，他都有义务改变现状，变恶为善，并向着更善，走向完善。由此看来，自由与义务之间的张力就驱动人走在向善的道路上。

不难看出，康德这一处理的关键点是，原始禀赋中的善是不可以在任何准则中加以规定的。在康德看来，人的生存中存在两种善，一种是原始禀赋中的向善倾向。这种善是与生俱来的，与可能性同在，不被任何准则界定。另一种则是在一定的本性-准则中界定的善。在不同的本性-准则中有不同的善。从这个意义上看，这种善是后天获得的，依附于某种人为的本性-准则。康德说它是获得的，是因为它恰好是原始禀赋所要求的，是善的。但是，如果所依附的准则是恶的，那么它虽然不是原始禀赋所要求的但却是人的自由选择的结果，因而人必须负责任。因此，人必须对自己的恶负责任，因为恶是人自己招致的。①

　　在这两种善中，前者是原始的，对于人的生存来说是无条件的。作为可能性，这种善不可能丧失，并且始终在推动人的本性重建，去恶趋善。因此，这种原始的善是神圣的，且不会腐败和丧失。康德把这种原始的道德敬畏感-义务意识称为"上帝之子"，表达了人性中的神圣性。② 而且，即使在人的生存受制于恶准则的情况下，这种善依然内在于人的生存，作用于人的意志。因此，人的生存中永远内含了向善的动力，使人能够在善中更善，在恶中变恶为善。

　　第二种善则是合乎准则意义上的善，是按照所采纳的准则判断出来的。③ 在实践中，人的判断必定诉诸所采纳的准则，因而其善性取决于所采纳的准则。所采纳的准则可能是善的，也可能是恶的。但是，康德强调指出，在我们采纳一个恶准则时，它看起来一定是善的。原因在于，我们在某种道德敬畏感不居重要位置的本性中自由地采纳行为准则时，肯定会看错的，从而把恶者当作善者。在我们还没有发现这一准则的恶性之前，我们仍然视之为善准则，并以此为依据进行判断。但是，在道德敬畏感的推动下，意志自由地进行本性重构。在新的本性中，我们一旦发现它的恶性，我们就会放弃它，并采纳新准则。没有人一开始就是完善的。每个人在生存过程中都会不断完善自己。因此，恶准则在这个过程中会被抛弃掉。这样，我们就不断地且无止境地"从不完善进步到更善"④。不难看出，康德在谈论第二种善时是从变化-进步的角度出发的。这种善是在变得更善的过程中。换句话说，这种善是可变的或可重构的。

　　在这两种善的划分中，康德对人的生存充满信心。他说："故而，对于一个其心灵虽已腐败但却仍旧拥有善良意志的人来说，他依然有希望从迷失状态回归到善。"⑤ 我们可以这样理解康德的"善人"概念。人生而具有自由意志，它天生具有向善倾向。这是无条件的善或绝对的善。在这

---

　　① 参见 Immanuel Kant，*Religion within the Limits of Reason Alone*，p. 24。

　　② 参见 Immanuel Kant，*Religion within the Limits of Reason Alone*，book two section one。康德使用了这个题目："论善原则对统治人的权力的合法要求"（Concerning the Legal Claim of the Good Principle to Sovereignty over Man）。在他的讨论中，康德很自然地把自由意志中的"禀赋之善"称为"上帝之子"。在该书的第二版中，康德加上了一个注释：使自由概念和作为必然存在者的上帝理念达成和解，这一和解根本不会遇到任何困难。

　　③ 参见上书，第 25 页。

　　④ 同上书，第 60 页。

　　⑤ 同上书，第 39 页。

绝对的善的驱动下，人有义务过一种善的生活。与此同时，人在自由中建立自己的道德准则，并按照这些准则判断善恶。人可能犯错误，误把恶准则当作善准则，并加以选择。但是，这种在判断中的善是从某个准则出发的，因而是有条件的，依附于这个准则。鉴于这个准则是被采纳的，因而它也就是可以放弃的。当它的恶性暴露出来之后，人在自由中就可以抛弃它，并采纳更善的准则。

我们看到，在康德的语言中，人的生存中有两种善。原始的向善禀赋是内在于自由意志的，是与生俱来的，从而不可能被任何准则界定。在这种绝对的善的驱动下，人选择了某个行为准则（善的或恶的）。同样，在它的驱动下，任何暴露出恶性的行为准则都会被人抛弃，人会选择新的善的行为准则。这是一个去恶趋善的过程。康德坚持认为，心灵改变的决定性力量源自人的原始向善禀赋。正是在这个力量的驱动下，人的意志在自由运作中才能向善。在这个意义上，人能够在自由中去恶趋善。康德称这样的人为"善人"。

三、"善人"与"君子"

我们来比较两种理想人格的表达式，即儒家的"君子"和康德的"善人"。简略来说，两者可被分别表达为：在"诚"中，人就是"君子"；而在自由中，人就是"善人"。容易看出，它们有一些共同特征。最突出的特征是，这两种表达式都涉及了两种善的划分及内在关系。在《中庸》这里，这两种善被称为本性之善和善意念。而在康德的讨论中，它们则是意志的原始禀赋之善和在一定的准则中通过判断而给出的善。要成为君子，人就必须在"诚"中对这两种善的区分有所意识。有了这种意识，人就可能按照本性之善不断地改进自己的善意念。要成为善人，人就必须在绝对自由中，遵循自己的原始向善禀赋的驱动，抛弃恶准则，采纳善准则，从而引导一种自我完善的生活。

这里，《中庸》的作者和康德各自通过"诚"与"自由"这两个概念来说明君子和善人的生存基础。当然，从概念角度看，这两个词有相当不同的含义。然而，我们如果分析它们的生存意义，就不难发现，它们指称一种共同的生存状态，即人的生存的原始倾向。前面指出，"诚"是人真实地面对自己的生存状态，本性之善在其中显现自身，或被人观看和把握而形成的善意念。作为人的生存出发点，人在"诚"中独立地进行判断-选择，不断完善自己的善意念。这样一种生存状态也就是康德所谈论的绝对自由。对于康德来说，人的原始向善禀赋内在地驱动人的生存不断地自我完善。在康德的界定中，自由是一种没有因果关系的意志运作。也就是说，在自由中，意志作为主体在进行主体建构和采纳准则时没有外在原因（不受外在权威的压力），完全是独立自主的。同时，意志也不受内在原因的支配。人陷入恶的生存状态是出于本性中的道德敬畏感受到抑制，并采纳了恶准则。在恶的本性和恶准则的基础上，人的善恶判断都是违背道德准则的，是恶的。意志的自由运作是要重构本性和重新采纳行为准则，因此，意志在自由运作中也不受自己的善恶意念的控制。在康德看来，意志在自由中接受原始向善禀赋的驱动而不断地改善自己的善意念。这种自由状态，用《中庸》中的话来说，便是"诚"的生存状态。

由此看来，从概念上看，《中庸》和康德的表达式，实际上都是在处理人的自我完善问题，其中的思路十分接近。然而，从生存关注的角度看，两者之间还是有差别的。《中庸》预设了天所赋予的本性，认为遵循天赋本性对于每个人来说都是适当的生存。这个预设要求我们寻找途径观看并把握这个天赋本性，然后按照所把握的本性（善意念）进行判断-选择。在《中庸》的写作时代，不存在居主导地位的意识形态。"百家争鸣"这个历史事实表明，独立自主地思考、判断并选择，是一件现实事件。在这样的环境中，在《中庸》看来，阻碍人认识自己本性的因素就只存在于人自己的心中。因此，最重要的事情就是找到一种途径，使人能够反省自己，清除私心杂念，从而能够观看自己的天赋本性。我想，《中庸》强调"诚"这种情感对人之自我完善的决定性作用，与这一历史背景有关。

与此形成对比的是，康德生活在一个基督教社会。他在一个敬虔派家庭中长大。敬虔派强调委身、谦卑和顺服权威。实际上，康德小时候所受教育的目的就是要把他培养成一个合格的路德宗教徒。然而，康德对人的自我完善的强调，与当时居主导地位的路德宗神学对领受恩典的强调，显然是格格不入的。在《仅论理性限度内的宗教》第三卷，康德使用了这样的题目："善对恶原则的胜利，及上帝之国在尘世的建立"（The Victory of the Good over the Evil Principle，and the Founding of a Kingdom of God on Earth）。在他看来，西欧历史上的基督教对改善人的生存做出了巨大贡献。但是，他同时指出，这些成就都是通过人的努力而实现的。他这样写道："真正的（可见的）教会就是在人的努力中展示尘世中的上帝之（道德）国度。"① 康德《仅论理性限度内的宗教》主要关注的是，如何从理性的角度理解人在道德上的自我改善。这种想法本身就是挑战基督教的固有教会观。传统观点认为，真正的教会是在上帝怜悯中存在并成长的，因而神的恩典是教会的基础。但是，恩典如何成为教会的基础？ 为了避免与当时居主导地位的路德宗神学发生正面冲突，康德反复强调人的努力在教会生活中的重要性，并且认为，离开人的努力来谈论恩典无非是要掩饰自己的惰懒，是"一种自我欺骗的手段"②，是一种幻觉。③ 我们读到，康德深信这一点，即人只要在自由中，就一定能改善自己，达到更高的善。④ 不过，顺便指出，《仅论理性限度内的宗教》一书对于人如何从恶准则进步到善准则的具体机制讨论得并不多。康德在此书中所做的努力都集中在强调自我完善的重要性上。

我们看到，"君子"和"善人"在概念上是相似的，在生存上是相通的。而且，我们还注意到，康德与儒家还有某种历史上的联系。学界通常

---

① Immanuel Kant, *Religion within the Limits of Reason Alone*, p. 92.

② 同上书，第 180 页。

③ 参见上书，第 187 页。当然，康德这里没有明确否定上帝恩典的工作。不过，他强调人的自我完善在思想上是在挑战居主导地位的路德宗神学。参见马丁·路德：《论基督徒的自由》，载《路德三檄文》，李勇译，上海人民出版社，2010；Matin Luther, "On the Bondage of the Will," in *Luther and Erasmus: Free Will and Salvation* (Philadelphia: The Westminster Press, 1969)。在讨论自由概念时，路德完全否定人的自由。他的论证可归纳如下：人的本性已经败坏，因而人没有能力欲求善；人莫不求善；因此，人要想自由，就必须拥有真正的善知识，从此出发追求善并获得善；但是，人没有真正的善知识，因而无法从善出发获得善；因此，人没有自由。路德在奥古斯丁的思路中指出，只有在上帝恩典中的人，才能从上帝那里领受真正的善，从而满足自己对善的追求。因此，基督徒是自由的。更多讨论，参见谢文郁：《自由与生存：西方思想史上的自由观追踪》，张秀华、王天民译，第 3 章。

④ 我这里省略了康德关于上帝存在的讨论。在他的文字中，康德从未否认上帝的存在。实际上，在追踪考察上帝的道德之国时，康德视上帝理念为道德上自我完善的必要动力。在《仅论理性限度内的宗教》结尾，康德这样谈论基督教的福音："从总体上看，那些被拣选之人很难跟他（自我完善者。——译者注）相提并论。这就证明：正确的道路不是从恩典到德性，而是从德性到赦免的恩典。"显然，康德不能接受的是一个外在恩典意义上的上帝。按照康德的说法，在自我完善的过程中，相信上帝的人虽然已经错误地纳入了恶准则，但上帝会宽恕他们的这些错误，因而他们仍然有机会自我完善。这就是康德的赦免恩典概念。约翰·黑尔（John Hare）对康德道德学说从理性上要求相信上帝存在这一点进行了成功的辩护。不过，我要指出的是，他的辩护工作并没有注意到这两种恩典概念的区分。黑尔谈道："他（康德）相信道德上的进步。但是在他出版的所有著作中，他认为这种进步取决于神圣者的帮助"［John Hare, "Kant on the Rational Instability of Atheism," in *God and the Ethics of Belief: New Essays in Philosophy of Religion*, ed. Andrew Dole and Andrew Chignell (Cambridge: Cambridge University Press, 2005), p. 213］。我们注意到，在康德那里，神圣者的帮助可在两个不同的范畴中加以理解，即外在的和内在的。不注意这一区分，我们就会误读康德。

假设，康德是西学的代表性人物；并且，他是在没有外来影响的情况下，纯粹在西方思想传统中进行他的道德理论研究的。我们前面的讨论隐含了否定这一假设的结论。这里，我尝试根据有限的材料追踪其中的历史和文献上的线索，展示康德在思想上与儒家思想有某种历史的联系。

从思想史的角度看，基督教，特别是路德宗神学的敬虔主义解释，主导着康德时代的思想背景。不过，我们也注意到，通过 16 世纪以来的罗马天主教来华传教士所做的介绍工作，中国思想犹如一道崭新的思想亮光，深深地吸引着当时的西欧思想家。到 17 世纪末，大量的工作集中在把儒家经典翻译成拉丁文这件事上。当欧洲进入 18 世纪时，这些翻译作品已经开始深深刺激西欧知识界，并且在大范围内培养了对自己文化的自卑感和对中国文化的崇敬感。大量文献表明，在 18 世纪，耶稣会士译介的中国思想激发了许多学者对中国社会的美好想象，引导他们对自己的传统产生不满和做出批评，甚至感到某种危机。①

不难发现，欧洲思想家们对于中国文化（来自耶稣会士的译介）有一个显著印象，那就是，与西方文化相比，中国没有强烈的单纯的上帝信仰。康德在他的自然地理这门课的讲座笔记中，也用简洁的语言提到了这一点。他说："宗教在这里（指中国）受到相当冷淡的对待。许多人不信任何神；另一些接受一种宗教的人也不多参与。"② 我想，康德的这个简要说明应该是当时欧洲思想界关于中国宗教现状的一般看法。需要指出的是，这个简要说明并无贬低中国文化的意思。正好相反，在康德看来，中国没有浓重的宗教气氛，却能够发展出高度的文明秩序③，这足以说明中国人对人类文明发展的动力有更深入的把握。作为对比，康德认为，西欧社会在基督教的主导下，强调上帝的外在恩典，忽略人的自我完善，并没有给自己带来更大的文明发展。从这个角度看，我们就不难理解康德关于"心灵改变"的"儒家式解决方案"的内在动机了。实际上，康德把揭示这个动力并从理论的角度对它进行说明视为自己的主要任务。

康德的学生时代是在沃尔夫（Christian Wolff）的影响下度过的。沃

---

① 参见 Thomas Fuchs, "The European China—Receptions from Leibniz to Kant," *Journal of Chinese Philosophy* 33, 1 (2006)：35-49。富克斯（Fuchs）用文献证明了中国思想在现代欧洲的出现，并且说："中国的发现挑战了欧洲知识分子在文化和政治上的认同"（同前，第 36 页）。
② 康德：《康德著作全集》第 9 卷，李秋零编，中国人民大学出版社，2010，第 381 页。
③ 参阅康德的笔记："这个国家毫无疑问是全世界人口最多且最开化的国家"（同上书，第 377 页）。

尔夫把基于自然启示的中国道德与基于基督启示的西方道德做了对比。自然启示意味着自我完善。在沃尔夫看来，通过自我完善取得的道德成就，更为卓越，亦更为持久。富克斯这样评论沃尔夫的观点："在沃尔夫看来，中国人仅仅通过自然启示获得德性——实际上，他们只能在没有基督教的情况下自己去做，这一点使他们的成就给人留下了更为深刻的印象。与此同时，他们的德性并非刚性的概念；相反，中国人处于不间断的自我完善的努力之中。"① 虽然如此，但康德似乎并没有分享沃尔夫的兴奋。尽管康德十分重视自然启示与自我完善，但他却瞧不起中国思想的朴素性和简单性，认为中国人未能对自然启示下的道德进行理性反思和分析。同样，他对沃尔夫也不满意，认为沃尔夫没有对人的自我完善提供理性分析。康德认为，理论分析恰好是伦理学的关键。因此，他要对自然启示中的道德现象进行理论说明，并且向他的读者展示这种以自我完善为特征的道德生活的理论力量。②

我们进一步分析康德的这个思路。在《什么是启蒙？》（1774 年）这篇文章中，我们发现，康德使用自我完善这种道德语言来挑战居主导地位的西欧道德现状。康德以"不成熟"一词开始，并对它做如此界定：不成熟是指在没有他人指导的情况下，没有能力使用自己的理解力。③ 他接着谈到，启蒙就是要从根本上推动人的自我成长，即从没有独立思考能力成长为拥有独立思考能力。一个成熟的人是能够独立思考的；他不需要处处接受他人的指导。按照康德的说法，当时的基督教文化限制了人的独立思考能力的成熟。在教会内，基督徒在顺服中习惯于接受外在指导，缺乏独立思考能力。牧师经常会对会众说："不要争论，只要信！"这些基督徒会众于是不再争论，只听牧师说话，并按其指令行动。结果，他们变得懒惰而胆怯，并

---

① 　Thomas Fuchs, "The European China—Receptions from Leibniz to Kant," *Journal of Chinese Philosophy* 33，1（2006）：43.

② 　参见 Gregory M. Reihman, "Categorically Denied: Kant's Criticism of Chinese Philosophy," *Journal of Chinese Philosophy* 33，1（2006）：51 - 65。雷汉（Reihman）这样评论道："这里，我们面临的是康德对中国伦理学的核心批判：中国人可以通过我们所谓的'倾向性测试'——他们的行动不服从低级的倾向；但他们通不过'自主性测试'，因为他们那样做并非出于理性反思，或出于对道德律的敬重，而仅仅是出于对经验和习俗命令的服从。虽然康德视中国人的那套习俗要高于其他（民族），但他却将其视为一个偶发事件：他们的习俗特别的严格并谦虚，不过这只是事实如此而已"（同前，第 57 页）。

③ 　参见 Immanuel Kant, "What is the Enlightenment?" in *Foundations of the Metaphysics of Morals*（Indianapolis: Bobbs-Merrill, 1959）。

且穷一生之久而快快乐乐地待在不成熟状态。①《什么是启蒙?》的一个主题就是促使读者独立思考。在康德看来，只有强调自然启示，强调人的自我完善，人才能改善自己的生存。显然，康德这里的中心关注是人的自我完善。

就思想传承而言，在关注人的自我完善这个问题上，康德深受卢梭的影响。我们知道，康德是因为卢梭而把自己的思想兴趣由宇宙论转向关于人的生活的。康德多次提到，卢梭教他学会尊重人。这种感激出自康德的内心。我们还注意到，卢梭画像是唯一挂在康德晚年书房里的画像。这是一个很好的注脚。有一个传说提到，在阅读卢梭《爱弥儿》的日子里，康德忘记了他每天的习惯性散步。② 我们知道，《爱弥儿》旨在提供一个例子，以展示人的自然成长、自我完善的过程。《爱弥儿》是企图用故事来阐释《中庸》的"率性之谓道"。在康德的理解中，所谓尊重人就是从理论上论证人的自主性和独立性。人的尊严就在于，人拥有独立思考能力，并不断地自我完善。

有意思的是，在康德关于自我完善的讨论中，我们在文献上读不到康德谈论中国文化对他的直接影响。不过，我想指出的是，康德是在一个大环境中进行他的思考的。在 17—18 世纪的欧洲思想界，我们看到一股强劲的中国文化热；康德不可能不受到这股热潮的感染。③ 需要特别强调的是，正如我们以上讨论所展示的，儒家"君子"概念表达的便是人的自我完善这一主题。实际上，这是中国思想史的主导话题。耶稣会士对中国文化的这一特征有深刻印象，并努力对此进行深入译介。这一努力所造成的结果是，西欧知识分子深深受到刺激。于是，西欧思想界的问题意识发生深刻的转变，人们开始在基督教的恩典意识之外寻找人的自我完善之道。正是在这个问题意识转变中，他们赋予了自然启示基础性的地位，认为这就是自我完善的基础。从这个角度来看儒家与康德的关系，我想完全有理由得出这个结论：当时欧洲知识分子分享了儒家对自我完善问题的关注。其实，将儒家因素引入康德研究，是有助于我们深入理解康德思想的。④

① 参见 Immanuel Kant，"What is the Enlightenment?"，in *Foundations of the Metaphysics of Morals*。
② 参见 Lewis White Beck，"Introduction"，in Immanuel Kant，*Critique of Practical Reason* (Chicago：The University of Chicago Press，1949)，pp. 5 - 8。
③ 参见维吉尔·毕诺：《中国对法国哲学思想形成的影响》，耿昇译，商务印书馆，2000。
④ 实际上，对于中国哲学家来说，承认两者之间的共通性并不那么困难。例如，当代新儒家牟宗三曾耐心考察过这种共通性，认为康德是中西哲学的联结点。可参见他的《现象与物自身》《智的直觉与中国哲学》《心体与性体》《中国哲学十九讲》。牟宗三主张从康德哲学的角度来解读中国哲学，我认为是本末倒置。实际上，康德深受启蒙运动的影响，并在这场运动中接受了中国因素的充分滋养。因此，我们应该从中国儒家思想的角度来解读康德。

　　儒家的"君子"与康德的"善人"在概念上是相似的，在生存上是相通的，在思想史上则是一种跨文化传承。它们都是理想人格的表达，分享了相同的人生体验。尼采注意到了这种相通性。但是，他担心康德的影响会阻碍欧洲人的超人品格培养，因而恶意地称康德为"哥尼斯堡的中国人"。① 其实，除去其中的恶意，尼采的这一评价还是合适的。

───────────

　　① 参见 Friedrich Nietzsche，*Beyond Good and Evil*（New York：Random House，1966），p. 210。更多扩展性的讨论，参见 Stephen Palmquist，"How 'Chinese' Was Kant?" *The Philosopher* 84，1（1996）：3 - 9；谢文郁：《哥尼斯堡的中国人》，载库恩：《康德传》，黄添盛译。

第九章 追问人性：君子困境与罪人意识*

君子理念在中国文化中一直扮演着重要角色。《论语》收集了上百条孔子关于君子的言论，归结起来，孔子认为：君子是一种完善的人格；一个社会能否出现一批君子，是这个社会是否走向仁治的关键一环。孔子说："君子之过也，如日月之食焉：过也，人皆见之；更也，人皆仰之"（《论语·子张》）。读者在品味孔子关于君子的论述时，不免会向往君子人格；同时，面对君子的高贵品格，又不免有可望而不可即之感。实际上，孔子并没有指出一条具体的君子之道。顺着孔子的君子理念，《中庸》从"率性之谓道"出发，展现了这样一种君子生存：适当地按照天命所赋予的本性为人处世。进一步讲，人的本性是在"诚"中呈现的。于是，过一种君子的生活，其关键点在于诚实地面对自己。这是一条以"诚"为本的君子之道。

本章主要对《中庸》进行文本分析，并展现其中的君子论。我们发现，《中庸》在讨论"诚"这种情感倾向时涉及了两种"善"，即"本性之善"和"善意念"。它们在人的生存中起着完全不同的作用。人在"反身而诚"中体验到的"善"是本性之善。这种善其实就是人的生存冲动，是人的生存的原始动力。但人的生存是在判断-选择中进行的；而判断只能在一定的善意念中进行。因此，从"诚"出发，也就是从在"诚"中体验到的本性之善出发，人必须对它加以判断并选择。这种"择善而固执之者也"（第20章）的做法，也就是把本性之善进行概念化的过程。从人的意识层次上看，善意念是对本性之善的判断和命题表达。本性之善作为生存冲动，是绝对的善；而善意念作为对本性之善的判断和命题表达，则是相对的、可变的、待完善的。《中庸》正是在这一认识的基础上提出通过修身养性而进达"天人合一"的君子之道，即顺从本性之善的驱动，不断推

＊ 本章原以《君子困境和罪人意识》为题，发表于《哲学门》2012年第2期。

进善意念的完善，最后达到善意念完全把握本性之善，使这两种善完全统一。这便是"天人合一"的境界。

《中庸》的君子论还注意到这一生存事实：在实际生活中，善意念常常取代了本性之善，而成为人的生存的唯一出发点。这便是小人的出现。然而，《中庸》关于小人的讨论点到为止，未能深入分析、讨论。从君子到小人只有一步之遥。抹杀两种善的区别，让善意念主导生存，就是从君子到小人的一步。现实生活中存在着各种各样的力量推动人跨过这一步。我们称此为"君子困境"。作为寻找走出困境之途径的尝试，我想引入基督教的恩典概念和罪人意识，从一个新的角度考察君子困境。我想指出的是，恩典概念和罪人意识的引入，对于在中国文化语境中建立一个完整的君子理念，具有内在的建设性意义。

一、《中庸》论君子

《中庸》的主题是君子论，以三条基本原则作为开头语："天命之谓性，率性之谓道，修道之谓教"（第1章）。第一条原则是作为一种预设而提出来的。人的生存总得有个开头；这个开头便是天所命定的本性。很明显，这条预设原则是不可证明的。人的认识，如果要穷根究底的话，至多能接触到自己的本性（天之所命）。因此，人在此时此刻只有接受这个生存现实，即自己的生存本性是被给予的，是不可选择的。但是，人可以对自己的天命本性有所体验、有所认识并进而按照它去生存。这便是所谓的"率性"。《中庸》把这看作为人之道。这种遵循天命本性的为人之道就是君子之道。所以，《中庸》紧接着指出："道也者，不可须臾离也，可离非道也。是故君子戒慎乎其所不睹，恐惧乎其所不闻"（第1章）。

君子之道就是率性而动，即不偏不倚、恰到好处地遵循天命本性。这也就是所谓的"中庸"，或"时中"。人与其他动物有一点不同。其他动物都是本能地活动。一般来说，本能活动都是遵循本性而动。但是，人在做事情的时候必须进行选择。本能活动在面对外界事物时是被动的，而有选择的活动则是主动地面对外界事物。选择是在不同的选项中选择其一。为什么选择这个而不是那个？这就需要思考和评估。对于每个选择者来说，他要选择的是他认为在所有选项中最好的选项。这便是判断。于是，问题就呈现在人面前：你的判断是正确的吗？人是在选择中做事的；选择所依赖的判断是可能出错的；所以，人会做错事。做错事的意思就是做了一件损害自己生存的事。做个比较，动物按照本能而活动；本能是动物的生存出发点；遵循本能是不会错的。因此，对于人的生存来说，避免做错事是当务之急。

《中庸》认为，只要是符合自己天命本性的选择，就是好的选择。要使选择符合本性，人就必须拥有对本性的认识。于是，问题似乎就转变为一个认识论问题：人的本性是什么？我们知道，本性问题是先秦思想界的热点之一，主要表现为孟子的性善论、荀子的性恶论，以及告子的性无善恶论。但奇怪的是，《中庸》似乎有意避开这个问题。先秦的人性问题之争，在《中庸》看来，突出了两点事实：其一，每个人都有天命本性（也即自我本性），因而每个人都有一定的自我本性认识；否则，人们就不可能谈论人性问题。其二，每个人的自我本性认识都不过是从一个角度涉及人的本性。随着不断成长，人会发现，自己对自我本性的认识在发展变化，不同时期、不同经历，都会导致关于自我本性的不同认识。关于自我本性的认识是在过程中不断完善的。把自己在某一阶段拥有的自我本性认识上升为一般性结论，即人的本性就是如此这般，结果一定会导致争论不休，因为这些认识本来就是不确定的。实际上，从认识论的角度看，要对这些一般性结论（如性善或性恶）进行真假判断，必须要有一个更高一级的判断标准。然而，我们所依据的标准是什么呢？我们的标准不过是我们对自我本性的当下认识。于是，在争论中，人们坚持自己当下的自我本性认识，以此为标准评论并判断一般性的人性问题。这种争论，在《中庸》看来，除了争论还是争论，不可能有任何建设性成果。

《中庸》的作者对人性之争的这一死角是有深刻体验的，他说："射有似乎君子，失诸正鹄，反求诸其身"（第14章）。人们为人处世，立论做事，都不免有所不当。作为君子，关键在于能够自我反省、自我改进。人在自己生存中的每时每刻都是在一定的自我本性认识的引导下进行判断-选择，率性而动。人只能根据自己的一定之见来论说善恶。当各人所见不一时，就不免有性善性恶的不同说法。如果人们进而对此争论不休，其结果便是固执自己的一定之见，阻碍更深入地认识自我本性和进一步率性而动。从这一思路出发，性善还是性恶就不是重要问题了。于是，关注点转变为：人如何能够打破自己的一孔之见，完善对自我本性的认识？

人们注意到，"诚"是《中庸》的核心概念。就字面意义而言，"诚"的意思就是真实地、直接地面对自己。这是一种原始的情感倾向，而不是一种主观态度或道德倾向。① 在《中庸》看来，一个人如果能够在自己的生存中保持"诚"这种原始情感倾向，就能直接和自己的"天命之性"同在，并且看见自己的本性之善。但是，我们如何描述并谈论"诚"这种原始情感呢？我们注意到，在中国思想史上，"诚"一直是一个热门话题。

中国思想史重视《中庸》并对它进行深入的文本阅读和讨论，乃始于宋儒周敦颐。因此，他关于"诚"的理解对后学有方向性的引导作用。周敦颐在追踪人的生存出发点时提出"主静"的说法，认为这就是人之根本。我称之为以"静"解"诚"。② 在他看来，人在情绪激动中无法真实地面对自己。激动给人带来的是心神不定、思维混乱。因此，"诚"就是一种"主静"状态。

朱熹在编辑并注释儒家经典四书时，充分地注意到"诚"的核心地位。他发现，一个人在自以为是，不愿接受外界知识或教育，拒绝追求"天理"时，往往会把自己现有的思想意念作为判断和选择的出发点。这是一种由"人欲"主导的生存，是缺乏"诚"这种情感的生存状态。这种人无法真实地面对自己，却自以为认识了一切，自欺欺人，结果完全为自己的"人欲"所蒙蔽，压抑了自己的真实本性冲动，破坏了自己的生存。因此，朱熹认为，必须打破这种自以为是的生存状态，"存天理，去人欲"，回归自己的真实本性。具体来说，就是要"格物致知"，打破自己的狭窄视角和心胸，扩展自己对外界的知识，进而认识"天理"，并顺从"天理"而生存。从这个角度来谈论，"诚"归根到底是要保持一种"毋自欺"的状态。③

---

① 需要提请注意的是，当代读者很容易把"诚"理解为一种主观态度或道德倾向，参见吴凡明、杨健康、龙跃君：《〈中庸〉诚说探析》，《湖南大学学报（社会科学版）》2000 年第 4 期。英文翻译在处理"诚"时，往往译为 sincerity、honesty 等，虽然也有译为 reality 或 creativity 的，但人们对"诚"作为一种原始情感倾向缺乏深入的体会和认识。也有文章注意到"诚"作为一种生存状态，参见张洪波：《〈中庸〉之"诚"范畴考辨》，《武汉大学学报（社会科学版）》2007 年第 4 期。但是，我没有发现从情感分析的角度来谈论"诚"的文章。

② 参阅周敦颐说："惟人也，得其秀而最灵。形既生矣，神发知矣，五性感动而善恶分，万事出矣。圣人定之以中正仁义而主静（自注：无欲故静），立人极焉"（《太极图说》）。人的无欲状态即是"诚"的状态，也是人的生存出发点。所以，他又说："圣，诚而已矣。诚，五常之本，百行之源也。静无而动有，至正而明达也"（《通书·诚下第二》）。

③ 参阅朱熹《大学章句集注》的评论："所谓诚其意者，毋自欺也。"关于朱熹的"格物致知"说法中的认识论问题，参见周桂钿：《论朱熹"格物致知"说的认识论价值》，《经济与社会发展》2008 年第 6 期。朱熹希望通过吸取关于外界知识的途径来认识"天理"，最后把修身养性问题归结为知识论问题。这种做法受到了陆王心学的猛烈批评。

　　从陆王心学的角度看，人的认识必须有一个出发点。比如，当我们想要认识竹子这个对象时，我们必须有一个认识的出发点。我们可以从编竹篓的角度来看这些竹子是否合用；我们也可以从种植的角度来观察竹子的生长；我们还可以从寓意的角度来体会竹子对人生的象征意义；等等。显然，如果没有一个出发点，竹子就无法成为我们的认识对象，而我们对竹子的认识也就无从谈起。王阳明说他"格"竹子凡七天，"劳思致疾"，并终而认识到，如果对自己认识的出发点没有任何把握，那么，这天下万物的道理就是紊乱无序的。① 如果这个认识的出发点是外在的，那么，应该采用谁的？采用哪一条原则？这个问题直接导致这些无穷后退的问题：为什么是他的？为什么是这一条原则？等等。因此，王阳明认为，只有在"诚"这种情感中回归自己的内在良知，并以此为认识和生存的出发点，才是唯一出路。只要由"诚"这种情感主导，人就能看见自己的"良知"（也就是所谓的"本性之善"或"天命本性"），并顺从它的带领。我们说，王阳明的这种做法是用"良知"解"诚"。②

　　无论是周敦颐关于回归"静"的说法，朱熹谈论的自我限制，还是陆王谈论的外在限制，我们发现，他们关心的都是"诚"的遮蔽。人只有按照天命之本性去生存，才是正道。这便是"率性之谓道"。"诚"这种情感作为人的认识-生存出发点，一旦受到遮蔽，人就不可能按照本性生存。从这个角度出发，"诚"这种情感倾向所引导的生存才是真实无妄的生存状态。朱熹在注释"诚"时，强调的就是"真实无妄"四个字。根据这个思路，王夫之训"诚"为"实有"。③

　　由此看来，《中庸》的"诚"指称一种不受内外各种善意念的限制的原始情感倾向，是"喜怒哀乐之未发"的生存状态。这便是人的生存出发点。在这个出发点上，人面对的是一个真实的自我，"真实无妄"，没有任何隐瞒和遮蔽。换句话说，真实地面对自己（即在"诚"中），人所看到

----

　　① 参阅《传习录》钱德洪序。

　　② 参阅王阳明《大学问》："今欲别善恶以诚其意，惟在致其良知之所知焉尔。"这种从出发点（良知）的角度来谈论"诚"的讨论并不多见于学界，参见陈立胜：《"良知"与"种子"：王阳明思想之中的植物隐喻》，《江苏行政学院学报》2005 年第 5 期。

　　③ 王夫之多次提到"诚-实有"："夫诚者实有者也，前有所始、后有所终也。实有者，天下之公有也，有目所共见，有耳所共闻也"（《尚书引义》卷三《说命上》）。相关讨论，参见舒金城：《王夫之论"诚"》，《船山学刊》1984 年第 2 期；蔡四桂：《论王夫之的"诚"》，《中山大学学报（社会科学版）》1983 年第 2 期；薛纪恬、周德丰：《王夫之"诚-实有"范畴的主导涵义》，《齐鲁学刊》2001 年 第 3 期。

的生存是赤裸裸的、没有修饰的。它只有一个简单的要求：生存延续。这就是"天命之性"，是真正的、绝对的善。面对如此真实的生存，人只能顺从这生存的冲动。这里，"诚"这种情感被理解为人之生存的根本动力和终极基础。

在《中庸》的"诚"中所体会到的生存是怎样的一种生存？前面提到，在不同的善恶意念的争论中，偏执于任何一方都会导致永无休止的争论。换句话说，从一定的善恶意念出发，善恶永远是相对的。然而，人在"诚"中看到的善就是自己的本性，即生存本身。它不是概念或意念，因而不受意念冲突的影响。《中庸》说："诚身有道：不明乎善，不诚乎身矣"（第20章）。这里，"明乎善"和"诚乎身"是在同一层次上说的。"明"是一种自我呈现，而不是意念表达。因此，在"诚"中"明善"也就是呈现本性或生存本身。也就是说，这个"善"和意念中表达的善是完全不同的东西，因而不受到任何善恶意念的影响。在这个意义上，在"诚"中呈现的善就是生存自身的冲动，因而是绝对的善。

当然，在"诚"中呈现的善对于人的生存有决定性的作用。但是，人不是一种依靠本能而活的动物。人有自我意识，并在此基础上进行判断-选择。就人的实际生活来看，在"诚"中呈现的善是必须上升为一种意识，并作为一种意识参与到人的判断-选择活动中。也就是说，在"诚"中呈现的善必须概念化，成为一个意念，引导人的判断-选择。《中庸》在谈到这一点时指出："诚之者，择善而固执之者也"（第20章）。这里描述的生存是一种从"诚"出发的生存，即"诚之者"。在"诚"这种生存状态中，善（即生存本身的冲动）自然呈现。面对这个"善"，人开始把它概念化，即"择善"，并把概念化的"善"作为生存选择的指导原则，这便是"固执"。于是，赤裸裸的生存冲动之善便转化为一种善意念。人的判断-选择只能在某种善意念中进行。

人在"择善-固执"中所持有的善意念能否完全把握并准确表达在"诚"中呈现的本性之善呢？对此，《中庸》采取了一种"不断完善"的说法。在"诚"中表达的本性之善是生存冲动本身，因而是一种绝对的善。但是，当一个人进行"择善"而把它概念化时，在不同的经验背景和概念思维水平中，所形成的善意念是不同的。意念中的善，存在着不同角度和不同水平等方面的差异。比如，对于同一件事，在不同的生活阶段，同一个人会有不同的评价，并且对自己以前做出的评价（或善意念）有后悔的感觉。"后悔"这种感情的出现表明，人的善意念是一个不断完善的过程。

《中庸》用"弗措也"这种语言来强调这个完善过程。①

可见，《中庸》区分了两种善：一种是在"诚"中呈现的生存冲动，我称之为"本性之善"；另一种是在意识中对在"诚"中呈现的生存冲动的概念化，我称之为"善意念"。在《中庸》看来，这两种善的分化是人的生存的显著特征。对于一个在本能中生存的动物来说，它完全遵循自己的本性冲动，没有判断和选择，因而也就不需要所谓的善意念。因此，一般动物的生存是一个简单遵循本性的过程，也是一种"成"。但是，人的成长过程是在"诚"中实现的。就文字而言，"诚"由"言"和"成"组成。"言"涉及人的语言和意识。在"诚"中的成长过程是善意念对本性之善之体会、判断和表达的不断完善化过程。这就是修身养性的过程。

由于善意念是对本性之善的把握，故而在意识中两者往往是等同的。不过，本性之善是在"诚"这种情感中呈现的，而支持善意念的情感更多是一种意志（应用时），或一种留恋（当它不再适用时），或一种顽固（当它受到批评或攻击时）。也就是说，这两种善在人的生存中是与不同的情感联姻的。在《中庸》看来，"不明乎善，不诚乎身矣"。这就是说，只有在"诚"中呈现出来的善才是真正的善，即本性之善。在实际生活中，人必须从"诚"出发，"诚之者，择善而固执之者也"。从"诚"出发，人必须进行判断-选择，从而必须面对在"诚"中呈现的善（指称），以某种形式把它表达出来。这种表达出来的善是善意念，是不完善的，是需要扩充完善的。修身养性就是修善意念，而源头是本性之善的驱动，即当善意念未能给生存带来好处时，本性之善就要求善意念做出改变。

不难看出，本性之善在这个成长过程中每一次被概念化，所形成的善意念总是不充分、不准确的。只要在"诚"中，本性之善就会呈现在生存中，并对当下的善意念施加压力，要求它完善自身。不过，在这个逐步完善的过程中，随时都可能出现这种事：人在择善固执时把这个尚待完善的善意念当作绝对的善，并以此作为自己的生存出发点。也就是说，这个善意念不但是当下进行判断-选择的根据，而且是永恒不变的根据。一旦这样做，人的"诚"就被遮蔽了，本性之善就无法呈现，而人的善意念的完

① 《中庸》这样说："博学之，审问之，慎思之，明辨之，笃行之。有弗学，学之弗能，弗措也。有弗问，问之弗知，弗措也。有弗思，思之弗得，弗措也。有弗辨，辨之弗明，弗措也。有弗行，行之弗笃，弗措也。人一能之，己百之。人十能之，己千之。果能此道矣，虽愚必明，虽柔必强"（第20章）。这种从不断完善的角度来谈论君子式的生存，是《中庸》的视角。

善过程就停止了。《中庸》称这样的生存为"小人"，属于顽固不化的人。我们下面将对"小人"的生存状态进行深入分析。

总的来说，《中庸》认为，在"诚"这种原始情感倾向中呈现的是赤裸裸的人类生存实在（即本性之善）；跟随这个本性之善，并对它进行判断-选择（"择善固执"），人就进入君子之道。这是一种修身养性的生存，即对人的善意念不断完善，越来越准确地把握并表达本性之善的过程。因此，君子之道在于反身而诚并从"诚"出发，"是故君子诚之为贵"（《中庸》第25章）。

二、从君子到小人

《中庸》对君子的界定并不复杂：一个人只要能够回到"诚"这种原始情感中，真实地面对自己的生存，就是君子生活的开始。君子是现实中的人。君子在"诚"中看到的善是一种赤裸裸的生存冲动。作为人，君子必须用某种方式来表达这个本性之善，其中最重要的表达方式便是善意念（一系列表达善的概念和命题）。实际上，人的判断-选择都是建立在一定的善意念的基础之上的。我们指出，一方面，从本性之善转化为善意念是人进行判断-选择的必要前提。没有善意念，人就只能服从于自己的本能冲动，如同禽兽，无法进行判断-选择。另一方面，在这个过程中，善意念在形式上成为本性之善的表达者，并进而成为进行判断-选择的根据。比如，人总是生活在一定的善意念中。在社会生活中，这些善意念表现为一套道德规范。① 然而，作为本性之善的表达者，善意念并不一定是正确的或准确的表达者。实际上，我们常常持有错误的善意念。对此，《中庸》的君子论认为，善意念必须在本性之善的基础上不断完善，即君子必须不断地修身养性。

但是，这里存在着一种可能性，比如，表达者认为自己完全表达了被表达者，从而把自己与被表达者等同起来。这样，善意念就取得了绝对

---

① 从本性之善到善意念的过渡，在儒家传统中还涉及传统道德的指导性作用。也就是说，现实中的人在过去的生活中已经积累了一定的善意念。人在对自己在"诚"中看到的善进行概念化时，不可能不受这些现成善意念的制约和影响。不过，这种制约和影响虽然重要，但不是决定性的。比如，孟子在回应嫂子溺水问题时特别提出"权"字。传统道德对善意念的形成所起的指导性作用是一个相当复杂的过程，需要专文讨论。

性，等同于本性之善。一旦进入这种生存境界，善意念的完善化过程就停止了，而修身养性也就没有必要了。这一变化带来了什么样的生存呢？

　　我们需要对这种可能性进行更多的分析。我们先来看这种情况。如果一个人的善意念完全把握并准确表达了本性之善，那么，这个人的修身养性就已臻完善。孔子在回忆自己的生命历程时，提到他在七十岁时"从心所欲，不逾矩"（《论语·为政》）。在这个境界中，修身者已经完全在意念中把握了自己的本性，因而在意识中的判断-选择都与自己的生存冲动完全一致。这是圣人境界，即"天人合一"的境界。这也是君子之道的最高境界，是君子修身养性的最终目标。

　　根据我们前面关于君子的界定，君子在"诚"中与自己的生存冲动同在，对于自己的善意念并不采取顽固不化的态度，而是顺从生存冲动不断地进行完善。因此，君子不受名利、意念、情绪、幻觉等左右，不患得患失，所以非常坦然。在这样的生存状态中，事情无论好坏顺逆，对于君子来说，都不过是其善意念之完善的契机。比如，孔子说他五十岁时"知天命"。他曾东奔西跑想在政治上有所作为，经历了挫折和碰壁，进而发现自己真正要做的事是教化人心。他没有对自己过去的失败耿耿于怀，反而坦然地面对，寻找自己的使命。又如，孟子谈到，对于君子来说，苦难和困境其实是修身养性的一部分。① 在这一思路中，生活中的甜酸苦辣都是修身养性的契机。这是君子应有的生活态度。

　　然而，问题就在于，在整个修身养性过程中，人只能从自己现有的善意念出发进行判断-选择。究竟在什么程度上人的善意念才全面正确地把握并表达了在"诚"中呈现的生存冲动呢？这个问题只能由这个修身者而不是任何其他人来回答。我们设想这样一个人，他初出茅庐，却坚持认为他的善意念具有绝对性。当然，他的这种说法会遭到成年人的嘲笑和贬低。但是，别人的评价缺乏合法性。他的善意念是否具有绝对性，根据上述的君子界定，唯一的标准是这个善意念是否完全正确地把握并表达了在"诚"中呈现的本性之善。我们知道，一个人的本性之善只向他自己呈现，而不会向任何其他人呈现。每个人在"诚"中看到的本性之善都是完全私人的。本性之善的这种私人性决定了他人无权评价当事人的善意念是否与

---

　　① 参阅《孟子·告子下》："故天将降大任于是人也，必先苦其心志，劳其筋骨，饿其体肤，空乏其身，行拂乱其所为，所以动心忍性，曾益其所不能。人恒过，然后能改。困于心，衡于虑，而后作。"

之相符。因此，任何旁观者的批评都缺乏合法性。

《中庸》深刻地注意到这种生存方向，以及它给生存带来的危险。这种生存的根本特征是通过赋予某种善意念绝对性，使之作为自己的生存基础和生存出发点。作为生存判断-选择的根据，这种善意念是绝对的。绝对者不需要进一步完善。因此，这种被赋予绝对性的善意念就取得了终极的形式，并引导一种顽固不化、拒绝完善的生存。《中庸》称这种生存为"小人"，并做此描述："愚而好自用，贱而好自专，生乎今之世，反古之道。如此者，灾及其身也"（第28章）。这种人以自我为中心，持守某种一成不变的善意念，并坚持认为它就是至善。在这一基础上，这种人可以拒绝任何外来的指责，同时压抑内在的生存冲动，在自己的狭小视角中自取灭亡。

需要指出，《中庸》并没有把君子、小人当作两种人性来划分。每个人的本性都是天命所定；这是人的生存基础和生存动力。在"诚"中，人可以直接感受并观看这种本性冲动。这便是本性之善。这一点对于所有人来说都是一样的，并无君子、小人之别。然而，在生存中，人必须对本性之善进行概念化，并形成自己的善意念。问题在于，人的善意念是人在生存中进行判断-选择的根据。也就是说，一旦形成了善意念，人的生存就出现了两个生存出发点：一个是从本性出发的生存冲动，在"诚"中呈现于人的意识中；另一个是人在意识中对这个生存冲动的把握和概念化，作为人进行判断-选择的基础。于是，人在生存中受到两个生存出发点的推动。对于君子来说，只要能够"反身而诚"，就能感受本性之善，从而能够意识到这两种善之间的区别。这样，君子就能在"诚"中承受本性之善的压力，修身养性，不断完善善意念，最后完全准确地把握并表达本性之善，进入"天人合一"的生存境界。但是，小人把自己的某种善意念当作终极的善，用善意念淹没本性之善，从而在意识上忘却或忽略了本性之善。于是，小人的生存就只有一个出发点，即当下的善意念。这样，小人的生存将完全受制于这一善意念，压抑本性之善的冲动，走向逆本性而动，"灾及其身"。

在《中庸》看来，君子、小人的区别也不是德性、智力或职业上的。只要从"诚"出发，愚者在不懈努力（"弗措也"）中可以成为智者；任何人在本行业中精益求精都可以成为佼佼者。君子是一种合乎本性的生存状态，即在"诚"中顺从本性冲动的生存。在这个意义上，《中庸》谈道："君子之道，造端乎夫妇；及其至也，察乎天地"（第12章）。由此看来，

成为小人不是由于各自本性的差异，不是由于社会地位、知识水平或职业
行业的差异，以及诸如此类的原因。君子、小人之别在于，能否在"诚"
中感受生存冲动，在修身养性中使善意念完善化，充分认识并有意识地遵
循自己的本性冲动。一个学富五车、德高望重的尊者，一旦被自己所取得
的成就冲昏头脑，忘乎所以，自以为是，认为自己的善意念就是至善，以
此为唯一的生存出发点，就不再在"诚"中，无法真实地面对自己并感受
其中的生存冲动。于是，他无法修身养性，并开始走向一种小人的生存
状态。

　　小人作为一种生存状态，其特征是把某种善意念绝对化，使之等同
于真理，并将此作为生存判断和选择之根据。于是，任何与之相左的立
场观点就都会被判为错误。在待人接物上，小人自以为是，"而无忌惮"
（《中庸》第 2 章）；在行动上，为达目的（在他的善意念中判断为善的
目的），无所不用其极，"行险以侥幸"（《中庸》第 14 章）。这是一种被
某种善意念控制的生存。我们指出，任何善意念都局限在某种视角中。
只要视角转换，善意念也可以被判断为恶的。因此，《中庸》认为，小
人的所作所为只是得一时之利"而无忌惮"，终究为害。小人之路使人
远离天命本性，破坏生存。作为比较，君子以"诚"为本，直接感受本
性之善的生存冲动，并在此基础上完善自己的善意念，使之越来越符合
本性之善，终于达到"发而皆中节"（《中庸》第 1 章）。这样，君子就能
使自己的生存摆脱任何善意念的束缚。这种在"诚"中与本性之善同在的
君子之道才是真正的做人之道。这种境界，用《中庸》中的话来说是：
"君子之道：本诸身，征诸庶民，考诸三王而不缪，建诸天地而不悖，质
诸鬼神而无疑，百世以俟圣人而不惑"（第 29 章）。归根到底，君子之道
指向的是"天人合一"的生存境界。

　　不难看出，小人与君子只有一步之差。小人把绝对性赋予某种善意
念，压抑本性之善，从而终止了善意念的完善过程，修身养性因此不再必
要。君子之道的中断也就是小人之路的开始。既然如此，在《中庸》看
来，恪守君子之道，坚持修身养性，是人的生存的关键一环。持守"诚"
也就是在意识上每时每刻都保持"诚"的生存状态。① 对于这种生存，

----

　　① 这种在意识中保持"诚"的生存状态，王阳明用《大学》的"诚其意"来表述。在他
《传习录》的所有谈话中，王阳明在谈到"诚"时，大都使用"诚其意"。看来，王阳明关心的是
在意识中对"诚"的保持。

《中庸》谈道："至诚无息。不息则久，久则征"（第 26 章）。君子的生活是一种时时刻刻都在"诚"中的生活。

不过，这里遇到的困境并不是可以简单解决的。人的生存在每个时刻都面临选择；每个选择都有判断作为依据；所有判断都是在一定的善意念中做出的。没有善意念作为判断标准，人就无法进行判断-选择，从而无法生存。这个作为判断标准的善意念，就其起源而言，是对呈现在"诚"中的生存冲动（即本性之善）的把握或概念化，因而是一种派生性存在；就其作用而言，它是判断-选择的根据，在意识上作为生存的直接起点，因而又表现出某种"原始存在"的性质。这个细微的区别是修身养性的关键点。在意识上，人如果能够回到"诚"这种原始情感中，完全真实地面对自己，充分体会并认识本性之善与善意念的区别，那么，就能过一种君子生活。

人们在心理上有这种倾向：当一种善意念形成后，作为善恶判断的出发点，它不会把自己判断为不善。因此，善意念对于持有者来说有着深刻的情感支持。也就是说，人们如果持定一种善意念，那么在情感上就不希望其中有任何差错，即它应该是真正的善。实际上，一旦发现它的错误，人们就会放弃它。这就是说，在情感上，人们有把善意念绝对化的倾向。这种情感上的绝对化倾向要求所有人都能接受它。当人们向他人传播它，并得到他人的共鸣时，它就上升为共同的善。反过来，作为共同的善，人们对它的情感支持就会进一步加强。随着它在更大的人群中得到共鸣和接受，在更长的历史中不断传承成为传统，它的善性就会不断积淀，以至于被当作至善。在这个过程中，某种个人的善意念可以通过共鸣而成为共同的善，进而作为外在力量反过来加强持有者对它的情感支持，直至被赋予至善性。至此，善意念的完善过程便中止了。这是君子走向小人的生存过程。

《中庸》没有深入讨论这一困境，相关论述显得单薄。我们注意到，它关于"小人"的讨论几乎是一笔带过。就文本而言，人们读到的论述大多是关于"诚"对本性之善的呈现，以及在善意念的完善过程中走向天人合一，等等。然而，小人的生存状态是善意念之完善过程的终止；是一种窒息在某种善意念中的生存。如何能够避免这一生存倾向呢？我们称此为"小人问题"。如果不解决这个问题，就无从谈论持守君子之道。小人问题直接导致君子困境。这一点是需要我们认真对待的。

而且，问题的严重性还在于，《中庸》强调君子对社会的教化功能。

它是这样期望君子的:"是故君子动而世为天下道,行而世为天下法,言而世为天下则。远之,则有望;近之,则不厌"(第 29 章)。这一强调的直接后果是:社会之共同的善得以强化为至善。至善性是完善化的终止。不难指出,君子的社会教化作用在现实中是带领人们走小人之路。君子之道要求人们面对真实的自我存在,顺从自我本性的生存冲动,完善自己的善意念。这就要求人们对任何善意念都时刻保持着谨慎反省态度。也就是说,人们不但要反省自己的善意念,同时也对社会普遍接受的共同的善保持距离,加以反省。从这个角度看,君子的社会职分应该包括社会批判功能。然而,由于强调君子的社会教化功能,其社会批判功能往往就被忽略了。历史上,即使有一些所谓的谏臣,也只是面对皇帝而言。前面指出,一种善意念越是在更广泛的人群中产生共鸣并被接受,且在历史上得到越长时间的传承,它的至善性就越巩固。这样,善意念进一步完善之路就被终结了。在《中庸》的驱动下,中国人几千年来追求君子之道;然而由于不重视小人问题,往往走在小人之路上而不自知。

《中庸》的君子论是要引导人们走上君子之道,并在自己的生活中保持君子身份。君子之道是一种带着张力的生存,即它所引导的是在本性之善与善意念之内在张力中的生存。人在"诚"中感受到的是实实在在的生存冲动。但是,如果仅仅停留在这里,人充其量不过像其他动物那样按照本能而生存。人之所以不同于动物,就在于人有善恶是非之心。也就是说,人的生存是"诚之者,择善而固执之者也"的生存,必须对本性之善(生存冲动)进行概念化,然后在善恶是非意念中进行判断–选择。这样一来,人的生存就面临这样一个岔路口:继续在"诚"中从本性之善出发,还是停留在现成的善恶是非之心(某种善意念)中?实际上,善意念是对本性之善的表达。就其形式而言,善意念随时都有可能取代本性之善而成为生存的唯一出发点。特别地,在群体生活中,善意念借助于共同的善这个形式而加强了自身的至善性。一旦某种善意念取得了至善性,人的注意力就转向这种善意念,而不可能继续感受君子之道的生存张力。于是,本性之善就被遮蔽和遗忘了。前面指出,失去生存张力的君子之道其实不过是小人之路而已。君子之道和小人之路在出发点上有天壤之别。然而,在人的现实生存中,这两个生存出发点的替换只有一步之遥。因此,感受本性之善与善意念之间的生存张力,是保持君子身份、避免走向小人之路的关键所在。

三、基督教的罪人意识

看来，小人问题需要特别关注。任何一个文化都有关于"好人""坏人"的说法。在儒家文化中，君子是好人，小人则是坏人。① 君子作为理想化的生存状态，是人生的榜样，理所当然需要得到更多的提倡。小人则是我们需要避免的生存状态，所以没有必要多说。前面指出，正是在这种想法中，《中庸》的君子论最后陷入了君子困境。相比之下，基督教的罪人意念认为，所有人都是罪人。② 罪人当然是一种不好的人（即坏人）。这里"所有人"的用法需要特别注意。"所有人都是坏人"意味着世上没有一个好人。就概念而言，"坏人"是一种应该避免的生存状态。如果所有人都是罪人（坏人），那么，如何走出坏人这种生存状态就是基督教人生观的关键所在。也就是说，与儒家不同的是，基督教十分重视小人问题。基督教没有提供一个完整的好人概念。原因在于，对于基督徒来说，是否为好人这个问题只能由神来决定。坏人不拥有判断好人的标准。这里，我想通过分析基督教语境中的人的生存来揭示基督教的为人之道，并在此基础上探讨走出儒家君子困境的途径。

基督教的为人之道有两个重点，即罪人意念和拯救意念。在基督教语境里，"罪"指的是"违背神的旨意"。一般来说，一个人能够遵守法律是因为他知道法律。如果他对法律无知，他就无法守法。基督教谈论的罪涉及神的旨意，以神的旨意为标准判别一个人是否犯罪。如果一个人不知道神的旨意，他就无法遵守神的旨意，因而已经生活在罪中。因此，认识神的旨意是关键所在。但是，他如何才能知道神的旨意呢？在基督教的说法中，始祖亚当夏娃在伊甸园违背耶和华的旨意而吃了禁果，从此拥有了善恶意念。③ 我们称这个故事为"堕落故事"。堕落后的人拥有善恶意念，

---

① 值得指出的是，小人虽然是坏人，但不是恶人。在儒家文化中，君子是受到赞扬并被提倡的生存状态，而小人的生存状态则是受责备且不被提倡的。从长远的角度看，君子能够发扬光大，而小人终不能长久得逞。《中庸》谈道："故君子之道，暗然而日章；小人之道，的然而日亡"（第33章）。

② 参阅耶稣的话："你为什么称我是良善的？除了神一位之外，再没有良善的"（《马可福音》10：18）。本书引自《圣经》中的文本，除了《约翰福音》使用的是我自己的译文，其他均使用的是和合本译文，不另注。

③ 参见《旧约·创世记》第3章。

并以此来判断一切事物的好坏，神的旨意也不例外。对于人来说，自己所拥有的善恶意念是终极的判断标准。如果神的旨意符合了人的善恶意念，人就判断为好并加以接受；如果不符合，人就判断为坏并加以拒绝。在人的善恶判断中，神的旨意失去了它的主导性。可以看到，在这样的生存中，遵循神的旨意就不过是一种偶然行为，即碰巧与神的旨意一致。既然是一种偶然相遇，那么神的旨意就是可有可无的。进一步，在人的善恶判断中，人仅仅依靠自己的善意念，因而无法知道自己的判断-选择是否违背神的旨意。这样的生存是一种缺乏神的旨意的生存。没有神的旨意，人就自以为是，活在罪中。

基督教的罪人意念要强调的是，人无法依靠自己来遵循神的旨意。我们这样看，对于基督教来说，好的生存是在神的旨意中的生存。好人就是那些遵循神的旨意而生活的人。如果人能够完全按照自己的能力来遵循神的旨意，人就不会走上犯罪的道路而成为坏人。亚当夏娃在伊甸园生存时，他们一直是按照神的旨意做事的。这是一种好的生活。他们也许做了很长时间的好人。不过，在他们的生活中，至少存在一种可能性，导致他们违反神的旨意而做坏事，成为罪人。这是一种什么可能性呢？基督教内部关于这种可能性的讨论自古不断，没有定论。① 其实，这种可能性是什么并不重要，重要的是这个堕落故事所传递的堕落意识。也就是说，通过这个故事，人的意识发现了这种可能性存在于自己的生存中，即意识到自己不可能靠自己做好人。堕落意识要呈现的便是这种可能性。在这个语境中，基督教关心的就不是人如何做好人这个问题，而是人如何在生存中避免那种使人成为坏人的可能性。这种意识被称为"罪人意识"。

这种生存关怀与儒家注重君子之道形成鲜明对比。简略地说，儒家关心的是如何做好人，基督教关心的是如何避免做坏人。表面上看，这是一个问题的两个方面，似乎无关紧要。然而，正是这个生存关怀上的差异，导致了基督教与儒家在如何做人这个问题上的两种不同的说法，以及两种不同的生存方向。

这里继续分析基督教的生存关怀。如果一个好人会成为坏人，那么，成为坏人后能够恢复他的好人身份吗？或者，对于亚当和夏娃来说，他们

---

① 在这里我不想展开关于堕落故事的讨论。简单来说，这种可能性包括：撒旦诱惑、自由意志、神的预定、无知状态，等等。我认为，这些讨论都未能注意到，堕落故事关心的不是导致堕落的原因，而是堕落的可能性。实际上，任何一件事都可以是堕落的原因。堕落故事关心的是，这种可能性存在于人的现实生活中。

能否在堕落后（拥有了自己的善恶意念），回到他们以前的伊甸园生活（遵循神的旨意）？对于一个拥有堕落意识的罪人来说，这里的问题是双重的。首先，他必须找到神的旨意并加以遵循；接着，在此基础上，他充分注意那种使他变为坏人的可能性，并努力避免之。我们看到，这个双重问题呈现了人在做好人（遵循神的旨意）这件事上的双重障碍。这是令人绝望的问题：寻找神的旨意已经很难了，避免那种可能性就更难了。

实际上，堕落故事还深刻地表达了这样一个生存事实，即人在堕落后无法依靠自己的努力找到神的旨意。《约翰福音》用"黑暗不接受光"①、"世界却不认识他"② 等语言来描述罪人与神的关系。根据我们前面关于罪人的定义，罪人按照自己的善恶意念进行判断，而神的旨意只不过是被判断的对象。在这种以自我为中心的生存中，人拒绝神的旨意，只遵循自己的心思意念。③

从人的生存角度看，可以提出这样的问题：人为什么一定要去理解并遵循神的旨意？或者说，如果人不可能认识神的旨意，而且即使得到了神的旨意还是存在着可能性去背离它，那么，人能否放弃以追求神的旨意为导向的生存呢？我们注意到，《中庸》在这个问题上的处理是很特别的。在它看来，我们可以设定天意或天命，但并不去追求它。我们还可以进一步设定，人的本性源于天意或天命。在这两个预设的前提下，人能够做的事情就是，真实地面对并顺从自己的本性。以此为生存的出发点和动力，人就能一步一步地认识并遵循自己的本性，从而使自己的生存符合并参与天地运行，合乎天意或天命。这便是我们前面讨论的君子之道。然而，尽管这是令人向往的生存境界，但前面的分析表明，由于未能充分注意小人问题，人即使在君子之道上，仍然无法摆脱成为小人的可能性，从而陷入君子困境。

我们继续分析基督教关于堕落的说法。人在堕落后已经对神的旨意无知，因而没有能力遵循神的旨意而生存。这是一种罪人的生存。而且，罪人无法依靠自己的内在力量来寻找神的旨意。因此，在基督教看来，罪人需要一种外在力量来使自己摆脱罪的生活。如果这种外在力量是在神之外的其他力量，那么人仍然无法认识神的旨意并遵循之。因此，这种外在力

---

①　《约翰福音》1：5。

②　《约翰福音》1：10。

③　有关这方面的认识论问题，参见谢文郁：《恩典真理论——从〈约翰福音〉看希腊哲学和希伯来文化的真理问题》，《哲学门》2007 年第 1 期。

量除了神之外，不可能是其他力量。这种从神而来的力量，一旦进入罪人的生存，就成为罪人的拯救力量。这便是基督教的拯救意念。

神的力量进入人的生存是建立在"信任"情感这一基础之上的。很显然，一个正常人不会随便接受一种外在力量。比如，对于一个陌生人，我们在对他有更多认识之前不会信任他，因而也就不会接受他的帮助或劝告；相反，我们对于他的力量会保持戒心，以免受害。一般来说，当我们接受一种外在力量的帮助时，我们对这一力量已经有了"信任"情感。神作为一种外在力量进入人的生存也是建立在"信任"情感基础上的。① 信任是一种情感。我们在某件事情上相信一个人的时候，等于心甘情愿地在这件事情上把判断权交给了这个人。他的心思意念以及判断通过我们的信心而完全转移到我们的生存中，并至少在这件事情上，他的心思意念就成了我们的心思意念，他的判断也成了我们的判断。基督教关于神的拯救的说法与此类似，即基督徒在信心中把主权交给神，让神的旨意取代他们的心思意念，于是，神的力量在信心中成为他们的生存力量。

但是，神的旨意如何在信心中成为人的心思意念呢？我们知道，人的心思意念是通过语言中的概念和命题来表达的。语言是人与人交流的工具。只要在语言中，再复杂的心思意念都可以经过努力而被给出某种理解。耶稣在世时，他讲的是人的语言，而他的活动则彰显在人眼前，因而可以用语言来描述。这便是《新约》中的"福音书"。就这一点而言，耶稣是可以理解的。然而，耶稣的言行要彰显的是他的独子身份。换言之，作为独子，他说的话都来自天父的授意，他做的事都遵循天父的安排。独子的意思便是完全顺服。因此，耶稣的心思意念就完全顺服神的旨意。②

对于基督徒来说，跟随耶稣就是像耶稣那样完全顺服神的旨意。我们还是可以继续这样问：基督徒如何顺服神的旨意？就现象而言，神并不像人那样用语言来表达自己的心思意念。基督徒在生存中顺服神的旨意是十

① 考虑到本章的讨论重点，在这里我不想展开关于信心建立机制问题的讨论。这里要处理的是君子困境。基督教的堕落意识关心的是如何走出罪人生活。概念上，罪人与小人在界定上十分相似，即他们都以自我为中心；罪人拒绝神的旨意，而小人无视本性之善。因此，在我看来，基督教的堕落意识是从不同角度处理小人问题。

② 关于耶稣的独子宣告，参阅耶稣自己的话："我实实在在跟你们说，这儿子要是没有目睹其父所为，凭自己什么都做不了；他只做父在做的事情。这儿子是跟着做。因为父喜欢这儿子，把自己所做的一切都向他显示，而且还会向他显示更大的事，让你们惊叹不已"（《约翰福音》5：17－20）。

分现实而具体的事。在现实生活中，他们必须对好坏加以判断，对周围环境进行审视，在此基础上做出决定并选择。他们不可能脱离现实生活来顺服神的旨意。我们注意到，神的旨意是在基督徒信心中呈现的。就接受者的意识来说，这里的"呈现"可以是一种情感上的感动，也可以是思想上或判断上的肯定。比如，对于一个生活在困境中的基督徒来说，当有人向他伸手施以帮助时，他会大为感动，认为这是神通过这个人来帮助他，所以他衷心感谢、赞美神。对于一个正在准备拿主意做决定的基督徒来说，当他的想法越来越得到周围环境因素的肯定时，他会认为神在为他开路，并因此而衷心感谢、赞美神。对于基督徒来说，他们相信自己在信心中看到的或领会到的神的旨意是真实的。同时，我们也注意到，基督徒在信心中看到的总是落实到他们当下关心的问题上，并且是对他们的问题的解决。

基督徒在信心中看到的那种"呈现"真的是神的旨意吗？会不会基督徒在追求时为自己的愿望所引导，却以为是在神的旨意中？比如，当那个在困境中的基督徒接受他人帮助而大为感动时，这种感动究竟是神的旨意还是人的愿望？或者，基督徒在做决定时所得到的肯定不过是一种一厢情愿？回答这些问题，我们需要明确这一点：在信心中意味着处于无判断状态。对于基督徒来说，在判断上，他们确实不知道那是不是神的旨意（因为他们处于无判断状态）；但是，在信心中，他们确实相信那是神的旨意。判断是一种理性活动，提供的是某种知识。信心是一种情感，引导着人的思想倾向和生活态度。可以看到，基督徒的生存有一种张力，即面对神的旨意，他们是在无判断状态（因而也是无知状态）中坚信那是神的旨意的。这种"信任"情感对人的生存会起什么样的作用呢？

这种生存张力值得进一步分析。我们设想，一个基督徒在进行决策时相信他正在做出的决定是符合神的旨意的。一方面，他根据他现有的理解力尽可能充分地进行判断，并在此基础上做出最佳决策。这是一个正常人的理性活动。他的决策完全受制于他的理解力。也就是说，对于决策者来说，有什么样的理解力，就会给出什么样的判断和决策。他不可能超出他的理解力来进行决策。比如，正常人不会做自己无法理解的事情。但另一方面，这里的判断和决策是在他的信心中给出的。他相信神拥有绝对主权。这个主权是对一切事物的主权，包括周围环境、心思意念、过去和将来事件，等等。在信心中，他相信他的判断和决策完全在神的掌控下。这是一种"信任"情感。需要强调的是，这里的"信任"情感不是一种判断。他相信（而不是理性判断）他的决策符合神的旨意。他在信心中已经交出了判断权。因此，他已经没有主权对他的决策是否符合神的旨意这一点进行判断。

我们看到，基督徒是在自己的理性判断中进行决策的，同时却在信心中把这个决策交给神来主宰，相信它符合神的旨意。但是，从人的角度看，神如何行使其主权呢？我们设想，基督徒的决策是要进入行动的，而行动可能会成功，即实现了决策所设定的目标；但也可能失败，而碰得头破血流。在一般思维中，人在做事时是向往成功的。人们也许会这样想：既然神在掌管这个决策，而神对万物都拥有主权，那么，这个决策之付诸实行就必然成功。不过，这种思维不是基督徒的思维。如果相信一件事由神主宰，这件事就必然成功，那就是说，"相信"等于"判断"。"相信"是交出判断权，因而神愿意使这件事成功，这件事就成功，愿意让它失败，它就失败。显然，对于基督徒来说，在信心中，由于自己交出了判断权，所以这两种可能性是均等的。在基督徒看来，一件事情在现实中无论成功了还是失败了，都是神的旨意。

对于某个当事人来说，在信心中，他当然希望自己的计划成功。而且，在他的理性判断中，他努力地把各种可行因素都考虑进去了。但是，既然交出了判断权，那么这件事之成功与否就不是自己说了算。如果神愿意它失败，神自然有其理由；如果神愿意它成功，神也有其理由。当事人交出了判断权，目的是让神的旨意引导自己的生存。因此，他的行动无论成功还是失败，他都要感谢神，因为这是神所愿意的。更重要的是，他还必须在成功或失败中寻求神的旨意。一件事成功了，神为什么让它成功？失败了，神为什么让它失败？在寻求神的旨意中，当事人就可以摆脱成功的负担和走出失败的苦难。这是基督徒的实际生存过程：无论出了什么事，都有神的旨意；基督徒要做的是，寻求神的旨意。神的旨意是在基督徒的生存过程中彰显的。

这便是罪人得到拯救的生存过程。我们看到，这个生存过程始于对自己的罪人地位的感受。认罪培养了一种堕落意识，认识到自己的思想意念缺乏真正的善性，缺乏真理。这种堕落意识也称为"忏悔意识"。在此基础上，人的自以为是态度受到冲击。当然，人希望摆脱自己的罪人地位，得到拯救。我们指出，基督事件在这种忏悔意识中移植了一种"信任"情感，即相信耶稣是神的独子，能够带领人摆脱罪人地位，领受神的祝福。于是，在人类社会中出现了一种在信心中顺服神的旨意的基督徒生存。在这种生存中，神的旨意始终是主导力量。

综上所述，在儒家语境中，基督教的"罪人-拯救"说法是一种重视小人问题的思路。我们指出，重视小人问题并不是劝做小人，而是要走出君子困境。这里的比较还是相当顺畅的。首先，罪人和小人都自以为是，拒绝神的旨意或天命，因而不是一种好的生存状态。其次，基督徒和君子则引导一种好的生存状态。前者顺从神的旨意，后者顺从天命之性。神的旨意也就是神对一个人一生的设计和安排，而天命之性则是天赋予人的生存基础。然而，儒家提倡的修身养性淡化了小人问题，终于导致在实际生活中深深陷入君子困境。基督教的堕落意识和忏悔意识呼唤罪人的信心（相信耶稣是救主），从而在"信任"情感中指出一条接受拯救之路。我想，走出君子困境而成全君子之道，基督教的"罪人-拯救"说法是值得认真思考的。

第十章　文化盲点：原罪论与性善论*

　　人在生存中无不向善。苏格拉底-柏拉图认为这是人的基本生存事实，用"人皆求善"命题加以表达。柏拉图在《美诺篇》中对这一命题进行了深刻的论证①，在西方思想上从未受到真正的挑战。儒家传统中的思孟学派，在孟子"水之就下"（《孟子·告子上》）的说法中强调人性本善，在中国思想史上同样起着主导性作用。不难指出，否定人的生存无不向善，等于否定人的生存。从这个角度看，这个中西思想史上的共同点，归纳起来便是：生存即善。我们称之为"性善论"。

　　但是，人们也许会争执说：何为善？关于善的定义，从历史上看，几千年来争论从未停止过，没有定论。每个人有自己的善意念；每个群体有自己的善意念，每个时代有自己的善意念，甚至每个人在不同时期也有不同的善意念。可见，善就其作为意念来说，只能就事论事，不能一概而论。一旦"生存即善"之中的善转化为一个善意念，呈现在我们面前的生存就是五花八门的花花世界。一旦有人认为自己的善意念高于或优于他人的善意念，从而对他人的善意念进行评价，这个世界就出现了善恶意念的冲突，即把一切不符合自己的善意念的其他善意念都判断为恶。但是，究竟谁的善意念才是真正的善意念？我们应该服从谁的善意念？或者，我们只是简单地拒绝他人的善意念而坚持自己的善意念？

　　我们注意到，性善论在回答这些问题时深深地陷入了不能自觉的视角盲点中。基督教的原罪论对这一视角盲点进行了相当充分的暴露。在以下的分析中，一方面，我想指出，性善论深刻地表达了人的生存向善这个生存事实，因而性善论作为一种理论仍然拥有深刻的内在生命力；另一方

---

　　* 本章原以《走出文化盲点：原罪论视角下的性善论》为题，发表于《文史哲》2010 年第 2 期。
　　① 参见柏拉图的《美诺篇》77 - 78b。本章引用柏拉图的著作时，使用了如下文献：Plato, *The Collected Dialogues of Plato*（Princeton：Princeton University Press，2005）。中译文由我译出。

面，通过基督教的原罪论，我想深入地分析性善论引导下的善意念及其可善可恶性质，揭示性善论的视角盲点，从而说明原罪论在人的生存中的不可或缺的地位和作用，呈现一种性善-原罪共在的人的生存。在此基础上，我试图给出一种在性善论和原罪论视角中的生存意念，消解性善论的视角盲点。

一、"人皆求善"和"人无有不善"

就人的生存出发点而言，我们不难观察到生存向善这一事实。我想通过考察"苏格拉底-柏拉图原则"和孟子的人性本善之争来说明这一生存事实。

我们先来看柏拉图的说法。柏拉图在《美诺篇》中借苏格拉底之口论证了这样一个命题："人皆求善。"他说：

> 每个人都是依据他对善的理解来选择的，因而没有人有意选择恶者。在现实生活中，如果有人选择了恶者，那么，他所做的选择并非他的真实意愿。①

可以这样来理解柏拉图的论证：人在进行选择时无非有两种可能，或者选择善者，或者选择恶者。选择善者说明人是求善的，选择恶者则有两种情况：有意选择恶者和无意选择恶者。如果一个人无意选择恶者，但实际上却选择了恶者，这就说明这个人的本意求善，却因对恶者无知，从而违背自己的本意选择了恶者。因此，选择恶者是误选，而非其本意。

是否有人有意选择恶者？柏拉图指出，"恶"就其定义而言是伤害自己。有意选择恶者等于有意选择伤害自己。但是，人不可能有意伤害自己，因而不可能有意地选择有害于自己的选项。如果某人选择恶者指的是选择伤害他人，由于"伤害他人"有益于自己，那么就其本意而言他是求善。存在极端情况，如人选择自杀，自杀是要伤害自己。不过，深究人自杀的动机，人在走投无路时认为自杀是唯一的出路，因而认为自杀是一件好事。比如，苏格拉底在接受雅典法庭的判决而决定自杀时，认为自杀是他摆脱肉体欲望的限制而走向灵魂净化的唯一途径。在这个决定中，对于

① 《美诺篇》77b。

他来说，自杀是善的。

就现象而言，社会上充满了恶。柏拉图指出，原因在于人们对善的认识出了问题，即把恶者当作善者。在这善恶颠倒的善意念中，人们自以为在追求善，其实却尽做恶事。因此，柏拉图认为，走出这个困境的唯一途径便是拥有真正的善知识。只有从真正的善知识出发，人在生存中的追求才能真的获得善，满足自己对善的追求。善恶颠倒的善意念以恶为善，自以为在求善，其实在追恶，结果只能得到恶，从而无法满足自己的求善意愿。

这里，柏拉图把关于善恶的判断权交给了选择者本人，因而无论在什么样的善意念中进行选择，选择者都是选择善的。也就是说，选择这个动作永远是指向善的。在真正的善意念中进行选择，选择指向善；在善恶颠倒了的善意念中进行选择，选择指向善。生存即选择。换种说法，生存即选择善。

柏拉图并没有因此而得出结论说，人的本性是善的。他关心的问题是生存选择背后的善意念。在他看来，人的生存问题的关键点是如何拥有真正的善意念。只要解决了善意念问题，人在生存中所做的选择就能满足生存对善的追求。这里，柏拉图对人的生存的理解可被划分为三个部分：生存向善→善意念→选择善。生存的起点在于"生存向善"。为什么人的生存向善？因为人不可能选择恶（破坏生存，反生存）。在这个图示中，生存向善中的"善"（称为"始善"）先于善意念而存在，因而不能通过善意念来定义始善；否则，所谓的"真正的善意念"和"善恶颠倒的善意念"之间的区分就没有意义了。逻辑上，一种善意念，如果它能够规定生存向善中的始善，那么，它就能完全满足人的向善追求。这样一来，由于每个人的判断-选择都是在一种善意念中进行的，所以，没有人可能作恶；然而，这无法解释现实中的各种恶现象。也就是说，始善不是由善意念规定的。那么，始善是由什么规定的？始善只能由生存自己来规定：生存即善。

孟子关于人性本善的论证与柏拉图的人性向善说法十分相近。我们知道，孟子和告子就人性问题进行了相当激烈的争论。针对告子用"水流四方"的比喻来表达"人性可善可恶"的观点，孟子提出"水之就下"的观察点："人性之善也，犹水之就下也。人无有不善，水无有不下"（《孟子·告子上》）。

我们来比较告子和孟子对人的生存方向的观察。告子认为，人的生存

有各种方向，有些方向是善的，有些方向是恶的，所以，向善者便是好
人，向恶者即是坏人。好人、坏人之分在社会现象观察中是很明显的。但
孟子提出了另一个观察点，那就是，水无论流向何方，都是向下流。应用于
人的生存，在孟子看来，人在生存中只有一个方向，即向善（"无有不善"）。

　　对于孟子的这个观察点，我们可以做两个方向的推论。推论一：从向
善的方向和结果来看，如果人的生存都向善，那么这个世界就不应该有坏
人出现。孟子没有给出这个推论。显然，否定社会现象观察中有好人、坏
人之分是不可能的。推论二：就向善的内在力量或原因而言，因为人的生
存都向善，所以人的本性是善的。孟子给出了这个推论，这便是我们常常
谈论的孟子性善论。

　　孟子并不是在讨论纯粹的理论问题。他面临的是"礼崩乐坏"的局
面，希望找到途径走出这种在他看来是走向人类毁灭的局面。也就是说，
"坏人到处都是"是不幸的事实，是需要改变的现实；而他的性善论就是
要找到一条走出困境的途径。相比之下，我们看到，倒是告子人性可善可
恶的说法是一种解释性的说法，即想在理论上说明为什么这个世界到处都
有坏人。孟子并没有花多少精力来解释产生坏人的原因。在他看来，人如
果能够回归到自己的本性，就不会往恶的方向走，就不会成为坏人。比
如，他提出"揠苗助长"这个比喻来说明人是如何违反自己的本性而给自
己的生存带来危害的。进一步，如果顺从自己的本性就必然向善（水之就
下），那么，关键的问题就是如何回归自己的本性。因此，孟子在这个问
题上倾注了他的主要精力。孟子的这种关注和努力主导了中国思想史（特
别是宋明理学）的发展方向。

　　因此，孟子性善论的另一种表述是：顺从本性即善。在这种表述中，
认识并把握自己的本性是人的生存的关键点。孟子希望通过"思诚""养
人""养浩然之气"等功夫来认识并把握自己的本性，但拒绝对这个"本
性"进行现象描述。比如，在"见孺子将入于井，皆有怵惕恻隐之心"
（《孟子·公孙丑上》）的说法中，孟子只是指出，每个人的内心都存在着
善良的本性。"恻隐之心"作为本性的组成部分，在现象上是无法观察的，
只有个人在内心中加以体会。所以，孟子都是在"端"（即起点，或尚未
显现的生存状态）的意义上谈论"恻隐之心""羞恶之心""辞让之心"
"是非之心"。

　　孟子对于"本性"在现象上的不可描述性有相当深刻的认识。实际
上，一旦人们企图对本性进行现象描述，所观察到的本性就不再是善良的

本性，而是一些恶的欲望和倾向。我们看到，荀子的性恶论，就其本意而言，便是企图对人的本性进行现象描述。荀子认为，欲望和情感在现象描述上是人的生存中最原始的表现，因而从自己的本性出发也就是从自己的欲望和情感出发。对欲望和情感进行现象描述，不难发现其中都带着个人的或私人的倾向。从个人的角度看，当事人都会认为自己的欲望和情感是好的。但是，从他人或社会的角度看，如果这些个人的欲望和情感与他人或社会的福利一致，它们就是善的；如果彼此冲突，它们就只能是恶的。"礼崩乐坏"的局面便是由个人欲望和情感与社会共同福利之间的冲突引起的，因而是一种罪恶的局面，缺失了善。荀子进而推论指出，作为一种社会性的存在，善只能以社会为标准，不能局限于私人领域，因此，人性是恶的。然而，孟子把本性问题严格限制在生存的起点上，认为本性不是一种现象存在，而是生存的起点。就这一点而言，荀子的性恶论对孟子的性善论所做的批评并未触及根本。

在生存的起点上谈论性善，这里的善也不是意念上的存在。作为意念的善是可以具体规定的。比如，周礼中有一条规范（或说法）"男女授受不亲"。从规范的角度看，凡是违反这条规范的行为都是不善的。然而，孟子认为，在必要的时候，如见嫂子溺水，则必须违反这条规范而援之以手，否则就如同豺狼。进一步，他用"权"（权宜）来说明这种情况。不难看出，在孟子的思想中，生存大于意念，大于规范。在"权"这种解释中，我们发现，对于孟子来说，真正的善在于生存之善，即用生存来界定善。

看来，孟子的"人无有不善"说法和苏格拉底-柏拉图的"人皆求善"命题都是从生存的角度来理解善。在他们看来，人的生存的自然倾向或起点一定是善的。当然，他们也注意到，生存向善却导致了现实中诸恶现象。对此，柏拉图解释说，那是因为人们未能把握真正的善意念，让错误的善意念支配了自己的生存。孟子则认为，那是因为人们未能回归自己的本性，并顺从自己的本性，从而做出了种种违反本性的事情。我们看到，柏拉图和孟子都体会到生存即善，企图用生存来界定善。而且，面对诸恶现象，他们都希望指出一条除恶存善的道路，建立一种善的社会生活。但是，他们的关注点不同。柏拉图重视人的生存选择，而选择的出发点是善意念，因此，人必须寻找并把握真正的善知识。于是，善的问题便成了一个认识论问题。孟子则对生存即善进一步推论，得出人性本善的结论，从而劝告人回归本性，顺从本性。鉴于人对自己本性的认识和把握是一个不断自我体验的过程，于是，善的问题便成了功夫论问题。

二、原罪论：堕落本性无法向善

我们继续分析苏格拉底-柏拉图的"人皆求善"命题。柏拉图并没有顺着这一命题而追问人的本性。他没有像孟子那样做这样的推论：只有本性为善的人才会求善；或者，如果人皆求善，则人性为善。在柏拉图的观察中，在现实生活中，没有人会故意追求恶，倒是很多人在善的名义下追求恶。当然，这是不可能满足自己对善的追求的。柏拉图分析到，人在追求恶的时候，一般都真诚地认为自己是在追求善。因此，人追求恶的原因在于人把恶的东西当作善来追求，归根到底是人缺乏善意念。或者换种说法，人的善意念不是真正的善意念。如果是这样，柏拉图认为，解决的办法就很简单：让人拥有真正的善意念。于是，在柏拉图的思想中，寻找并把握真正的善意念就是全部问题的关键所在。

为了对柏拉图的这一思路有更深的认识，我们来考察"人皆求善"命题所隐含的两条原则。原则一：当事人是善恶判断者。一般来说，在人们的实际善恶判断中，有三种判断者。第一，我作为善恶判断者。只要我觉得不舒服或看不惯的事情，我都会判断为不好；如果一件事严重损害我的利益，我就会认为它是恶的。第二，大多数人的意见作为判断者。我们常常遇到这样的境况，一件事，从自己的角度看并无不好，但周围的人都认为它不好，迫于他人的压力，我也说它不好。于是，我丧失了判断者身份。第三，专家权威的意见作为判断者。面对这个复杂的世界，人们不可能熟悉每一个领域。对于自己不熟悉的领域，人们往往听从专家权威的意见。只要是专家的意见，就是正确的意见。柏拉图为了论证"人皆求善"而提出"没有人故意求恶"这一命题，显然是从"我作为判断者"出发的。

原则二：判断标准是当事人内在拥有的善意念。人在进行判断时或者求助于内在标准，包括自己认可的价值体系和情感倾向；或者求助于外在标准，如社会道德规范和他人压力等。对于一个遭受社会谴责的人来说，他的所作所为在社会看来是恶的，是故意违反社会道德规范的。从社会道德规范出发，可以观察到许多人并没有追求善，而是在追求恶。比如，一个人在自己的亲人濒临死亡时不得不去偷窃食物以救亲人，此乃明目张胆地违反"不可偷窃"这一道德规范，因而是一个罪恶的行为。但是，对于当事人来说，他做的是善的。可见，柏拉图的"人皆求善"命题隐含了判断标准的内在性。

　　而且，柏拉图进一步限定，人在进行善恶判断时所求助的内在标准是理念性的。我们知道，内在标准包括一定的价值体系和情感倾向。当一个人根据自己的情感进行判断时，他的判断是不稳定的。对于同一件事，一个人可以因为不同的情感而做出完全相反的判断。因此，柏拉图认为，人必须控制自己的感情，否则，人的判断将自相矛盾。柏拉图注意到，人在生存中求善往往是依据自己的情感，比如，战场上的勇士凭着激情（勇气）与敌人战斗。但是，情感的不稳定性无法保证满足人对善的追求，所以，控制并稳定情感是求善的重要方面。不过，柏拉图对此没有深入讨论。

　　按照柏拉图的思路，每个人都追求善；求善需要选择善；择善需要善意念；因此，满足求善的必要条件是每个人必须内在地拥有真正的善意念。只要人的善意念出了问题，人的判断就出了问题，人的选择就出了问题，人就无法实现对善的追求。值得注意的是，柏拉图在结束《理想国》的讨论时号召人们过一种永远向上的生活，不断追求真正的善。也就是说，柏拉图并没有直接给出作为善恶标准的真正善意念，而是要求人们不断追求它。一方面，他论证了人的生存必须从真正的善出发，而这真正的善也就是真正的善意念。这个论证十分有力。另一方面，他认为，人们只要热爱智慧，不断追求，就一定能够认识并把握真正的善意念。这个号召非常乐观。有力的论证和乐观的号召对于柏拉图的追随者来说是一种深刻的动力。

　　然而，柏拉图对于追求者和判断者合二为一所引导的生存困境完全没有体会。我们指出，柏拉图的"人皆求善"命题内在地要求善的追求者就是善恶的判断者；而且，判断者所依据的善恶判断标准也内在地存在于追求者和判断者之中。我们进一步分析发现，人或者不能保持自己的追求者身份，或者不能保持自己的判断者身份，两者不可兼得。

　　追求者，在柏拉图的讨论中，可以拥有真正的善意念，也可以缺乏真正的善意念。追求者如果拥有真正的善意念，就可以从真正的善出发，完全满足自己对善的追求。对于这群人，柏拉图称之为哲学家，他们拥有真正的自由。但是，对于其他追求者来说，他们虽然也在追求善，但却是从错误的善意念出发的。而且，他们从自己错误的善意念出发，以它为标准进行判断-选择，当然也就无法得到善。这些追求者便是社会上的各种恶者，是一群被错误意念束缚而没有自由的人。他们非但自己得不到自己想要的善，而且还给社会带来各种罪恶。因此，他们必须改变自己，走出困境。①"改变自己"意味着放弃自己错误的善意念，建立真正的善意念。

这里，我们遇到一个追求者的生存困境。一方面，追求者缺乏真正的善意念，因而必须追求并建立真正的善意念，以便为自己的生存确立正确的出发点。另一方面，追求者同时作为判断者，在善恶判断上依据追求者所拥有的内在善意念。追求者一旦认识到自己的善意念是善恶混淆的，就开始追求真正的善意念。这样的追求者是从自己当下的（同时也是恶的）善意念出发的，故而判断者（同时也是追求者）所依据的判断标准（当下的善意念）就只能是恶的。从恶的判断标准出发，凡是与之相符的就是善的，不符的则是恶的。真正的善是恶的对立面；于是，在判断者看来，真正的善不符合其判断标准，所以只能被判断为恶。在这种情况下，追求者无法追求真正的善。即使真正的善摆在追求者面前，追求者也将根据自己现有的恶的标准将它判断为"恶"，并加以拒绝。因此，其判断者身份取消了其追求者身份。

如果要保持追求者身份，即从缺乏真正善意念的生存状态进入拥有真正善意念的生存状态，追求者就不能根据自己错误的善意念进行判断。如前推论，只要从追求者错误的善意念出发，追求者就必然拒绝真正的善意念。然而，从概念上看，一个拒绝真正的善意念的人不可能是求善之人。因此，他的判断者身份导致他丧失了追求者身份。既然如此，为了维持追求者身份，他就必须放弃判断者身份。但是，一旦放弃了判断者身份，他就不再对善恶进行判断，结果他就进入一种善恶不分的生存状态，面对善恶而无所适从，从而无法追求善。这样，他也失去了追求者身份。也就是说，放弃他的判断者身份等于放弃他的追求者身份。看来，在善这个问题上，由于追求者和判断者的合二为一，人的生存进入了一个两难困境。

对于柏拉图求善论的这个困境，奥古斯丁深有体会。奥古斯丁早年曾信奉新柏拉图主义，认为自己是一个真诚的真理追求者，同时也坚持自己的真理判断权。他皈依基督教后，深有感触地说，他终于明白"预设"和"忏悔"的区别。②在他的说法中，"预设"是柏拉图主义者追求真理的做法。作为追求者，人必须预设真理的存在并努力追求。这个预设的真理是

---

① 参见柏拉图《理想国》第七章。
② 参见 Augustine，*Confession*（Harmondsworth：Penguin Books，1961），ch. 7 sec. 20。

什么呢？人在追求真理中必须对自己遇到的各种思想意念进行真理性判断。但是，追求者不知道真理（拥有真理者不必追求真理），只能根据自己的错误意念去判断真理，即凡符合自己的错误意念者即是真理。在这种情况下，人所接受的只能是与错误意念一致的意念，并总是把真理判断为错误。因此，奥古斯丁指出，在预设中追求真理，是迷失在道路中的追求。追求者即使直接面对真理，根据自己的错误意念也无法认出真理，因而只能加以拒绝。这也就是追求者和判断者合二为一的困境。

"忏悔"引导人认罪，承认自己在追求真理上的无能，承认自己对真理无知，因而必须以耶稣基督为道路。在忏悔中，人虽然对真理无知，但却因为耶稣基督从真理那里来，知道通往真理的道路，从而走在可靠的真理之路上。

奥古斯丁在使用"罪"这个概念时认为，罪归根到底就是人以自己的善意念为中心，并以此作为判断标准进行善恶判断。人在罪中只能自以为是，认为自己的善意念是善恶的判断标准。因此，罪人只能在自己善意念的指导下追求善。换句话说，当一个人同时拥有追求者身份和判断者身份时，他就是罪人。我们指出，这种合二为一是一种两难的生存困境。任何拥有判断者身份的人都不会承认这一困境。然而，在接受耶稣前奥古斯丁亲身经历并深深体会到在这一困境中的无望挣扎。在他看来，他之所以能够体会到这一困境，是因为上帝给予了他恩典。

奥古斯丁进一步指出，他是在恩典中忏悔的，因而承认自己在真理问题上的无能并不导致对真理的绝望。相反，因为是在恩典中忏悔，他的认罪是在信任中交出判断权，即把善恶判断权交给真理拥有者——耶稣，放弃自己的真理判断者身份。他谈到，一个人之所以能够交出判断权，原因在于：他认识到依据自己的善恶标准进行判断就只能拒绝真理；同时，他还认识到，他放弃真理判断权，在信任中承认耶稣是自己的主，由于耶稣宣称自己从真理那里来，能够根据真理进行判断，所以他能够在信心中接受这个真理。这样，真理追求者和真理判断者就分属于不同的主体。真理追求者向往真理，但在信任中交出真理判断权，放弃真理判断者身份，从而接受真理判断者（耶稣）的带领，从错误走向真理。

在奥古斯丁看来，神的恩典是引导人们走出柏拉图的"人皆求善"命题困境的唯一途径。恩典概念打破了追求者和判断者的合二为一，把真理追求者和真理判断者归属于不同的主体，进而指出真理追求者是在信任中交出真理判断权的（信任是连接真理追求者和真理判断者这两个主体的纽带）。只有这样，人才能保持自己的真理追求者身份，并在恩典中进入真理。

三、性善论中的功夫论困境

奥古斯丁的原罪论拯救了柏拉图的"人皆求善"命题所引导的生存困境，使人能够在信任中交出真理判断权，保持真理追求者身份，并在恩典中进入真理。我们前面讨论孟子的性善论时指出，孟子同样观察到了人在生存中的向善倾向，但并没有像柏拉图那样求助于真正的善意念；反而，孟子从生存向善这一观察中给出了人性本善这一推论。这一推论引导了一种不同于柏拉图所倡导的生存方向，即人必须把握并顺从自己的本性之善，率性而动。我们称此为"功夫论"。

我这里强调孟子的性善论是一种推论。就社会现象而言，善的和恶的现象比比皆是，在观察中可以直接给出，无须进行任何论证。但是，从善恶共存这一现象出发，我们可以做如下推论。推论一：既然善恶混存，那么人性就应该是一个善恶混合体。在这一推论中，善恶共存现象就很好解释：善者出于人性中的善，恶者出于人性中的恶。推论二：如果接受"善恶相生"原则，人性就应该是一个善恶不分的承载体，所以，社会现象中的善者、恶者只不过是人性的不同表现而已。① 根据这一思路，本性应该是一个不善不恶的中性存在。这便是告子的推论。以上两个推论都属于就事论事的思路。在经验性因果思维中，我们不难理解以上两个推论。然而，孟子无法接受这两个推论，原因在于，它们无法满足他的这样一个生存关注：人如何才能走出"礼崩乐坏"的混乱局面？

孟子无意否定善恶共存现象。但是，对于他来说，恶者必须被抑制并减少，善者必须被张扬并增加；否则，人类就只能在"礼崩乐坏"中走向灭亡。上述两种关于人性的推论都无助于满足他的这一生存关注。面对善恶共存现象，孟子做了进一步的观察，认为人们在使用善恶时必须注意到"权"（权宜）在定义善恶中的重要性；也就是说，善恶在不同的语境中可以有不同的定义。比如，在"嫂溺事件"中，从礼的角度看，援之以手是

① 这个推论是在道家"祸兮福之所倚，福兮祸之所伏"的说法中给出的。但是，由于道家对人性问题并不关心，所以这个推论的纯道家形式并没有出现。

不恰当的，因而可被判断为恶；但是，从救人的角度看，不援之以手才是真正的恶。引入"权"（语境）来定义善恶，孟子发现，从生存的角度看，"人无有不善，水无有不下"。也就是说，在所谓的善恶共存现象中隐藏着一个深层的生存事实，即"人无有不善"。

人们也许会问：既然"人无有不善"，那么何以有善恶共存现象？这对于孟子来说并不是一个重要问题。从个人的生存角度看，"人无有不善"；从社会的各种规范角度看，善恶共存。孟子充分注意到善恶定义必须在语境（权宜）中进行，因而没有太多谈论恶的起源问题。不过，"揠苗助长"这个比喻所表达的想法还是相当明确的，那就是，恶是违背本性所致。因此，关于人性的合理推论只能是性善论。

性善论是功夫论的理论前提。在孟子看来，如果人性是善的，那么解决"礼崩乐坏"的根本途径就是发扬自己的善性，即顺从本性，率性而动。但是，如何才能做到顺从本性、率性而动呢？这便是功夫论中的修养问题。这个问题，一旦进入孟子的思路，就成为儒学思想史的中心问题。我这里不拟全面追踪儒家关于功夫论的讨论，而只是想对这个问题进行简略的生存分析。我要指出的是，功夫论同样无法避免修身者和判断者合二为一带来的生存困境；而且，修身者依靠自己，只能在这一困境中越陷越深。

功夫论的精髓是进入自己的本性，从本性出发进行判断-选择，引导一种善的个人生存，进而治国平天下，建立完善的仁政。这里，功夫论的关键点在于修身者进入自己的本性，发扬本性中的善性，如孟子提到的"四端"（生存出发点）。我们称此为"修养功夫"。但是，当人们转向自己的本性时，我们马上注意到，就其最原始的欲望（作为生存出发点）来看，还有各种私欲。否定自己的原始欲望中存在私欲，不是无知就是自欺欺人。实际上，荀子正是在这一观察基础上提出性恶论的。① 于是，在生存起点上，我们至少可以观察到两种东西，即"四端"和私欲。而且，就它们在生存上的出现次序而言，彼此难分先后。比如，"恻隐之心"（"四端"之一）和"贪婪之欲"（私欲之一），这两者在生存上孰先孰后几乎无

---

① 参见《荀子·性恶篇》。在荀子看来，如果顺着孟子的思路，即从生存的自然倾向角度来谈论善恶，那么，人最原始的欲望就表现为一些自私的个人欲望；从社会道德规范出发，这些欲望被评判为恶。如果原始欲望是恶的，那么，按照恶者生恶的逻辑，人性就是恶的。性恶论继承了性善论的生存关注，即寻找善的起源，提出了"圣人伪善说"（即圣人用善来纠正并规范百姓的说法）。不过，这种说法在逻辑上十分混乱，无法说明善的来源。

法分辨：一个人在谋财害命之时不免感受到"恻隐之心"的内在震动，但这一震动在出现之时就被淹没在"贪婪之欲"中，否则，他的谋财害命这个动作就无法进行。实际上，一个人在生存中进行判断-选择时，不可避免地面临各种相互冲突的倾向，有些向善，有些趋恶。如果一个人在进行判断-选择时感受不到这些相互冲突倾向间的张力，从而给出的所有判断-选择或者恒善，或者恒恶，那么，他所进行的功夫修养就无异于画蛇添足，完全多余。因此，我想强调的是，正是因为这里的"四端"与私欲之间的冲突，才有所谓的功夫论问题。从思想史的角度看，孟子的性善论和荀子的性恶论之间的争论，深刻地揭示了功夫论的这一内在张力；而宋明理学提出天理、人欲之分，归根到底源于这一张力的驱动。①

　　修身者即是善恶判断者。修身者的修养功夫是要发扬来自本性的善性，抑制人在生存起点上遭遇的各种私欲。于是，在生存起点上，"四端"与私欲同时呈现在修身者面前。修身者必须发扬"四端"而抑制私欲。为了做到这一点，修身者必须至少对"四端"与私欲之间的区别有所感受（辨认）。因此，修养功夫无法避免善恶辨认（感受）问题。由于"四端"与私欲都出现在生存起点上，善恶辨认（感受）不清将导致修养功夫所养之气并非"浩然之气"（善性），而是私欲。这样的修身，其所谓的发扬善性就是一句空话。

　　修身者是要发扬自己的善性。修身者首先感受到了生存起点上的善性，进而使之发扬光大。宋明理学提出"存天理，去人欲"作为修身的目的。"天理"和"人欲"共存于人的生存起点。修身者必须感受自身中的"天理"。但是，这"天理""人欲"是什么呢？如何在修身中感受并辨认它们呢？如果修身者在感受"天理"时出现失误，误把"人欲"当作"天理"，进而不断发扬"人欲"，那么，修身者如何能够走出困境，转向"天理"呢？这些对于修身者来说都是必须回答的问题。特别地，我们注意到朱熹和陆九渊相互指责对方在感受善性时出现差错。从修身的角度看，人们必须确保自己在修身中感受到的善性是真正的善性。这一点具有决定性意义。如果在起点上出了差错，那么，差之毫厘而失之千里。也就是说，究竟朱熹和陆九渊之间的争论谁对谁错并不重要。对于修身者来说，善恶

---

　　①　宋明理学对功夫论这一困境的体会相当深入。可惜的是，在"存天理，去人欲"的口号中，宋儒未能深化这一体会。这个口号等于把功夫论中的善恶辨认问题简约为行动问题，并在"知行先后"争论中完全掩盖了善恶辨认问题。于是，人们在把"人欲"当作"天理"而拒斥"天理"时，并不会认为自己其实是在固执"人欲"、拒斥"天理"。

辨认（感受）问题才是其修养功夫能否成功的关键所在。

　　但是，人们只能从一己之见出发去感受并辨认"天理"和"人欲"。这一己之见，就其原始形式而言，包括人的各种身体欲望和情感倾向；就其高级形式而言，可以是一些伟大而高尚的理想（如当事人所理解的社会公益，当事人的政治抱负，当事人的某种思想学说，当事人对古代圣贤思想的理解，等等）。关键在于，修身者必须时时防止被一种视角禁锢，避免成为小人，如《中庸》所描述的那样："愚而好自用，贱而好自专，生乎今之世，反古之道。如此者，灾及其身也"（第 28 章）。也就是说，如果某个当事人固执己见、不识时务，他所发扬的就不是真正的善性，而只不过是他的某种私见而已。

　　但是，每个人都只能从自己的私见出发去感受和辨认善恶。在儒家的修身学说中，"亲亲原则"要求在孝敬父母的基础上建立朋友间的信任关系，进而扩展信任关系至陌生人，再扩展而至天下百姓。但是，如何真正做到孝敬父母呢？舜为了罪犯父亲而放弃天下，在孟子看来是大孝①；大禹治水，"三过其门而不入"，在孟子看来是圣贤②。这里的判断标准是什么？孟子反对用任何单一的外在标准来评价生存中遭遇的难题，主张"权宜"。在他看来，对于任何一位修身者来说，"亲亲原则"并不是一个外在评价标准，而是一个可以在"权宜"中进行解释的内在原则。舜和禹显然是从不同的角度对"亲亲原则"加以解释的。这些不同的角度，考虑到的是完全属于个人的立场观点，是一种一己之见，任何外在评价都是无效的。因此，所有关于"亲亲原则"的解释都是一个角度或一种立场。

　　由此看来，修身归根到底是修养具有一定私见的自己。修身者从自己的私见出发去感受并辨认善恶，在感受善恶中发扬善性，深化并完善自己关于善的感受，扩展并提高自己的私见。一句话，修身就是深化对自己本性的认识，提升自己的私见，使之包含更多的善性，趋向天人合一。

　　在修身中，修身者同时就是判断者（善恶感受者或辨认者）；但判断者身份又使修身无法进行。我们在分析柏拉图的追求者和判断者合二为一的生存困境时给出的推论在这里同样适用。前面的讨论指出，修身者修养的是自己的私见。在修身过程中，修身者必须不断放弃自己的私见。但是，修身者只能从自己的私见出发进行判断，相符者加以吸收，冲突者加

---

　　① 参见《孟子·尽心上》。
　　② 参见《孟子·滕文公上》。

以拒绝。这样，修身过程带来的是私见之不断巩固。从一种私见出发不可能走向破坏并放弃这种私见。然而，修身所针对的是缺乏善性的私见，是要不断放弃私见，走向对自己本性的全面认识，走向天人合一。如果缺乏善性的私见在修身过程中完完全全地被保存了下来，修身者就只能完全为某种私见所禁锢。这样的修身就是失败之举。作为判断者，修身者固执并受制于自己的私见，从而无法修身。也就是说，修身不可能在修身者和判断者合二为一的境况中进行。

为了寻找摆脱困境的出路，我想探讨一下基督教新教在原罪论基础上展开的灵修学，展现一种在恩典概念下的功夫论。

一般来说，原罪论的提法始见于奥古斯丁的著作。奥古斯丁认为，人从出生之日起就生活在罪中，因而人有原罪。原罪始于人的败坏本性。从败坏本性出发，人只能作恶。在原罪中，人自以为是，坚持己见，拒绝更新。因此，如果顺从人的败坏本性，人就只能死在罪中。然而，在耶稣基督中，上帝的恩典降临到了人身上，使人的生存有了一个新的出发点，即上帝的恩典。[1] 马丁·路德在奥古斯丁的原罪论基础上进一步论述上帝恩典与败坏本性的关系，认为：恩典把人的败坏本性包裹起来，使之不能发挥作用；同时，恩典取代了败坏本性，作为人的生存出发点。[2] 归结起来，原罪论强调人的本性已经败坏，不能引人向善；于是，恩典取代了本性作为人的生存出发点是向善的唯一途径。

需要指出的是，原罪论并不简单地否定人的向善生存。奥古斯丁把人的本性分为原始本性和堕落本性，并认为原始本性是向善的。但是，人堕落后，原始本性失去了力量，故而人有向善倾向却无力向善。路德则认为，人堕落后，人的本性已经败坏，故而人依靠自己的本性无法向善。至于本性中的向善倾向，路德解释说，那是"本性的残留"，或被淹盖了的"神的形象"。在败坏本性中，这种向善倾向已被淹没，无法引导人的向善生存。

在原罪论语境中，人的现实生存是从败坏本性出发的。人依靠自己不可能认识到自己有罪，因为从败坏本性出发，人不会认为自己是败坏的。

---

[1]　参见 Augustine, "On the Grace of Christ," in *Nicene and Post-Nicene Fathers*, book V (Peabody, MA: Hendrickson Publishers, 2004), sec. 124; Augustine, "On Original Sin," in *Nicene and Post-Nicene Fathers*, book V.

[2]　相关讨论，参见谢文郁：《自由与生存：西方思想史上的自由观追踪》，张秀华、王天民译，第 99 - 102 页。路德认为自己是一个奥古斯丁主义者，因而他完全接受奥古斯丁的原罪观。

从败坏本性出发，人无法给出正确的善恶判断。因此，罪人没有善恶判断权。进一步讲，人认识不到自己的罪，就不可能摆脱自己的罪。因此，人只能死在罪中。一句话，人无法根据自己的败坏本性摆脱自己的败坏本性。从另一个角度看，败坏本性中没有善性，所以，人无论如何修养都无法发扬善性。儒家意义上的修身对于原罪中的本性是无效的。罪人仍然向善，但罪人的罪使罪人无法向善。

原罪论认为，人只能在恩典中认罪。当恩典临到人时，人对自己的罪有了一个新的观察点，即从恩典出发观察自己的罪性。路德认为，人是在信心中辨认恩典的。当人在信心中把判断权交给上帝时，人就"因信称义"。这里的"称"，指的是人在善恶问题上放弃了判断权，而由上帝来行使判断权；于是，一个人是否为善（"义"）就不是罪人自己的事情，而是上帝的事情。罪人之善恶由上帝说了算。上帝才是善恶的判断者。

我们在儒家的功夫论中看到，在性善论的引导下，人进入本性，感受并辨认其中善性，把感受到的善性发扬光大，就能实现向善的生存。但是，在修身者和判断者合二为一的生存状态中，人作为判断者在感受辨认善性时完全受制于一定的私见，而这私见缺乏善性，于是，当修身者努力修养这缺乏善性的私见时，其生存就完全受制于这一私见，无法过一种向善的生活。原罪论取消了罪人的判断者身份，从而避免了儒家功夫论的这一困境。

人们会这样追问：罪人在向善问题上，由于自己的罪性，完全是被动的；如果不是恩典的临在，人就只能死在罪中；一旦恩典临到，恩典就成了生存的出发点；按照这种原罪论的说法，罪人在向善问题上岂不如同一台机器？康德便从这个角度提出问题，认为人在向善生存中必须追究当事人（罪人、修身者、追求者）的主体性。康德还认为，恩典概念忽略了当事人的主体性。①

其实，仔细分析原罪论的罪人意念，我们注意到，罪人在向善生存中的主体性地位并没有被简单地取消。路德认为，罪人向善的起点是在信心中把善恶判断权交给上帝；而人之所以能够交出判断权，是因为人在恩典中认识到自己的罪性（败坏本性），依靠自己无法向善。对于一个基督徒

---

① 参见 Immanuel Kant, *Religion within the Limits of Reason Alone*，pp. 48 - 49。康德在这里讨论了恩典和人的向善主体性之间的关系，认为恩典不是人的向善生存所必需的。也请参见谢文郁：《自由：自主性还是接受性？》，《山东大学学报（哲学社会科学版）》2006 年第 1 期。

来说，他忏悔自己的罪性，并交出最终的善恶判断权；同时，他是作为罪人而成为基督徒的，因而仍然保持自己的人性。也就是说，他仍然是一个人，每时每刻都必须进行判断-选择。因此，他在生活中不可能没有判断权。于是，基督徒的生活中出现了两种判断权：上帝的判断权和罪人的判断权。前者是罪人在信心中交出的判断权；后者是罪人作为人所拥有的判断权。交出了判断权，罪人因此走出了儒家功夫论的困境；拥有判断权，罪人只能在判断-选择中生存。

　　基督徒生活在这两种判断权之间的张力中。我们指出，判断是选择的前提，因而是生存的某一动作的出发点。两种判断权意味着人在生存中存在着两个生存出发点。基督徒的灵修便是在这两个生存出发点的张力中进行的。从基督徒的主观愿望来看，基督徒希望完全顺服上帝的主权，彻底交出判断权，一切由上帝做主，从上帝的旨意出发；这是基督徒的生存向善的唯一保障。但什么是上帝的旨意呢？基督徒需要祷告（独自地或群体地），需要咨询（可信任的教会领袖或教友），需要印证（周围环境的预备），等等。但是，归根到底，基督徒必须自己做出判断。也就是说，上帝的旨意是在人的判断形式中给出的。离开人的判断形式，上帝的旨意就无法表达。考虑到两种判断权之间的张力，对于基督徒来说，每做一次判断都面临这样的问题：所给出的判断表达了自己的旨意还是上帝的旨意？基督徒在敬拜上帝的心态中不可能认为自己的判断就是上帝的旨意（否则，就把自己和上帝等同起来）；但是，在信心中，由于交出了判断权，因而相信自己的判断必有上帝的旨意。因此，究竟什么是上帝的旨意这个问题，是基督徒在自己的整个生命中持续不断地要回答的。[①]

　　总结来说，我们从生存向善这一生存事实出发，分析了柏拉图的至善意念和孟子的性善论，发现它们拥有一个共同的视角盲点，这就是追求者/修身者和善恶判断者合二为一，不自觉地把自己现有的善意念当作生存出发点。这样，人在确定了自己作为善恶判断者的绝对地位的同时，取消了自己的追求者/修身者身份。这两种身份在人的生存中是不可兼得的。基督教的原罪论称此为"死在罪中"的生存状态。摆脱这一生存状态需要

---

　　① 路德对这里的张力有深刻的体会。他写道："作为罪人，大胆地犯罪吧！但是，要更大胆地相信基督，并在其中喜乐，因为他已经胜了罪、死和世界"［Matin Luther, "The Letter to Melanchthon," in *Luther' s Works*, vol. 99（St. Louis: Concordia Publishing House, 1971）, p. 281］。关于这一张力的更深入分析，参见谢文郁：《神的话语和人的良心：路德的双重权威问题》，《求是学刊》2003 年第 4 期。

从这一视角盲点中走出来。逻辑上，确保追求者/修身者身份的唯一途径是交出善恶判断权。原罪论认为，判断权只能在信心中交出。然而，在信心中交出判断权导致了基督徒的生存中出现双重判断权，并内在地形成张力。基督徒在这种张力中追求真理，修身成圣。这是一个不断消除视角盲点的过程。因此，原罪论引导的生存模式十分值得我们重视。

第十一章　建构和解构：耶儒在张力中互动 *

　　儒家与基督教提供了两个不同的生存和思想出发点，互不兼容。儒家以修身养性为本，从"诚"出发，止于至善，归于"天人合一"。"诚"要求人内视其身，不受遮蔽，认识并把握天命之性，进而率性而动。基督教则以上帝的旨意为本，从"信"出发，跟随耶稣，进入上帝之国。"信"要求人仰望上帝，忏悔认罪，进而寻求并依赖上帝的旨意，在恩典中生存。

　　不难指出，"诚"和"信"在生存上引导了两种不同的生存方向。《中庸》谈道："诚之者，择善而固执之者也"（第 20 章）。这里，"择善"需要对善恶进行分辨和判断。在《中庸》看来，人应该从"诚"出发对善恶进行判断。人是在"诚"中，不受他人的影响，也摆脱了自己现有的善恶意念的束缚，故而所给出的善恶判断一定是对的。当然，人在不同时期对善恶的判断会有所不同。但只要是在"诚"中进行善恶判断，人就不会犯错误。因此，在"诚"中进行善恶判断并"择善而固执之"是人的生存的关键所在。然而，基督教的"信"是对耶稣的信任（即跟随耶稣，"不要疑惑，而要相信"①）。在基督教的基本教义中，人在罪中无法做出正确的善恶判断，因而需要那至善者向人启示善。对于至善者的启示和恩典，除了信任之外，没有其他途径可以认识它。也就是说，人必须在信任中接受至善者的给予而得到善。

　　儒家从真实（在"诚"中）的自我出发，在"诚"中判断善恶。基督教则从对耶稣的完全信任（放弃判断）出发，在信任中接受恩典。这是两种生存，各自拥有完全不同的生存出发点。不难指出，用其中一个出发点来取代另一个出发点，必然导致生存上的冲突。比如，要求基督徒放弃在

---

　　* 本章原发表于《云南大学学报（社会科学版）》2009 年第 4 期。

　　① 《约翰福音》20：27。

信任中接受恩典，或者要求儒士放弃在"诚"中的善恶判断，等于要求他们放弃自己的生存。这是不可能的。正是在这点体会的基础上，牟宗三深刻地指出，在儒家文化中生存的人不应该成为基督徒。同样是体会到这一冲突，基督教在中国的宣教历史上一直没有摆脱否定儒家文化的情结，如"礼仪之争"和"祖宗崇拜之争"中所表达的情绪。我们可以追问：这两个完全不同的生存出发点能够共存并互动吗？

在当今的一些耶儒对话中，人们往往认为儒家与基督教是相通的，相互可以取长补短。持这种看法的人似乎没有注意到，人们可以在自己现有的出发点上吸取他人的优点。但是，只要出发点不同，人们所吸收的就仅仅是自己认为有益的。这种"取长补短"最多不过是修修补补，双方都没有实质上的改变。也就是说，从儒家的"诚"出发去吸收基督教的一些优点，与从基督教的"信"出发去吸收儒家的一些优点，仍然是自说自话，彼此在思想和生存上都没有真正的互动。因此，所谓相通互补的说法无助于推动儒家与基督教之间的真正交流和对话，更谈不上使它们在生存上进入互动状态。

我们注意到，中国人不可能离开几千年来在儒家思想主导下的文化中生存，因而做一个中国人就不可避免地有意识或无意识地接受儒家思想的影响。我们还注意到，基督教在中国的传播已经造就了数目可观的华人基督徒，而这些基督徒仍然认同儒家思想。这个现实是不可抹杀的。也就是说，儒家与基督教在这些人身上是共存的。确切地说，这两个对立的出发点共存的生存状态已经是一个事实。因此，儒家与基督教在生存上的互动就不是一个如何可能的问题，而是一个如何互动的现实问题。

为了理清这个问题，在以下的讨论中，我想从生存分析的角度分析儒家与基督教。我将特别把孟子的心性之说与基督教的跟随主题进行比较分析。我们从这个生存事实出发：人活着需要吃饭和拉屎。新陈代谢是生命的本质。因此，人的生存离不开这两个方面——建构和解构；它们就像吃饭和拉屎一样，属于人的生存的组成部分。我这里关心的问题是：孟子的心性之说与基督教的跟随主题各自如何处理人的生存中的建构和解构？我发现，儒家从"诚"出发进行善恶判断和生存选择，建构自己的生存。这种重视生命的学说仍然拥有深刻的号召力。但是，儒家对于如何解构已经确立起来的善恶标准这样一个问题缺乏足够的体验和讨论，从而当人的生存在一定的善意念的带领下进入误区或死胡同时，儒家没有提供摆脱某一善意念的束缚的力量。基督教从"信"出发深刻地揭示了人在终极真理问题上的无能，要求人在生存中培养无判断的接受态度，从而提供了人在生存上解构现有善意念的力量。但是，人的生存不能没有选择，而选择只能在善恶判断的基础上进行。基督教原始文本对这一生存事实并没有展开讨论，从而给信徒留下了广阔的思想和活动空间。简略说来，儒家重建构而轻解构，而基督教重解构而轻建构。在这一观察的基础上，我试着深入分析"诚"和"信"在人的生存中的运作，以此展示耶儒在生存上的互动。

一、克己复礼，诚身明善

春秋时期，中国社会"礼崩乐坏"，进入无序状态，孔子因此而疾呼"克己复礼"，希望重建以周礼为基础的社会秩序。我们来读《论语》中的这段对话：

> 颜渊问仁。子曰："克己复礼为仁。一日克己复礼，天下归仁焉。为仁由己，而由人乎哉？"颜渊曰："请问其目。"子曰："非礼勿视，非礼勿听，非礼勿言，非礼勿动。"颜渊曰："回虽不敏，请事斯语矣。"（《论语·颜渊》）①

这段对话涉及了生存的出发点问题。孔子特别提到"为仁由己"。我们注意到，"克己复礼"对于一个在失序社会中追求建立一种理想社会秩序的人来说，无疑具有深刻的吸引力。但是，人们在想把这种说法付诸实践时，还是遇到了从何出发的问题。所以，颜渊进一步"请问其目"。我们或者可以做出以下分析。按照孔子的说法，人们必须从"克己"出发。对于一个人的生存来说，这里的"克己"意味着什么呢？首先，我们要问：用什么来"克"己？其次，我们还要问：所克之"己"是什么东西？我们

---

① "仁"指的是自然的完善的人际关系。"礼"指的是周礼（作为一种完善的社会制度）。参阅孔子的说法："周监于二代，郁郁乎文哉！吾从周"（《论语·八佾》）。当然，这个"礼"可以不受周礼的限制，如朱熹在注释"克己复礼"这段文字时，强调"礼"是"天理"："然己者，人欲之私也，礼者，天理之公也"（《论语或问》卷十二）。朱熹对"礼"与"仁"之间的关系缺乏深入的理解，过多强调"礼"，把"仁"归为"礼"。当然，在孔子心中，周礼象征着一种完善的社会秩序或制度，因而对于人们进入"仁"的境界是不可或缺的。但是，孔子并没有把两者等同起来。关于这一章的解释，参阅《朱子语类》和《传习录》中的有关论述。目前学术界也有一些值得重视的讨论，参见方旭东：《诠释过度与诠释不足：重审中国经典解释学中的汉宋之争——以〈论语〉"颜渊问仁"章为例》，《哲学研究》2005 年第 2 期；吴震：《罗近溪的经典诠释及其思想史意义——就"克己复礼"的诠释而谈》，《复旦学报（社会科学版）》2006 年第 5 期。

来看从"克"己出发。"克"的含义是"规范""控制"，等等。这些含义都隐含了某种在先的原则或标准。没有一定的原则或标准，人们无法"克"己。从行文来看，读者也许会认为，孔子是把"礼"当作在先的原则或标准。如果"礼"是出发点，如果人人都遵循"礼"，那么，天下就太平有序了，从而不必要"克己"了。正是人们未能从"礼"出发，所以才要"复礼"。"复礼"是目标，而不是出发点。而且，对于那些不断践踏"礼"的人来说，要他们从"礼"出发是不可能的。如果要求他们做不可能的事，那么，面对失序的"礼崩乐坏"社会，"克己复礼"就是一种可望而不可即的理想。孔子在"克己复礼"的说法中是要给人提供一个切实可行的途径。因此，"礼"不是孔子所说的生存出发点。①

孔子强调，"为仁由己"。这里的"由己"，明确表达了"从自己出发"这样一个想法。对于一个在现实中生活的人来说，他在成长中会形成一个由复杂因素组成的"自己"。因此，从"自己"出发，每个人都无法避免这个问题：从"自己"的哪个因素出发？我们读到，孔子对这个问题是有深刻体会的，所以他只是要求颜渊"非礼勿视，非礼勿听，非礼勿言，非礼勿动"。"礼"是一种具体的、可遵循的社会制度，是对自然完善的"仁"的一种表达。现实中的"礼"对"仁"的表达总是不完全的，因而两者不能完全等同。但是，在孔子看来，"礼"是通向"仁"的桥梁。当然，人不能停留在桥梁上，而是要通过这桥梁进入"仁"。但是，没有桥梁就无法达到"仁"。因此，任何与"礼"冲突的做法都肯定不能达到"仁"。在这个意义上，孔子要求颜渊不要与"礼"冲突，而要在"礼"中体会"仁"。②

---

① 孔子有没有把"礼"当作生存出发点，这个问题可以进一步讨论。比如，孔子说："不知礼，无以立也"（《论语·尧曰》）。读者可以把这里的"立"解释为"立场"。人们总是从一定的立场出发的，因而"礼"是出发点。我不想在这里展开进一步的语义分析，只想指出，在孔子的用词中，"仁"指称自然状态中的完善的人际关系，"礼"则是一种建立在人对"仁"的把握基础上的社会制度。这里的"立"主要指"礼"是一种具体的、可操作的社会制度。朱熹对孔子用"非"字的用意没有体会，所以干脆认为"礼"就是标准："下面四个'勿'字，便是克与复工夫皆以礼为准也"（《朱子语类·论语二十三》）。朱熹的这种读法在生存上引导人受缚于某种"礼"而无法进入"仁"，最后走向"礼教杀人"的可悲结局。

② 关于"礼"与"仁"的关系，朱熹强调"礼"的实在性与重要性，认为这是儒家与佛教的根本差异："圣人之教，所以以复礼为主。若但知克己，则下梢必堕于空寂，如释氏之为矣"（《朱子语类·论语二十三》）。这里，朱熹强调"礼"的实在性，认为"仁"必须落实在"礼"中，目的是使儒家与佛教区分开来。但是，这种做法导致抹杀了"礼"与"仁"之间的张力，用"礼"掩盖了"仁"。

　　深入体会孔子的"克己复礼"和"为仁由己"的说法，我们发现，孔子实际上是在谈论人在社会中生存的出发点问题。"克己"谈论的是生存出发点，"由己"也谈论的是生存出发点。"克己"与"由己"之间是一种什么关系呢？"克己"是对自己进行规范和控制；"由己"是从自己出发。这两种说法用一句话来表达，就是自己"克"自己，即自己规范自己。①从自己出发怎样规范自己呢？考虑到人的"自己"是一个复杂个体，我们可以更具体地问：究竟从自己的哪个因素出发来控制或规范自己的哪些因素呢？显然，孔子这里体会到了人的生存的一个深刻困境：人的生存必须从自己出发（"由己"）来规范和控制自己（"克己"）。②虽然孔子对这个困境的体会十分深刻，但他并没有展开对这个困境的讨论。颜渊觉得孔子的话已经说清楚了，比如，四个"非"字在实践上至少是可操作的，所以没有进一步追问。也许，我们可以说，颜渊的领悟力极高，可以直接从孔子的话语中领悟其中的真谛。但是，对于一般读者来说，孔子所体验到的"自己克自己"困境并不容易摆脱；或者说，这实际上是一个不可摆脱的生存困境。如果是这样，那么，人在这个困境中的挣扎就是不可避免的了。对于每一位分享了孔子这一生存困境体验的思想家来说，如何走出这个困境就成了一个迫切的问题。

　　我们进一步分析孔子所体验到的生存困境。人在生存出发点上必须面对"自己克自己"。设想人从某种意念出发规范自己。如果这种意念是善（符合"仁"）的，那么根据它来规范自己，所得到的自己也就是善的。于是，社会就会太平。在儒家内部，荀子遵循这个思路。在荀子看来，人的"自己"充满各种私念，因而是恶的；如果听之任之，社会就会大乱。因此，荀子认为："故古者圣人以人之性恶，以为偏险而不正，悖乱而不治，

----

　　①　朱熹将"克"解释为"战胜"或"打杀"，如水浇熄火。参见《朱子语类·论语二十三》。但"克"也可被理解为是"约束"。参见方旭东：《诠释过度与诠释不足：重审中国经典解释学中的汉宋之争——以〈论语〉"颜渊问仁"章为例》，《哲学研究》2005年第2期。我这里解释为"规范"。朱熹的"水火之喻"太过于强调自己内部的天理人欲之分，从而忽略了两者共存于个体之中这个生存事实，进而引导人淡化甚至忘却其中的张力。

　　②　朱熹对"克己"与"由己"之间的张力缺乏深入的体会。他注意到，"己"内在包含了人欲与天理，并进而认为两者完全对立，主张"存天理，去人欲"。由于他过分强调天理与人欲的对立，所以对孔子所深深感受到的出发点困境缺乏足够的体会。朱熹对"自己克自己"的处理十分简单："大率克己工夫，是自著力做底事，与他人殊不相干"（《朱子语类·论语二十三》）。朱熹对于"自己克自己"这样一种生存张力几乎没有感觉。王阳明对此的体会显然要深刻得多。当他被问及如何理解"克己复礼"时，他回答说："圣贤只是为己之学"（《传习录下》）。看来，王阳明对孔子这里遇到的人的生存出发点问题是有深刻体会的。

故为之立君上之埶以临之，明礼义以化之，起法正以治之，重刑罚以禁之，使天下皆出于治，合于善也"（《荀子·性恶篇》）。荀子的理解侧重于"克己"，忽略了孔子所说的"为仁由己"。这种处理的直接后果是：如果这个作为出发点的意念是外来的，是别人给的，那么，人就不是"为仁由己"，而是由他者决定。更严重的是，如果所跟随的意念是恶（违反"仁"）的，那么，在这个恶意念的规范下所得出的"自己"就是一个恶的东西。由这样的个体组成的社会就将充满罪恶。尽管荀子反复用"古代圣人"来保证"礼""法"的正当性和善性，但是，其他人也可以在"圣人"的旗帜下贩卖自己的善意念。对于每个人来说，如果他具有思维能力，他就不能不问这样的问题：什么样的意念才是真正的善，从而能够以此为根据来规范自己？荀子的思想无法回答这样的问题。实际上，如果人性本恶，如荀子自己所说的，人就会喜欢恶的东西；如果人喜欢恶的东西，人就会接受并形成各种恶意念；进一步，在这些恶意念的指导下，人不可能约束自己的恶，反而会扩张自己的恶。因此，在性恶的基础上，"克己"是一件不可能的事。

看来，虽然荀子对于人的自私自利这一生存事实有深入的观察，并认为孔子所强调的"克己"就是要治理人性中的自私自利，但是，他未能认识到孔子所说的"克己"是从自己出发的，是"自己克自己"。一个人从自私自利出发如何能够治理自己的自私自利？荀子依据性恶论对孟子的性善论进行了全面抨击。这种抨击表明荀子和孟子的生存体验完全不同。①孟子与荀子一样，生活在乱世。两人对人的自私自利这一生存事实和社会的罪恶横流这一社会现实都有深入的观察与体会。但是，孟子不像荀子那样，从现实中的恶推导出人性的恶。孟子体会到，这里的关键是如何体会孔子的"克己"和"由己"的说法，即如何理解和处理在"自己克自己"中所面临的生存出发点问题。

我们来读两段孟子的论述：

> 人皆有不忍人之心。……所以谓人皆有不忍人之心者，今人乍见孺子将入于井，皆有怵惕恻隐之心。……由是观之，无恻隐之心，非人也；无羞恶之心，非人也；无辞让之心，非人也；无是非之心，非人也。恻隐之心，仁之端也；羞恶之心，义之端也；辞让之心，礼之

---

① 荀子对自己在"性恶论"的基础上如何走向完善社会制度这个问题没有深入分析。我们在本章的第三部分将顺着荀子的思路对这个问题进行分析、讨论。

端也；是非之心，智之端也。……凡有四端于我者，知皆扩而充之矣，若火之始然，泉之始达。（《孟子·公孙丑上》）

人性之善也，犹水之就下也。人无有不善，水无有不下。（《孟子·告子上》）

我们指出，"仁"所指称的是完善的人与人之间的关系。因此，"为仁"就必须面对如何处理现实中的自己与他人的关系，以走向完善。孟子从"人皆有不忍人之心"这一观察出发，指出人在起点（"端""始"，等等）上是不加害于他人的，因而是善的。如果起点是善的，那么，作为起点的承载体或主体之本性也就是善的。在"水之就下"的比喻中，孟子对善做了一种特别的规定：善即人的生存的自然倾向。如果人的生存的自然倾向是向善，那么，任何损害生存的方向都是非自然的，也即是恶。① 从这个角度出发，在孟子的思想中，"自己克自己"就是要顺从自己的自然倾向，让它发扬光大，即"凡有四端于我者，知皆扩而充之矣，若火之始然，泉之始达"。这里，我们看到，孟子的本性向善说其实是从生存的原始出发点这个角度来理解"克己复礼"。在孟子的想法中，"自己克自己"其实就是顺从自己的本性倾向，纠正和控制那些违反本性、损害生存的倾向。

孟子的"发乎四端，扩而充之"这种生存出发点谈论方式必然面临如下严峻事实：在现实中，有些人是善的，有些人则是恶的。善人从善出发，因而带来善；恶人从恶出发，只能带来恶。所以，告子特别强调："性可以为善，可以为不善"（《孟子·告子上》）。当然，告子对这一生存现实的表述并不准确。从逻辑上看，"性"作为人的生存出发点是一回事，人的生存会朝不同方向发展是另一回事。告子的"水流四方"和孟子的"水之就下"是两个观察点。"水流四方"涉及人在进行生存选择时对某种

---

① 孟子没有专门谈论恶的定义。或者问：孟子为什么不愿意花点功夫去谈论恶呢？我们可以这样理解，对于孟子来说，恶是一个公认的事实，是人皆可见的社会问题，因而也就是一个人们正在面对的威胁。从生存的角度看，人们必须找到解决问题、摆脱威胁的途径。从定义上看，如果善恶是对立的，那么，把善定义为生存的自然倾向，恶就是生存的非自然倾向。在"揠苗助长"的故事中，孟子便是在这个思路中谈论"恶"的："无若宋人然：宋人有闵其苗之不长而揠之者，芒芒然归。谓其人曰：'今日病矣，予助苗长矣。'其子趋而往视之，苗则槁矣。天下之不助苗长者寡矣。以为无益而舍之者，不耘苗者也；助之长者，揠苗者也。非徒无益，而又害之"（《孟子·公孙丑上》）。在孟子看来，社会出了问题，充满了"恶"，就是因为"揠苗"违反了本性的自然发展，是一种"害"，而人们又都喜欢"揠苗助长"。

具体目标的向往，因而不能没有关于这些具体目标的知识；而"水之就下"则强调，无论做何种选择或朝哪个方向（并不涉及任何具体的善恶知识），人都一定做向善的选择。也就是说，"水之就下"这种说法不考虑具体的善恶意念，而强调出发点的善性。在这一点上，孟子深谙孔子在"克己"和"由己"中所表达的生存体验。①

　　然而，我们必须充分注意告子的观察点。在现实中，人的选择是具体的，因而只能在一定的善恶意念中进行。拥有什么样的善恶意念，直接决定了人如何选择。当然，人在选择时会认为自己的选择是善的。由于这个"善"往往是在人的善恶意念中被定义的，如果人的善恶意念本身出了问题，这个在生存选择中的所谓的"善"也就不是真正的善了。

　　孟子也注意到了这一点。孟子强调本性向善并不是要求人们从一定的善恶意念出发。实际上，每个人的善恶意念彼此不同；从自己的善意念出发，对方的言行如果不符合自己的善意念，就被判定为非善或恶。或者说，从一定的善恶意念出发，就会与其他人的善恶意念冲突。因此，停留在善恶意念中，我们无法谈论真正的善。冲突意味着双方都继续坚持自己的善意念，不认可对方，所以彼此不服。孟子道："以善服人者，未有能服人者也；以善养人，然后能服天下。天下不心服而王者，未之有也"（《孟子·离娄下》）。这里的"以善服人"便是企图把自己的善意念强加在他人身上。这当然是做不到的。

　　值得注意的是，孟子提出"以善养人"的说法。前面指出，孟子的"四端"说法是从生存出发点的角度来谈论"善"。在"端"上，"善"不是任何善意念。善意念已经形成，是人们对善的认识的结晶。人们只能通过自己的各种善意念来谈论善。实际上，人们只要使用了"善"这个字，就不得不对它进行赋义。问题在于，如果人们把自己的善意念当作善本身，那么人们马上就会陷入不同的善意念之间的冲突中，这便是"以善服人者，未有能服人者也"的困境。孟子对这一困境的体会是相当深刻的。于是，他换了一个角度，认为人们可以从"养人"的角度谈论善，走出这一困境。在他看来，如果人们都回到生存起点上，人们就会发现自己是向

───────────────

　　① 孟子认为，人的生存从善出发，这并不意味着从一定的善恶意念（或"礼"）出发。在《孟子·离娄上》中，淳于髡以"男女授受不亲"这一礼节为例与孟子讨论。从"礼"出发，就可能遇到这样的情境："嫂溺则援之以手乎？"孟子的回答相当干脆——"嫂溺不援，是豺狼也"，并进一步指出，在守"礼"时要注意"权宜"。我们看到，孟子的"权宜"之说没有把人的生存出发点归于"礼"。

善的。人们的冲突无非来自人们不同的善意念。但是，善意念是在生活中养成的，而且不是固定不变的。从这一点来看，善意念之间的冲突不是终极的。在现实中，人们都形成了一定的善意念，因而无法避免冲突。不过，生活并不是到此为止。面对未来，人们仍然在起点上。一旦回到起点上，人们就有了一个共同点：人们都是向善的。孟子深信，在这个共同点上，任何善意念之间的冲突都可以化解，从而由此走向和谐的"仁政"（即"心服而王"）。他称此为"养人"。

孟子这里谈论的"养人"实际上是在追踪人们善意念的根源，或培养善意念的生存境界。在《孟子·公孙丑上》中，孟子称这个生存境界是"浩然之气"，所以他说"养吾浩然之气"，并特别强调，它"是集义所生者，非义袭而取之也"。在孟子的用法中，"义"指的是"善"或"善意念"。这句话的意思是，"浩然之气"是"义"的来源，而非来源于"义"。这是一个善意念尚未形成的生存状态。在这个境界中，由于善意念尚未形成，人的生存无法依靠任何善意念。孟子认为，人在这个境界中生存，唯一可以依靠的便是"诚"（真实地面对自己）。

他说："诚身有道：不明乎善，不诚其身矣"（《孟子·离娄上》）。前面的分析表明，孟子是在生存出发点上谈论人性本善。但是，由于每个人在做善恶判断时都不能不受到善意念的影响，甚至完全被善意念束缚，从而把后天习行所形成的善意念当作出发点，无法回到原始出发点上。如何才能回到原始出发点上呢？在孟子看来，这并不是一件难事：人只要真实地面对自己（"诚"），不受其他因素（特别是那些流行的意念，也包括自己现有的意念）的影响，就能看清什么是真正的善。在"诚"中，究竟什么对自己的生存是善的就一目了然了。因此，"诚"和"善"是同在的。①

于是，孟子认为他找到了"仁政"的根源：在"诚"中择善固善（养浩然之气），养成一定的善意念，在此基础上形成一种相适应的"礼"，并在"礼"中进入完善的社会关系。即使缺乏关于"礼"的认识，只要能够

---

① "诚"和"善"的问题是复杂而深远的，其中涉及的问题有：如何理解人的生存？如何分辨作为生存出发点的"善"和作为意念的"善"？如何理解"诚"（真实地面对自己）？等等。我们在王阳明与他的弟子们的讨论中仍然可以读到他们在这些问题上的困惑。比如，王阳明谈到"人但得好善如好好色，恶恶如恶恶臭，便是圣人"。他的学生黄直对此有特别的体会："直初时闻之，觉甚易，后体验得来，此个功夫着实是难。如一念虽知好善恶恶，然不知不觉，又夹杂去了。才有夹杂，便不是好善如好好色，恶恶如恶恶臭的心。善能实实的好，是无念不善矣；恶能实实的恶，是无念及恶矣。如何不是圣人？故圣人之学，只是一诚而已"（《传习录下》）。限于篇幅，这里就不展开讨论了。

在"诚"中真实地面对自己，人就能养成自己的善意念，接受相应的
"礼"。孟子的这种说法被称为"心性之说"。

我们从孔子的"克己复礼"开始，分析了其中隐含的"克己"和"由
己"在生存出发点上的张力，进而追踪了孟子在"善"这个问题上的深刻
体验。在孟子那里，回归真实的自己（"诚"）就能与善同在，与善同在就
能共同向善，共同向善就能"克己复礼为仁"。这是走向仁政的唯一路径。

二、"不要疑惑，而要相信"

《圣经》在谈到上帝造人时，特别强调上帝是按照自己的形象造人的。
因此，就人最原始的本性而言，人拥有上帝的形象。这是人仍然能够向善
的基本前提。但是，人由于违背上帝的命令而吃了禁果，有了自己的善恶
意念，开始有了自己的善恶判断，故而从对上帝的依赖转向对自己的依
赖。这便是人的原罪。在自己善恶意念的引导下，人离开了上帝，自作主
张，无法向善，死在罪中。上帝怜悯人的这种生存状况，开始派遣先知，
向人传播拯救的信息，要求人们相信上帝的拯救，并在上帝的拯救中重新
向善，走出死亡。

这里，我们关心的是：这样一种说法对人的生存会产生什么样的作用
呢？我们来分析《马可福音》中的一个故事：

> 耶稣出来行路的时候，有一个人跑来，跪在他面前问他说："良
> 善的夫子，我当做什么事，才可以承受永生？"耶稣对他说："你为什
> 么称我是良善的？除了神一位之外，再没有良善的。诫命你是晓得
> 的，不可杀人，不可奸淫，不可偷盗，不可作假见证，不可亏负人，
> 当孝敬父母。"他对耶稣说："夫子，这一切我从小都遵守了。"耶稣
> 看着他，就爱他，对他说："你还缺少一件。去变卖你所有的，分给
> 穷人，就必有财宝在天上。你还要来跟随我。"他听见这话，脸上就
> 变了色，忧忧愁愁地走了。因为他的产业很多。耶稣周围一看，对门
> 徒说："有钱财的人进神的国是何等的难啊。"[①]

从这个故事中我们可以看到，犹太人和中国人在生存上关心的问题并不一

---

① 《马可福音》10：17-23。

样。在"礼崩乐坏"的时代，孔子和孟子都关心如何恢复社会规范（礼仪），建立一种完善的社会关系，走向仁政。仁政是一种社会政治理想。但是，对于当时的犹太人来说，尽管受到外族罗马人的统治，他们遵循的还是他们祖先摩西留下来的律法。摩西向犹太人宣告，只要遵守他根据上帝的旨意而制定的律法，就能得到神的祝福；反之，就受到神的诅咒。对于摩西的这一宣告，犹太人从来不敢掉以轻心。无论人们心中期望的是什么（政治理想或个人幸福），他们首先都要遵守摩西律法，在此基础上去追求并实现自己的理想。对于人的生存来说，理想意味着最高的善。在孔孟那里，仁政是他们的最高理想，甚至应该是人类的共同理想。孟子进而认为这一理想始于在"诚"中的修身养性。因此，儒家有一个"修身，齐家，治国，平天下"的说法。对于犹太人来说，起点是遵循摩西律法，但理想则因人而异。或者，对于他们来说，有什么样的理想并不重要，重要的是能否遵循摩西律法。比如，我们这里读到的这个富人，他的理想是"永生"。

这个富人是遵守摩西律法的典范。如果遵守摩西律法就能得到神的祝福，那么，他只要遵守摩西律法，无论他有什么理想，神都会满足他。他现在拥有"永生"的理想，因此，神的祝福就是要满足他的"永生"理想。但是，他在遵守摩西律法中并没有这种"永生"的把握，所以他来问耶稣。在问耶稣时，他认为耶稣是一位"良善之人"。或者说，在他心中，耶稣是许多"良善之人"中的一位。因为耶稣是"良善之人"，所以这个富人指望耶稣能够解答他的疑惑：为什么在遵守摩西律法时没有实现"永生"理想的把握？对此，耶稣特别强调，这个世上没有"良善之人"，"良善"只属于神。于是，问题就归结为如何从神那里得到"良善"？具体来说，耶稣的逻辑是：这个有钱人拥有"永生"理想，并把这个理想当作他最高的善。善只属于神；任何人都无法帮助他找到善，因而无法帮助他实现他的"永生"理想。因此，他必须向神求永生。

但是，如何向神求永生呢？对于这个富人来说，他从小到大都在遵循摩西律法；在犹太传统中，摩西律法是神通过摩西颁布的；因此，他认为自己一直都在向神求永生。由此看来，这个富人生活在犹太传统中。我们知道，在耶稣向世人宣告福音之前，犹太人相当肯定地认为，只要遵循摩西律法，就能实现自己的理想，得到自己想要的东西。这种看法等于说，摩西律法是神颁定的，遵循它就是遵循神的旨意；于是，摩西律法就成了与神发生关系的唯一途径。这样一来，摩西律法和神的旨意就等同起来。

这个富人便是在这个思路中生存的。不过，他仍然觉得，在这种生存中，他的永生尚未得到完全的保障，因而深深地陷入困惑中。耶稣对他的困惑有深刻的洞察和同情，并因此而爱他。耶稣来到这个世界就是为了解决这一生存困惑。①

　　耶稣是如何回应这一生存困惑的？我们读到，耶稣在赞赏这个富人的生存困惑的同时，向他指出，遵循摩西律法对于他的"永生"理想来说是不够的；要实现他的"永生"理想，就要抛弃他所拥有的财产，并跟随基督。耶稣的信息集中在"跟随"二字上。为什么只有在跟随中才能实现自己的"永生"理想呢？这个富人离开后，耶稣对他的门徒说："有钱财的人进神的国是何等的难啊。"这里的批评并不难理解。钱财乃人之所欲，在人心中有重要地位。拥有钱财不但意味着自己的物质生活有保障，而且在社会上受人尊重，被人羡慕。这就是说，放弃钱财等于放弃稳固的生活依靠和上层社会地位。这当然是人不愿意做的事。在耶稣看来，人要是不能放弃自己最为固执的东西，就无法跟随他。

　　在接下来的谈话中，门徒们纷纷认为这是一件做不到的事。为了进一步让门徒们理解这一点，耶稣给"跟随"下了一个定义：在人不能，在神都能。对于耶稣的这句话，门徒们起初听起来一头雾水，无法理解。我想指出的是，这些门徒都是现实中实实在在的人，他们不可能自欺欺人地生活在想象中。这些门徒亲自见证过耶稣的大能，对耶稣从神那里来这一点深信不疑。既然耶稣说神能够让他们放弃自己的固执而跟随耶稣，那么神就一定能。但跟随是人在生存上的一种动作。他们是在现实生活中一步一个脚印地跟随耶稣。如果耶稣在世，跟随耶稣对于他们来说就不是问题：耶稣去哪里，他们就跟到哪里；耶稣要他们做什么，他们就做什么。但是，耶稣不断告诉门徒，他要离开他们。摆在他们面前的问题是：在耶稣离开他们后，如何跟随耶稣？不解决这个问题，这些门徒就无法跟随耶稣。于是，如何跟随耶稣就是他们生存中的关键问题。

　　不过，虽然门徒们当时无法理解耶稣的话，但是，耶稣在与门徒的谈话中一直解释"跟随"二字。耶稣说："我就是道路、真理、生命。"② 这里提到了三个概念，其中的排序特别值得重视。我们知道，在古希腊哲学

　　① 考虑到人在社会中生存不可避免地接受某种道德规范的制约，考虑到所有道德规范都具有某种神圣性，我想指出的是，这一困惑共存于人的生存中，因而耶稣提供的解决途径也是针对所有人的。
　　② 《约翰福音》8：14。

中，真理问题是一个生存问题。这一点最早是由苏格拉底-柏拉图指出来的。在《美诺篇》中，苏格拉底提出了一个命题：人在生存上无不求善，且无人自愿择恶。① 苏格拉底进而指出，在现实中人们观察到的所有罪恶，都是源于人对善的无知，错把恶的东西当作善来追求。人们不是自愿地追求恶，而是由于不知道真正的善。换句话说，一个人如果没有真正的善知识，他在生存中就会在善的名义下追求恶，从而等于损害自己的生存。只有拥有真正的善知识，人才能从善出发，实现自己的向善生存。真正的善知识在柏拉图的解释中就是真理。因此，上述命题可以这样表达：没有真理便没有生存。对于人的生存来说，真理在先，生命在后。

　　究竟什么是真理呢？对于苏格拉底和柏拉图来说，不管真理是什么，重要的都是，人们的生存必须追求真理。如果不拥有真理，人们的生存就没有保障。追求真理是苏格拉底-柏拉图思想的根本动力。然而，没有真理而追求真理，在逻辑上，这种说法必须预设真理的存在；否则的话，如果真理并不存在，那么，追求真理就成了无的放矢，所有的努力都白白浪费了。但如何才能得到预设中的真理呢？这便是认识真理的途径问题。可见，这种真理谈论方式的一个根本特点是：真理预设在先，寻找道路在后。② 如果对它们进行排序，就有：真理预设-真理之路-得到生命。

　　然而，耶稣在谈论真理时，却把道路置先。这种谈论方式值得重视。我们在前述对话中读到，那个富人称耶稣是良善的。"良善"既可以指善行，也可以指善知识。这个富人来问耶稣，也许是因为看见了耶稣所做的一系列令人称赞的好事（如治病救人等），进而认为耶稣拥有善知识，可以为他的"永生"理想指点迷津。但是，耶稣明确指出，没有人是良善的。耶稣的这句话包含两个方面的意思：人既没有善行，也没有真正的善知识。耶稣并没有反对"没有真理便没有生存"命题，这一点可以从"真理-生命"的排序中得到说明。不过，对于一个对真理全然无知的人来说，他所预设的真理可以是与真理完全没有关系的任何其他东西。也就是说，

---

　　① 这一命题也可被称为"苏格拉底-柏拉图原则"，在西方思想史上一直是一个动力性的原则，从未受到真正的挑战。关于这一原则，参见谢文郁：《自由与生存：西方思想史上的自由观追踪》，张秀华、王天民译，第1章。

　　② 这一真理论允许各种真理的道路。但问题在于：对于一个真理追求者来说，哪条道路才能将人引向真理呢？古希腊怀疑主义者在讨论这个问题时指出，人们无论从理性、感觉还是认识对象出发，都无法达到真理。毋宁说，预设真理进而寻找真理是不可能获得真理的。参阅塞克斯都·恩披里柯（Sextus Empiricus）《皮浪学说纲要》第二卷。

在真理预设中谈论真理之路是无稽之谈。因此,古希腊哲学关于"真理预设-真理之路"的想法是行不通的。耶稣认为,在谈论真理之前必须解决道路问题。所以,耶稣对那个在"永生"理想问题(也是一个真理问题)上陷入困境的富人指出:"来跟随我。"

跟随耶稣就是以耶稣为道路。就字义而言,当我们跟随一个人去某处时,我们是不知道这个"某处"的。或者说,我们正是因为不知道这个"某处",所以才跟随他。他走过的路就是我们去"某处"的路。在跟随中,他就是我们的路。当然,我们跟随一个人有两个基本条件:首先,这个人必须宣称他知道这个"某处";其次,我们必须相信这个人是诚实的,因而他的宣称是可靠的。从这个意义上看,跟随是以相信为基础的。耶稣宣称他从真理那里来,知道真理在哪里。因此,跟随耶稣就是以耶稣为道路。但是,要跟随耶稣,就必须相信耶稣的宣称。所以,耶稣常对他的门徒说:"不要疑惑,而要相信。"

耶稣进一步解释"跟随"二字:跟随耶稣还意味着放弃判断。他说:"你们不要论断人,免得你们被论断。因为你们怎样论断人,也必怎样被论断。"[1] 对于一个跟随者来说,由于他不知道目的地,所以无论走到什么地方,他都没有根据来判断他所走的路(包括他的思想和行为)是否正确。判断权只属于带路人,因为带路人知道目的地。耶稣说:"你们根据人的标准来判断,但我什么也不判断。要是我判断的话,我的判断也是真的,因为我不是自己单独在这里,而是和遣使我来的父同在。"[2] 也就是说,判断权在耶稣手中。

跟随者一旦进入这样一种生存,即无法依靠自己来到达目的地(真正的善、最终的理想,等等),故而必须跟随耶稣,以耶稣为道路,就交出了判断权。这是一种没有判断权的生存。在这样一种生存中,跟随者必须逆来顺受地接受一切,不能根据自己的爱好进行判断而坚持或拒绝某些事情。由于完全信任耶稣,所以即便在跟随中遇到一些无法理解的事件,比如,在困境中经历苦难,跟随者仍然相信这是一条正确的道路,而且相信一定能够越过这一困境。同时,在万事如意的生活中,跟随者仍然是一个跟随者,相信耶稣所引导的目的地要远远超出自己现有的"完善生活"。总之,跟随者永远不知道未来的生活。未来永远是未知数;而跟随者相

---

① 《马太福音》7:1-2。

② 《约翰福音》8:15-16。

信，只要跟随耶稣，就能到达这个未知的目的地。

最后，耶稣还不断告诫他的门徒，他只是来宣告福音：跟随他就能去天父那里。他只有福音，并没有什么教义或学说。因此，跟随耶稣不是跟随耶稣的思想或学说，而是跟随耶稣去天父那里。天父是什么呢？耶稣在准备离开门徒时告诉他们，他是先他们而去天父那里，而他们要跟着来。这种说法在门徒心中引发了极大的困惑。彼得坚持耶稣走到哪里，他就跟到哪里；耶稣告诉他：他会三次不认耶稣。① 多马要求耶稣告诉他们去天父那里的路，耶稣回答说："我就是道路。"② 腓力要求耶稣彰显天父，耶稣责备他说："看见了我，就是看见了父。"③ 这些对话有一个共同点，那就是，这些门徒希望耶稣给他们留下一种概念性的知识，从而在耶稣离开他们后，仍然能够根据耶稣留下的这些知识继续跟随耶稣。其实，任何学派或思想传统都是这样形成的。显然，没有这种概念性的知识，就无法传承师门。这些门徒称耶稣为老师，为了传承师门，提出这种要求似乎是理所当然的。然而，耶稣一再强调，他不是自己单独地做事，不是彰显自己；他只说天父要他说的，只做天父要他做的，因而只彰显天父；并且，他要把门徒带去天父那里。一句话，他没有要求门徒努力传承师门，而是要求他们继续跟随。

这是一种什么样的跟随呢？学生跟随老师，一般是跟随老师的思想或学说。如果耶稣有一套自己的思想体系，那么，他的门徒就可以通过研究这套思想体系而拥有关于天父（及其旨意）的知识，从而可以依靠自己的判断进行自主选择。不过，从这一时刻开始，他们仍然可以自称耶稣的学生，但不再是跟随者，因为他们可以独立自主地进行判断。这与耶稣要求的跟随主题背道而驰。在跟随中，天父的旨意永远是未知的，但又被不断地给予跟随者。因此，面对天父的旨意，跟随者只能在信仰中领受。这是一种在信仰中的跟随。

要言之，我们从耶稣的跟随主题开始，对跟随主题在人的生存中的运作进行了一些分析。我们发现，耶稣对真理问题的特别处理是理解跟随主题的关键。耶稣认为，人们只能在道路意义上谈论真理，因而必须首先相信他的福音，放弃判断，在跟随中走向天父。

---

① 《约翰福音》13：36－38。
② 《约翰福音》14：6。
③ 《约翰福音》14：9。

三、在"诚""信"张力中生存

我们看到，儒家和基督教所引导的生存是两种相当不同的生存。儒家的"克己复礼"要求人们从自己出发对自己进行规范；进一步，人们在分析"自己"时发现了在"诚"中的真实自己。因此，儒家生存的真正出发点是"诚"。基督教的主题是跟随耶稣；人只能在完全信任耶稣的基础上跟随耶稣。因此，基督徒生存的真正出发点是"信"。这里，"诚"和"信"是两类生存出发点。那么，这两类生存出发点能否共存于人的生存中？

人的生存是通过选择来表现自己的。无法选择意味着无法生存。选择是一个动作，它包含了三个基本要素。第一，选择要求一个主体（即生存者自己）作为这一动作的执行者。第二，选择在任何情况下都至少面临两个或两个以上的选项（即选择或拒绝），因此，选择包含了一个判断。判断也是由主体来执行的。第三，判断只能在某种判断标准或根据中给出。对于选择的这三个基本要素，前两者也许不会有太多的争议，第三点似乎不那么自明。比如，人们可以争辩说，人在进行判断-选择时可以不需要任何根据，而是在绝对自由中进行。我想指出的是，这种所谓的绝对自由只是一种逻辑上的可能性，并不出现在人的生存中，因而不是一种生存选择。①

如果选择包含了上述三个基本要素，那么，我们就可以问：人是根据什么进行判断-选择的呢？可以观察到，现实中的人在进行判断-选择时所依据的标准是多种多样的，不过，归结起来，无非两种：一种是自己的内在善恶标准；另一种是他人的外在善恶标准。

---

① 齐克果认为这种"绝对自由"是一种奇思异想，与人的生存无关。他谈到，它"并不存在于这个世界，开始时不存在，以后也不存在，因为它只是一个思想的疙瘩而已"［Søren Kierkegaard, *The Concept of Anxiety* (Princeton: Princeton University Press, 1980), p. 149］。在他的日记里，他更尖锐地指出，这种自由概念是"臆想"（chimera）或"幻想"（phantasy）："一个纯粹的没有污染的抽象自由（*liberum arbitrium*）是一个想出来的怪物"［Søren Kierkegaard, *The Journals of Søren Kierkegaard* (London: Oxford University Press, 1938), 第 1007 条］。当然，"抽象自由"也是可以讨论的。但是，我们这里涉及的是生存问题，不拟展开对自由概念的全面讨论。读者如果对此有兴趣，可以参见谢文郁：《自由和生存：西方思想史上的自由观追踪》，张秀华、王天民译。

每个人，不论性别、年龄，不论智力、地位，都拥有一定的善恶标准，并在此基础上分辨好坏。这便是人的内在善恶标准。不难发现，内在善恶标准是一个复杂的体系，包括生理需求、情感倾向、道德概念，以及理想盼望。生活环境、个人性格、亲身经验和所受教育等，都在一定程度上决定了内在善恶标准的形成。而且，内在善恶标准并不是一成不变的。生活经历的变化，外在因素的影响，内在体验的增加，等等，都可能改变一个人的内在善恶标准。一般来说，随着人的年龄增长、阅历增多、思想深入，人的内在善恶标准就不断稳固；但是，它不会完全固定不变，因为上述内在善恶标准的每个因素都不是一成不变的。我们称此为趋向稳固的过程，也是一个人走向成熟、走向顽固的过程。

作为判断的根据，内在善恶标准在人进行判断-选择时必须是稳定可靠的。这一点即使对于未成年人来说也是如此。对于一些复杂的事情，人在进行判断-选择时会犹疑不定，但还是必须根据当时的内在善恶标准做出决定。就其性质而言，决定是静态的、给定的；静态的决定不能来自变动中的标准。因此，只要给出决定，就表明决定者所依据的标准是既定的、稳定的。人的一生要做很多决定，有好的有坏的；有很多决定被新的决定取代；有些决定并不重要，而有些往往规定了人的生存方向；等等。特别需要指出的是，某种内在善恶标准，由于它是人进行判断-选择的根据，所以可以规定一个人的生存方向，比如，在人生关键时刻给出的判断-选择。于是，对于每个人来说，如果关心自己的未来，就不能不考察自己的内在善恶标准。

这一考察包含两个步骤。第一，考察自己现有的善恶标准是否完全可靠。虽然人人都自以为是，但是没有人会认为自己现有的善恶标准完全可靠。① 把自己的生存置于不可靠的善恶标准的基础上是危险的。这一危机意识引向第二个步骤：改善现有的善恶标准，使之走向可靠的善恶标准。我们知道，人的内在善恶标准是稳定的，但也不是固定不变的。实际上，我们常常能够认识到自己的错误决定，并采用新的决定作为补救措施。新旧决定所根据的善恶标准是不同的。也就是说，人先后使用了不同的内在

①　这一点不难说明。我们观察这个世界，可以看到很多人为的丑恶事情。也就是说，有些人根据自己的内在善恶标准做了许多丑恶的决定，从而导致了这些丑恶的事情。这说明，这些人的内在善恶标准本身是有问题的。柏拉图在《理想国》中提出了一个"洞穴比喻"，认为所有人都跟那些洞穴囚徒一样，在"影子"中建立自己的善意念，从而在自己的生存中做出错误判断，引导了丑恶生存。

善恶标准。这先后不同的内在善恶标准中哪个才是可靠的？是不是后来的决定总是好于先前的决定呢？显然不能这样说。在实际决策中，人们往往用坏的决定来取代好的决定。可见，建立可靠的内在善恶标准便是人的生存的关键所在。

我们在追踪儒家的思路时发现，孔子认为，可靠的善恶标准在周礼中已经被给出了，问题出在人们放弃了周礼。人们只要愿意回归周礼，就能从可靠的善恶标准出发。但是，把一种外在善恶标准变成内在善恶标准，这并不是一件容易的事情。孔子很快就进入了"克己-由己"的张力中。孟子对此有深入的体会。孟子认为，人们必须回归真实的自己，即从"诚"出发，养浩然之气，进入善恶标准形成的原始境界，并在这个境界中择善固善，建立可靠的内在善恶标准，进入一种共同的社会秩序（"礼"），并走向完善的社会关系（"仁政"）。

孟子不像孔子那样强调周礼，但深信周礼形成的原始境界便是"诚"；在"诚"中，人们就能自己依靠自己来养成并建立可靠的内在善恶标准，解决"克己-由己"带来的张力。因此，要建立像周礼那样的共同的社会秩序，就必须从"诚"出发。我们称此为孟子的"心性之说"。

当然，孟子的道路并不是唯一的道路。比如，荀子十分反对孟子的说法。在荀子看来，人在本性上是自私自利的，对于社会来说这就是"恶"。恢复周礼绝不能依靠这些自私自利的人，而必须依靠古时圣人，以及他们制定的"礼仪"。但是，人们如何能够保证这些古代礼仪——比如周礼——的可靠性呢？考虑到自私自利的人只能从自己的恶意念出发来判断这些礼仪的价值，考虑到这些礼仪远离人们当下的生活，人们不可能从自己的判断出发来认识它们的好处。实际上，在荀子心中，古时圣人留下的礼仪之所以是好的，是因为孔子（或其他人们所信任的圣人）说它们是好的。这里，"信任"这一情感因素扮演了决定性的角色。也就是说，人们接受周礼不一定要走孟子的道路；如果人们完全信任孔子，而孔子说过"吾从周"，那么，人们就可以马上接受周礼的约束。我们可以称此为"圣人之道"。不过，我们在荀子的著作中没有读到关于这一道路的进一步分析。

从历史上看，当孟子的心性之说被发扬光大时，追究荀子的圣人之道的人就越来越少了。然而，我们无法否定荀子所观察到的人的自私本性。这种自私本性，就其表现形式而言，可以是粗俗的，如占有欲；可以是精致的，如名誉欲；甚至可以是终极的，如理想。我们发现，人们可以在"天理"的名义下维护一己之私，比如把自己对"天"的理解当作唯一正确的理解，进而排斥、压制任何其他不同的理解。我们在宋儒朱熹和陆九渊之间的争论中可以看到这种一己之私的充分表达。① 其实，每个人的理解，无论关于什么对象，无论达到什么程度，都只能是一己之私。理解只能是个人的。因此，没有一己之私，就没有理解。这个结论是荀子性恶论的自然推论。

如果人们承认荀子性恶论中的一己之私原则，即承认每个人的内在善恶标准都是一己之私，那么，人们在接受一种社会秩序时，就只能接受符合自己内在善恶标准的社会秩序。而且，在一己之私中，人不可能认识到自己所接受的社会秩序的任何缺陷。于是，一己之私的盲点直接决定了所认定的社会秩序的缺陷。无论一个人的一己之私如何伟大和完善，也不管它是否得到普遍的支持，在荀子的性恶论中，它都是一种恶。当一个人从一己之私出发治理天下时，它的危害就潜伏在社会中，迟早会暴露出来。实际上，一个人的一己之私越完善，得到越多人的支持，它就越不容易被放弃，从而给社会带来的危害就越大。在荀子看来，孟子对这种一己之私的体会不足，因而也就看不到它的危害性。

荀子谈到，古时圣人正是看到人人都是自私的，所以制定礼仪来限制人的私欲、规范人的行为，使社会有秩序。所以，听古时圣人的话，接受礼仪的限制和规范，就能排除一己之私带来的危害。我们看到，这一道路是一种指向古时圣人的"信任"情感。如果古时圣人是可以信任的，那么人们接受他们制定的礼仪也就没有困难。这种在信任中接受的礼仪，我们称之为外在善恶标准。

在儒家传统中，古时圣人一般是指"三王"，即尧、舜、禹。就历史记载而言，关于"三王"的故事都是在传说中留下来的。传说只是把所有关于"三王"的好事都流传下来了，因而美化了他们。这种美化的形象不是现实的存在。因此，信任古时圣人其实是信任一种美化形象中的圣人，而不是具体的人。我们知道，荀子性恶论中的一己之私原则认为，每个人都有一己之私。这些古时圣人不受一己之私的制约，所以能够给人制定礼

---

① "鹅湖之争"只是一个缩影，即争论双方都坚持自己的看法，排斥对方的说法。其实，宋明理学在做"天理"和"人欲"的区分时已经无法分清何为"天理"、何为"人欲"。把自己所理解的"天理"当作真正的"天理"，这便是"人欲"的充分表现。

仪规范。但同时，他们就失去了人的本性，不属于"人"类。①

　　当然，他们与人类有某种特殊关系，因为他们主动地为了人类的利益而制定礼仪规范。但是，人们如何能认识这种特殊关系呢？且不问他们为什么主动为人类利益制定礼仪规范，我们不可能回避这样的问题：他们为人类制定的这些礼仪规范真的对人类有益吗？按照荀子的处理办法，人们只要相信就行了。然而，面对当时各种各样的礼仪，即使孔子也要进行考究、比较，人们应该相信哪种礼仪呢？或者，哪种礼仪才是"三王"留下来的？荀子对这个问题不予深究，因为他的圣人之道要求人们去信任而不是去研究和判断。结果，他的学生们（法家）都自以为是地根据自己的一己之私而选择或制定礼仪和法律。秦始皇是沿着这条道走的，把一己之私强加给天下生灵，最终给社会带来了重大灾难。

　　容易指出，荀子在批评孟子忽略人的本性中的一己之私时，自己不知不觉也陷入了一己之私中。荀子性恶论对孟子的批评是中肯且深刻的。但是，他没有认识到，一己之私是一条普遍原则，不仅适用于其他人，也适用于说话者自己。也就是说，荀子及其学生，与其他人一样，都不能摆脱这一原则的制约。不幸的是，荀子及其学生都没有认识到这一点。荀子在性恶论中确实感受到了"信任"情感在人的生活中的重要作用，比如，他强调，对于未成年人来说，他们必须在"信任"情感中依靠父母的善恶标准；对于平民百姓来说，他们必须在"信任"情感中接受圣人的善恶标准。② 但是，荀子及其学生都没有进一步分析、讨论这一圣人之道，反而最后走在他们所批评的一己之私的道路上。于是，在中国思想史上，荀子的圣人之道展现为一条死路，从而无法吸引人们继续探讨。值得注意的是，荀子在讨论他的圣人之道时并不是真的要固守古时圣人的礼仪规范。他清楚地知道，古时圣人只是传说中的人物，只是一种理想化的人物。他要探讨的是当时面临的社会问题，即人人固执于自己的一己之私，导致了"礼崩乐坏"这种混乱局面。他呼唤的是当代圣人的出现。这便是他强调"青取之于蓝而青于蓝"（《荀子·劝学篇》）的真实动机。但是，他未能贯

　　① 荀子在回答这个问题时有不同的说法。他说："故圣人之所以同于众，其不异于众者，性也；所以异而过众者，伪也"（《荀子·性恶篇》）。不过，我们还是可以问：这个"伪"来自何处？如果"善"出于"圣人"，我们就不得不得出"圣人"不属于"人"类这个结论。荀子不愿做如此推论，表明他对"信任"情感之路缺乏明确的意识，因而无法对这条道路做进一步的分析。
　　② 例如，荀子说："人有三不祥：幼而不肯事长，贱而不肯事贵，不肖而不肯事贤，是人之三不祥也"（《荀子·非相篇》）。

彻一己之私原则，所以走入了死胡同。

　　基督教的跟随主题与荀子的圣人之道在思路上是相通的，然而，却在被圣人之道视为死胡同的地方走出了一条道路。基督教用罪人意识来表达荀子的一己之私原则，进一步指出，既然没有人是良善的，那么人就不可能依靠自己或他人而成为良善的。荀子的圣人之道隐含着"信任"情感在人的向善生活中的关键作用。基督教十分强调这种"信任"情感，认为人生活在罪中，必须相信耶稣来自天父（至善和真理），相信耶稣是通向天父的唯一道路，从而在跟随耶稣中走向天父。信任耶稣是唯一的道路。跟随耶稣意味着放弃善恶判断权，在顺服中接受天父的恩典。这是一种完全的信任；一己之私在这种信任中无法起任何作用。看来，与荀子的圣人之道相比较，基督教的跟随主题引入了一种全新的意识，即信任耶稣。换句话说，天父因着他的爱而在耶稣身上彰显自己，从而使人能够在信任耶稣中跟随耶稣，走向天父。

　　我们回顾一下荀子对孟子的批评。在荀子看来，孟子的心性之说缺乏对一己之私原则的深刻体会。但是，反过来说，既然人只能从一己之私出发（这在荀子看来是一个生存事实），那么限制人的一己之私就等于剥夺人的生存。相比之下，孟子要求人去深入挖掘一己之私中的善性，较之荀子简单采用圣人的一己之私，显然，孟子对人的生存的体会深刻得多。这是孟子的心性之说的力量所在。我们看到，孟子和荀子对人生的观察深刻地指出了两个基本生存事实：根据孟子的性善论，人在生存中不能不从一己之私出发，因而需要在一己之私中深挖善性；根据荀子的性恶论，人的一己之私不可能对一切人都是好的，因而从一己之私出发不能不危害他人的生存。

　　我们指出，基督教的跟随主题是要在恩典中打破一己之私，因为一己之私直接妨碍在信任中的跟随。这样一种生存，虽然与荀子关于一己之私的观察有共鸣之处，但不会走入荀子的圣人之道的死胡同。原因在于，在跟随主题中，真正的善不属于任何在一己之私中生存的罪人；善是在恩典中被给予跟随者的。无论一个人的善意念得到多么广泛的共鸣，也无论它在历史上持续了多久，它都摆脱不了一己之私的地位。在这种意识（即罪人意识）中，对于一个跟随者来说，当上帝的恩典降临到自己身上并打破自己的一己之私时，比如，当他现有的善恶标准（一种一己之私）受到严峻挑战而无法继续坚持时，他就只能接受现实，让自己的善恶标准解体，重建新的善恶标准（当然也是一种一己之私）。在这个过程中，跟随者的生命便得到了更新变化。这便是基督教的跟随主题所引导的人的生存。

人不可能不在一己之私中生存，这是人的罪性使然。人也不可能依靠自己除去自己的罪性，因为人在任何时刻都只能在一己之私中生存。从这个意义上看，基督教的跟随主题并不否定孟子在心性之说中对人的生存的观察。也就是说，基督徒在跟随耶稣时和其他人一样，只能在一己之私中生存。问题可以换一种提法：基督徒在一己之私中应该如何生存？我不想在这里展开深入的讨论，因为基督徒的生活也是五花八门的。简单来说，在跟随主题中的基督徒生活是这样的①：基督徒仰望上帝的恩典，随时准备好接受上帝对自己的一己之私的挑战，从而在接受上帝的恩典中不再固执自己现有的善恶标准；同时，基督徒无法脱离自己的一己之私而生存，因此，当现有的善恶标准被打破或解构后，他们必须尽快重建自己的善恶标准（新的一己之私），否则他们将无法进行判断-选择，无法生存。

孟子的心性之说所致力于探讨的便是这个重建善恶标准的过程。孟子深深体会到人在生存中的向善倾向（作为一个生存事实），并因此而深信人性本善（作为一个推论）。在此基础上，孟子进而认为，人们必须深刻地把握这个善性，并在此基础上进行善恶标准的建构。基督教的跟随主题有不同的说法，比如，它认为，人的旧善恶标准是在神的恩典中被打破或解构的，善的因素随着恩典而进入人的生存。因此，基督徒必须深入体会这里的善（即上帝的旨意），并在此基础上更新自己。这里，一个共同的预设是，人的生存中存在着善的因素；而且，人们必须深入体会这种善的因素，使之作为人们建构善恶标准的出发点。② 看来，基督徒的跟随主题在如何建构自己的善恶标准这一点上与孟子的心性之说并无根本的矛盾。

简而言之，本章从生存分析的角度分析了孟子的心性之说、荀子的圣人之道和基督教的跟随主题。这三个思想角度对人的生存中的一己之私原

---

① 我这里强调跟随主题中的基督徒生活。人们也许会发现其他类型的基督徒生活，比如，有基督徒根据《旧约》的律法，认为基督徒也必须按照神的律法（摩西律法）来生存。不过，基督教一直强调的是，恩典是白白给人的，人不能依靠自己的努力来跟随耶稣。在跟随主题中，前面的每一步都是由带领者决定的。

② 人们在谈论孟子的性善论时往往武断地认为性善是一个生存事实。这种说法是不能成立的。对于孟子来说，人在生存中向善是一个生存事实，但性善则是一个信念，是一种情感指向。同样，在基督徒的生存中，他们在跟随耶稣的过程中也体验到了某种善的力量，但认为它来自上帝的恩典（作为一种信念而指向上帝）。因此，关于人在生存中的善的来源问题，严格来说，是不可知的，只能在情感中形成某种信念，因而仅仅是一种说法而已。孟子的心性之说与基督教的跟随主题是两种不同的说法，都属于情感指向。关于这一点，我们需要做更多的分析。

则（性恶、修身、罪人）有共同的观察。荀子的圣人之道最终无法贯彻一己之私原则而走向自相矛盾；孟子的心性之说致力于在一己之私中寻找善性，但对一己之私在走向完善时可能给社会带来的深刻危害这一点缺乏反思；基督教的跟随主题在罪人意识中表达了对一己之私的危害性的充分认识，但轻视善恶标准建构问题。因此，我们或许可以说，孟子的心性之说强调的是建构自己的善恶标准，基督教的跟随主题则着眼于解构人的善恶标准。然而，人不就是在建构和解构中生存吗?!

第四部分

儒家的政治观

第十二章　中西两种政治的概念分析*

　　自由与责任是政治哲学的基本范畴。对此，我们注意到两种似乎水火不容的谈论方式。在近代主体理性主义的影响下，西方思想界一般是从权利（自由）出发来谈论责任。这种思路在卢梭的政治哲学中得到了充分的表达。在卢梭看来，自由是责任的基础，没有自由就没有责任，因此，保护人的自由（权利）是现代政治的出发点。这种以权利为基础的自由-责任谈论方式可被称为权利意识。但是，还有一种从责任出发谈论自由的思路，即传统儒家的思路。这种思路在中国儒家文化的天下意识中有相当充分的表现，即在一种天下有序的框架中谈论匹夫责任、各占其位、各尽其职，最后进入"不逾矩"的自由状态。在这种思路中，修身养性（培养责任意识）乃治国之本。这种责任-自由思路可被称为责任意识。

　　自由与责任是一对孪生概念。离开自由没有责任，离开责任没有自由。但是，上述两种谈论方式给出的是两种不同的政治模式。本章试图从生存分析的角度出发，分析自由与责任这两个概念在政治哲学中的界定。我们发现，现代政治是权利意识中的政治模式。鉴于现代政治对于当代社会的巨大影响力，我们需要深入分析现代政治的权利意识，及其对自由-责任的处理方式，呈现权利政治。总的来说，权利政治在天赋人权的口号下把某些"想要选项"神圣化为基本人权。这种处理方式掩盖了不同文化主体下的社会可能拥有不同的"想要选项"。对于当代中国政治来说，在责任意识中寻找并在宪法中确立中国文化主体下的"想要选项"，以此为基本权利，进而建设一种责任在先但尊重权利的责任政治，是根本的诉求。

---

　　* 本章原以《自由与责任：一种政治哲学的分析》为题，发表于《浙江大学学报（人文社会科学版）》2010 年第 1 期。

一、两个女人的选择

我们设想有两个女人。第一个女人有两个男人在追她，这两个男人都很讨她喜欢，在各个方面都很优秀。当然，他们也各有千秋，比如一个在政治上很有前途、生气勃勃；另一个在经商上很能挣钱，也生机勃勃。而且，两个人的人品也都不错。因此，对于这个女人来说，如果能嫁的话，最好是同时嫁给这两个人。但是，在现实生活中，她只能选一个。这样的选择，一般来说，是自由的。她可以在两个在她看来都是好的选项中进行选择，自己做主，要这个或者那个。一个女人，只要有两个或两个以上让她喜欢的人追她，她可以从中挑选，她就是自由的。

第二个女人的情况有所不同，她从小受到这种教育：女人长大成熟后就要嫁人，嫁人后就要生小孩；既要做好妻子，又要做好母亲，这叫作贤妻良母。而且，做母亲要做到底，儿子长大后娶了媳妇，她还要管好媳妇，做好婆婆。这样一个女人，她心里只想着别人的事，相夫教子，孝敬公婆，同时还得想着媳妇儿孙。她一辈子大概都没有想自己的时候，老是想着别人的事，凡事都按别人的意思办，都为了别人的利益。只要她关心的人高兴，她就高兴。我们通常说，这样的女人是为了别人而活的，是为责任所捆绑的。

第一个女人面临两个在她看来都是想要的选项，因而在选择时觉得自己可以独立自主。在这种情况下，我们说她有选择自由；至于她的责任问题，则并不被涉及。对于第二个女人，由于她不想自己的事，满脑子尽是他人的福利，极少甚至完全不考虑自己的快乐，所以，我们注重的是她的责任意识，往往会认为她没有自由。我们通常说，第一种情况下的女人是自由的，而第二种情况下的女人则被责任捆绑着。在这种意义上谈论自由与责任，不难发现，这两个概念之间并没有内在的联系。

进一步分析可知，第一个女人是自由的，因为她有两个在她看来是她想要的选项供她自主选择。或者可以问：她在拥有自由的同时，有没有责任呢？我们这样看：只要这两个选项还在，她就是自由的。但是，这两个选项是生存上的，而不是逻辑上的。她要进行生存选择，不能一直守着这两个选项而拖着不做选择。当然，有人希望永远保持着这样的自由。为此，当事人也许想一直等下去，不做选择。可是，人家可等不了。如果不做选择，这两个选项就会消失。然而，一旦进入选择，当事人就不得不为自己的选择负责任，在两个她都想要的选项中选择一个在她看来是更好的选项。

第二个女人满脑子都是别人的事，很有责任感。当然，她在想别人的事情时，想到的是给别人带来益处；这个益处不能总是在脑子里想，她必须让人实实在在地得到益处。因此，她同样面临选择问题：她总是选择在她看来最有益于她所关心的人的选项。就她不得不在两个或两个以上的选项中进行选择这一点来看，她也是拥有选择的自主权的。

可见，在生存选择中，自由与责任是共存的，而不是分离的。认为谈责任可以不谈自由，或谈自由可以不谈责任的想法，是不能成立的。为了深化这一点认识，我还想这样提出问题：只讲自由不讲责任是一种什么样的生存？对于第一个女人，有两个男人追她，如果她完全没有任何责任感，认为既然自己有两个选项，而且任自己做主，那随便选一个就是了。这便是所谓的不负责任的选择。但这是人的生存选择吗？

生存是在不断选择中表现自己的。一次性选择不是生存。我们来追踪一下前述所谓的"自由选择"。你如果随随便便地选择，是的，你在行使你的自由。但是后果呢？这样一个随随便便的选择可能给你带来好的后果，让你生活幸福，也可能给你带来坏的后果，让你受苦受难。这后一种坏的后果带来的是损害你的生存。生存是持续不断地选择，而人不可能在选择中不断地损害自己。如果一次随随便便的选择给自己带来了损害，下次选择时人就会变得谨慎，不可能再随随便便。因此，在持续的生存选择中，人不可能每一次都是随随便便的。生存选择是一个不断改善自己生存的过程。这就是说，人在自由地进行选择时，即使不考虑别的，也得考虑自己下一步生活的好坏，想一想哪个选择才会给自己带来更多的好处。对于那个拥有自由的女人来说，只要她的选择是持续的，她就必须比较哪个男人更好，给她的生活带来更多快乐。这种比较有时很令人困惑。但是，人们不得不这样做。比较总是会有结果的。不管如何选择，一旦做出最后决定，某种责任感就已经加进去了。

这种责任感是基于人对自己的生存负责。每个选择都对生存的下一步带来影响。今天的挑选是向着明天、后天的好处的。因此，我们说，即使在极端"随随便便"的情况下，人在安全自由地进行选择时，脑袋里也不是只有现在，而是要考虑到明天后天的事情，因而不可能避免责任意识。可见，即使在极端自由的情况下，也有一个跟随着自由而来的、与自由紧密联系在一起的东西，那就是责任意识。所以，从自由的角度看，自由与责任是一对相互依赖的共存概念。

第二个女人心里老想着别人的事，从来不想自己的事，因此我们说她被责任捆绑着。她不仅为别人想着现在，还为别人想着明天，为的是让她关心的人过得更好。但是，前面已经指出，只要她进行选择，她就有自由。尽管她脑袋里想的都是别人的事，责任至上，但是她必须在选择中完成她的责任。任何选择都有两个或两个以上的选项。在现实生存中，她必须对各种选项进行判断，找到最好的选项；比如，她必须清楚地认识到，怎样做才能让丈夫或儿子更开心，等等。进一步，在判断的基础上，她必须自主地进行选择并做出决定。这个自主性虽然决定于她的责任意识，但仍然是完全的自主性，不受任何外在力量的支配。即使她所考虑的事情都是关于他人的福利，这些"他人福利"也都经过了她的思想过滤，已经是她所认为的"他人福利"。从这个意义上看，她的自主性是完全的自主性。因此，即使这样一个充满责任感的人，当她为着这个责任进行选择时，她也是在行使自己的自主性，因而是自由的。

可见，在极端自由中，人仍然受到责任的制约；在完全的责任捆绑中，人仍然在行使自主权。这是我们在讨论自由与责任的关系时不能忽略的一个生存事实。因此，仅仅谈论自由不谈论责任，或者仅仅谈论责任不谈论自由，不是我们的真实生活。自由与责任是人的生存选择的两个基本因素，缺一则没有生存选择。问题不在于我们该不该承担我们的责任，也不在于我们该不该行使我们的自由，而在于我们该如何处理自由与责任之间的关系。

二、概念界定

1. 界定自由概念

为了对自由与责任这两个概念之间的关系有深入认识，我们需要对它们进行界定。关于自由概念，我是这样界定的，即人在生存选择上的自由必须满足两个基本条件：第一，人在生存中面临两个或两个以上的选项，其中至少有一个是人想要的；第二，人作为主体，独立地对自己所面临的选项进行判断-选择，所以人具有主体性。需要指出的是，自由概念可以有其他不同的定义，这里给出的界定是服务于本章讨论需要的，因而是本章的操作定义。不过，这个界定实际上与现代政治学的自由概念基本吻合。因此，这个被限定的自由概念不是普遍适用的（下文将专门讨论这一点），它只适用于一种政治哲学的分析。人们在使用"自由"一词时存在多种含义，这里不拟逐一讨论各种自由定义。在以下涉及自由概念时，我将有意识地恪守这个被限定的自由概念。

上述第一个基本条件包含了两点内容：首先，在自由中的所有选项必须都是当事人所关心的。在逻辑上，我们可以设想一些与当事人的生存完全无关的选项。这些无关生存的选项在逻辑上也许是一个因子，但却不是政治哲学的问题。比如，政治哲学不会关心孔子这位两千多年前的思想家是否拥有汽车（当代的机械化代步工具）自由这样的问题。在生存上，"汽车"对于孔子来说不是选项。

其次，一种选择是自由的，当且仅当选择者面临的选项中至少有一个他想要的选项。一个人在生存中可能遇到多个选项，但可能这些选项都不是他想要的。人在进行选择时，有些选项是人想要的，有些不是。如果某人面临的选项没有他想要的，那么，即使他面临多个选项，他也会认为这是一种没有自由的选择。举一个极端的例子：有人拿着手枪顶着你的脑袋，要你把钱包拿出来，不然就把你杀了。大家可能会说，在这种情况下你别无选择，只好把钱包给他。这里，"别无选择"的含义是，你这个被抢者没有其他选项，只此一路，所以没有自由。不过，人们会争辩说，在抢钱包这种极端情况下，人也至少有两个选项，即可以给钱包，也可以不给钱包，主要在于人看重钱包还是看重性命。如果看重性命，那就给钱包；如果把钱包看得比性命还重要，那就拼死也要保住钱包。按照这个思路，无论在什么情况下，人的生存都至少面临两个选项，因此，人是绝对自由的。从逻辑上看，这一推论是可以接受的。不过，这种自由不是我们这里谈论的自由。或者说，这不是政治哲学关心的自由问题。我们说，任何人，只要在所面临的选项中没有"想要选项"，他就不会认为他是自由的。硬说他在被抢劫的情况下仍然拥有自由，对于他来说多少有点"强词夺理"。在抢钱包这件事上，虽然涉及两个选项，但两个选项都不是当事人想要的，无论是"不交出钱包"（放弃性命）还是"交出钱包"，都不是他想要的。① 因为在遭受抢劫中，当事人所面临的选项中没有他想要的选

---

① 人们也许会从这个角度看这里的选项：交出钱包等于保存性命；保存性命是一个"想要选项"；因此，交出钱包是一个"想要选项"。这是一种似是而非的说法。在当事人的意识中，他是被迫交出钱包，他感觉不到自由选择。

项，故而无法满足我们给出的自由概念的第一个条件，所以，在这种情况下，当事人没有自由。

西方思想史上关于自由问题的讨论有两种思路。一种是哲学上的自由概念，涉及人的生存起点、生存动力和生存趋向。这种讨论对生存选择中的选项不加限制。① 另一种是近代政治哲学兴起后从人的政治权利角度谈论人的自由。这种讨论必须对选项进行限定。我们稍后要对这种限定在现代政治中的重要意义进行讨论。就这两种关于自由的讨论都涉及在两个或两个以上的选项中进行选择来看，它们有一些共同的特征。但是，后一种自由仅仅涉及"想要选项"，这只与人的权利相关。英语文献在处理这一问题时往往（但并不在严格意义上）用 freedom 指第一种自由，用 liberty 指第二种自由。② 这里从选项限定的角度区分这两种自由概念，即政治哲学的自由概念是一种权利概念，指的是，在至少存在着一个"想要选项"的多个选项中进行选择的自由；哲学上的自由概念则是在绝对意义上给出的，不考虑"想要"这一因素。考虑到日常语言的复杂性，为了避免混淆，这里仅仅谈论权利意义上的自由概念。

再看第二个基本条件。这里，主体性是关键词。人在生存中面临两个或两个以上的选项时，如果能够进行选择，就是自由的。但是，主体性是会受到限制的。一个人，如果因为内在的或外在的原因而无法进行判断-选择，那么，这个人的主体性就受到限制。无论在什么情况下，只要主体性受到限制，人就不拥有自由。比如，张三想买一辆汽车（买车成为他想要的选项），财力充足且汽车品种多样，然而，因为年龄、智力、情绪乃至身体疾病等方面的原因，他无法决定购买哪一辆车。在这种情况下，张三在买车问题上无法行使他的自主权。或者，张三因为完全被他人控制（如外力囚禁、法律限制等）而无法按照自己的意愿进行选择，也无权做主购买汽车。在这两种情况下，张三都缺乏自主权，因而没有自由。无论什么原因，只要人的主体性受到阻拦，人在受阻拦的那件事情上就没有自由（权利）。

---

① 关于这种自由的分析和讨论，参见谢文郁：《自由与生存：西方思想史上的自由观追踪》，张秀华、王天民译。此书追踪了西方思想史上关于这种自由概念的讨论。
② 伯林（Isaiah Berlin）也注意到西方思想史上的这两种自由概念，并用"积极自由"和"消极自由"来分别指称它们。参见 Isaiah Berlin, "Two Concepts of Liberty," *Four Essays on Liberty* (New York: Oxford University Press, 1970). 不过，深入分析伯林的讨论，我们发现，积极与消极常常是混淆的。

　　我们这里谈论的自由是一种社会关系。从政治哲学的角度看，一个人究竟心里想要什么是完全私人的事，不属于政治范畴。外界可以强迫人接受或拒绝什么东西，但无法强迫人在心里想要什么。一个人即使在囚禁中丧失很多方面的自由，仍然可以在心里想要很多东西。从这个角度看，停留在"想要选项"中，我们无法确定一个人的自由。也就是说，政治哲学谈论的自由不是孤立的、纯粹个人的。在更多情况下，这里谈论的自由是一种社会关系。但是，当一个人的"想要选项"涉及人与人的关系时，它就是一个政治问题。任何政治都会对某些"想要选项"进行限定，以维护一种公正且和平的人际关系。比如，引发美国南北战争的一个重要因素是奴隶问题。对于当时的南方种植园主来说，奴隶劳动力是一个"想要选项"。但是，由于战败，他们失去了使用奴隶劳动力的自由。一般来说，政治可以通过限制或禁止某些"想要选项"而控制人的自由。比如，大部分国家的法律都把政治权利与年龄挂钩（鉴于未成年人对监护人的依赖性或判断力未成熟等），对犯罪分子进行监禁（限制他们在社会上活动），等等。

　　我们注意到，限制人的自由（权利）是为了保障人的自由。在社会生活中，对于每个人来说，自己想要的选项往往涉及他人想要的选项，有些是互助的，有些是互损的。因此，有些"想要选项"（比如互助的）需要得到保护，有些则必须受到限制（如互损的）。那么，有没有这样一些"想要选项"，它们必须从根本的意义（作为宪法的基本权利）上得到保护？我们看到，在西方契约论中，政治被理解为权利的交换和契约。因此，限制人在某些事情上行使权利是为了保护人在其他事情上行使权利。比如，为了保护人对自己财产的支配权，政治可以在法律上或行政上禁止人对他人财产的强行占有。这种政治理论还认为，追求幸福权、财产拥有权、发表言论权、政治选举权等是基本人权，不能限制，只能保护。但是，哪些权利必须保护，哪些必须禁止，哪些需要限制等，这些问题涉及复杂的人与人之间的关系，不同文化传统对各种权利之重要性的划分也不尽相同，需要更多的讨论。

　　关于自由的定义，暂时就做这些界定和说明。总结一下，我们这里是从"想要选项"和"主体性"这两个方面对自由进行界定的。一般来说，一个人在做事时，如果其中包含了这两个要素，他就是自由的。两者缺一，则表明他缺乏自由。如果一个人的行动没有主体性，或者，不涉及他的"想要选项"，那么，他的行动就与自由无关。为了避免误解，再次强调，这里只分析并讨论在这种界定中的自由。这里对自由的界定是政治哲学所涉及的自由概念。当然，人们可以对自由概念做其他界定，但那样就超出了政治哲学的范畴。

2. 界定责任概念

在日常语言中，我们是在以下三个意义上使用"责任"这个词的。首先，责任指向明天。比如，什么时候会说一个人没有责任感呢？当他不管他明天的生活时。人有时很颓废，只顾当下的利益和快乐，"今朝有酒今朝醉"。对于这种人，我们不会说他们有什么责任感。什么时候会说一个人具有起码的责任感呢？当他做事时总想到明天会怎么样，想到做这事后将导致的直接或间接后果等时。其次，责任指向他人。一个人在做事时不仅为自己打算，同时也想到他的亲人、朋友，以及其他相关的人，甚至自己的子孙后代乃至与他毫不相关的人。我们说，这个人是有责任感的。他对他人的事情想得越多越远，他的责任感就越强，他的责任心就越大。最后，责任指向他者。这个他者可以是一项任务，也可以是一个人的理想。当人所做的事情都是为了他者时，这个人也被认为是有责任感的。本章在使用责任概念时，将在起码的程度上使用这三个意义。也就是说，一个人做事时，只要考虑到了明天、他人或他者，那么，我们说他是有责任感的。

不难指出，人的责任可以不断扩大而达及天下。对于一位家长来说，他对他全家的生活负责；对于一位地方长官来说，他要为地方百姓着想；对于一位国家领导人来说，他的思虑所及就是全国人民和子孙后代了。如果在其位而不谋其政，这个人就会因此而被谴责为失职（未尽责任）。考虑到人与人的关系由近及远，息息相关，一个普通百姓的责任意识也可以达及天下。比如，国家有难时，也会出现匹夫有责的责任意识。儒家的"先天下之忧而忧，后天下之乐而乐"的忧患意识，也是一种责任意识。

责任可以是指派的，也可以是积淀的。关于指派责任，如某人被分配了某种任务，被认定为某一社会角色，被安排在某一岗位上，等等，都属于这一类责任。可以观察到，这些任务、角色、岗位等，就其被指派而言，是外在的。当这些东西被加在人的头上时，人完全可以拒绝，从而这些外在的指派对于人来说就不是责任。但是，人一旦接受了这些外在的指派，就等于接受了这些责任。于是，它们就转化为生存的内在动力。从这个意义上看，指派责任也是内在的。

积淀责任比较复杂。一般来说，所有出于自身的责任感都是在过去的生活中积淀而成的。比如，一对双胞胎，其中之一被父母认定为哥哥或姐姐，那么，在日后的生活中，他或她就养成了哥哥或姐姐的角色意识，从而担当起照顾弟弟或妹妹的责任。在不同的文化传统中生活，人所感受的社会对自己的期望也就不同，从而会养成不同的角色意识和责任意识。而且，在同一社会中，人们所面临的社会期望也许有许多共同之处，但是个人感受却各种各样，不一而论。因此，人在社会生活中所积淀的责任意识，一方面（特别是在道德规范上）具有共性，与他人往往在一些问题上会发生共鸣，出现所谓的"共同责任"；但另一方面（特别是在个人理想上）也有自己的个性，与他人相异。从这个角度看，积淀责任具有显著的个人特征。

责任概念还有一个重要特征：就其起点而言是内在的，就其倾向而言是外向的。责任的内在性指的是责任必须有一个承担者（个体）。如果责任不内在地属于一个人并由他来承担，那么，我们就无法追究他的责任。有时我们会遇到"共同承担责任"或"集体负责"的说法。如果这种说法不是托词的话，那么，落实下来，还是要追究每个人的责任；否则，"集体负责"等于没人负责。因此，责任是个人的。

责任的外向性是指责任者所承受的责任是外向的，如未来、他人或他者。比如，对于"未来"，有责任意识的人往往是在自己的理想中表达自己对未来的理解，因而可以在他追求理想的活动中追踪他的责任意识。对于"他人"，有责任意识的人往往是在共同价值中理解他人的利益；这些共同价值既是他的，也是大家共有的；因此，可以借助分析共同价值来追踪他的责任意识。对于"他者"（指派任务），可以通过评估当事人对任务的完成程度来谈论他的责任意识。

责任的外在性决定了责任概念属于政治哲学的范畴。我们往往把责任理解为一个道德范畴，认为责任的核心在于人格培养，遵守规范。然而，从未来、他人或他者的角度来分析责任概念，我们很容易指出责任与政治之间的内在关系。中国儒家文化有"修身，齐家，治国，平天下"之说。这里的"修身"是在立志中进行的，也就是这里所说的建立理想，为未来负责。"齐家"涉及人与人之间的亲情、友情，是最原始的他人意识。这两点有比较浓重的道德成分。但是，人的社会关系是扩展的。人对亲情、友情的体验越深刻，对自己社会关系的体会也就越深刻。只有在这个基础上，人才能对那些不曾相识的人负责，即"治国"和"平天下"。因此，责任意识内在地包含了政治性。

可见，自由与责任在政治哲学中是一对基础性的孪生概念。

三、两种主体性

在前面的讨论中，我们从生存的角度分析了自由与责任概念的基本界定。自由概念是由"想要选项"和"主体性"来界定的，责任概念则内含着内在性和外向性两种倾向。为了对它们的界定有更清楚的认识，我们来考察一下两者在生存中的某些相关性。

我们先来考察自由概念的"想要选项"和责任概念的外向性。"想要选项"完全是主观的，即所有入围选项都必须由个体的主观愿望来决定。这些主观愿望可以完全是为了自己当下欲望的满足。作为对照，这些当下欲望在责任意识中恰好是被拒绝的。比如，对于一个贪图享乐的人来说，他只想好好享受眼下的生活，至于自己的明天、周边的家人朋友等，他根本就不考虑，这样的人是没有责任意识的。我们常常谈论的自由与责任之间的对立大多指的是这种情况。在另一种情况下，我们发现，人的主观愿望有时恰好可以与责任的外向性一致。比如，一个人希望他和他的朋友们有福同享。因此，在他想要的选项中包括了保护与促进朋友们（他人）的利益和幸福。在这种情况下，他是在"想要选项"中进行选择，所以，他是自由的。同时，他在选择这一"想要选项"时指向他人利益，所以，他是一个负责任的人。需要指出的是，自由与责任的这个交互点是偶然的，而不是定义上的。过分强调这个交互点，会取消自由，也会抹杀责任。

另外，"想要选项"就其受主观意志决定而言是确定的、具体的。如果个体的意愿尚未明确，他的"想要选项"就不能确定。但是，人的意愿有时是抽象的。比如，一位男士想娶一位漂亮女士。只要还没有确定这位"漂亮女士"是哪一位具体的女士，他的"漂亮女士"就仅仅是一个抽象概念。在这种情况下，他并不拥有一个"想要选项"。另一个例子是，对于一个以自由为基础的政治体制（如西方权利政治）来说，"想要选项"的确定性和具体性提供了可操作性。这种政治以维护人的基本权利为出发点，认为这些基本权利是人人都想要的。如果这里的"基本权利"是不确定、不具体的，那么，所谓的"维护"就无从谈起。

作为对照，责任的外向性恰好是不确定的。我们指出了三种指向："指向未来""指向他人""指向他者"。这里的"未来"可以通过追踪人的理想来把握，但考虑到人的理想并不是一成不变的，我们无法要求当事人执着于一种不变的理想。当一个人在生存过程中改变了自己的理想后，我们并不会因此而认为他做事不负责任。"指向他人"中的"他人"一般来说是确定的，比如亲人、朋友、地方百姓等。但是，究竟什么是"他人"的利益呢？当事人大多通过共同价值来体验"他人"的利益。这种体验带有浓重的个人主观理解成分，与"他人"的实际利益往往并不完全一致，甚至可能完全相反。于是，当事人按照自己的责任意识做事时给"他人"带来的不是好处，而是损害。这便是所谓的"好心办坏事"。即使如此，只要是为他人服务，我们就不否定他的责任意识，虽然有时会认为他失职（没有完成好责任）。在第三种指向中，可以把"他者"等同于一项任务。如果"指派任务"不太复杂，当事人就比较容易把握任务的内容，从而对自己的责任有较清楚的认识。当事人只要按照指定任务的具体规定去做事，就是负责任的。因此，在这种指向中，我们可以得到一定的确定性。不过，这里仍然存在着当事人对"指派任务"的理解问题。"指派任务"越复杂，当事人对问题的理解是否准确就越重要。比如，对于一位国家领导人来说，所承担的"指派任务"就十分复杂，而对它的理解也因人而异。可见，在上述三种指向中，何为责任这一点恰好是不确定的。

　　总的来说，责任所指向的未来、他人和他者都外在于责任承担者，因而承担者对它们的主观理解与它们的本来要求之间是有距离的。这一点对于我们理解责任概念特别重要。对于一个以责任为基础的政治来说，每一个责任承担者都只能从他的责任意识出发，因而他的责任意识（对未来、他人和他者的理解）对这个地区的政治之好坏就起着决定性的作用。我们把这种政治称为"人治政治"。儒家的政治理论属于这一类型。它强调政治家的修身养性、责任意识培养，并在此基础上进入政治，即所谓的"修身，齐家，治国，平天下"。

　　我们在界定自由时指出，人的自由具有主体性。人在生存中所面临的选项至少有一个"想要选项"，并选择其中之一。如果这个选择动作不是出自人自己，那么，我们就不能说人是自由的。生存就是选择。对于一个自由人来说，选择意味着自由主体性（拥有自由的个体）在两个或两个以上的选项中能够选择他想要的选项。因此，自由主体性对于这个自由人来说是生存的起点。另外，我们在界定责任时则指出了责任的内在性，认为责任必须由一个个体来充当承担者，否则就无法追究责任。从概念上看，承担者就是一个主体，由他启动并完成责任。承担者是一个拥有一定责任意识的主体，因而拥有主体性。换句话说，承担者作为主体从他的责任意识出发进行选择。从这个意义上看，责任主体性构成这位责任承担者的生存起点。于是，我们面临两个主体性：自由主体性和责任主体性。

对于一个在权利意识中的自由人来说，他要求在所有选项中至少有一个是他想要的，并在其中进行自由选择。如果他所面临的选项全都是他不想要的，他决不会认为他是自由人。他的主体性关心的是，他在生存中能否遇到至少一个他想要的选项，并进行选择。如果这样的选项不存在，他的权利意识就会驱动他去争取自由，即争取占有至少一个"想要选项"。卢梭关于自由主体性的论述是相当准确的。在他看来，人在自然状态下拥有各种自然权利，并在与他人订立契约的过程中交换权利而进入社会生活。人在订立契约时是拥有主权的。凭着这个主权，人可以决定交换哪些权利。但是，人不可能交出这个主权，因为人必须拥有主权才能交出主权。因此，在他看来，这个主权是人作为人的基础，丧失它等于放弃自己的人权。他认为，放弃权利（自由）等于放弃自己作为一个人，等于交出自己的人权和责任。①

然而，对于一个在责任意识中的人来说，他所看重的是他所承担的责任，他对责任的了解是否充分，他如何完成责任，等等。当然，责任人也在多个选项中进行选择；但是，他在评价这些选项时完全从他的责任意识出发，只选择有利于完成责任的选项。也就是说，他可以不考虑"想要选项"；对于他来说，只要能够尽到他的责任，走独木桥也行。责任在他的选择中永远是在先的。② 这种责任在先的主体性最后的归结点是"天下意识"。范仲淹"先天下之忧而忧，后天下之乐而乐"是这种主体性的准确表达。

我们看到，自由主体性和责任主体性在生存选择上引导着不同的方向，因而是两种不同的主体意识。它们可以重合，如责任人在顺利地履行责任时（面临的选项既是想要的同时又是指向责任的）所感受到的自由。这时，这个个体同时是自由人和责任人。但自由人和责任人常常是相互冲

---

① 参见 Jean-Jacques Rousseau, *On the Social Contract* (1762) (Indianapolis, IN: Hackett Publishing Company, Inc., 2019)。中文版可参见卢梭：《社会契约论》，何兆武译，商务印书馆，2003，第 1 卷第 4 章。

② 也许有人会做这样的争辩：从责任出发对多个选项进行选择时，任何有利于责任完成的选项都可被归为"想要选项"。考虑到"想要选项"是由人的主观意愿决定的，而责任意识在形态上是一种主观意愿，这一争辩似乎有理。不过，我们常常遇到的困境是：面临的选项都不利于责任的完成（即没有"想要选项"），但仍然需要去履行责任。

突的，不可兼得。自由人在缺乏"想要选项"时往往丧失责任意识，如绝望轻生者放弃维持自己的生命的责任。责任人为了责任，无论面临什么选项（有利的和无利的），都要履行责任，并且愿意放弃任何与责任不一致的选项（包括"想要选项"，如各种生活享受等）。

四、作为政治生活的起点

自由主体性和责任主体性引导了两种政治模式。不难观察到这种情况：要求自由人按照某种责任进行选择，我们就不得不破坏他想要的选项，剥夺他的自由。自由人就不再是自由的。同样，为了维护责任人的权利（自由），我们就不得不要求他淡化责任意识；这样一来，责任对于他来说就不再是出发点，而他就失去了责任人的身份。

在现实生活中，权利意识和责任意识是交错共存的。大概而言，可以分为三种：（1）人有时从权利意识出发，并在此前提下承担责任；（2）人有时从责任意识出发，并在此基础上行使权利；（3）人有时生活在两种意识混合主导的状态中。这三种共存形式实际上构成三种政治关系。比如，在中国传统的婆媳关系（一种责任在先的社会）中，做媳妇的常常觉得自己的利益被侵犯，但她必须忍气吞声，不能反抗。她在未尽到自己的责任时，反而会产生内疚感。对于她来说，媳妇孝敬婆婆是"天经地义"的。而对于一个生活在现代西方社会（权利意识主导的自由社会）中的人来说，如果他感觉到自己的权利受到威胁，那么，为了他的权利，他可以破坏亲情、朋友、同事关系等。对于他来说，他的权利是至高无上的。显然，以上是两种完全不同的政治关系。我们需要对此做更多分析。

康德在这个问题上的说法相当混乱。我们知道，康德是从自由意志引申出责任概念的，他认为，一个人只有在自由的时候才能承担责任，没有自由就没有责任。康德充分认识到自由与责任在人的生存中是不可分离的。但是，和卢梭一样，康德坚持认为，自由在先，责任在后。[①] 然而，

---

① 康德说："我们必须把自由预设为理性存在者的意志之性质"［Immanuel Kant，*Foundations of the Metaphysics of Morals*（1786），in *Critique of Practical Reason*（Chicago：The University of Chicago Press，1949），p. 103］。他又说："在评估我们行动的全部价值时，它（意志）总是最先的，并且是任何其他事物的前提条件。为了说明这一点，我们将使用责任概念"（同前，第 58 页）。

当他进一步分析自由概念、提出所谓的自由法则时，康德却把责任当作生存的出发点。在他的道德哲学中，康德认为，人的自由意志就是自己按照自己的意志行动，因而必然遵循内在的而不是外在的法则。这种内在的法则也被称为"绝对命令"。① 具体来说，意志的内在法则有三条：普遍立法、意志自律和人是目的。就它们作为法则而言，它们对意志有绝对的制约作用；就它们是意志自己的内在法则而言，它们对意志的制约完全是内在的；因此，绝对命令对于意志来说是绝对自由的。康德说："因此，自由意志和一个在道德法则中的意志是一回事。"② 显然，康德把自由主体性和责任主体性混为一谈了。

我们看到，康德这里使用的"自由"概念已经不是权利意义上的自由概念了。在康德看来，只要是内在的、自主的就是自由的。人的选择在任何情况下都至少在两个选项中进行，因而人的选择都是人的自主性运用。这一思路等于说：只要人在选择，人就是自由的。这种自由不考虑"想要选项"。如前面的分析，如果不考虑"想要选项"，那么，自由可以不在权利意义上使用。如果不在权利意义上使用"自由"一词，那么，人在任何时候、任何情况下都可以是自由的。实际上，把自由理解为遵循自己的法则，如康德谈论的绝对命令，常常指向未来（完善自己）和他人（人是目的），这种"自由"其实与我们所说的责任没有区别。根据前面关于自由与责任的界定，自由主体性和责任主体性都是内在的。但这两种主体性是很不一样的。康德不加区分地把这两种主体性都看作自由的，我认为，这种处理至少从政治哲学的角度看是不合适的。③

我们先来分析以权利意识为主导的政治生活。权利意识要求至少拥有

---

① 康德认为，人的道德生活中有两种命令，即假言命令和绝对命令："如果一个行为只是作为工具对于其他事物而言是善的，那么这种命令就是假言的；但是，如果善是指内在于自身的善，从而在意志中是必然的，与意志的内在法则一致，那么这种命令就是绝对的"[Immanuel Kant, *Foundations of the Metaphysics of Morals* (1786), in *Critique of Practical Reason*, p. 74]。这里，假言命令涉及外在因素，具有经验内容；绝对命令也就是内在法则，是纯形式的。关于两者的关系，参见 Immanuel Kant, *Foundations of the Metaphysics of Morals* (1786), in *Critique of Practical Reason*, p. 74；谢文郁：《自由与生存：西方思想史上的自由观追踪》，张秀华、王天民译，第 4 章第 3 节。

② Immanuel Kant, *Foundations of the Metaphysics of Morals* (1786), in *Critique of Practical Reason*, p. 102.

③ 类似地，萨特从"存在先于本质""存在即自由"等命题出发，认为人的自由是绝对的，因为人的存在永远在两个或两个以上的选项中选择。参见萨特：《存在与虚无》，陈宣良等译，三联书店，1987。这种说法不考虑"想要选项"在选择中的地位，实际上也是混淆了自由主体性和责任主体性。

一个"想要选项"；缺乏"想要选项"，等于没有权利。如果一个人想要做某件事情，却不被允许去做，他就会在这件事情上认为自己没有自由。如果这件事情涉及他的根本利益，他就会感觉到自己的生存缺乏自由。在权利意识的驱动下，争取自由就成了他的生存动力。比如，一个中国人想要到德国安居乐业。如果德国允许移民，他就会从这个权利出发，创造条件，实现移民。如果德国不允许任何移民，他就缺乏移民德国的权利（自由）。权利意识会推动他去争取这个权利，如要求德国政府改变政策等。权利一旦在法律上被规定，就是权利享受者进行选择的出发点。

　　一个人行使自己的权利就不能不承担行使权利所带来的后果。行使权利（自由）是当事人自主地在两个或两个以上的选项（其中至少有一个"想要选项"）中进行选择，而生存选择是连续的，前一个选择不能不对后一个选择产生积极的或消极的影响。如果出现消极影响，这就表明主权者在前一个选择中犯了错误。主权者不可避免地要为这个错误负责任，并在下一次选择中予以修正。从这个角度看，行使权利（自由）并不意味着拒绝责任意识。不过，我想强调的是，在这种情况下，责任意识是以权利意识为基础的。显然，一旦他的权利受到限制或侵犯，主权者就可以消极地推卸责任，认为自己没有自由，所以自己不负责。而且，他也可以积极地维护或争取受到限制或侵犯的权利。在这个人的生存中，权利大于责任。

　　主权者对自己的权利有绝对的支配权，因为权利是出发点，这是权利意识的基石。显然，对于主权者所不拥有的权利，他是无法从它出发的。在近代政治哲学的社会契约论看来，主权者可以把自己的某些权利出让或交换。主权者在出让或交换自己的权利时有两条原则。其一，主权者不可能出让或交换"订立契约的主权"。就订立契约的过程本身来看，如果主权者出让或交换这个主权，他就无法订立契约。卢梭指出，出让主权等于"交出人权"，而这是不可能的。这个不可出让或交换的主权使人可以订立契约，也可以修改和放弃契约。其二，主权者不可能无缘无故地出让或放弃自己的某些权利。洛克强调，人进入社会生活（即出让或交换权利）是为了自己的福利。[①]我们看到，当代西方政治便是这样一种以权利为基础

---

　　① 洛克谈到，人出让或交换权利而进入社会，是"为了舒适、安全、和平地生活在其他人中间，保障自身财产，在抵制上述一切对立面上求得更大保障"[John Lock, "An Essay concerning the True Original, Extent, and End of Civil Government," in *Two Treatises of Government* (New York: Cambridge University Press, 1960), p. 375]。

上的政治，称为权利政治。它的核心是在宪法中赋予公民某些基本权利，并以维护这些宪法权利作为政治的中心任务。权利政治成功与否，唯一的标准是看它是否有效地保障公民的宪法权利。

然而，权利政治不是万能政治。我这里不打算全面分析权利政治，只是通过下面的例子来说明权利政治在一些社会问题上不得不走向死结。比如，美国政治-法律界常常在流产问题上陷入难以自拔的困境。在权利意识中，保障公民的宪法权利具有第一优先性。以流产问题为例，流产涉及孕妇和未出生婴儿的权利问题。赞成流产的一方强调孕妇的权利，而反对的一方则强调婴儿的权利。承认孕妇的流产权利，一旦这一权利被行使，婴儿的生存权利就被否定。维护婴儿的生存权利，不许孕妇选择流产（使"流产"成为非法），就剥夺了孕妇的流产权利。十月怀胎的甜酸苦辣只有孕妇本人才能体会。对于孕妇来说，剥夺她的流产权利，等于强迫改变她的生存方式。①

实际上，陷在权利意识中，我们将永远无法解开这个死结。然而，如果我们换个角度，即求助于孕妇的责任意识，那么，这个死结并不难解开。婴儿的生存权利能否得到保护，在于孕妇是否已经形成了母亲意识（一种责任意识）。只要孕妇的母亲意识已经形成，她就不会做出流产——终止婴儿的生存——这样的决定。孕妇的母亲意识不是一种权利意识。从权利意识出发，任何权利的放弃都是一个交换过程，即订立契约的过程。上述孕妇困境在于：不允许孕妇流产，等于要求她无条件地放弃她的流产权利。这是不符合权利原则的。但是，孕妇在自己的母亲意识中可以放弃任何权利，只求能够把婴儿生出来并抚养长大。我们看到，孕妇的母亲意识之形成与其权利意识无关，而是通过别的途径形成的，如生理上的骨肉之情、以往的家庭教育、文化上的潜移默化，等等。这一观察表明，在政治生活中，除了从权利意识出发进行选择之外，人的生存选择还有别的出发点，即从责任意识出发，这是另外一类政治生活，即责任政治。

在责任意识中的选择是从某种责任出发的，并不考虑"想要选项"问题。在更多情况下，当事人面临的选项都是他不想要的。我们可以看看这种极端的例子。某人接受了一项任务，并形成了对这一任务的责任意识。对于他来说，任何有助于他完成这一任务的因素都是他进行选择的决定性因素。如果献出自己的生命属于这样一个因素，他就会选择献出生命。同样，对于任何阻碍任务完成的因素，包括他的所有权利和利益，他必须让

---

① 流产问题是英语学术界的一个热门话题，文献多如牛毛，参见 Steven M. Cahn and Peter Markie, *Ethic, History, Theory, and Contemporary Issues* (Oxford: Oxford University Press, 2002), pp. 735 - 781。

它们失去作用。也就是说，在执行任务的过程中，只要出现一个从自己的权利或利益出发而做出的选择，这个人的责任意识就是不完全的、可谴责的。

从责任出发进行选择，由此形成的政治生活是以责任为中心的。在这种政治生活中，当事人对责任的理解和完成情况是当事人的政治生活成功与否的主要标志，也是当事人的政治生活是否健康的决定性因素。在这一思路中，责任感和尽责努力在这种政治生活中是第一位的。当然，当事人不可能没有自己的权利，比如，当事人有权表达自己的想法（根据他的责任感），有权保护自己的利益（受责任感制约），也有权获得自己的报酬（与责任相配的报酬），等等。但这些权利都是建立在责任基础上的，并且一旦与责任冲突，当事人就必须做出相应的调整，甚至放弃。相应地，一个完全没有责任感的人在这种政治生活中是没有权利的。离开责任就不能谈权利——这是这种政治生活的基本原则。当然，人与人之间的责任感并不相同，如平民与官员所肩负的责任不同，他们的责任感也不相同。因此，这种政治也可被称为"问责政治"。

问责政治的起点是责任意识。儒家文化中的修身养性，归根到底便是培养人的责任意识。人是在自己的责任意识中理解责任的。人的责任意识越深刻，人的责任主体性就越成熟，其为人处世方式就会得到更多人的称赞，从而社会地位就越高。当然，在这种政治中，责任主体性的成熟程度（包括政治领袖和平民百姓）是这种政治成功与否的决定性因素。也就是说，问责政治更多强调的是当事人的责任意识修养。相应地，在社会治理上强调人治，辅以法治。

由此看来，问责政治以责任主体性为基础。这是一种不同于自由主体性的主体性。自由主体性要求从一定的权利出发进行选择，没有权利就没有责任。责任主体性则从一定的责任意识出发，一切都必须围绕着责任之执行和完成，即使放弃权利也在所不惜。在生存上，这两种主体性承担着两个完全不同的生存出发点，建构两种不同的政治体制，引导着两种不同的政治生活。①

---

①　前面指出，康德混淆了责任主体性和自由主体性，是因为他没有注意到这一区别。比如，康德在讨论"心灵改变"问题时观察到人在"恶的公设"中生存，指出，人有责任从"恶的公设"中摆脱出来，改善心灵。他说："因此，尽管人心败坏了，人还是拥有善良意志，仍然希望从自己迷失的地方回到善中"（Immanuel Kant, *Religion within the Limits of Reason Alone*, p. 39）。这显然是在谈论责任主体性。

五、关于西方权利政治的一些分析

换个角度看，我们也可以把自由主体性看作责任主体性的一种特殊形态。对于选择者来说，如果面临的选项中至少有一个是想要的，就会认为自己是自由的。自由主体性要求至少有一个"想要选项"。近代政治哲学在寻找政治的基础时，发现这一特殊形态的主体性（即自由主体性）对于建设一种健康的政治生活是必要的。霍布斯在追究政治起源时指出，人的生存有两种状态：自然状态和社会状态。人通过契约从自然状态进入社会状态。只有在社会状态才有政治问题。洛克也是在契约的思路上讨论政府职能的。洛克认为，人在契约中交出权利而委托政府使用，因而政府的权力是契约人赋予的，其职权是保护和服务契约人的利益。契约人交出权利而委托政府使用，其目的是追求幸福。因此，政府必须满足契约人对幸福的追求。人的幸福的基础是拥有财产，因而契约人的财产权必须得到尊重，不可侵犯。洛克认为，个人财产权和追求幸福权是市民的基本权利，绝对不可侵犯。这种想法是现代社会的理论基础。不难指出，洛克关于这些权利的思想隐含着一种深刻的责任意识。深入分析财产权和追求幸福权，对它们的认可归根到底是一种责任意识。洛克在论证这两项基本人权时一再指出，它们是人追求幸福的基本条件。"追求幸福"涉及人的未来生活，涉及人与社会其他成员之间的关系。因此，洛克认为，为了人类的幸福，宪法必须保障这两项基本人权。在这个意义上，自由主体性不过是责任主体性的一种表达。

从政治的角度看，自由主体性这一特殊形态具有重要意义。前面的分析指出，责任意识涉及责任者对责任的理解，如在理想中对自己未来的理解、对他人利益的理解、对指派任务的理解，等等。这些理解是主观的，并且总是在发展变化中，因而是不稳定的。责任意识是人的行动指南，有什么样的责任意识就有什么样的行动。也就是说，一旦责任意识发生了变化，人的行动也随之发生变化。责任意识的不稳定性决定了人的行动的不稳定性。政治涉及人与人之间的协调关系。如果某些政治领袖的责任意识已经改变，而其他人还跟不上这一改变，政治上的协调关系就无法维持。如果完全依靠政治领袖的责任意识治理国家，那结果往往是不协调的，甚至是灾难性的。

作为比较，权利意识所依赖的权利虽然是个体的，但却不是可以随意改变的。洛克谈论的财产权和追求幸福权，以及后来卢梭指出的契约权等，在近代政治哲学家看来，都是人最基本的"想要选项"，因而在法律上对它们进行保护是天经地义的。在此基础上，在整个欧洲蓬勃发展的启蒙运动便是要引导人们去认识自己最基本的"想要选项"，树立权利意识。我们说，这便是西方权利政治中的权利意识。责任意识转化为权利意识是现代政治的根本特征。权利意识具有稳定性，故而在此基础上运行的政治也获得了稳定性。这也是西方现代政治取得成功的主要原因之一。

考虑到权利意识在政治上的重要性，我们必须寻找真正符合自己利益的"想要选项"，并使之成为宪法保护的对象（作为权利），进而在全社会建立相关的权利意识，确保政治稳定。近代政治哲学提出的财产权、追求幸福权、契约权等，究竟是否具有普遍性是可以继续讨论的。也许，不同文化传统所培养的责任意识并不一样。比如，在一种奉行"钱财乃身外之物"信念的文化传统中，财产权对于在这种文化传统中生存的人来说就可能不是一种普遍的基本的"想要选项"。如果一个选项对于一些人来说是想要的，对于另一些人来说是不想要的，那么，这个选项就不能受到宪法的保护而成为公民的基本权利。我不拟在这里展开这方面的讨论，但有一点可以肯定，无论在什么文化中，我们都必须寻找普遍共享的基本的"想要选项"，并通过宪法使之成为公民的基本权利。

我们还注意到，在当代的一些政治争论中，也许是受到现代政治的巨大成功的影响，人们往往用自由主体性来排斥责任主体性。以"天赋人权"为例，人们把某种文化传统中的权利意识奉为人类普遍的权利意识，并强加给其他国家。这些年来在东西方文化交流中有一个突出的争论，即自由民主权利问题。西方社会是由权利政治主导的。在西方政治家的心目中，自由指的是平等权利，民主的特征是选票民主。因此，平等和选票就理所当然被认为是一种普遍的基本的"想要选项"，必须成为一切政治的基础，受到宪法的保障。在他们看来，这些权利是天赋的，必须为全人类所共享。他们运用西方社会的强大经济甚至军事实力强迫其他国家接受这样一种权利意识。然而，历史表明，把一种权利意识强加给其他国家，结果只能是引起各种政治冲突乃至战争。

从生存上看，这是一种本末倒置的做法。责任意识指向未来、他人和他者，因而在理解上总是处于生成过程中。如果一种政治完全以责任意识为基础，那么，它必然是不稳定的。现代政治认为，责任意识必须转化为权利意识，对选项进行限定。这个转化的关键点在于责任意识辨认出社会成员的共同的基本的"想要选项"，并通过宪法把它规定为公民的基本权利。需要注意的是，我们不能把一个并非共同的基本的"想要选项"写入宪法作为公民的基本权利。一般来说，这样做的结果是以下两者之一：（1）这项基本权利没有人使用，因为没有人想要它。比如，宪法可以规定人人都拥有饲养鲸鱼的权利。这项权利没有普遍性，大多数人都不想要这个选项，因而不会行使它。（2）这项基本权利成为某些人的特权，只为某些人所享用。比如，宪法可以允许多配偶制，但多配偶需要一定的经济实力来维持，只有少数富人才能做到。因此，多配偶权利只是少数富人想要的，因而成为他们的特权。

也就是说，没有相应的责任意识，就不可能形成一定的权利意识。这一点也适用于现代社会权利意识的形成历史。西方近代社会中的责任意识是在洛克和卢梭等人的思想中辨认出他们所宣称的基本权利的。但这个转变涉及十分复杂的文化因素。① 无论如何，我们看到，西方现代政治的权利意识（通过宪法强化）是某种责任意识的转化形式。② 这一点对于启蒙时代的思想家来说是相当清楚的，所以，他们在谈论权利时，总是将之与责任联系在一起。

因此，把权利意识置于责任意识之上，不管用什么样的包装（如"天赋人权"的说法），在生存上都是一种本末倒置。关于责任意识和权利意识的关系，根据前面的分析，我们可以做如下描述：责任意识是人的生存的原始动力，它始终在生成过程中，缺乏稳定性。以责任意识为基础的政治（问责政治）完全依靠领袖的责任意识，并随着领袖责任意识的改变而改变，因而缺乏稳定性。当领袖的责任意识出了问题时，如错误的理想、误解他人利益、对任务的体会太浅，等等，这种政治就暴露了它的弊病。

从另一个角度看，我们也注意到以权利意识压制责任意识的倾向，如西方社会在流产问题之争中出现的以权利抵挡责任的现象，发达国家利用

---

① 这个问题需要专门而深入的讨论。一般来说，要追溯其中的因素，我认为，必须回到西方近代启蒙运动中去。启蒙运动是一个综合性的社会运动，由多种动力推动，如宗教改革运动、近代科学的发展、理性主义的兴起、中国儒家文化热，等等。权利意识是在启蒙运动中形成的。

② 其实，卢梭在谈论人的主权时就注意到，人往往对自己的主权无知，从而不去使用它。这样一来，整个社会契约就成了空洞的条款。为了使人认识到自己的主权，我们必须迫使他独立自主，行使主权。这种情况称为"迫使自由"。参见卢梭：《社会契约论》，何兆武译，第1卷第7章。"迫使自由"涉及了对那些缺乏基本权利意识的人进行启蒙教育。这个教育过程是培养某种责任意识（权利意识）的过程。

经济和军事力量强迫发展中国家接受西方世界的权利意识的现象，等等。我们不能脱离责任意识来谈权利意识。权利意识是责任意识的一种特殊形式，如果用权利意识来压制或取代责任意识，同样会给社会带来危害。权利意识所指向的"想要选项"是由当下主观愿望决定的；只要主观愿望尚未改变，"想要选项"就原封不动。一旦"想要选项"得到宪法的保护而成为公民的基本权利，它就可以反客为主来规定人的主观愿望。比如，公民对宪法所赋予的权利缺乏认识，因而需要对他们进行法律普及教育。这就是说，我们是在一定的宪法基础上向公民强行地灌输一种权利意识，使公民知道自己所拥有的宪法权利。在这种情况下，责任意识的发展就会受到抑制，而社会发展也会受到阻碍。因此，充分认识到权利意识是责任意识的转化形式，恰当地处理好这两种意识之间的内在关系，对于现代政治来说是一个重要课题。

我们对自由（权利）与责任这对概念进行了初步的分析、讨论，发现"想要选项"是区别自由与责任的关键所在，由此引申出自由主体性与责任主体性，它们引导着两种相当不同的政治体系，即权利政治和责任政治。不难观察到，西方社会的权利政治提倡自由主体性，强调人的基本权利，并在此基础上谈论人的责任。中国的政治虽然受西方权利政治的影响（"与国际接轨"），但基本上仍然是一种责任政治，因而权利只能在责任感中被界定。中西政治的差异性在于责任政治与权利政治的差异性。如何面对这种差异性，需要更多的分析和讨论。简单地用权利政治取代责任政治，或者在责任政治中排斥权利政治，这种简单的理想主义处理方式是绝对不可取的。

第十三章　儒家仁政的情感结构分析[*]

儒家的政治理念在中国政治思想史中可归属为"仁政"，其政治思路属于责任政治。^①然而，受五四新文化运动的冲击，这一在中国历史上实行了千余年的政治理念，学术界一直未能给予认真而深入的讨论。这种忽视，对于中国思想界来说是一种损失。因为，未来中国政治的发展需要重视历史传承，它关系到稳固制度根基并且持续发展这一大问题。^②所以，分析儒家仁政的内在结构，厘清其治理思路，进而为中国政治制度的完善提供一种儒家视角，具有学术和现实双重意义。儒家仁政是一种建立在情感秩序上的政治理念，其原始性情感是敬畏天命，以此为基础一级一级地建构一种情感结构作为社会秩序的架构，因此，本章拟分析儒家仁政中的一些骨架性情感的界定，如"忠""敬""诚"等，来展示它们之间的结构性关系，呈现儒家仁政作为一种责任政治的运作机制。

＊　本章原以《"敬-诚-忠"情感结构中的儒家仁政》为题，发表于《南国学术》2019年第3期。

①　在《孟子·梁惠王》中，孟子提出了"仁政"的说法，它包括伦理和政治两个方面的内容。在后续的讨论中，儒家依据不同时代的问题而不断丰富仁政思想。我这里采用现代汉语的表达方式，把仁政政治方面的内容归结为责任政治，目的是想遵循儒家仁政思路，在当代社会语境中探讨并阐述责任政治的内在机制和现实运作。关于责任政治的界定，参见谢文郁：《自由与责任——一种政治哲学的分析》，《浙江大学学报（人文社会科学版）》2010年第1期；谢文郁：《儒家仁政和责任政治》，《原道》2013年第2期。就行政治理而言，儒家仁政意义上的责任政治涉及的是社会治理，范围要大于贤能政治。近年来，贝淡宁（Daniel A. Bell）教授在中英文学术界提出贤能政治问题，并强调中国政治具有贤能政治的特征，参见贝淡宁：《贤能政治：为什么尚贤制比选举民主更适合中国》，吴万伟译，中信出版社，2016。他的这种西方观察是相当到位的。不过，"贤能政治"这种提法不足以指称儒家仁政。他所讨论的涉及贤能治理，属于责任政治中的吏治问题。

②　放弃儒家仁政的做法始于1905年清政府实施的所谓"宪政改革"。

一、"忠心"与责任意识

责任意识的实质是责任政治主导意识，包括知识与情感两个方面的内容。根据儒家对该问题的考察，它是在"天"概念中谈论"三纲五常"的。这里的"纲"，表达了儒家关于宇宙秩序的基本预设，即宇宙、社会都是在一种共同的秩序中存在的。这种秩序如同一个网状，由彼此相接的"结"联系在一起，有纲有目。社会秩序中的职位便是网状结构中的"结"。不过，社会与自然界不同，职位占有者是拥有意识（情感、思维、意志）的人。他们的责任意识对社会之网的维持和运作起着决定性作用。因此，就需要对职位占有者的责任意识培养和维持进行分析。

以纲目之喻来理解宇宙秩序，最早见于《礼记·乐记》："然后圣人作，为父子君臣，以为纪纲。"《吕氏春秋·离俗览·用民》用"纲目"之喻来理解社会秩序："用民有纪有纲，壹引其纪，万目皆起，壹引其纲，万目皆张。"汉代班固在《白虎通义·三纲六纪》中列出三纲："三纲者，何谓也？谓君臣、父子、夫妇也。"在儒家看来，这三种关系是社会关系（包括道德伦理和政治秩序）的出发点。"夫妇"是成人之间最直接、最亲密的关系，因而是所有其他人际关系的出发点（伦理秩序）；"父子"是代代相传的纽带，因而是传统承传的关键环节（秩序承传）；"君臣"关系则是社会治理的起点（政治秩序）。这里集中分析作为"君臣"政治秩序之基础的情感秩序。

就语义而言，"君臣"指的是政治制度中的上下级关系。"君"作为上级，是带领者；"臣"作为下级，则是服从者。在制度设计中，上下级的基本规定是"服从"：一级一级，直到最高级——君王/皇帝。制度设置中的"职位"有职责界定，即使最高职位（君王/皇帝）也拥有具体职责。任何职位，无论何人占据，都要求占有者对职位的责任界定拥有一定的意识，并要求在责任意识中执行和完成本职工作。缺乏责任意识而占据职位，必然导致此职位的功能丧失，进而破坏政治秩序。职位越重要，职位功能丧失带来的秩序破坏就越严重。如果最高职位的占有者未能尽职，则整个社会将走向失序。在儒家仁政中，"君臣"纽带被界定为"君为臣纲"，说白了，就是为臣者在服从君命中做好本职工作。反过来说，如果下级不服从上级，政治秩序就无法维持。

　　当然，上下级的服从关系并非尽职的全部。如果一位官员的责任意识仅限于上下级的服从关系，无视本职与其他直接或间接相关职位的平级关系，那么，他对所占职位的认识就是不全面的。任何一个职位在纲目网络中都涉及与其他职位的关系。职位占有者必须在上下级关系的基础上不断扩展对其他相关职位的认识。只有这样，他才能形成对本职位的深入认识，建立较为全面的责任意识。严格来说，在网状结构中，每个职位都是网上的一个结，与其他职位（网结）有直接或间接的联系。这一点，是儒家仁政在"君为臣纲"思路中对政治秩序的基本理解。①

　　因为责任意识是在占有职位后才开始形成的，所以责任意识大多出现在如下情境中。首先，职位占有者在接受职位后，受职责的要求而被迫发展自己的责任意识。从政治治理角度看，设立一个职位，设计者必须充分考虑并限制它的责任范围，以防官员在行使职责时越位，孔子称之为"正名"。② 这是一项十分复杂的工程。就其导向而言，职位设立与职责界定必须围绕并满足社会管理和发展的需要。至于具体应该设立什么制度，在不同时期、不同情境中有不同要求。在这个问题上，儒家强调与时俱进。一旦制度确立，职位设立与职责界定就可以由执政者给出，也可以在实践中因为需要而修改。孔子承认，他自己喜欢并想要恢复周礼，"子曰：'周监于二代，郁郁乎文哉！吾从周'"（《论语·八佾》），但并没有强调周礼的永恒性。在一个好的制度中，职位一旦设立，就有基本的职责要求，职位占有者就必须接受职责的约束，并以此为导向而发展自己的责任意识。

　　其次，在儒家仁政中，职位占有者还必须自觉地发展自己的内在责任意识。这一意识被儒家称为"德性"。对于任何职位占有者来说，都需要把在位期间的分内事做得越来越好。因为责任意识培养是一个对职位认识不断深化的过程，而且，在不同的责任意识水平上行使职责会导致不同的结果，所以，责任意识的建立又是一个持续不断的过程。那么，是什么力量推动职位占有者不断深化自己的责任意识呢？这就涉及责任意识中的情感因素。例如，在地方行政长官中，县长（县令、知县）这个职位的基本

---

　　① 关于"三纲"的讨论，参见方朝晖：《"三纲"与秩序重建》，中央编译出版社，2014；方朝晖：《为"三纲"正名》，华东师范大学出版社，2014。

　　② 参阅《论语·子路》："名不正，则言不顺；言不顺，则事不成；事不成，则礼乐不兴；礼乐不兴，则刑罚不中；刑罚不中，则民无所措手足。"

职责是：造福一方百姓，维护一方平安。在制度设计上，自然会有具体的强制性职责要求；而称职的职位占有者必须对这些职责有所认识并不断深化，才能被称赞为"忠于职守"。但是，究竟做到何种程度才能算尽职，是很难用数字来衡量的。这里涉及个人能力、工作态度、努力程度，等等。不过，只要忠于职守，就会尽力做好本职工作，并不断提升自己的工作水平。这里，忠于职守的主导因素便是"忠心"这种情感，责任意识的培养和维持都是在"忠心"这种情感中进行的。因为，能力是中性的，可以在做事的过程中培养；但如果缺乏"忠心"，职位占有者无论有什么能力，都将无法做好本职工作。所谓"德才兼备"的"德"主要指"忠心"，而"才"属于知识才能的范畴。在责任政治中，责任意识中的"忠心"是主导性因素。因此，理解责任政治，还需要对"忠心"这种情感的内在结构进行分析。

作为一种情感，"忠心"的对象既可以是一个人，也可以是一个职位。它驱动当事人为所忠于的对象服务，努力按照服务对象的意愿或要求来做事。从这个角度看，"忠心"也可称为"责任感"——责任意识中的情感。在网状政治秩序运作中，要求不同的人占据各个职位，并履行职位所要求的职责，而对于当事人来说，既可能喜欢所占据的职位，也可能不喜欢，但无论如何，要想做好本职工作，就必须对它忠心。换句话说，缺乏忠心，是不可能做好本职工作的。即使就普通岗位而言，入职者既可能出于爱好（出自内心），也可能出于生活所迫（迫不得已），但无论在什么情境中入职，只要忠于职守，就能做好本职工作。或者从评价的角度看，只要入职者做好了本职工作，就表明他入职后产生并维持了"忠于职守"这种情感。

忠心是责任意识的起点和基础。这种责任感的出现虽然依赖于其他情感，但出现后就独立运作，不再依赖于其他情感。也就是说，职位占有者是可以仅仅在"忠于职守"情感的基础上做好本职工作的。至于在此之前的喜好或厌恶，只要忠心已经生成，那些情感对于做好本职工作就无关紧要。如此说来，责任意识包括两个因素：一是作为情感的忠心，二是关于职位的具体认识。"忠心"既推动当事人去认识职位，也推动当事人去做好本职工作。当然，一个缺乏忠心的人也可以对某个职位有所认识，但他关于职位的认识并不一定服务于本职工作；相反，他可能在某种与本职工作无关的意图中运用这些知识。在这种情况下，他是不可能做好本职工作的。例如，贪官就缺乏忠心，占有职位是为了其他目的或利益，贪官关于职位的知识越多，其贪腐行为就越狡猾而不为人所知。因此，在责任政治中，忠心更为根本。它要求在"忠于职守"这种情感中形成关于职位的知识，培养并发展责任意识。任何在其他情感基础上建立起来的关于职位的认识，都不是责任意识的组成部分。

需要注意的是，一方面，忠心是单独支持职位占有者做好本职工作的；另一方面，忠心是无法恒久地单独存在的。它虽然可以独立运作，但也只是在一段时间内有效。若想要忠心恒久维持，还需要其他情感对它予以支持。对于当事人来说，忠心指向的对象是一种需要为之负责的外在物。这种外在物可以与忠心没有任何关系。它不像那些由己而出的东西，如父母生子女因而对子女负有责任，工匠造物因而对所造之物负有责任，等等。因此，对职位的忠心不是原生性情感，而是派生性情感，这种情感如果没有其他情感做辅助，是难以持久的。虽然许多源于自爱的情感可以成为忠心的基础性情感，如利益向往、害怕惩罚、兴趣指向等，但多是短暂而不稳定的，随着这些情感的消失，忠心也就无法独自地长久存在了。而要使当事人忠心长存并在忠于职守中做好本职工作，相应的基础性情感就必须具有恒久性。在责任政治设计中，寻找一种持久且开放的基础性情感，使之在官员中产生共鸣且成为他们的共享情感，不仅对于官员的"忠于职守"情感之培养和维持来说至关重要，而且直接关系到一种责任政治能否成功运作并长久存在。

此外，还应注意到，在网状政治秩序运作中，人们往往把"忠于职守"情感误用或偏向到某个人身上。例如，在上下级关系中，由于职位的关系，上级对下级的重要性是不言而喻的。如果下级的忠心仅仅指向上级，那就必然导致下级职位占有者忽略了对自己的职位与其他职位之间关系的认识和处理，无法建立健康的责任意识，进而导致相关政治秩序的破坏，忠心演变为"结党情结"。如何防范并避免这种误用，对于责任政治来说至关重要。在制度建设上，责任政治要求职位占有者的忠心指向职位，并在此基础上培养责任意识，做好本职工作。

总之，职位占有者的责任意识（忠心＋职位知识）是责任政治运作的基本前提。没有责任意识，责任政治就无法运作；而责任意识是在"忠于职守"这种情感中建立的，没有忠心就无法建立责任意识。但是，忠心在人的生存中并非原生的，它需要依赖其他情感才能长久维持。这就涉及儒家仁政的另一重要内涵——"敬天"。

二、"敬天"与社会秩序

儒家仁政在维护社会稳定时一直重视一个关键因素，那就是培养一种具有恒久性的共鸣情感——"敬天"情感。因为，在"敬天"情感中生成的忠心是持久的，由此培养出来的责任意识也是持久的。这是儒家仁政维护社会稳定的关键力量。

从中国政治思想史来看，殷商交替之际，就产生了一个严重的政治问题。在商纣王心目中，他作为君王，是受命于天而治理社会的，因此，对于他的治理受到挑战大惑不解，感叹道："我生不有命在天？"（《尚书·西伯戡黎》）由此反映出，纣王是在"敬天"情感中感到困惑的。在他的信念中，"天"是一种巨大无比的力量，非人力可以对抗。"天命"若是上天所赐，则无人能够剥夺。但是，当周人要推翻他的统治时，纣王就认为周人在破坏天命，公然挑战天的权威。如果天的权威是可以挑战的，那敬天就是一件不必要的事，他长期以来对天的敬畏岂不是自欺欺人？纣王的困惑也是当时人们的一个共同困惑。针对这个困惑，周公提出"德"来加以解释，认为天命不是一劳永逸地赐给某人的，为政者必须认识天命并遵守天命而行，即"以德配天命"。于是，问题就集中在"德"上。从语言上说，"得"通"德"。"配天命"需要认识天命；认识一点就得着一点，日积月累而积成厚德，周公称此为"敬德"。天的权威通过有德之人而落实在人间。有德之人根据自己对天命的认识，顺从天命秩序，得道天助；无德之人对天命无知而违背天命，所以受罚。因此，认识天命，顺从天命，成为有德之人，这才是天命秩序的关键所在！①

但人是如何认识天命的呢？《诗经》中有一首题为《荡》的诗，相传为召穆公所作："匪上帝不时，殷不用旧。虽无老成人，尚有典刑。曾是莫听，大命以倾。"意思是，商纣王的失败并非因为"天"（上帝）不引导他做事，而是因为他"不用旧"。所谓"旧"，指两件事：一件是"老成人"，另一件是"典刑"。后者主要指由祖宗传承而来的成文规范；前者则

---

① 关于周公的敬德说法，参见《尚书·召诰》。《尚书·多士》记载了周公对迁徙后的殷周后裔说的一段话："非我一人奉德不康宁，时惟天命。"意思是，并非我自己个人喜欢折腾，而是我们做事的时候要遵循和依靠天命。

指那些被纣王杀死的老臣。没有这些"老成人",纣王就无法知道天命,故而脱离了上帝的保佑。当然,并非所有老臣都是"老成人",只有那些一辈子追寻天命、在自己的生活经历中积德而厚德的人,才会对天命有深入的体会和领受。显然,这段文字表达了如下信息:上帝使古代圣贤传给我们的经典内含天命,而"老成人"的厚德内含天命。

《诗经·大雅·烝民》:"天生烝民,有物有则。""天"(上帝)在儒家传统中包含两层意思:一方面,"天"(上帝)是人和万物的起源。由于时间上的原因,今人不可能见过上帝;但作为人和万物起源的上帝,其存在则是可以证明的。每个人都由父母生出,父母也各由其父母生出,作为一个连续链,必有一个最早的起源。这个论证肯定了"天"(上帝)作为起源的实在性。对于这个起源,虽然在感觉经验层面无法认识它,但它的存在却是实在的,值得人们心存感激和敬仰。另一方面,"天"(上帝)又是宇宙万物之秩序("则")的给予者或规定者。这个秩序,从人和万物存在之始就给予这个世界了。这个秩序是如何运作的,人不可能完全认识并把握,但世界的有序性是显而易见的。比如,一年四季的运行,人可以依此耕种而获得食物;恒星运行周而复始,日月交替不易;等等。人的有限能力只可以支配有限的运动,而整个宇宙的秩序则需要巨大力量来维持。这个力量,便是主宰者。人虽然无法完全认识它,但可以肯定它就在那里运行。对此,人唯有在敬仰中指向它。一句话,"天"(上帝)是实实在在的;作为起源和主宰,它与人的生存密切相关。这也是儒家敬天传统的基础。

在敬仰中呈现的"天"(上帝)是一种外在力量。它独立于人们的思想和生存之外。如果顺从它的安排,并且所做之事符合它所设定的秩序(即天命),那么,人的生存就顺利并受到祝福。越吻合,福气越大。反之,如果在生存中与之发生冲突,人的生存就必然受到损害。越冲突,损害越大。对于这样一种外在力量,人只能敬畏。这里称之为"敬天"情感。也就是说,"天"(上帝)不是人们的经验认识对象,而是情感对象。"敬天"情感所呈现的"天"是一种不可抗拒却独立自行的力量。它自行其是,作为人和万物的起源,并设立了宇宙的秩序。遵循这个秩序就能得到从"天"而来的好处,而违反者则会受到惩罚。因此,在敬仰中面对"天",人还会伴随着畏惧。这是一种"敬"与"畏"结合在一起的情结。

天之秩序(天命)即是世界秩序,包括宇宙秩序和社会秩序。儒家认为,宇宙秩序(自然界)就是现象界的空间和时间秩序。这些秩序都是在感觉经验中显明的，无须深究。比如，万物在空间上有四面八方，井然有序，这是可以在感觉经验中呈现的；在时间上则顺序有别，春夏秋冬。万物没有意识，自然而动，因而人在其中生存，只需遵循它们的运行法则，如日出而作，日落而息。孔子说："大哉尧之为君也！巍巍乎！唯天为大，唯尧则之"（《论语·泰伯》）。儒家在面对自然界时，从来没有把它当作思想对象，因而没有研究其中的内在结构和运动规律的冲动；但儒家是承认宇宙秩序的，并且仅仅视之为感觉对象和敬畏对象。作为感觉对象，宇宙秩序就是时空秩序：时间秩序指四时变化、生命时序等，空间秩序指星辰运动、几何方位等。它们直接呈现在人的感觉经验中，人凭着经验知识而"则之"即可。作为敬畏对象，宇宙秩序是固定不变的，强大而神圣。因此，儒家没有改造世界的想法。在敬畏中，改造世界这个想法本身就有不敬的倾向，这样做会改变宇宙秩序、破坏天命。

　　儒家更关心的是社会秩序。与宇宙秩序不同，社会秩序涉及人的判断-选择。人是在思想中进行判断-选择的。在现实生活中，人受自己有限视角的限制，犹如井底观天；这种有限性，导致了人在思想和判断中会不断犯错误。当人在错误的判断中选择时，人就破坏了天所设置的社会秩序。这便是孔子所处的"礼崩乐坏"局面。对于孔子来说，天命秩序是在敬仰中呈现的，因而具有神圣性。虽然当下处于失序状态，但既然天命秩序是真实的（在敬仰中），那么人就可以此为目标而努力修复当下混乱的社会秩序。"敬天"情感就是恢复天命秩序的动力。

　　孔子没有直接提出"敬天"这种说法，而是反复谈论"敬事"。《论语·子路》中有一段对话："樊迟问仁。子曰：'居处恭，执事敬，与人忠。'"这里的"事"指在一个职位上做事。孔子为什么把"事"上升到"敬"的高度呢？就孔子的思路而言，"事"涉及维护社会秩序的问题。每个职位都是社会秩序之网上的一个结，牵动其他的结而动及整个社会秩序之网。因此，把"事"做好至为关键。而且，社会秩序是天所命定的。人在"敬"中做事，就是敬天。进一步讲，在孔子看来，只有在"敬"中做事，才能把事做好。他甚至把"敬事"当作君子的本质属性之一。孔子说："有君子之道四焉：其行己也恭，其事上也敬，其养民也惠，其使民也义"（《论语·公冶长》）。"敬事"乃君子四道之一。孔子又说："君子有九思：视思明，听思聪，色思温，貌思恭，言思忠，事思敬，疑思问，忿思难，见得思义"（《论语·季氏》）。"敬事"乃君子九思之一。

　　孔子强调"敬事"，不同于周公强调"敬德"。那是因为，周公回答的是朝代更替的合理性问题，而孔子则面临社会秩序恢复的问题。也就是说，他们是在不同语境中说话。但"敬德"和"敬事"有一点是共同的：周公、孔子在使用"敬"时，都指向天命这个绝对者。换句话说，"敬"这种情感，指向一种外在的巨大而高贵的力量——"天"。

孔子要求人在"敬"中做事，是把敬天作为做事的基础性情感。因为，在天所命定的秩序之网中，每一项工作、每一个职位即"事"，是维持这个秩序的关键环节（网结），需要在"敬"中做好本职工作，以维持天命秩序。那么，"敬事"与"忠于职守"又是一种什么关系呢？《说文解字》用"敬"来解"忠"："忠，敬也。"可见，"忠"与"敬"是两种十分接近的情感。虽然孔子没有使用"忠事"的说法，但在《论语·八佾》中，孔子谈到"臣事君以忠"，认为臣位（职位）在"忠"这种情感中就能做好。而在《论语·卫灵公》中，孔子说："事君，敬其事而后其食。"可见，"敬事"与"忠于职守"在某些情况下其实是一回事。

不过，说这两种情感有一致性，并不是想模糊其中的区别。"忠于职守"指向的对象（职位）是确定的，其中的职责也是具体的。"敬事"虽然也指向一个确定的职位，但同时指向天命秩序。天命秩序来自天命，可以不断地被人们认识；但是，对于人们的认识现状而言，它只是认识活动的方向和目标。也就是说，"敬"指向的对象是一种终极性的存在，是万物的根源和主宰，是各种职位的安排者。因此，面对这样的对象，人们只能在"敬"中不断地认识，与时俱进。只要尚未完全认识它，就只能在"敬"中仰望。显然，"敬"可以是一种恒久的情感。相比之下，"忠"指向的对象是有限的。

正是由于"忠"无法独自地长久存在，孔子引入了"敬"来谈论做事，对"忠""敬"做了更细致的区分，即人应该在"敬"中忠于职守。也就是说，"忠"这种情感，如果建立在"敬"的基础上，就能长久维持。人在"敬"中"忠"于职守，就能做好本职工作。"敬"是"忠"的基础性情感。

三、"君子"与敬天知天

儒家仁政是由一群被称为"君子"的政治精英来组织和运作的。就字义而言，"君"是领导、带头、主宰的意思。由于最高权柄来自"天"，所以，君子是一群敬畏并努力追求天命、实践天命的人。换句话说，敬畏天命是君子的生存起点，认识天命是君子的目标，落实认识到的天命则是君子在现实生活中的使命。从这个角度看，敬畏天命是儒家仁政的出发点，君子群体则是儒家仁政的实践主体。这里，培养君子以形成君子群体，采纳相应的政治制度上的机制以辨认君子，让君子进入政治治理中，就是儒家仁政实践的关键所在。

《论语·宪问》在谈论君子时说："子路问君子。子曰：'修己以敬。'曰：'如斯而已乎？'曰：'修己以安人。'曰：'如斯而已乎？'曰：'修己以安百姓。修己以安百姓，尧、舜其犹病诸？'"孔子要求，君子在"敬"中"修己"，并在此基础上"安人"及"安百姓"。"修己"是君子生存的出发点。这就是说，"敬"是君子生存的原始性情感。在君子生存中，"敬"对于其他情感来说是原始性的，同时也是基础性的，这种情感是人生存的出发点。

"敬"在人的生存中是如何产生的呢？人在生存中会遇到三种对象（包括主体性存在和物体性存在）：有害的、有益的、中性的。相应地，人有三类情感对应于这三种对象。对于有害对象如恶人、自然灾害等，人会产生讨厌、嫌恶、仇恨、惧怕等情感，这些情感是消极性的。对于有益对象如好人、喜爱的事物、良好的环境等，人则会产生喜爱、期望、相信、向往等情感，这些都是积极性情感。至于中性对象，如与己无关的人物、事物等，如果其存在和运动不妨碍人的生存，人则会冷淡（作为一种情感）待之。不过，这种中性对象如果在某方面强于自己，人也会起而敬之；如果这种中性对象是巨大的主体性力量，因为它在力量上远超于自己，人就会对它产生"敬仰"情感。

在"敬仰"情感中呈现的对象是独立自主的力量，它既可以有益于人的生存而引发人对它产生积极性情感，也可以损害人的生存而激发人对它产生消极性情感。就敬仰所引导的积极性情感而言，人们会向往它，期望它赐福给自己；就敬仰所激发的消极性情感而言，人们会害怕它，期望它不害己。换句话说，敬仰对象作为一种主体性力量，对于敬仰者来说既可以是积极的，也可以是消极的，因此，人们在面对它的时候既可能是喜爱向往的，也可能是畏惧逃避的。这种兼有积极倾向和消极倾向的情感，可被称为"敬畏"。在敬畏中，如果敬畏对象是一种强大力量，那么敬畏者在做事时就要追求与之在方向上保持一致，从而能够借助于它的力量而使自己受益；同时，敬畏者还努力避免与之对立冲突，以免受灾受害。

在儒家"敬畏天命"这种情感中,面对"礼崩乐坏",恢复天所命定的社会秩序是摆在儒士面前的迫切需求。然而,如何认识、体验、把握天命之社会秩序,这就涉及天命的认识论问题。在儒家那里,这个问题被分成两个方面来处理。首先,孔子认为,认识天命必须先有一批敬畏并追求天命的君子。为此,他亲自开设杏坛,不加限制地招收学生,期望通过教育来培养一批敬畏并追求认识天命的君子。就孔子的教育理念和实践而言,他并不关心一般的技能或手艺训练;或者说,他的学校并不提供关于具体事物的制作知识。这些知识的传授可以让各行各业的师傅去做。当然,孔子并不反对他的学生拥有各行各业的知识,但只要进入他的学校,学生就必须有志于成为君子。"君子"就是指那些敬畏并追求认识天命的人。只要社会存在君子,社会就拥有对天命的认识,进而可以践行天道。反过来说,没有君子,社会就无法认识天命,从而天道不行。因此,孔子办学的目的是培养君子,进而让君子当道,以此作为社会治理的根本。

在如何培养君子的问题上,孔子设置的教育程序是:在"敬畏天命"这种情感的基础上,引导弟子们关怀社会、众生和子孙后代的福祉("仁"),遵循祖宗留下的社会制度而养成良好习惯来维护社会秩序("礼"),学习六经以体会古人关于天命的认识来形成自己关于天命秩序("义")的认识。进一步,孔子要求弟子们积极投身于社会治理的实践中,在现有社会秩序中寻找自己的"位",并在"敬事"中尽本位的职分("忠")。在这个过程中,君子就可以一代一代地积累对天命秩序的认识,并以此为基础在现实生活中不断完善现实社会秩序。在孔子看来,认识天命并进而建立社会秩序不是一劳永逸的,而是一个继往开来、不断完善的过程。孔子的教育理念是服务于政治治理的:在学习经典、遵守礼节中承继古代圣人的天命认识,培养一批敬畏并寻求天命的君子,让他们进入社会管理阶层并在社会治理中完善各种制度。在这个承前启后的过程中,人最终就能拥有完全的关于天命的知识。

其次,儒家还有一条通过内修而认识天命的途径。与外在教育不同的是,这条途径强调,人可以通过内在地感受自我本性而认识天命本性,并不断自我校正对天命的认识,进而达到对天命的完全认识。关于这条途径,《中庸》中有充分的阐述。简略而言,在《中庸》看来,每个人在出生时就禀赋了天命。这个禀赋便是人的本性,乃人的生存出发点。认识并遵循自己的天命本性,就是合宜的生存。君子可以通过内向地追求天命本性而寻得关于天命的知识。这个内向的途径便是"诚"。君子可以在"诚"

这种情感中观看天命本性；或者反过来说，天命本性是在"诚"中呈现给君子的。因为，人的本性乃天命所定，君子敬天就必须在"诚"中面对自己的天命本性。"诚"与"敬"是君子的原始性情感，也是君子认识天命的必经途径。"诚"是内向的，"敬"则是外向的。如果缺乏"诚"，天命本性就无法呈现，从而也就无法敬畏外在的"天"；如果缺乏对"天"的敬畏，就不会真诚地面对自己的本性。在这个思路中，"诚"与"敬"在君子品格中是融为一体的。《中庸》的天命本性这种说法，实际上也给出了一条人人皆可进达的认识天命之路。

一般来说，人可以分为君子、小人两种类型。君子是在"敬天"情感中拥有追求认识天命的冲动；小人也许有"敬天"情感，但在现有心思意念中沉溺于自己现有的生活，并无他求。《中庸》用来界定小人的文字不多，但也是相当清楚的。在《中庸》看来，天命在人出生时就被赋予，因而人人皆有天命在身。不过，人一开始是完全受天命本性推动的，随着生活经验的积累，进而拥有各种心思意念；同时，在社会上与他人交往而接受各种意念；于是，人的生存就受到两股力量的推动。一方面，天命本性仍然在人的生存中作为推动力量；另一方面，人在生活中积累的意念开始发挥作用，成为人进行判断-选择的根据，有些意念在生存中甚至是主导性的。在《中庸》看来，人如果完全受现有意念主导，缺乏认识天命的冲动，就被称为"小人"。也就是说，小人缺乏"诚"这种情感，完全受自己的意念控制，无法呈现天命本性，因而也就无法认识天命。

在中国历史上，儒家关于仁政的设想，是汉武帝接纳董仲舒"罢黜百家，独尊儒术"的建议后，在儒士的推动下逐步落实到政治生活中的，被称为"儒家仁政"。它并不提倡全民共治的政体，而是一种精英政治，由君子来主持政治秩序。也就是说，仁政的主导力量是君子，培养君子而形成君子群体是仁政的基本导向。当社会存在着君子群体后，还需要一种机制引导他们占据恰当的政治地位，从而使他们在实践上成为政治的主导力量。

这里所说的"机制"，是一种辨认并选用君子的机制。儒家关于君子、小人的划分并非以血缘关系为准则，而是以拥有关于天命的知识为原则。只要敬畏天命，并在"诚"中认识和追求天命本性，就是君子。从隋朝开始，中国社会在儒家仁政思路的引导下开始实行科举制。作为一种政治制度，它是辨认和选用君子的机制。就形式而言，它的主要设置是考查考生对经典的知识，以及对古代圣人之意的体会，目的是选贤与能——那些追求认识并把握天命的君子。在儒家仁政看来，占据社会秩序中各个位置的人必须是君子；他们在"敬天""敬德""敬事"中忠于职守，在"诚"中追求对天命的认识和把握。只有这样，社会秩序才能不断完善而接近天命秩序，最后达到"天人合一"的境界。当然，这是需要一代又一代君子努力才能达到的境界。

科举制在选贤与能方面的成就是巨大的，是维持社会稳定和发展的一种基础性力量。但是，儒家仁政在最高统治者——"君王"的培养和选用上是有重大缺陷的。虽然《孟子·万章上》中提出了儒家仁政思路中的"禅让制"设想，但并未得到实施；相反，社会接纳了君王血缘继承制。在这一制度中，君王被称为"天子"——"天"在人间的代言人。就概念界定而言，君王、君子都必须敬天而知天。然而，君子可以在开放式教育（面对所有社会成员）中培养，科举制可以辨认和选用君子并使他们位居各个政治职位；但君王在血缘继承制下，只允许在血缘关系范围内挑选。作为最高政治首脑，君王是否敬天、知天而具有君子身份是至关重要的，但血缘继承制无法保证君王的君子身份。在仁政理念的引导下，中国历代王朝也强调对储君的教育，希望培养出敬天、知天的君王，但成功率并不高，庸君、昏君、暴君不断出现，政治治理的重任还是落在了士大夫（君子群体）身上。也就是说，从政治体制的角度看，血缘继承制与儒家仁政是不吻合的。因此，1911 年的辛亥革命推翻了清朝统治，同时也在政治上放弃了血缘继承制，这是符合儒家仁政思路的。然而，由于在此之前，科举制已于 1905 年被废除，这导致儒家仁政在名义上退出了政治舞台。但是，儒家仁政所设计建立的一整套培养、辨认、选用君子的教育和监管机制，仍是未来完善中国政治制度建设的宝贵遗产，值得深入研究和讨论。

综上所述，在儒家仁政的理论和实践中，君子角色是关键所在。他们是一个群体，敬天知天，并在实践中把自己认识到的天命落实在现实的社会秩序中。敬天是君子的起点，知天是君子的目标。或者说，君子敬天知天是在"敬""诚"这两种情感中进行的。"敬"指向那外在的绝对的天命，人以此为生存的终极依靠；"诚"指向人在出生时所受之天命本性，人接受它的冲动，不断完善对天命本性的认识。对自己本性的认识就是对天命的认识，完全认识了自己的本性就能完全遵循本性而生活，这便是"天人合一"的境界。由于社会秩序是天命定的，故而必须由敬天知天的君子来建立、维持和完善，社会秩序中的各个环节（政治地位）必须由君子来担任。君子敬天而敬事、忠于职守而维持社会秩序，修身养性、与时俱进而不断完善自己的责任意识以及社会秩序。因此，君子作为主导性的政治力量，拥有"敬-诚-忠"这种情感结构。只要君子在社会中是政治主导力量，社会秩序就会不断完善而趋向与天命秩序一致，达到"天人合一"；同时，一旦君子丧失在社会中的政治主导作用，社会就开始失序而走向混乱。如此说来，儒家仁政是君子主导的政治，是一种责任政治。落实这种责任政治，社会必须有一套培养、辨认、选用君子（包括君王）的机制，并使君子各占其位、各尽其职。

第十四章　现代西方政治与儒家仁政的政治领袖产生机制比较分析*

政治的一个关键环节是最高领袖的产生机制。历史上，最常见的是血缘继承制，即皇帝或国王在血缘关系中传承王位。近代以来，在西方国家中，英国最早放弃血缘继承制，进而采用君主立宪制，通过民主选举来产生实际上的最高政治领袖（议会会员、内阁成员和总理）。其他西方国家陆续跟随、效仿而放弃了血缘继承制。虽然随后各自建立的政治制度并不完全一致，但是西方国家基本上都采取了所谓的民主选举制。为了讨论的方便，本章用选举制称呼这种政治领袖产生机制。就思想史而言，这种机制在卢瑟福（Samuel Rutherford）、霍布斯、洛克、卢梭等思想家的著作中得到了相当充分的说明，并在启蒙运动中成为社会的共同意识形态。鉴于西方世界通过选举制而在政治治理中取得了令人瞩目的成功，人们往往把选举制视为理想的政治领袖产生机制，在世界各地推广落实。

在 1840 年的鸦片战争之后，面对西方列强的强大压力，中国清朝政府于 1898 年和 1905 年先后有过两次以英国君主立宪制为范本进行的所谓的"立宪改制"，但都归于失败。1911 年，辛亥革命推翻清朝统治，终止了血缘继承制，建立了北洋政府（1912—1928 年），模仿西方各国的选举制，甚至企图移植美国式的联邦制。① 这些努力也未成功。相应地，中国思想界自五四运动以来就追求"德先生"（民主），企图在思想上发起一场"启蒙运动"，对国民进行教化，使选举制成为共识。这场所谓的"启蒙运动"是在"打倒孔家店"的口号下进行的，导致儒家政治思想资源被弃置在一边。然而，在对选举制与中国社会之适应性问题缺乏深入而全面的分

* 本章原以《选举制与推举制——现代西方与儒家仁政的政治领袖产生机制之比较》为题，发表于《文史哲》2019 年第 6 期。

① 关于这个时期的政治制度设计及其运作，参见钱实甫：《北洋政府时期的政治制度》上下册，中华书局，1984。

析、讨论的前提下，强行推销选举制，一心一意要在中国建立一种选举制，这样的努力是危险的，在实践上也是难以成功的。

既然如此，便有必要回到更原始的问题上：废除血缘继承制后，除了选举制，中国社会在政治领袖产生机制上是否还有别的选项？本章关注的是孟子的推举制。孟子对尧舜让贤这个故事进行了深入分析，认为，理想的政治领袖产生机制是推举制（也有人称之为禅让制）。不过，在血缘继承制的现实约束下，儒家一直无法在君王产生机制上落实孟子的推举制，导致儒家仁政一直在瘸腿走路。为此，儒家便只好努力尝试教育现有的王子们，以期培养真正的君王。就历史教训而言，这种教育大都是失败的。中国历史上频繁出现昏君、庸君或暴君。无论如何弥补，符合儒家仁政思路的君王都无法在血缘继承制中源源不断地产生。原因很简单，血缘继承制限制了儒家所期望的君王的培养和产生过程。相应地，在废除血缘继承制后，孟子提倡的推举制就值得特别重视了。

本章将分别追踪选举制与推举制的理论预设和根据，在对比中呈现它们各自的优缺点。所以，这里不是在设计一种理想型的政治领袖产生机制，而是希望通过平行分析选举制与推举制，为深入地理解中国语境下的政治权力运作做一些准备工作。

一、现代西方政治与选举制

在世界文明史上，王位占有者作为最高政治领袖，其更替模式有两种，一种是血缘继承，另一种是暴力取替。相比而言，血缘继承是较为平和的过渡方式。但是，一旦出现昏君、庸君或暴君，社会治理就很难维持既定秩序，从而陷入混乱。在这种情况下，为了恢复社会秩序，暴力取替就成了唯一的选项。然而，暴力给社会带来的灾难是显而易见的。因此，在历史上，为了维持社会秩序，在这两种模式中，血缘继承一直是君王更替的首选模式；只有在不得已的情况下，暴力取替模式才出现。在这两种模式之外是否还有其他更好的选项？

我们先来追踪西方社会的近代史。西方进入近代社会始于 1640—1688 年的英国资产阶级革命。这场革命的起因可以大致叙述如下：英国在伊丽莎白一世统治时期（1558—1603 年），得益于英国国力强大而出现了一个因海上贸易而致富的新阶层，或称新兴资产阶级。① 他们通过利益交易或金钱购买而成为英国下议院议员，控制了下议院，所以也被称为新贵族。他们的财富成了英国王室的重要经济来源。这些新贵族大都在尼德兰一带或长或短地居住过，深受当时欧洲大陆如火如荼的宗教改革运动之影响，在宗教上采取新教立场（路德宗、改革宗、长老会等），因而追求净化英国国教而使之完全新教化（清除天主教势力），因而又被称为清教徒。他们同时拥有三种身份（新兴资产阶级、新贵族、清教徒）。查理一世在位期间（1625—1649 年），国王和下议院的关系日趋紧张，并于 1642 年完全破裂，导致双方进入战争状态，史称"英国内战"（1642—1651 年）。内战的前两年，议会军队在作战时虽占优势，却缩手缩脚。议会军的最高将领一直希望国王能够回心转意，向议会妥协，重新回到王位上。这种想法导致战场上双方处于胶着状态。追踪其思想上的原因，在当时英国国教主导下的思想状态中，人们根深蒂固地拥有绝对王权信念和血缘继承制，认为不顺服君王就是不顺服上帝。

为了加强这种观念，保皇派麦克斯韦（Maxwell）于 1644 年在牛津大学出版社出版了《基督教君主的神圣王权》（*Sacro-Sancta Regum Majestas*），从《圣经》出发为血缘继承制和绝对王权观进行辩护。麦克斯韦的观点并不新颖，而是相当传统，但却是主导性的。这一点可以在内战初期的议会军司令曼彻斯特的说法中得到很好的说明："如果我们把国王打败 99 次，他仍然是国王；在他之后，他的子孙也仍然是国王。但是，如果国王哪怕只打败我们一次，我们就将统统被绞死，我们的子孙将变为奴隶。"② 虽然血缘继承制与绝对王权观之间没有必然联系，但是血缘继承制可以加重人们对绝对王权的"敬畏"情感。进一步，如果《圣经》主张血缘继承制-绝对王权观，那么，在英国国教主导下就会培养这样的想法：反对血缘继承制下的绝对王权就是违反《圣经》的主张。这就意味着，议会军队无论暂时有多强大，都无法战胜保皇派。换句话说，在血缘继承制-绝对王权观这个社会共识中，议会军队是无视上帝命令的叛乱者，而国

① 参见马克思：《评基佐"英国革命为什么会成功？英国革命史讨论"》，载《马克思恩格斯全集》第 7 卷，人民出版社，1959。马克思认为，英国革命是资产阶级革命。这种说法是国内历史学界的主流观点。在这种说法中，英国革命的宗教性就被忽略了，以至于卢瑟福这样的宗教界人物在这场革命中的领军作用也鲜被提及。实际上，这场革命的宗教诉求大于经济诉求。参见谢文郁：《王权困境：卢瑟福〈法律与君王〉的问题、思路和意义》，《社会科学》2013 年第 8 期。
② 转引自弗思：《克伦威尔传》，王觉非、左宜译，商务印书馆，2002，第 100 - 101 页。

王及其支持者在上帝的保佑和祝福下终将赢得这场内战。

同一年，卢瑟福时任圣安德鲁大学的新学院（隶属于长老会）的神学教授，出版了他的《法律与君王》（Lex，Rex）。[1] 这本书将麦克斯韦及其代表的保皇派当作靶子，从《圣经》诠释的角度出发，对血缘继承制-绝对王权观进行了彻底的批评和否定。是年底，英国国会的长期议会开会，议员们几乎人手一册《法律与君王》。也就是说，1644 年的长期议会议题基本上是按照卢瑟福这本书的思路展开的。这次会议之后，议会军队不再对国王及其支持者手软，直到 1649 年把国王送上绞刑架。卢瑟福指出，麦克斯韦误解了他所引用的《圣经》经文；实际上，这些经文恰好是反对血缘继承制-绝对王权观的，因为《圣经》赋予了每个人自卫权。自卫权就是对绝对王权的限制！[2] 作为神学教授，卢瑟福对《圣经》的解释具有强大的影响力。在这本书之后，关于血缘继承制-绝对王权观与《圣经》之间的关系就有两种解释，而卢瑟福的解释在议会中得到共鸣！可以说，血缘继承制-绝对王权观从此不再主导英国思想界。

卢瑟福的《法律与君王》在英国内战期间所形成的影响对于血缘继承制来说是毁灭性的。在思想界，人们很快就遇到这样的问题：如果没有绝对王权和血缘继承，政权应该如何产生？其合法性在哪里？1651 年，霍布斯出版了他的《利维坦》，提出契约论来解释政权的起源和合法性。他谈到，人在自然状态中拥有一切权利，并在契约中放弃一部分权利并交给政府管理而进入社会状态。政权（或王权）由此产生。一个政权的合法性在于它在管理由公民交出的权利时是否恰当。霍布斯的契约论并没有否定王权的权威性，但认为，既然王权是在契约中产生的，那么血缘继承就是不合适的。契约是双方的，除非双方同意，任何一方不得破坏契约。契约赋予了王权甚至奴隶制政权权威性和合法性。[3]

霍布斯从契约论的角度来谈论政权的合法性，对于当时英国思想界来说，是一个十分新颖的观点。不难理解，如果不是《法律与君王》对绝对王权观和血缘继承制的破坏而导致人们对政权（王权）合法性的理解出现

---

① 卢瑟福：《法律与君王》，李勇译，复旦大学出版社，2013。

② 参见谢文郁：《王权困境：卢瑟福〈法律与君王〉的问题、思路和意义》，《社会科学》2013 年第 8 期。

③ 参见霍布斯：《利维坦》，黎思复等译，商务印书馆，1996；Thomas Hobbes，*Leviathan*（New York：Penguin Books，1951），chs. 18 - 20；谢文郁：《权利：社会契约论的正义原则》，《学术月刊》2011 年第 5 期。

空白状态，霍布斯大概不会提出契约论来填补这个空白，而且人们也不会对霍布斯的契约论有如此巨大的反应。实际上，霍布斯的《利维坦》出版后，英国思想界出现了震动。[①]尽管人们对他的批评是主要的，但是这种强烈反应反而推动了关于契约论的广泛讨论和传播，在根基上改变了英国人的思维方式，导演了1688年的"光荣革命"，对英国的君主立宪制的建立起到了基础性的作用。

"光荣革命"后，洛克于1690年出版了《政府论》[②]，对君主立宪制进行理论说明。洛克在写作这本书时有两个主要关注点。首先，霍布斯的契约论强调契约的绝对权威，并且否定任何单方破坏契约的努力。这就是说，如果国王不愿意放弃王位，臣民就不能破坏契约而推翻国王。因此，契约论在逻辑上是可被用来支持绝对王权的。这一点对于议会派（或新贵族，洛克属于其中一员）来说是无法接受的。其次，尽管霍布斯没有否定绝对王权，但契约论对血缘继承制的否定则是彻底的。这一点对于保皇派来说却是致命的。因此，保皇派对霍布斯的批评火力更猛。比如，菲尔麦（Robert Filmer）为此写了《先祖论，或论国王的自然权力》[③] 一书，坚持从《圣经》出发，从血缘继承制出发为绝对王权进行辩护。

洛克继续采用霍布斯的契约论思路，并在此基础上引入"基本权利"信念[④] 来回应上述两个关注，认为国家必须通过法律的形式来确保公民的基本权利不受侵犯；进而引用卢瑟福的说法，认为公民捍卫自己的基本权利即是行使自卫权。因此，他指出，菲尔麦所鼓吹的绝对王权和血缘继承制都是不合时宜的。同时，洛克还提出了"三权分立"的设想，使立法、行

---

① 参见 Thomas Hobbes, *Leviathan*, Revised Edition（Broadway, UK：Broadway Press, 2010）。编者把当时学界的一些回应文章也编入此书作为附录，读者从中可以窥视当时思想界对此讨论的热闹。特别参见 Robert Filmer, "Observations concerning the Original of Government upon Mr. Hobbes's *Leviathan*," in Thomas Hobbes, *Leviathan*, Revised Edition。

② John Locke, *Two Treatises of Government*（1690）（New York：Cambridge University Press, 1960）. 中译本参见洛克：《政府论》上篇，瞿菊农、叶启芳译，商务印书馆，1982；洛克：《政府论》下篇，叶启芳、瞿菊农译，商务印书馆，1964。

③ Robert Filmer, *Patriarcha, or The Natural Power of Kings*（1680）（Moscow：Dodo Press, 2008）. 不过，在《法律与君王》的强大影响力下，他生前没有出版此书。《先祖论》是他死后多年才出版的（1680年）。洛克的《政府论（上篇）》便以菲尔麦的《先祖论》为攻击对象。

④ 国内学界关于洛克的"基本权利"意念或信念几乎没有讨论。参见谢文郁《自由与责任四论》（华东师范大学出版社，2014）中的第二论——"权利政治与社会契约论"，其中有关于洛克的"基本权利"的分析和讨论。洛克提出了三项基本权利：私有财产、人身自由、追求幸福。从宪政思路来看，"基本权利"这一概念的提出是英国宪政得以建立的关键所在。至于基本权利包含了哪几项，不同时期的人们有不同的看法，因而是可以讨论的。

政和司法独立运行而相互制约。简略而言，在洛克看来，在君主立宪制的框架中，人的基本权利受到法律的完全保护。君王作为国家的最高领袖，只能在法律规范内行事。政权运作采纳三权分立原则：议会为最高立法机关；内阁为最高行政机关；司法体系独立执法。洛克的这些信念代表了当时英国议会的主导性立场。1689 年英国议会颁布的《权利法案》宣告了英国君主立宪制的建立。在这个体制中，国王名义上是最高首脑，但必须在法律框架内行事；或者说，必须在议会的框架内行事（这相当于取消了国王的行政权力）。内阁和司法体系都是通过议会任命建立起来的，一旦建立，就独立于议会而运作。于是，议会实际上取得了最高政治权力。这是现代西方政治的最初形式。

英国下议院是议会（或国会）的主体。作为英国的最高权力机构，它的成员构成是关键所在。在伊丽莎白一世时期，大部分下议院议员身份的获得都与金钱有关（这也是他们被称为"新贵族"的原因）。"光荣革命"后，议员在程序上虽然是通过选举产生，但是议员的候选人资格是与财产（不动产）挂钩的（地主）；而实际进入议会的人则一般是大地主，通常是地区自治的头领。这种统治形式一直持续到 1832 年的改革。1832 年改革的主要目的是剥离议会席位分配制度中的财产（不动产）和土地因素，转向按人口分配席位的做法。从 1689 年的《权利法案》到 1832 年的改革，其动因从社会变迁的角度而言，是英国工业革命导致了一批没有土地却拥有雄厚资本的资本家的产生。这些人需要在议会中有更多的发言权，因而追要更多席位。1832 年的改革剥离了候选人与土地之间的关系，导致了选民的选票成为候选人当选的决定性因素。

不过，对于这个转变，我们注意到，除了英国工业革命所造成的城市化因素之外，欧洲大陆的启蒙运动（17、18 世纪）以及法国大革命（1789—1794 年）也是关键性因素。[①] 启蒙运动传递了"人权"理念，法国大革命传递了"平等"信念。这两件事是联系在一起的。没有启蒙运动，就没有法国大革命；没有法国大革命，启蒙运动也不会影响整个欧洲。学界通常认为，欧洲启蒙运动起于 1751 年开始出版的《百科全书，科学、艺术和工艺详解词典》（由狄德罗主编）。其中的一位重要作者是卢

---

① 关于英国 1832 年的改革与启蒙运动及法国大革命之间的关系，参见 Seamus Deane，*The French Revolution and Enlightenment in England*，*1789-1832*（Cambridge，MA：Harvard University Press，1988）。

梭。卢梭对启蒙运动最重要的贡献正是提出了"人权"理念。

在卢梭看来，"人权"就是人的契约权。他在《社会契约论》的第 4 章讨论奴隶问题时指出，人不可能在真正意义上做奴隶。就概念而言，奴隶是那种放弃一切权利（包括财产权和生存权）的人。卢梭说："说一个人无偿地奉送自己，这是荒谬的和不可思议的。这样一种行为是不合法的、无效的，就只因为这样做的人已经丧失了自己健全的理智。"① 这段话的意思是，现实生活中的"奴隶"都是理智不健全的，因为人不可能"无偿地奉送自己"。也就是说，任何人的奴隶身份都是无效的，没有真正的奴隶。人是在契约中通过使用契约权交换某些权利而进入社会的。无论达成什么契约，人都必须行使契约权。缺乏契约权就无法与他人订立契约。从这个角度看，人无法交出契约权；交出契约权等于无法进行契约活动，包括交出契约权这个契约活动。因此，人可以交换自己所拥有的一切其他权利，唯独不可能交换自己的契约权。卢梭称此为"做人的资格"。当然，人往往会因为自己理智出了问题而以为自己没有了契约权从而不再使用它。卢梭认为，这正好是当时欧洲的现状。契约权是不可能丧失的，它永远与人同在。人的这种错觉需要启蒙。启蒙运动的目标就是让人意识到自己的契约权之不可剥夺性。契约权允许人交换各种权利，既可交出，也可收回。基于这一点，卢梭认为，建立在契约基础上的社会制度是可以改变的；更直接地说，革命是合法的。

卢梭进一步指出，人权既然与生俱来，那么就与法律无关。相反，人权必须成为法律的基础；法律必须从人权出发，维护、保障人权。在这个思路中，卢梭认为，表达自由（或表达权）是人的基本权利，必须受到法律的保护。表达自由如果得不到法律的保护，人权就无法正常地发挥作用。表达自由一般有三个方面。首先，是言论自由。人是通过语言来表达自己的意志的。如果没有言论自由，人就无法表达自己的意志，从而无法进行契约活动。当人的意志得到充分表达时，社会就会形成一种"公意"。这种公意表达了社会的共同利益，是永远不会错的。其次，在享受充分言论权的基础上，人就可以通过自由选举而进入实际性的契约。最后，当自己的意志未能在契约中得以表达时，人还能公开表达抗议。只要人的表达自由得到了法律的完全保障，社会的公意就能成为社会的意识形态，主导社会秩序的形成。卢梭说："每个人在投票时都说出了自己对这个问题的

---

① 卢梭：《社会契约论》，何兆武译，第 11 页。

意见，于是从票数的计算里就可以得出公意的宣告。"① 可见，卢梭提出的"公意"概念是通过言论自由、投票自由和抗议自由来呈现的。或者说，人权是在表达自由中实现的。

在启蒙运动中，卢梭的"人权"概念成了理念，即唤醒人的理智而使人重新意识到自己的人权，并随己意而使用之。启蒙就是让人认识到自己拥有人权，任何时候都可以作为独立主体与社会其他主体进行契约活动。历史上，法国大革命便是在这种理念的指导下进行的。反过来，法国大革命又推动了这种人权意识的广泛传播。英国 1832 年的改革深受这种人权理念的影响，率先在议员选举中落实民众的选举权。可以说，现当代意义上的民主选举政治制度是从此开始的。

作为现代西方政治的第一种形式，英国资产阶级革命在思想上和制度上都破坏了血缘继承制-绝对王权观，并在基本权利信念主导下建立了以议会为最高权力机构的君主立宪制。具体而言，卢瑟福在《圣经》诠释中为人民的自卫权辩护，冲击了血缘继承制-绝对王权观，导致了政权合法性问题成为思想界的热点和显学。霍布斯企图通过"契约"概念来论证政权的合法性，但在逻辑上无法消解王权的绝对性。洛克推进了契约论思路而提出基本权利信念，彻底摧毁了绝对王权观。然而，以私人拥有土地自由为基本权利而建立起来的契约政权，其合法性并不充分。卢梭从契约权的角度界定基本权利，把契约政权的合法性归为人民的选举权。理论上看，人权-选举权完全坐实了政权的合法性。这种观念通过启蒙运动和法国大革命传给了英国。英国 1832 年的改革容纳了卢梭的这种观念。于是，英国君主立宪制就定型了。

二、儒家仁政与推举制

中国传统社会大部分时间是在儒家仁政思路中进行治理的。不过，受到血缘继承制的制约，儒家仁政在中国历史上未能得到全面实行。如今，血缘继承制已被废除，在此背景下重新审视儒家仁政思路就是非常有意义的。我们注意到这样一个基本事实，现代西方政治模式尽管主导了当今世界的政治制度变革，但是，自辛亥革命以来，中国人在落实西方现代政治

---

① 卢梭:《社会契约论》，何兆武译，第 136 页。

理念上的努力并没有得到良性回报。任何成功的政治实践都是在历史惯性中进行的。中国社会的政治治理也是如此。现代西方政治的成功经验当然可以借鉴，但是，它必须与中国传统社会的儒家仁政思路形成良性互动。这里，我想深入分析孟子提倡的推举制，呈现儒家仁政思路上的君王产生机制。

儒家仁政在社会治理问题上关注两种根基性关系：天命与君子的关系，君子与平民的关系。首先，在天命与君子的关系问题上，儒家认为，世界秩序（自然秩序和社会秩序）是在天命中设定的。敬畏并遵循天命是为政者的原始性情感。遵循天命需要认识天命。凡在敬畏中追求并认识天命者便是君子。君子可以分为两类：一类是政治治理主体；另一类是道德教化主体。合起来，君子就是社会生活中维护社会秩序的主体。作为道德教化主体，君子是道德模范和教师，因而是作为个人而起着教化的作用。政治则是一种集体性的社会活动。君子作为政治主体所从事的并非个人活动，而是群体性活动，其中是有秩序的。秩序由上下等级的政治地位来界定，其中的顶层位置被称为王位。居王位的君子被称为君王或君主。当然，君王首先要确立自己的君子身份，然后才能带领君子群体敬畏、认识和遵循天命而治理社会。君子当道的社会，如荀子所描述的："君者，善群也。群道当，则万物皆得其宜，六畜皆得其长，群生皆得其命"（《荀子·王制篇》）。这里，荀子心目中的君子是天命秩序的维护者。严格来说，君子是敬畏、认识并践行天命的群体。

就个人修养而言，敬畏、认识并践行天命是君子的使命所在。无视天命，则无法成为君子。成为君子的第一标志是敬畏天命。敬畏是一种情感。作为一种生存倾向，"敬畏"情感指向天命，并把天命界定为一种中性力量，一种既可祝福亦可损害的力量。从人的生存角度看，人期望得到祝福，避免受损。当人对天命有所认识时，人就可以顺从天命而得到祝福。儒家很早就有"敬德"的说法。这里的"德"指有德之人，或拥有并践行天命的人；"敬德"就是敬重那些拥有天命知识的人，并接受他们的指导。但是，天命高高在上，人如何能够认识它？思孟学派在"天命谓之性，率性谓之道，修道谓之教"的说法中指出一条认识途径。人是在天命中出生的，每个人都有天命在身，因而只要认识并践行自己的天命，就能成为知天命的有德之人。这条认识天命之路也被称为"修身养性"。因此，人是在修身养性中敬畏、认识和践行天命并成为君子的。

其次是君子与庶民的关系。① 荀子说："马骇舆，则君子不安舆；庶人骇政，则君子不安位。马骇舆，则莫若静之；庶人骇政，则莫若惠之。选贤良，举笃敬，兴孝弟，收孤寡，补贫穷。如是，则庶人安政矣。庶人安政，然后君子安位。传曰：'君者，舟也；庶人者，水也。水则载舟，水则覆舟。'此之谓也。故君人者，欲安，则莫若平政爱民矣；欲荣，则莫若隆礼敬士矣；欲立功名，则莫若尚贤使能矣。是君人者之大节也"（《荀子·王制篇》）。用舟水之喻来说明君民之间的关系，很好地表达了儒家仁政思路。② 作为政治主体的君子，一方面，他们必须敬畏、认识并践行天命；另一方面，他们还必须安抚庶民，保护庶民的利益，让庶民在秩序中安居乐业。这里的"庶民"是一个模糊概念，指的是一般人，几乎可以包括所有人。庶民的心思意念便是民心的组成部分。君子作为天命秩序的维护者，必须知民心，安民安政。在儒家仁政中，天命与民心是有内在联系的。知天命必知民心，反之亦然。《尚书·泰誓上》中便有这样的句子："民之所欲，天必从之"。知天命与知民心是同步的。无视民心，即无视天命。因此，君子在追求天命时，还必须敬畏并了解民心。

把天命与民心挂钩的思路提供了君子知天命的另一条途径，即通过了解民心来认识天命。何为民心？我想从以下三个方面来分析。首先，民心不仅仅是一些人或大多数人的利益和心思意念。每个人都有自己的欲望、情感或看法。同时，人与人之间的追求并不相同，有时甚至相互冲突。而且，人的利益可以区分为暂时利益和长远利益；人的心思意念也在变化过程中。对于大多数人来说，他们生活在当下，只顾眼前利益，并无追求天命的冲动，因而他们的心思意念就极为有限，自足而封闭。当然，他们的想法需要得到一定的尊重，属于民心的一部分构成，但并不能代表民心。其次，民心甚至也不是当代人的心思意念。同代人在利益和心思意念上总会有某种共同性。当代人得到的各种好处，往往是前人留下的业绩，因而必须尊重前人的心思意念。或者说，民心包括了前人的心思意念。最后，

---

① 学界对"庶民"的界定尚无定论。我把"庶民"理解为指所有人，包括君子在内。就原始含义而言，"庶"指的是多，如《诗·大雅·灵台》："庶民攻之，不日成之。"《论语·子路》："子适卫，冉有仆。子曰：'庶矣哉！'"君子并不是与庶民相对的不同群体。与君子相对的是小人（不追求天命，只追求自己眼前利益的人）。关于"小人"的分析，参见谢文郁：《君子困境和罪人意识》，《哲学门》2012年第2期。

② 实际上，"水能载舟，亦能覆舟"一语在中国历史上是对君王的警语。《贞观政要》卷一《论政体》中记载魏徵对唐太宗说的一段话："臣又闻古语云：'君，舟也；人，水也。水能载舟，亦能覆舟。'陛下以为可畏，诚如圣旨。"

如果只顾现时的好处，当代人的决策往往就会给后代带来不可逆转的害处。因此，子孙后代的心思意念必须被包含在民心之中。当代人的利益和心思意念的重要性是不言而喻的，是民心的重要构成。但是，民心的构成还涉及其他时代的人的利益、情感和心思意念。毋宁说，民心涉及不同时代和不同地点的人的心思意念。

　　显然，如果天命与民心有某种相应关系，那么，君子以追求天命为使命，就可以通过与同时代人的交往来了解庶民的利益和心思意念，并在其中体验、把握民心以及天命。不过，仅仅通过同时代人来体验民心显然是不足的。从古至今，前人积累了他们对天命的认识，并且在践行天命时给当代人带来了福祉。君子还可以通过阅读前人留下的经典来理解前人留下的传统，体验古人的心思意念，并从中领受古人关于天命的认识。而且，君子是要造福于子孙后代的，因而他们还需要为子孙后代着想，体验他们的心思意念。因此，君子在体验民心、认识天命时必须思前虑后，因为民心是全部人（前人、今人、后人）的共同福祉。在这个意义上，《中庸》对君子身份做了如此归纳："故君子之道：本诸身，征诸庶民，考诸三王而不缪，建诸天地而不悖，质诸鬼神而无疑，百世以俟圣人而不惑"（第29章）。所谓"君子之道"，其实是对君子身份的界定。"本诸身"指修身养性；"征诸庶民"要求考察民心。怎样才能做到呢？首先，要从古人那里认真领受，因为古人积累的天命知识可以成为进一步认识天命的基础；其次，所形成的天命知识不能与自然秩序冲突，因为天命秩序包括了自然秩序和社会秩序；再次，要力求达到无所不通、面面俱到，不能浅尝辄止；最后，要求这些天命知识能够造福于子孙万代。君子要从这四个方面去考察民心、认识天命、践行天命。

　　在儒家仁政思路中，君子群体的形成是社会秩序得以建立的前提，同时也给健康政治提供了践行主体。政治治理是一种系统性行为；系统如同一个网络结构，通过网结而联结起来。这些网结相当于政治制度中的职位，这些职位必须由相应的君子来担任。这里，分配职位是政治治理的第一步。其中，君王的产生机制是重中之重，也是儒家的千年难题。

　　1840年鸦片战争以来，清朝政府无法抗拒西方列强的入侵。这个事实在学界往往被解释为儒家仁政的失败。人们甚至做进一步引申，认为儒家仁政是几千年来中国落后的根本原因。这个结论近年来在学界开始受到质疑。本章无意对清朝政府的失败进行深入分析。不过，尽管儒家仁政对中国社会的稳定发展一直起着正面积极的作用，但是，儒家在君王产生机制上被动地接受了血缘继承制，未能完全贯彻仁政思路。这一点是特别需要检讨的。血缘继承制要求从现任君王的血亲后代，特别是亲生儿子中选择继承人。现任君王的男性后代在人数上极为有限。从儒家仁政的角度看，君王的候选人必须首先成为君子，在敬畏中追求并认识天命，然后在君子群体的认可下成为君王，带领君子群体践行天命。如果现任君王的儿子中出现了这样的君子而成为君子之首，那么在儒家仁政中，这是可以接受的。但是，如何保证现任君王的儿子成为君子，并成为君子之首呢？历史上，在血缘继承制中，王子们是被要求成为君子的，即通过对王子们进行严格教育，培养他们成为君子。然而，成为君子取决于一个人的内在冲动，而不是外在压力。因此，通过教育来培养王子们的君子身份并不一定能取得成功。如果一位非君子成了名义上的君王，儒家仁政的政治治理就必然失败。从这个角度看，如果不打破血缘继承制，儒家仁政就是不彻底的。

在儒家仁政思路中应该建立怎么样的君王产生机制呢？孟子在《孟子·万章上》中关于尧舜传位的分析属于彻底的儒家仁政思路，值得重视。孟子的想法可以说是"推举制"。在孟子看来，儒家仁政中的职位分配应该是由下级向上级推荐，经过上级考核、锻炼、审察而任命的。君王作为君子群体的首领，也必须通过推荐来传位。他的上级就是上天。君王推荐程序分为三步。第一步，"天子能荐人于天，不能使天与之天下；诸侯能荐人于天子，不能使天子与之诸侯；大夫能荐人于诸侯，不能使诸侯与之大夫。昔者尧荐舜于天而天受之，暴之于民而民受之"。天子是在位君王。在继承者问题上，他无权传位给任何人。但是，他有权向天推荐继承人。天子在向天推荐继承人的同时也向民众公开，让所有人都知道这位继承人，以便看看民众是否接受他。这个向天推荐继承人的权利只属于天子。当然，下级君子可以向天子推荐人才，但能否成为候选人的决定权在天子手中。一位君子是否适合做天子，只有在位天子最清楚。没有做天子的经验，就不可能知道做天子所需要的各种能力和资质。因此，只有天子有资格和权利向天推荐君王继承人。

第二步，当君王候选人公示之后，候选人需要在相关职位上加以历练，发展并展示其品格和能力："使之主祭而百神享之，是天受之；使之主事而事治，百姓安之，是民受之也。"这里的"主祭"涉及天命敬仰，要求主持人在祭祀时不仅有恰当的外在表现，在主持各种仪式时把握好分寸，还要求他拥有足够的内在敬虔，祭神如神在。归结起来，君王作为君子群体的首领必须拥有纯正的天命敬仰。而且，天命系于民心。候选人需要通过担任一些职务来展示并发展领导能力，做到"主事而事治，百姓安之"。这里的"百姓"主要指相关职务所涉及的人群，包括领导人的同事、部下以及受惠群众。一件事做得好不好，只有那些与此事相关的人才具有话语权。当朝天子的推荐固然重要，但候选人的品格和能力如果未能展现出来，天子的推荐就可以归于无效。

第三步，君王候选人还必须得到君子群体的信赖和支持，进而建立社会对他的信任。对君王候选人进行好坏评价仅仅是针对他过去的作为。由于事先并没有特别关注，所以，针对他的评价也就只能就事论事。这类评价都是大概而论。如果事先没有专门注意，候选人即使"主事而事治"，也未必可靠，因为就事论事意义上的成就也可能是出于偶然的。当人们因为他做得好而开始注意他时，人们就会对他产生期望，并进而在期望中观看他的作为。观察者在期望中观看候选人的作为，可以获得更细致的印象，从而对候选人的品格和做事方式有更深入的认识。进一步，候选人的所作所为满足了人们的更多期望时，人们的"期望"情感就会转变为"信赖"情感。君子群体以及社会对候选人的"信赖"情感一旦形成，他成为君王就是众望所归！于是，"天下诸侯朝觐者，不之尧之子而之舜；讼狱者，不之尧之子而之舜；讴歌者，不讴歌尧之子而讴歌舜。故曰：'天也。'夫然后之中国，践天子位焉"。这就是说，君王需要得到君子群体和社会的信赖。这种信赖就是民心所向，也是天命彰显。

三、选举制与推举制之比较

美国传教士丁韪良（William Alexander Parson Martin）在清朝政府被推翻之前，曾经比较过中西政体的差异。他的基本观点可被归纳为：美国的政体是票箱民主政体，中国的政体是科举民主政体。① 也就是说，在他看来，在中国政治制度中，皇帝与士大夫阶层之间有错综复杂的关系，其中的相互制约十分有力；而且，科举考试允许底层人士源源不断地进入

① 丁韪良在1901年出版的《汉学菁华》（沈弘译，世界图书出版公司，2010）的第17章专门谈论中国的科举制，认为科举制是最民主的制度。他还于1907年出版了《中国觉醒》（沈弘译，世界图书出版公司，2010）一书。该书出版时，清政府已于1905年废除了科举制。丁韪良在该书中谈论唐朝政治时仍然盛赞科举制，认为主张民主制度的人一定欣赏科举制。

士大夫阶层，从而可以把底层的利益和要求带入政府决策与管理中。因此，中国的政体也属于一种民主政体。丁韪良的观察是相当深入的；他的表述也值得认真对待。我想在以下文字中，围绕着选举制与推举制，考察现代西方政治与儒家仁政在正义原则和官员选拔机制等方面的一些特征及差异。

1. 公意与民心

现代西方政治的正义原则在于卢梭的"公意"概念。卢梭认为，公意是政权合法性的根据所在。公意是不会错的，永远正确；建立在公意基础上的政权因而就是合法的、正义的。公意只能通过人民的选票来决定和表达。因此，一人一票的投票结果就能产生公意。也就是说，选票就成了现代西方政治的正义原则。相似地，儒家仁政从民心出发来谈论政权的正义性。民心与天命相连，涉及过去、现在、未来。建立在民心的基础上，政权就是顺从天命，因而是合法的、正义的。民心是通过君子之道来表达的。因此，儒家仁政的正义原则在于君子之道。这里，作为正义原则，公意和民心对于现代西方政治与儒家仁政来说都具有终极性意义。因此，对这两个概念进行比较，可以帮助我们深入地了解现代西方政治与儒家仁政的运作模式及其所引导的社会发展方向。

我们先看在选举中呈现的公意。现代西方政治强调每位成年公民一人一票。公民完全根据自己的意愿进行投票。选民的选票决定了何为公意，而公意永远正确。因此，任何一个政权的确立，其正义性或合法性都取决于选票。选民根据自己的意愿进行投票。对于任何一位选民来说，他的意愿都来自他所关心的生存问题、他在一定的思想结构和价值体系中对所面临的生存问题进行判断，他拥有对未来生活的期望，等等。这些因素都属于他的责任意识范畴。选民自主地在自己的责任意识中投出选票。当然，不同的背景因素，包括不同的生活经历、所受教育和情绪类型等，往往意味着不同的责任意识。但是，在卢梭看来，选民只要是独立（自由）地投票，就一定能够表达公意。然而，选票在不同的责任意识中所表达的公意是有偏向的。这种偏向并非如卢梭所言，一定正确。如果不考虑选票背后的责任意识，那么所谓的"公意"就不过是群体或国家的多数派愿望，这种主流愿望往往与当下的文化潮流直接相关。就像卢梭所说的那样，如果认为这种"公意"或主流愿望必然正确，而不去探究可能存在着的偏差，政治运作就会盲目地为潮流所驱动。

进言之，现代西方政治对选民资格的界定主要是以年龄为界，比如，凡 18 岁以上者，只要没有触犯刑法而被剥夺选举权，就拥有选举权。在这个界定中，选民背后的责任意识不在考虑中。然而，人是在自己的责任意识中投票的。在责任意识没有根本性差别的选民中，他们的投票意向就有某种共同性，因而可以产生所谓的"公意"。有些选民会关注传统的传承而体会祖先的意愿；有些选民会关注未来而顾及子孙后代的意愿；有些选民会为他人乃至全体的人着想；有些选民则只会关心自己的当下利益；等等。在选票中形成的公意取决于选民的责任意识的整体水平。如果大部分选民既不关心传统，也不关心未来，只是盯着当下利益，那么，从这些选票得出来的"公意"将是短视的，比如，德国二战前选出希特勒就是一例。无论在历史上还是在逻辑上，都不难指出，在缺乏对选民的责任意识进行分析和考察的情况下，卢梭"自由选票产生的公意必然正确"这一说法是缺乏足够论证的。

在儒家仁政框架内，任何一个政权的建立，其正义性都必须建立在民心的基础上。民心和天命相连，认识并把握了民心，就是认识并把握了天命。因此，民心具有终极性意义。我们的分析指出，民心并非仅仅是人们的当下利益和心思意念，亦非仅仅是同时代人的心思意念，它还包含了祖先和后代的心思意念。祖先的意愿可以在经典书籍中寻找和体验；后代的意愿则通过当代人对后世福祉的关怀和思虑来呈现。如果一个人想知道民心，他就不能终日想着自己的当下利益，而是要"慎终思远"，追求天命，即在敬畏天命中追求天命，心胸宽阔而兼顾他人利益和心思意念，敬重祖宗而继承古人意愿，思虑自己的长远利益乃至子孙后代之福祉，等等。然而，人是在判断-选择中进入生存的，因而不能不关注当下时刻，趋利避害。不关注当下利益，就不可能进入生存。同时，人如果只关注当下利益，无视天命在自己生存中的本质性作用，那么就只能在利益冲突中走向毁灭。

儒家区分了两种人：君子和小人。君子敬畏而追求认识、把握并践行天命，因而他们的意愿中包含越来越多对民心的感受和认识；小人虽然敬畏天命但无意追求天命，他们只关注并追求自己的当下利益，因而他们的意愿仅仅局限于对自己利益的感受。需要指出的是，君子和小人的划分更多地描绘了两种生存倾向，而不是两个社会群体。也就是说，君子和小人并非两个固定的封闭群体。一个人是否为君子，并不在于他的出身、社会地位，甚至也不在于他是否曾经做过君子；成为君子的关键在于他当下是否仍然敬畏并追求天命。也就是说，君子群体是开放的，进入者为君子，离开者为小人。君子在社会成员中的比例增大，这个社会对天命和民心的认识就会加深。小人只关注自己的当下利益，无意追求天命。尽管他们对利益的追求也是民心的组成部分，但是，他们不关注民心，无意去认识民心，因而除了表达自己的利益之外不会去认识更大范围的民心。

民心在哪里呢？无论是君子的意愿，还是小人的意愿，都在一定程度上表达了民心。不过，在儒家看来，这个程度差异是十分重要的。小人关心自己的当下利益，并为之费心奔波。对于古人的意愿、他人的利益、后代的福祉等这些问题，他们没有兴趣去关怀；而对于他们的利益，却又斤斤计较。因此，"小人喻于利"（《论语·里仁》）。但是，君子关怀的是天命。天命涉及过去、现在、未来，涉及普天之下的民众利益；因此，关怀天命就需要通过圣贤之书来学习前人积累下来的天命知识，体察民情以体会同时代的众人意愿，忧患社会治理而为子孙后代免灾积福，并在自己的修身养性中一点一滴地形成天命知识。因此，"君子喻于义"（《论语·里仁》）。在这样的天下情结和关怀中，君子的意愿是在更广范围、更高层次、更高水平上表达了民心。如果是这样，从社会治理的角度看，君子的意愿就应该得到更多的重视。也就是说，君子和小人的意愿在表达天命这一点上是不平等的。对比卢梭的"公意"概念，选票所产生的"公意"充其量不过是民心的一小部分，根本不足以表达民心。

在这个思路中，重要的是如何辨认和选拔君子。我们谈到，君子的天命关怀是一种内在的情感倾向。这种内在关怀无法用简单的外在指标来加以分辨。不过，在中国历史上，从隋朝设置科举制度开始，可以说，儒家仁政就确实是通过科举考试来辨认并选拔君子的。随着清朝政府于1905年废除科举制，中国社会放弃了儒家仁政。这里的分析仅仅表明，儒家仁政的实施需要设置君子辨认和选拔程序；科举制只是已经废弃了的辨认和选拔程序。至于能否找到其他更有效的辨认和选拔程序，暂且不论。

简言之，现代西方政治的正义原则是在选票中呈现的公意，儒家仁政的正义原则是在君子之道中呈现的民心。

2. 官员遴选

官员占据政治地位，因而是社会秩序的主导者。现代西方政治和儒家仁政在遴选官员问题上，基于各自的正义原则（公意和民心），思路具有方向性的差异。比较并分析这里的差异，对于我们理解现代西方政治和儒家仁政的实际运作有实质性的帮助。

前面提到，卢梭认为，公意是由选票决定的。也就是说，现代西方政治把政权的正义性落实在选票上。对于选民来说，投票是要做重大决定，因而在决定之前一定会慎重考虑。这里，选民的慎重考虑所依据的是选民个人现有的责任意识。一个人的责任意识涉及他的利益关注（包括个人利益、家庭利益、社群利益、民族利益、天下利益等），以及知识积累、善恶意念、自我克制能力、情绪类型，等等。一般来说，选民的选择是由其责任意识决定的；有什么样的责任意识就做什么样的决定。不过，现代西方政治强调一人一票，一个只考虑自己当下利益的人，与一个心怀天下生灵的人，他们的选票具有同等的分量。在选举领导人这一点上，社会成员的责任意识对于选举什么样的领导人具有决定性的作用。可以说，大多数社会成员拥有什么样的责任意识，他们就会选举出来什么样的领导人；而在一个意识形态分裂的社会中，通过选票选出来的领导人一定是备受争议的。

在现代西方政治的选举制中，选民和候选人之间的纽带是如何建立起来的呢？我们看到，在一个较大的社群中，选民和候选人并不相识，因而选民无法直接了解候选人的品格。选民虽然可以通过间接途径对候选人的人品有所了解，但是，这些间接知识无法成为选民的投票根据，因为这些间接知识的可靠性是需要进一步求证的。可以说，选民在投票时主要不是考虑候选人的人品。那么，选民的投票根据在哪里？前面指出，选民是在自己的责任意识中投票的。一般来说，如果某个候选人在竞选时提出的理念（竞选口号）与选民的责任意识吻合，选民就会把选票投给他。这就是说，候选人为了得到选民的选票，必须了解选民的责任意识，体会选民的情绪状态，顺从选民的心思意念，然后提出选民乐于接受的理念，讨好选民。在实际操作中，在许多情况下，候选人为了选票而不得不提出一些自己并不认同的理念作为竞选口号。这一点可以通过如下观察而得到支持：候选人一旦当选，就会选择性地落实竞选时的许诺。从这个角度看，竞选理念是联结选民和候选人的主要纽带。或者说，选民是通过候选人的竞选理念来认识并选举他们的。

儒家仁政则要求官员必须来自君子群体。在儒家仁政中，政权之正义性来源于民心（天命）。尽管所有人表达的意愿都是民心的组成，但只有君子才在意识层面追求体会和把握民心。前面指出，民心涉及古人对天命的追求，涉及他人的利益和心思意念，涉及未来子孙后代的福祉。因此，只有主动追求民心，才能更加深入地了解并把握民心。在这个思路中，把那些努力追求天命且对民心有深入把握的君子选拔到各级领导岗位上，是儒家仁政得以落实的关键环节。

　　谁来辨认和选拔官员呢？我们先看平民百姓这个群体。平民百姓关心自己的利益和愿望，虽然这也算是民心的组成部分，但他们在意识上并不追求认识天命，因而他们的意愿所表达的民心也就只限于自身的利益和心思意念。显然，受限于自身的利益和心思意念，他们只会认可能够给他们带来当下利益的官员。这样的官员不是儒家仁政思路中的官员。因此，平民百姓这个群体在选拔官员这件事上只占比较轻微的分量。当然，这里所谓的分量划分并非固定不变的，比如，当社会秩序混乱而伤及他们的生存时，平民百姓就会开始关心天下大事而积极参与政治领袖的选拔，甚至可以成为政治领袖上位的决定性力量。不过，越是社会秩序井然的时代，这个群体在官员选拔问题上的分量就越轻。因此，儒家仁政不主张通过一人一票的选举程序来选拔领导人。

　　我们再看君子群体。作为追求天命的群体，君子的意愿在同时代人中包含了最高的天命知识，最大程度上反映或代表了民心。在儒家仁政思路中，民心是正义性的基础。因此，得到君子认可的官员就是合法的官员。可以说，君子是辨认并选拔官员的主体。由于社会秩序中的政治地位主要是为这个群体的成员所占据，他们自己就是官员。一般地，在儒家仁政中，在位官员有资格根据自己的观察而向上级推荐候选人，并在制度上设立相关的考核程序对候选人进行考核；只要通过了考核，候选人就能上位。这里，在位官员必须是追求天命的君子。在位官员只能根据自己的天命知识辨认并推荐候选人。候选人之所以被选上，其品格、能力和心思意念都是考量指标。候选人是作为一个全人而被考察的。当然，如果在位官员不是君子，那么，其推荐的候选人就不可能是君子。特别地，在最高领袖的遴选问题上，如果在体制上无法阻止非君子的候选人上位，那么，官场中的君子官员就会越来越少，最终导致这个政权走向完全腐败而没落。

　　简单来说，现代西方政治通过选举遴选官员，候选人和选民之间的纽带是候选人提出的竞选理念，而官员上位的决定性因素则是选票。儒家仁政通过君子之道推荐候选人，需要综合考量候选人的品格、能力、学识；而官员上位需要由上而下的体制制约，其中的关键因素是候选人的君子身份。

3. 官员罢免

　　权力是维持社会秩序的杠杆，同时也会因腐败而被用来满足私利。因此，官员罢免是健康政体运作所必需的。在现代西方政治中，权力制衡，如洛克提出的三权分立，主要针对的问题便是权力腐败。不过，归根到底，民选官员的罢免还是必须由选票来决定。儒家仁政对此也有深刻认识。但是，在儒家仁政中，所有官员都是上级任命的。监察机构亦遵循由上而下的管理模式，因此，罢免也只能由上级说了算。现代西方政治和儒家仁政的正义原则不同，因而两者的官员罢免机制之差异也值得重视。

在现代西方政治中，民选官员罢免主要还是通过选票来解决。一般地，现代西方政治采用定期选举制。就实际操作来看，通过选票来解决民选官员的罢免，程序上简单明了。在这种程序中，任何民选官员，即使发现权力腐败，从选票的角度看，他或她在形式上也是合法的，并且可以完全在正义程序中继续占据官位。当然，选民可以通过各种压力而迫使官员辞职，或者促成相应的调查行动将其绳之以法。但是，选票作为正义原则拥有最后的决定权。也就是说，如果官员不肯辞职，如果官员有足够的能量从司法调查中脱身，选民便只能通过下次选举来解决他或她的罢免问题。就制度设置而言，官员罢免在某些特殊情况下可以不通过选票，而是直接诉诸行政手段，如当民选官员继续保持职务将危及社会安全时，在三权分立体制内还可以启动行政罢免程序，强迫民选官员辞职。不过，在一般情况下，民选官员的罢免必须通过选举。民选官员在位期间必须为其选民负责，为选民谋利益；只要选民满意，就可以继续获得选民的支持。就其职责而言，民选官员不需要为子孙后代负责，不需要为选区之外的人负责，甚至也不需要为选民的长远利益负责。民选官员是在其责任意识中做事的，因而不同官员的做事方式并不相同。但是，在选票正义中，民选官员的心思主要在选票上；只要有选票的支持，就可以在法律框架内连任。

儒家仁政在官员任命问题上遵循所谓的君子之道。君子肩负着追求天命、体察民心的使命。一旦停止了追求，君子就成了小人。君子与小人之间只有一步之遥。占据高位的官员一旦成为小人，就不再代表民心，从而丧失了继续占有权力的正义性。设立健全的罢免制度，以监察在位官员的君子身份，保证他们作为民心代表的资格，是维持政权之正义性的重要环节。然而，君子之道具有内在性；在位官员是否保持其君子身份，并不是可以简单地加以分辨的。实际上，很多在位官员在丧失君子身份后，其做事方式仍然保持着君子的样子。这种人被称为"伪君子"。尽管伪君子官员"多行不义必自毙"（《左传·隐公元年》），但是，除非上级检查及时，在位官员中的伪君子很难被发现并被罢免。儒家仁政下的权力腐败因而成为一种顽疾。特别地，君子群体中的君王若无法保持其君子身份，政权就会不可避免地出现集体性的权力腐败。在中国历史上，当一个政权集体性腐败后，民心之正义原则就不得不通过改朝换代来彰显。由此看来，儒家仁政在官员罢免问题上需要有更严密的制度设置，以维持君子之道。

　　总的来说，现代西方政治和儒家仁政的社会治理思路有一些方向性差异，导致两者在政治领袖产生机制上极不相同。现代西方政治把政权的正义原则落实在选票上，称为选举制。在实际运作中，选举制规范划一、操作简易，在某种意义上，近现代西方的政治实践取得了相当大的成功。不过，选票作为正义原则完全不考虑选票背后的责任意识，对不同责任意识引导下的选票去向或公意之善恶倾向处于盲点状态。一旦出现"恶"的公意，政权就会成为一种恶的力量，由此给社会带来的危害是不可逆转的。

　　儒家仁政的正义原则是君子之道，强调君子群体在政权中的主体性，重视君子的责任意识培养，推动君子追求天命、体察民心，以此作为政权之正义原则。我们称之为推举制。由于天命-民心的不确定性，君子之道在政权中的运作需要与时俱进，不断地权宜而调整。然而，君子的天命追求是一种内心活动，外在制度只能引导，不能制约。从这个角度看，儒家仁政中的权力腐败是结构性的，或者说，是不可能根除的。从实际运作的角度看，避免整体性的权力腐败，保证君子之道的运行，是儒家仁政的重中之重。

第十五章　政治秩序中的宗教与教化问题*

　　本章企图把宗教问题放在两个语境中讨论，即权利政治和责任政治。中文学术界在涉及宗教问题时往往跟随西方学术界的思路，深深陷入了权利政治语境。这种谈论方式严重与中国现实社会脱节。本章在呈现权利政治中的权利意识和宗教关系时，还希望对责任政治中的责任意识和宗教关系进行初步的分析。我想指出的是，我们可以在两个不同的语境（即权利政治和责任政治）中讨论宗教问题。本章认为，中国社会的本质特征以责任政治为导向。因此，分析、讨论责任政治中的责任和宗教关系对于中国现实社会来说具有直接相关性。

　　考虑到中文学术界在宗教问题上深深陷入权利政治语境，并在宗教自由这一模糊说法中走入迷宫，本章将从澄清宗教自由这一说法开始，认为，即使在权利政治中，宗教自由问题也是一个伪问题。① 我要指出的是，西方权利政治中只有结社自由，而没有宗教自由。现代西方社会在宗教管理问题上，至少到目前为止，应该说是相当成功的。不过，这仅仅是西方权利政治对宗教管理的成功。从历史上看，这个宗教管理模式也是在风风雨雨中建立起来的，其间经历了"三十年战争"（1618 年—1648 年，发生在欧洲的一场混合宗教、政治、家族等因素的战争），英国国教的宗教迫害运动，美国成为逃避宗教迫害的天堂，美国宪法第一修正案规定政教分离，等等。没有这些事件，西方权利政治就不可能有当前的宗教管理模式。

---

　　* 本章原以《宗教问题：权利社会和责任社会》为题，发表于《世界宗教研究》2014 年第 2 期。

　　① 21 世纪以来，西方政治精英另寻途径进入中国社会，并找到了宗教自由这一说法作为途径，认为推动中国社会融合于西方社会的突破口在于推动中国的宗教自由。一时间，宗教自由成为显学。小布什当选美国总统后不久，就开始谈论宗教自由，接见一些持不同政见的中国基督徒，以示对中国社会推行宗教自由这一事件的支持。并且，利用来中国进行国事访问这一机会，小布什高调在北京参与教会崇拜活动。这种与政治挂钩的宗教自由热至今仍然存在。

考虑到中西两种社会的结构差异，本章将分别考察权利政治中的权利与宗教关系，和责任政治中的责任与宗教关系。我认为，只有在此基础上，我们才能深入地理解责任政治中的宗教问题，并从政治管理角度出发寻找宗教活动管理模式。

一、权利政治中的宗教问题

1. 权利政治允许宗教自由吗？——以美国为例

20世纪60年代以来，我们看到，美国社会出现了一场所谓的"新时代宗教运动"。在这场运动中，"宗教自由"是主导性的口号。人们甚至相当武断地把"宗教自由"的帽子扣在美国国父们的头上，即美国宪法第一修正案所表达的便是宗教自由。我认为，这是一种似是而非的说法，特别需要澄清。我们回到美国宪法第一修正案：

> 国会不能在宗教设立上立法，或立法禁止它的自由（free）运作；也不能立法削弱言论自由，和平集会的权利（liberty），以及向政府投诉的权利（liberty）。①

我们知道，这一修正案是美国政教分离的出发点，主要目的是禁止设立国教（"国会不能在宗教设立上立法"）。同时，它也禁止政府对宗教内部事务的干涉（"或立法禁止它的自由运作"）。显然，我们在这里读不到"宗教自由"这一层意思。②

在现代政治学上，"自由"（liberty）一词的意思是"权利"。这一修正案并不是在谈论宗教的权利。显然，"宗教权利"一词是不可理解的。我们知道，宗教是一群人在一定的信仰和仪式中联合而组成的一个组织。在政治学上，宗教首先是一群人的公共活动，而不是私人事件。只要一群人拥有共同的信仰并愿意常常在一起使用某种仪式来分享和表达这个信仰，我们就说，一种宗教产生了。考虑到宗教是群体行为，谈论宗教自由等于谈论一群人的权利。这是权利政治不能允许的。

---

① 这是我自己的译文。

② 就语言而言，这里出现了"自由运作"一词。不过，这个"自由"（free）并不是在谈论权利，而是强调政府不予干涉。在用词上，freedom和liberty是有差异的。在这里我不打算深入讨论它们的区别。

　　比如，我们能否在宪法上赋予一个群体某种基本权利呢？我们知道，宪法一旦赋予某种基本权利，那么，除非修改宪法，否则，任何剥夺它的行为都将直接违反宪法。基本权利直接依附于宪法，并受到宪法的完全保护。如果一个群体（或社团）被赋予了某种基本权利，那么，当这个群体根据自己的宪章而有组织地犯罪时，政府就绝不能进行干涉。任何干涉都导致破坏它的基本权利，从而导致违宪行为。进一步，如果宪法只是赋予某个社团某种基本权利，而拒绝赋予其他社团同样的权利，那么，这种"基本权利"就成为一种特权，而不再是"基本权利"。也就是说，宪法不能赋予任何组织或机构任何基本权利。宗教作为一种社团也不在例外。实际上，美国宪法禁止设立国教，也就是不赋予某一宗教特权。

　　在上述第一修正案中，其关键点有二：第一点是"国会不能在宗教设立上立法"。国会作为政府的立法机构，不会把任何宗教设立为国教。如果政府不能设立国教，那么，任何宗教都不过是一种注册机构，彼此处于平等地位，并且必须接受相关法律的约束。这一修正案的措辞，很明显，针对的是当时欧洲各国国教对其他基督教宗派不同程度的压迫。

　　第二点是政府不能干涉各宗教组织内部的活动方式。基督教诸宗派在崇拜仪式和组织上不尽相同。既然不设立国教，那么，政府也就没有统一的标准从宗教的角度对各宗派的宗教活动方式进行评判和干涉。因此，第一点和第二点所表达的意思相同，即政教分离。

　　这里，我们读不到所谓的宗教自由。在这一修正案中，"宗教"被界定为某种组织或机构。设立宗教是设立一个宗派组织。如果宗教被理解为某种组织，那么，任何宪法都不可能赋予宗教某种基本权利（自由）。在这一修正案中，我们接着读到"和平集会的权利"一说。通常地，这一项被理解为"结社自由"。结社自由指的是一种个人权利，即每个公民都拥有自由结社的基本权利。不过，美国法律对"结社"还有相应的犯罪条例限制，比如，任何结社都不允许鼓吹暴力，等等。所有社团都必须接受犯罪条例管辖。宗教组织属于社团。因此，公民拥有建立一种宗教或加入某种宗教的基本权利。这种基本权利不是宗教自由。宗教是组织。第一修正案并未赋予任何社团（包括宗教）基本权利。基本权利只属于个人。因此，把结社自由说成宗教自由是混淆视听，是别有用心地解释第一修正案。实际上，美国政府对于宗教组织的监控是相当严格的，对于各种异常宗教（或邪教）的建立及活动从未掉以轻心。比如，20世纪90年代在得克萨斯州发生的政府和"大卫教"（从基督教内分化出来）的冲突便是一例。从这个角度看，我们可以相当肯定地说，美国宪法没有"宗教自由"条文，美国社会也不存在"宗教自由"这一现象。

其实，任何权利政治都不可能允许宗教自由。即使是设立国教的英国和德国，我们也看不到宗教自由。就概念而言，国教是一个国家的大多数公民共同信仰的宗教。从政府的角度看，设立国教的目的是让政府可以通过国教来统一规范和管理本国的宗教活动。这样一来，如果本国的某些公民不愿接受国教的规范，在国教的统一标准下，他们就很容易感受到从政府而来的压力，并导致与政府的对立和冲突。美国的国父们在制定宪法时充分注意到：设立国教（给予某一宗教特权）和权利政治在概念上是不相容的（因为这将否定或限制其他宗教实践者的结社权利），在实践上必然导致冲突（早期美国移民对此深有体会）。换句话说，设立国教必然导致迫害其他宗教宗派，损害公民权利，引发宗教冲突，破坏权利政治的基本结构。在此基础上，他们率先提出政教分离的国策。从权利政治的角度看，这是相当明智的做法。美国在宗教管理上不设国教的做法对西方权利政治起了十分重要的作用，启发并推动了那些已经设立国教的西方国家不断地减弱国教的规范作用，在实践上向政教分离做法靠拢，按照社团方式管理其他宗教宗派。

2. 权利政治的基本权利问题

权利政治的"基本权利"概念是权利政治管理宗教活动的基本原则。为了对权利政治的宗教问题有较深入的了解，我们需要对权利、基本权利以及人权（契约权）这三个基本概念加以讨论。

现代西方社会的"权利"概念最早是由英国思想家霍布斯在他的《利维坦》①（1651 年初版）中提出来的。霍布斯把社会划分为两种状态，即自然状态和社会状态。在自然状态中，每个人拥有所有的权利，并且可以不受限制地随意使用这些权利。不过，每个人在使用自己的权利时，往往会侵犯他人的利益，从而与他人发生冲突。这也是一种战争状态。人是从自己的善意念出发来使用自己的权利的。归根到底，维持自己的生存是人的善意念的出发点。在自然状态的战争中，人或者使用自己的体力，或者使用自己的智力，使自己在战争中获利。但是，从长远的角度看，这种获利带来的是冲突和相互损害。人是有理性的人。战争的害处是很明显的。

---

① 中文版参见霍布斯：《利维坦》，黎思复等译；英文版参见 Thomas Hobbes, *Leviathan* (New York：Penguin Books，1951)。

因此，避免战争、寻求和平就成了人的理性的首要任务。于是，人的理性确立了"第一自然律"，也称"和平律"。霍布斯曾说，自然律是理性所发现的戒条或一般法则。这种戒条或一般法则禁止人们去做损毁自己的生命或剥夺保全自己生命的手段的事情，并禁止人们不去做自己认为最有利于生命保全的事情。在这一自然律的驱动下，人很快就认识到战争的危害，并开始寻找和平。

人与人之间之所以会陷入冲突和战争，是因为人在自然状态中使用了"侵犯他人"这一权利。避免战争的第一步是放弃这一权利。这种放弃不可能是单方的。任何一方放弃侵犯权利，结果都是允许对方侵犯自己。放弃侵犯权利必须是各方同时进行的。这就需要共同约定。当各方都愿意放弃自己的侵犯权利时，人们就进入了一种契约状态。霍布斯称此为社会状态。推动人们从自然状态进入社会状态的动力来自第二自然律。霍布斯指出，在别人也愿意这样做的条件下，当一个人为了和平与自卫的目的认为必要时，会自愿放弃这种对一切事物的权利；而在对他人的自由权方面满足于相当于自己让他人对自己所具有的自由权利。

不同的契约产生不同的社会。不过，有一点是共同的，那就是，人是在契约中进入社会的。人在自然状态中拥有所有权利。在订立契约时，出于某种目的，人交出某些权利，保留另外一些权利。究竟一个人在订立契约时要交出哪些权利或保留哪些权利，这只能由当事人来决定。一旦做出决定，人就必须信守契约，不能随便收回交出的权利。当然，一个人可以出于某种目的而愿意把所有权利都交出。这种情况便是奴隶契约。作为当事人，奴隶在交出所有权利后，就没有权利收回那些已经交出的权利，从而无法从奴隶状态中摆脱出来。霍布斯的社会契约论允许专制体制或奴隶体制（作为一种社会契约）。

霍布斯的社会契约论划分了人的两种存在状态（自然状态和社会状态），突出了"权利"概念，这是现代西方政治思想的基本原则。1688年，英国发生了"光荣革命"。这场革命后，英国应该采取什么样的政体就成为英国人必须回答的一个问题。霍布斯的社会契约论允许各种政体。所有的社会契约都具有合法性。洛克的政治思想也是社会契约论思路。但是，作为一个共和主义者，洛克反对专制政体，在实践中推动共和政体，并为了在理论上说明共和政体的合法性而提出了自己的社会契约论。洛克不同意霍布斯的没有底线的契约论，认为人在自然状态中拥有所有权利，并在订立契约时交出某些权利。人交出本属于自己的权利，归根到底是为了追求自己的幸福。人的幸福以两个基本条件为保障，其一是拥有人身自由，其二是拥有财产。在洛克看来，这两个基本条件是显而易见的。一个缺乏人身自由的人无从谈论幸福生活。人有各种欲望，因而需要一定的物质来满足自己的欲望。因此，人在订立契约时，有两项权利是绝不可能交出的，那就是，人身自由权和私有财产权。洛克称此为"基本权利"。

我们来分析一下洛克的"基本权利"概念。洛克指出，因为一个人既然没有创造自己生命的能力，那么就不能用契约或通过同意把自己交由任何人奴役，或置身于别人的绝对的、任意的权力之下，任凭夺去生命。洛克的这个论证求助于生命的创造者问题。根据《圣经·创世记》，生命是上帝创造的。人既然没有创造生命的能力，那么就没有权利出让它。在逻辑上，这个论证超出了契约论原则。洛克论证到：既然《圣经》证明了人是被创造的，那么任何人都没有权利交换自己的人身自由。同样，洛克以"论财产"为题讨论了财产权问题。他说：不论我们就自然理性来说，人类一出生即享有生存权利，因而可以享用肉食和饮料以及自然所供应的以维持他们的生存的其他物品。这里，洛克把拥有生活必需品（财产权的原始形式）当作生存权利（属于自然权利）。也就是说，财产权是人在订立契约时不能出让的。他还提到上帝在伊甸园中把土地等生活必需品都给予了亚当，从而让亚当拥有这些必需品。这便是私有财产权的原始形式。①

洛克提出了两项基本权利。凭什么说这两项权利是基本的呢？洛克求助于基督教的《圣经》。这个论证不是严格意义上的社会契约论思路。对于霍布斯来说，所有通过契约而来的社会制度以及由此确立的政治权力都是合法的。一个人可以出于某种目的而放弃自己的人身自由权（如为了逃避死亡）；一个人也可以为了某种想法而出让自己的私有财产权（如认为公有制是更好的体制）。在这种情况下，人可以把洛克所谓的"基本权利"交换出去。在逻辑上，霍布斯关于专制体制和奴隶体制的说法严格地遵守他的契约论原则。相反，洛克的契约论引进了"基本权利"概念，虽然对当时英国政体改革起了重大作用，但是，就理论而言，这已经不是严格意义上的契约论。当然，洛克的基本权利意识在实践上具有巨大的说服力。在历史上，洛克的社会契约论确立了英国的君主立宪制。

---

① 洛克通过讨论上帝的给予和个人劳动所得指出，私有财产权是符合《圣经》教导的。他认为可以很容易而无任何困难地看出，劳动最初如何能在自然的共有物中开始确立财产权，以及为了满足人们的需要而消费财产这一点又如何限制了财产权，因此对于财产权就不会有发生争执的理由，对于财产权容许占有多少也不能有任何怀疑。

　　"基本权利"概念在实践上对于建立何种政体是一个很有用的概念。不过，我们能否在社会契约论内对何为基本权利这一点给出说明呢？洛克在他所理解的基督教价值观内对人身自由权和私有财产权这两项基本权利进行了论证。但是，如果基本权利的根据在社会契约论之外，那么，从理论上说，这种政治体制就不是完全建立在社会契约论的基础之上。换句话说，一种完全意义上的社会契约论要求从契约论本身出发论证基本权利。

　　法国思想家卢梭采取了契约论思路，接受了"基本权利"概念，建构了一种相当完整的社会契约论。卢梭提出了"人权"（契约权）概念。我们注意到，尽管卢梭接受了"基本权利"概念，但他拒绝洛克关于基本权利的理解，认为人身自由权和私有财产权并不一定是基本权利。比如，关于私有财产权，其实，在某些情况下，人们是可以交换私有财产权以获得某种好处的。比如，一个国家在非常时期需要集中全部财产来渡过难关时，在征得人民的同意后，暂时放弃私有财产权是允许的。而且，人们也可以通过契约而进入共同财产制度。同样，人身自由权也不是基本权利。对于那些战败者来说，他们可以为求生存而接受战胜者对自己的人身支配权。历史上的奴隶制度作为一种现实制度也是起源于契约。如果私有财产权和人身自由权都是可以交换的权利，那么，它们就不是基本权利。在契约论中，基本权利必须是不可剥夺的权利。

　　卢梭进一步指出，人作为契约者，唯一不可剥夺的权利是人权。在自然状态中，人拥有各种权利。这是人之所以为人的根本标志。当某人为了某种目的而交出一些权利时，他是作为人（拥有各种权利者）而与他人进行权利交换的。这项人权是不可出让的、不可剥夺的。因此，卢梭指出，人在契约活动中不可能交出全部权利。理由很简单，人无论交出多少权利，都至少有一项权利无法交出，这就是那项交出权利的权利。这项权利便是人权。

　　根据这种社会契约论，我们来分析一个人在战败后为求生存而甘心成为"奴隶"这一现象。从契约论的角度看，这个人并不是真正意义上的奴隶，因为他并没有交出所有权利。在成为"奴隶"后，他仍然拥有交出其他权利的那项权利，即人权。这就是说，他无法交出他作为人的权利。正是因为他仍然拥有这项人权，所以他不是真正意义上的奴隶。实际上，凭这项权利，他日后可以借各种机会适当地回收那些已经交出的权利。比如，只要机会成熟，他就可以摆脱主人的控制，甚至把原来的主人变成奴隶。同样的分析也可以用在专制政体上。卢梭认为，独裁者的权力并不是至高无上的。尽管人们在建立君主专制制度时交出了很多权利，但是，如果他们认为他们的君主不再履行他的职责，那么，他们完全可以使用他们的人权回收已经交出的权利，推翻君主专制。正是在这种契约论的指导下，我们知道，法国大革命推翻了法国的君主制度。

卢梭在"生而自由"这一宣言中宣称这项人权是人与生俱来的；这种说法最后演变为天赋人权。它既然是天生或天赋的，那么就是不可剥夺的。进一步，卢梭还发现，作为社会生活的基本权利，人权是通过契约活动来表达自己的。为了保证契约活动顺利进行，卢梭认为，就必须保证每个人都能自己表达自己。虽然卢梭在如何保证每个人都能自己表达自己方面有更多的讨论，但是，我们看到，深受卢梭影响的美国国父们在宪法修正案中特别规定了言论自由、结社自由等作为基本权利。

在理论上，卢梭的社会契约论是当代西方权利政治的理论基础。在实践上，美国这块移民土地相当成功地以此为基础建立了一个权利政治国家。

3. 基本权利和宗教活动

宗教是一种社会组织。就其实际运作而言，宗教是一种群体活动现象。单个人无论做什么事，都不足以形成任何宗教活动。如果有一群人，他们拥有共同的信仰对象，按照一定的组织方式彼此建立关系，采取一定的崇拜仪式举行敬拜活动，那么，他们的组织和活动就一定带有明显的宗教性。一般来说，他们的信仰（作为一种情感）对象是共同的，因而任何诋毁这个信仰对象的举止都直接冲击他们的感情，引发群体事件。在这个意义上，我们说，宗教信仰对象具有神圣性。也许，他们的崇拜对象对于局外人来说是一种平常的物体或某种无法理解、莫名其妙的东西，但是，对于这个群体来说，任何关于崇拜对象的亵渎语言（如贬低、耻笑、攻击等）都会激发强烈的群体情感反应。这一点是宗教社团区别于其他社团的重要特征。其他社团可以有共同的兴趣、组织结构和交往仪式。任何违反组织结构和交往仪式的举动都会受到指责与惩罚。但是，面对关于其共同兴趣的负面批评，这个群体不会出现强烈的群体情感反应。因此，我们说，宗教与其他社团的区别就在于宗教组织拥有某种宗教信仰。

宗教信仰是一种具有神圣性的情感倾向。有一点需要指出，宗教信仰和认识论意义上的信念是有区别的。信念可以是没有情感倾向的。比如，我们说我们相信两千多年前中国有一个秦始皇。这里的"相信"并不是一种情感倾向，而是表达一种认识论意义上的立场。我们经常会说，我们相信这件事或那件事。这里的"相信"都可以用"认为"来替代。这种相信也可以是一种认识活动，即把对象当作一种认识对象而加以认识。比如，我相信这条河中有一个怪物，因而千方百计去认识这个怪物。这种认识论意义上的"信念"缺乏神圣性，因而不是宗教信仰。

宗教信仰必须满足如下两个条件：首先，信仰对象超出了人的理性判断能力。比如，人们对河神的崇拜，因为这个河神所控制的那条河变幻莫测，人的理性无法把握它。人们在面对这种巨大无比的力量时感到自己很渺小，因而崇拜它。也就是说，河神崇拜是在理性认识停滞的情况下出现的。一旦进入崇拜，信徒就放弃了对河神的理性认识，并采取某种仪式与河神交往。反过来说，如果人们突然发现自己能够在理性判断中谈论这条河，比如，随着人们对这条河的认识的加深，人们终于能够理性地判断它的变化，那么，从这一刻起，河神崇拜就无法维持。

其次，信仰对象是人的生存的一部分。宗教并不是一种与人的生存无关的东西。人之所以信仰某个对象，是因为这个对象与自己的生存息息相关。信仰者发现自己的生存无法离开自己信仰的对象。比如，尽管这条河变幻莫测（在河神的控制下），人还是不得不在其中生存。如果人在生存上可以脱离自己信仰的对象，那么，这个信仰对象就不会被赋予神圣性。在这种情况下，人可以远离或忘却这个神秘莫测却无法抗拒的河神，但是不会形成对河神的崇拜，因而也就不会因河神而形成一种宗教。就宗教信仰的特征而言，河神崇拜表达了这样一个事实：人们在理性认识上放弃了对河神的认识，在生存上无法摆脱河神的控制，从而采取与理性认识不同的方式（如各种仪式）来与河神打交道，祈求河神给自己带来好处（并且把坏处减到最小）。正是在这种情感性的指望中，河神被赋予了神圣性。进一步，为了说明自己的这种感情和做法，信仰者开始在思想上、组织上和仪式上进行系统化整理，于是形成了以河神为崇拜对象的宗教。

宗教信仰作为一种情感指向，一方面是一种完全私人的事件，另一方面则是一种群体的情感共鸣事件。情感是不能强迫的，因而信仰不会屈从于外在压力。如果一个人不信，无论如何强迫他去信，他仍然可以口是心非。如果一个人有了信仰，强迫他放弃信仰，他也可以表面上敷衍了事。由于情感的内向性，外在因素能够引导人的情感，但不能限制人的情感。因此，宗教信仰在任何时候都是自由的：人想信就信，不想信就不信。没有人能够剥夺他人的信仰自由。从这个角度看，作为个人的内在情感指向，宗教信仰可以与周围环境完全无关。但宗教同时又是由一群共享某种信仰的人组成的。离开这个群体，宗教就无从谈起。在这个群体内，任何一个人在表达他的宗教信仰时都会引起共鸣。因此，我们说，宗教信仰表达了一种共同的情感倾向。如果一种宗教的信徒在一个社会中的人数达到一定数目，这种宗教所引导的情感倾向就会对这个社会的发展方向产生作用。从这个意义上看，宗教是一种社会力量，甚至可以改变社会的发展方向。

考虑到宗教的这些特征，我们并不难理解权利政治中的宗教活动。在当代权利政治中，人权是基本权利。人权首先是契约权。契约权在社会生活中有如下表达方式：选举政治领导人（选举权），对某些重大议案投票表决（表决权），在公开场合表达对政府决策的抗议（言论自由），以及自愿与他人结成社团（结社权），等等。作为契约权的表达方式，选举权、表决权、言论权以及结社权都是基本权利。[①] 宗教是一种结社活动，涉及一群人因为共同信仰而形成组织关系，在一定仪式中共同崇拜信仰对象。因此，作为一种结社活动，组织或参与宗教活动是一项基本权利。如果仅仅是在这个意义上谈论宗教自由，那并无不当。但是，我们应当清楚地认识到，这仅仅是在结社权意义上谈论宗教自由，而不是谈论宗教作为一种组织的基本权利。所有的宗教组织及其活动都必须接受有关结社权的法律制约。

宗教信仰是一种排斥理性的情感倾向。换句话说，不同的宗教之间在涉及信仰对象时没有说理的空间。从理性的角度看，宗教活动是非理性的，而且有时表现为荒诞、奇异、不可理解。在不同的宗教之间，由于彼此之间没有说理的空间，所以在空间上近距离接触时，就不可避免地出现对立和冲突。权利政治在处理这类对立和冲突时通常采取空间隔离、互不干涉的做法，并把所有主动干扰和攻击其他宗教活动的行为当作刑事案件。第二次世界大战之后，思想界发起了所谓的宗教对话运动，企图开拓不同宗教之间的说理空间。就目前的发展而言，这场运动仍然停留在书生说事

---

　　① 我们注意到，美国宪法第二修正案赋予了人民持有枪支的权利，目的是当政府不再代表人民利益时，人民可以起义并推翻它。关于这一权利究竟是不是基本权利，美国法律界仍然争论不休。基本上分为两派。一派认为，持枪权是基本权利，因为它写在宪法中。另一派认为，持枪权不是基本权利，而仅仅是一种宪法赋予的免责权（privilege）。从契约权出发，持枪权不是基本权利。

阶段，对于化解不同宗教之间的对立和冲突并没有多少实质性的推进。①

西方权利政治的主导宗教是基督教。尽管不同宗教之间的对立和冲突不可避免，但是在基督教的主导下，其对立和冲突的程度是受到控制的。权利政治中不同宗教之间的关系是一个十分复杂的问题，涉及面很广，这里不拟展开讨论。

二、责任政治与宗教活动

1. "责任"概念和责任政治

我们先来界定"责任"概念。一般来说，我们可以从以下三个方面来使用"责任"一词：首先，责任指向明天。当一个人不管他的明天的生活时，他就缺乏责任意识。只要他开始考虑明天的生活，他就有了基本的责任意识。当然，在这个方面考虑得越多，他的责任意识就越强。其次，责任指向他人。在决策-做事时考虑他人的生存，人就有基本的责任意识。同样，把越多的人的意愿和利益放入自己的决策中，人的责任意识就越强。最后，责任指向他者。这个他者可以是一项任务，也可以是一个人的理想。任何以他者为取向的决策都是一个负责任的决策。就概念界定而言，本章使用"责任"概念局限在这三种意义上。换句话说，若一个人在决策-做事时考虑到了明天、他人或他者，那么，他就有责任意识。

责任意识有程度上的区别。对于一个人来说，他的责任意识可以只考虑明天的事，但不会想后天的事。或者，他在考虑他人时只顾及他的家人而不顾及外人。不过，一个人的责任意识可以是一个生生不息的扩展和加强过程：他从关心自己的未来生活，到顾念自己的家人，进而为地方百姓着想，甚至为天下众生忧虑，等等。中国文化中有"先天下之忧而忧，后天下之乐而乐"的忧患意识。显然，这就是一种责任意识。

我们发现，责任意识的形成机制一般有两种类型：一种是指派的，另一种是积淀的。比如，某人被分配了某种任务，被认定为某一社会角色，被推举到某一社会地位，被安排在某一岗位上，等等，都属于指派责任。

---

① 这场运动的发起人是约翰·希克。他在 20 世纪 60 年代出版的《宗教哲学》（*Philosophy of Religions*）中首先提出宗教对话问题。更全面的讨论，参见他的《宗教哲学对话》（*Dialogues in the Philosophy of Religion*）一书。

可以观察到，这些任务、角色、地位、岗位等，就其被指派而言，是外在的。当这些东西加在人的头上时，人完全可以拒绝，从而它们对于人来说不是责任。但是，人一旦接受了这些外在的指派，就等于接受了这些责任，并开始对这些责任进行理解。当事人根据自己对责任的理解而形成一定的责任意识，以此践行或落实被指派的任务。从这个意义上看，责任只能是内在的。当然，也可能出现这种情况：当事人内心拒绝接受所派任务，从而拒绝发展自己的责任意识；他在履行职责时缺乏内在动力，完全受控于外在力量。在这种情况下，当事人不可能形成相应的责任意识。

积淀责任意识比较复杂。一般来说，所有出于人自身的责任意识都是在过去的生活中积淀而成的。比如，一对双胞胎，其中之一被父母认定为哥哥或姐姐，那么，在日后的生活中，他或她就养成了哥哥或姐姐的角色意识，从而担当起照顾弟弟或妹妹的责任。在不同的文化传统中生活，人所感受到的社会对自己的期望是不同的，从而会形成不同的角色意识和责任意识。也有这种情况，一群人面临同样的社会期望，但其中的每个人对这个共同期望的感受却不尽相同，因而会形成不同的责任意识。

这些在社会生活中长期积淀而成的责任意识，一方面（特别是在道德规范上）具有明显的共同性，因而容易在某些问题上出现共鸣，并产生相同的情感，如爱国主义、民族主义等情感，我们可以称之为共同责任意识。另一方面（特别是在个人理想上），个人在积淀责任意识时也会有独特的性格或个性。不同的人有不同的志向和理想。正是责任意识的个性决定了社会的差异性和冲突性。换句话说，即使生活在同一社会中，人们关于同一社会问题仍然可能有五花八门甚至相互冲突的意见。

责任意识还有一个重要特征：就其起点而言是内在的，就其倾向而言是外向的。责任的内在性指的是，责任必须有一个承担者（个体）。如果责任不内在地属于一个人并由他来承担，那么，我们就无法追究责任。有时我们会遇到"共同承担责任"或"集体负责"的说法。如果这种说法不是托词的话，那么，落实下来，还是要追究每个人的责任；否则，"共同承担责任"或"集体负责"就等于没人负责。因此，责任是个人的。责任的内在性即个体性。

如果责任是个人的，且责任涉及未来、他人或他者，那么，责任者所承受的就是外来的东西。比如，对于"未来"，有责任感的人往往是在自己的理想中表达自己对未来的理解，因此，我们可以在其追求理想的活动中追踪其责任意识。对于"他人"，有责任感的人往往是在共同价值中理解他人的利益，这些共同价值既是他的，也是大家共有的，因此，我们可以通过分析共同价值来追踪其责任意识。对于"他者"（指派任务），我们可以通过评估当事人对任务的完成程度来谈论其责任意识。我们称此为责任的外向性。

责任意识的外向性决定了"责任"概念属于社会学范畴。从未来、他人或他者的角度分析责任意识，我们很容易指出责任意识的社会功能。中国儒家文化中有"修身，齐家，治国，平天下"之说。这里的"修身"是在立志中进行的，也就是我们这里所说的建立理想，为未来负责。"齐家"涉及人与人之间的亲情、友情，是最原始的他人意识。这两点有比较浓重的道德成分。但人的社会关系是扩展的。人对亲情、友情的体验越深刻，对人的社会关系的体会也就越深刻。只有在此基础上，人才能对那些不曾相识的人负责。这就进入"治国"领域。因此，责任意识内在地包含了政治性。

以责任意识为基础的社会便是责任社会。这种社会不同于权利政治。① 我们分析一个例子。某人接受了一项任务，并形成了相应的完全责任意识。对于他来说，任何有助于他完成这项任务的因素都是他进行选择的决定性因素。如果献出自己的生命是他完成这项任务的决定性因素，他就会选择献出生命。同样，对于任何阻碍任务完成的因素，包括他已经拥有的权利和利益，他都会自愿地放弃。反过来说，如果在他执行任务的过程中出现了一个从自己的权利或利益出发而做出的选择，那么，这个人的责任意识就是不完全的，就是可谴责的。

设想一个社会是有不同岗位的；每一社会成员都占据一个岗位；所有在岗人员都拥有关于自己所在岗位的责任意识；于是，社会的所有成员都在一定的责任意识中生活。这里，当事人对自己所在岗位的责任的理解是否完全，以及任务的完成是否顺利，是这个社会是否正常运作的关键所在。也就是说，人们的责任意识是这个社会的支撑点。当然，当事人不可能没有自己的权利，比如，有权表达自己的想法（根据自己的责任意识），有权保护自己的利益（受责任意识制约），也有权获得报酬（与责任相配的报酬），等等。但是，这些权利都是建立在责任基础上的。一旦权利与责任相冲突，所有的权利都必须在责任意识中做出相应调整；如有必要，则加以放弃。相应地，一个完全没有责任意识的人在这个社会中是没有权

---

① 更详细的讨论，参见谢文郁：《自由与责任———一种政治哲学的分析》，《浙江大学学报（人文社会科学版）》2010 年第 1 期。

利的。人与人之间的责任意识并不相同，例如，平民和官员在不同的岗位上肩负的责任不同，相应地，他们会形成不同的责任意识。但是，无论什么人，离开责任意识就不能谈他的权利。我们称这个社会为责任社会。

责任社会并不是一种虚构的或理想性的社会。实际上，在儒家文化中建立起来的中国传统社会就是这样一种责任社会。责任社会以责任意识为基础，因此，培养人的责任意识便是这种社会的基本要求。对于社会中的任一成员来说，他所拥有的责任意识越深刻，他就能越好地完成他所承担的责任，而他对社会的贡献就越大。在儒家看来，人的责任意识可以通过修身养性来培养。这是一个功夫过程。从个人的角度看，每个人都必须在修身养性中寻找自己的社会岗位，培养自己的责任意识，并从自己的责任意识出发完成自己所承担的任务。从社会的角度看，每个社会都必须确立一种机制，保证人们能够找到适合自己的岗位，并在那里实践自己的责任意识。关于前者，即如何培养人的责任意识问题，儒家发展了一套礼教的做法。关于后者，中国传统社会发展出了科举制作为官员选拔制度。责任社会的政治制度问题不在本章的讨论范围内，但是礼教与宗教问题有直接联系，因此，我们在这里需要先对儒家礼教有所讨论。

2. 责任政治中的礼教问题

人的责任意识并不是凭空培养出来的。人在一定的社会中生活，社会已经在传统中确立了某种规范，因此，人在某种现成的传统规范中成长并形成相应的责任意识。人们也许会提出这样一个问题：我们生活于其中的传统规范是好的还是坏的？这种问法涉及了我们生活于其中的传统之合法性问题。就人的生存而言，这种提问方式是不合适的。我们的责任意识是在这种传统规范中培养而成的，因此，质疑这种传统的合法性等于质疑我们自己的存在合法性。问题应该换个提法：我们如何去完善我们生活于其中的传统规范？儒家便是在这后一种问法中提出礼教问题的。

我们知道，儒家礼教在过去两千多年的时间里一直主导着中国社会的发展。儒家礼教的核心命题是"三纲五常"。其中，"三纲"（君臣、父子、夫妇①）谈论的是宇宙-社会秩序问题，而"五常"（仁、义、礼、智、

---

① 参阅《白虎通义·三纲六纪》云："三纲者，何谓也？谓君臣、父子、夫妇也。君臣父子夫妇六人也，所以称三纲何？一阴一阳谓之道。阳得阴而成，阴得阳而序，刚柔相配，故六人为三纲云云。"

信①）则涉及人的责任意识培养。然而，五四运动对儒家礼教进行了摧毁性的攻击。此后，中国思想界一直在推动西化运动，并在原则上采取权利社会思路，推进在中国建立权利社会。尽管这种努力一再受挫，但是，西方社会的成功模式一直在支持着这样一种信念，即中国终究可以走向权利社会。我这里不打算做历史的宏观叙事。限于本章主题，我希望能够就礼教中的责任意识培养问题做一些分析和讨论。

按照孔子的说法，他所处的时代已经"礼崩乐坏"，社会秩序进入混乱状态。如何恢复秩序就成了重要话题。我们来分析儒家"仁、义、礼"这一思路。"仁"这个字在孔子的时代有两种写法：一种写法从良从心，用来描述人的完美或完全状态；另一种写法从人从二，指的是两人以上的人与人的关系。② 我们注意到，就孔子对"仁"的用法而言，这两个方面的含义都在。他要求他的弟子们"为仁"，去追求人的完美状态。但是，究竟如何理解"人的完美状态"呢？他解释说："爱人"。也就是说，人的完美状态是在人与人的关系中形成的。人们进一步问：在什么样的关系中形成的呢？显然，在不同的社会关系中生活，人就会有不同的成长方向。

我们来分析一下孟子和梁惠王之间关于政治问题的对话。孟子反对梁惠王从"利"出发来为人处世并治理国家，主张"仁政"。在孟子的理解中，人只能在社会关系中生存（作为生存事实），因而人的生存必须从关怀社会关系开始（作为生存出发点）。因此，任何政治都必须从关注人与人的关系开始。这便是"仁"。孟子注意到，人在现实社会中生存，已经处于某种社会关系中，并接受相应社会规范的约束。人与人的关系是多种多样的。比如，父子之间可以是父慈子孝的关系，也可以是父子平等的关系，还可以是父亲伺候儿子的关系，等等。有些社会关系是有害的，如建立在利益基础之上的社会关系；有些社会关系是善的、适合人的生存的，这才是政治家需要关注的。这里的"合适"，便是"义"。合适的社会关系便是"仁义"，是有"义"之"仁"。在这个思路中，孟子要求梁惠王从"仁义"出发治理国家。从"仁义"出发施政，就是"仁政"。

关于"义"，孟子是这样追踪它的含义的。他说："义之实，从兄是也"（《孟子·离娄上》）。我们可以这样理解这句话。人什么时候开始知道

---

① 孔子谈论"仁、义、礼"；孟子扩展为"仁、义、礼、智、圣"；西汉之后，"圣"被"信"取代，便有了"仁、义、礼、智、信"之说。

② 参见梁涛：《郭店竹简"悬"字与孔子仁学》，《哲学研究》2005年第5期。

"合适"二字呢？就现象观察而言，是从学着兄长的样子开始的。对于开始懂事的孩童来说，父母的教训会让孩童产生敬畏感。但是，因为父母的爱，孩童在按照父母的教训做事时常常伴随两种感情：害怕（如果受到惩罚）和好玩（如果受到表扬）。在父母面前，孩童没有羞耻感，因而不会对自己言行是否恰当这一点有感觉。兄弟年龄相近，他们之间的情感交流不同于父母与孩子之间的情感交流。这种兄弟之情也是原始性的。对于弟弟来说，兄长的为人处世就是合适的。兄长的言行就是榜样。在这种情感交流中，兄长对弟弟的嘲笑或批评会让弟弟感觉到自己的言行不合适。这便是原始的羞耻感。一旦出现羞耻感，做弟弟的就开始有了"义"的意识，并根据自己对"义"的理解来调整自己的言行。这种原始的羞耻感是人追求"义"（合适）的原始冲动。所以，孟子说："羞恶之心，义之端也"（《孟子·公孙丑上》）。[①]人生活在社会中，从小到大必须学习合适地为人处世。从最简单的羞耻感开始，一个人先是在一些事情上，然后是在许多事情上，最后是在所有事情上，都做得得体。达到这个程度，他就成了贤者，成为众人的榜样。

对"义"作"宜"解，孟子是从合适的社会关系这个角度来谈论"仁义"二字。"亦有仁义而已矣"（《孟子·梁惠王上》）这种说法的关键点在于，无论是一个人还是一个国家，都必须首先关注人与人之间的关系，体会并寻找合适的社会关系，然后使自己的为人处世或国家决策符合这种关系，这便是"由仁义行，非行仁义也"（《孟子·离娄下》）的仁政。

进一步，如果一个人体会到并按照一种合适的社会关系生活，他就能使自己成为一个完善的人，他的为人处世就成为一种规范，对于他的后代起示范的作用。这就是"礼"的出现。简单来说，"礼"是建立在仁义基础上的，是仁义的形式化表达。就顺序而言，人先有仁义，后有礼节。人对仁义的体会和把握如何，所形成的礼节也就如何。并且，随着人对仁义的理解发生变化，人的礼节也将发生变化。

然而，我们注意到，仁义对于人的意识来说是内在的，是当事人关于完善的人与人之间关系的理解；一旦形式化为礼节，就成了一种外在约束，强迫人们严格地加以遵守。前面谈到，礼节是建立在人对仁义的一定理解基础上的。如果人对仁义的理解发生了变化，那么"礼"就应该做出

---

① 《中庸》："义者，宜也，尊贤为大"（第20章）。这也是从"适宜""恰当"这个思路上阐释"义"。

相应的调整。特别是对于后一代来说，他们对仁义的理解尚未达到父母的理解水平，而父母却要求他们遵循礼节，故而对于他们来说，这个礼节就是外在的、强迫性的。这里，我们看到，仁义与礼节之间存在着某种张力。

孟子对这个问题的感受颇深。《孟子·离娄上》中记载了一场所谓的"嫂溺之争"。有人找到孟子要挑战他，说："男女授受不亲，礼也。如果嫂子溺水，小叔子该不该牵嫂子的手救她上来？"这里，牵手意味着违反了上述之礼。孟子的回答很简单，伸手救嫂子是应该的，而不救嫂子则如豺狼。为了解决这里的张力，孟子在礼的执行问题上加了一个"权"字。这个"权"字是一个十分重要的因素。

"权"就是自己琢磨着怎样做才合适，即权宜。有人认为行礼这件事是一个不用思考的行为。但在孟子看来，行礼不是一个简单的动作。在任何情况下，行礼都涉及了当事人对礼的理解。人对礼的理解到哪个程度，人行礼就到哪个程度。比如，对于一个儿童来说，他完全不明白父母强加在他头上的礼节。开始时，他仅仅是出于父母的威严而不得不遵守。但是，渐渐地，他开始理解父母的强迫性要求，并在内心认可这些礼节，从而自觉地遵守。可以看到，"礼"可以引申出关于礼的思想，孟子称之为"智"。

"智"就是关于礼的理解。礼是仁义的形式化表达。因此，关于礼的理解也就是关于仁义的理解。《孟子·离娄上》中还提到另一个争论："不孝有三，无后为大。舜不告而娶，为无后也，君子以为犹告也。"从礼的角度看，娶妻需要上告父母（孝的一种表现）。舜在这种情境中陷入了这样的困境：舜如果告诉其父母，就不可能得到父母的允许而娶妻；如果不告，则违反了礼（不孝）。孟子认为，人们关于"孝"有不同的理解。告诉父母而不娶则无后，这个无后的结果是不孝；不告诉父母而娶，不告这个动作是不孝。因此，舜不告而娶是一种孝的行为，乃君子所为。可见，人在行礼时还会遇到不同礼节之间的冲突。行礼的目的是要在完善的社会关系中实现自己的完善状态。什么样的社会关系才是完善的社会关系？什么样的生存状态才是完善的状态？对于这样的问题，孔子没有给出现成的答案，孟子也没有。这是一个责任意识的培养过程。不过，有一点是明确的，那就是，一个人对这个问题的认识越深刻，他的责任意识就越强。这是一个需要不断"权宜"的过程，是一个与时俱进的过程。① 儒家在这个

---

① 《孟子·万章下》在评论圣人时，关于孔子有如下评论："孔子，圣之时者也。"

方面发展了"修身养性"的功夫论。也就是说，人的责任意识是一个不断深化的过程。

　　"五常"之一还有"信"。孟子并没有展开关于这个方面的讨论。在孟子看来，人只要能够不断深化对礼的认识、对仁义的体会，最后就能成圣，在深邃的层次上把握仁、义、礼。"圣"强调的是个人的完善化。在孟子的说法中，我们可以读到"仁、义、礼、智、圣"。但是，在儒家思想发展史上，"圣"最终没有成为"五常"之一。西汉儒士董仲舒用"信"取代了"圣"。① 这种做法被后来的儒家完全接受，于是有了我们现在说的"仁、义、礼、智、信"。

　　"信"凭什么能够在"五常"中取代"圣"呢？我们可以这样处理"五常"。从"仁"出发，我们关心人与人的关系，因而不得不面对什么是完善的人与人的关系这个问题。因此，从"仁"出发就一定要注视"义"，即寻找完善的人与人的关系。当对"仁义"有了一定的理解后，人就会按照自己的理解来为人处世，进而使之形式化为"礼"。显然，"礼"隐含着"仁义"。"礼"是一种外在的行为规范。人是在某种关于"仁义"的理解中行礼的。这里的理解问题便是"智"。如何理解这个"礼"，就如何行礼。但是，我们要处理的是人与人的关系，是要实施一种完善的社会关系。行礼不仅仅是一种个人行为。也就是说，人不是孤立地行礼。一个孤立的人不存在行礼问题。行礼是在群体中，是在人与人的关系中进行的。在群体中行礼意味着什么呢？比如，我们设想，如果人与人之间没有基本的信任关系，那么，在这个群体中，每个行礼行为都是枉然。你说你现在按照"仁-义-礼-智"这套东西在行"礼"，但我根本就不相信你，因而认为你所做的一切都是骗人的。如果没有彼此的信任，你所做的每一件事情，即便合乎规矩、合乎礼节，也都会被认为是为了某种其他目的。没有人会认为你在行礼。而且，我们完全可以解释说，你的"行礼行为"是表面现象，你的真实目的被掩盖了，其实你是不想行礼的，你是在装模作样、在作秀，等等。我们把这些评价都加在你身上，但就是不会认为你是在按照"仁-义-礼-智"做事情。

　　"信"指的是人与人之间的"信任"情感。作为一种情感，信任可以

---

　　① 《白虎通义·情性》："信者，诚也，专一不移也。"不过，董仲舒在解释"信"时基本上还是从"信任"情感的角度谈论的。我想，董仲舒的意思大概是：人只有在"诚"中，才可以取信于人，因此，"信"归根到底乃在于"诚"。

使两个没有血缘关系的人连接起来。信任是人与人之间的一种纽带。在儒家的"五常"中，"信"的作用也仅仅是作为这样一种纽带。我们知道，在"仁-义-礼-智"这个圆圈中，由于出发点是"仁"，这个圆圈要造就的是一种完善的社会关系，所以，它要求在社会中实现自身。也就是说，一个人必须在社会中行礼。但是，如果没有信任这种纽带，行礼这件事就是无法完成的。人与人之间的基本信任是行礼的前提。因此，在社会上行礼，必须有"信"。人如无信，社会成员之间没有纽带，人就无法行礼，从而也就不可能建立完善的人与人的关系，仁政也就无从谈起。从这个角度看，"仁-义-礼-智-信"作为"五常"，就是一个完整的圆圈了。

我们把中国传统社会归结为一种责任社会。这里的分析表明，儒家礼教其实是在培养一种责任意识，它要求人们在自己的责任意识中为人处世。

3. 礼教与宗教

我们指出，当代中国社会的基本趋向是走向责任社会。考虑到责任社会的基本特征是礼教，我们这里提出的问题是：应该如何处理责任政治中的礼教与宗教问题？过去几千年来，中国在宗教问题上有很多经验值得进一步讨论。不过，本章更多是从当下中国社会现状出发来分析宗教问题。有不少学者热衷于引入西方权利政治的宗教管理模式，我认为这种做法是不可取的。从中国社会现实（走向责任政治）出发探讨一种可行的宗教管理模式，对于当下中国社会来说，确实是当务之急。在以下的讨论中，我只是简略地检查一些礼教与宗教关系，抛砖引玉，希望能够引起深入讨论。

在责任政治中，礼教充当着维持秩序的主导力量。人们是在遵守规范中培养责任意识的。因此，礼教要求宗教信徒像其他社会成员那样遵守共同的传统规范。任何企图用一套外来的规范取代现有规范的做法都是不允许的。破坏现有规范并代之以新规范，只能导致无规范状态，从而破坏社会秩序。礼教允许甚至鼓励人们努力去改善现有规范，但是，改善规范只能在遵守规范的基础上进行。礼教不允许任何破坏传统规范的宗教活动。

礼教以培养人们的责任意识为目的。我们知道，每一种宗教都有自己的崇拜对象。除了在语言和仪式上表达自己的信仰之外，宗教信徒不可避免地会在日常生活中与它联系。也就是说，人们的为人处世不免要受到它的调节，从而产生一些与众不同的做法。这些不同的做法如果在公共场合破坏了现有规范，与社会的公共期望发生冲突，那么，从礼教的角度看，就是不合适的，必须从宗教内部加以调整。如果宗教自身无法做出调整，礼教就会动用社会力量对这一宗教施加压力。在中国历史上出现了多次由政府出面的灭佛事件，深究其原因，不难得知这是因为，佛教教义强调出家修炼，从而导致出家人无法在孝敬父母等社会责任上尽职，破坏了礼教社会的秩序。因此，在责任政治中，宗教信徒必须像其他社会成员那样，在礼教中培养责任意识，并对社会尽应尽的责任。

就其社会功能而言，礼教是服务于政治的。它从维持秩序的角度出发教化人们。任何带有政治目的的宗教活动都必然与现有礼教发生冲突。一般来说，这类宗教活动是从属于其政治诉求的。也就是说，对于其中的信徒而言，政治高于宗教。中国历史上出现过许多此类宗教活动，如汉朝的黄巾军（一种民间道教），始于宋代而盛于明清的白莲教，元末的红巾军，乃至清朝的太平军，等等。一旦涉及政治，礼教对此就无能为力。对于任何宗教的政治诉求，只能通过政治较量来解决。在敌对政治力量之间不存在礼教与宗教的关系问题。清朝时，由康熙开始的禁教国策（针对天主教在华传播），就其所陈述的理由而言，是康熙认为天主教在华传播具有政治色彩。反过来说，如果一种宗教完全服从当下政府，并且有助于维持（包括推进并改善）社会秩序，那么，它就在某种意义上发挥着礼教的功能。

我们指出，责任政治是建立在人们的责任意识基础上的。没有责任意识的人在这个社会中没有权利可言。礼教提供责任意识培养的机制。这一点对于宗教信徒并无例外。也就是说，作为社会成员的一部分，宗教信徒必须接受在礼教中的责任意识培养要求。即使某种宗教在责任意识培养方向上与现行礼教不合，甚至有所冲突，宗教信徒也必须按照礼教的要求培养责任意识。在这个过程中，作为社会成员的一部分，宗教信徒可以对礼教的完善化做出贡献，即在遵守现成规范的同时，根据自己的宗教提出改善规范的要求。但是，宗教信徒不能脱离现成规范另起炉灶。在礼教中，宗教信徒和其他社会成员一样，只能在责任意识中谈论权利，有义务为社会福利、稳定、发展等做出贡献；否则的话，他们与现行礼教就一定会发生冲突。离开责任意识来谈论权利，在礼教中是不允许的。

这些年来，中国的基督教迅猛发展。基督徒的人数急剧增加，并形成了一股相当大的力量。于是，摆在我们面前的一个迫切问题是：这个来自西方的宗教能够与儒家礼教融合吗？我们知道，西方社会属于权利政治范畴。在西方社会中，基督教作为一个机构，与其他宗教机构一样，在社团法中接受管理。但结社权利是权利政治的基本权利。因此，基督徒与其他宗教信徒一样，可以根据这项基本权利组织或加入教会，并且在遵守社团法中随意安排自己的宗教活动。当基督教进入中国后，对于那些习惯于西方社会宗教管理模式的基督徒来说，他们马上面临一个现实问题：如何在责任政治中过他们的宗教生活？如果中国的走向是权利政治，那么，中国基督徒就理所当然地像西方社会的基督徒一样，可以争取自己的结社权利。然而，我们看到，中国社会的基本走向是责任政治。因此，问题应该这样提：中国基督徒在责任政治中如何过宗教生活？特别地，他们能否融入中国社会？或者说，能否在礼教中培养他们的责任意识，并在中国社会尽他们应尽的义务？这个问题解决不好，基督教问题就可能引发政治问题：或者基督教成为一股政治力量而与现成的政治力量发生正面冲突；或者基督教在不恰当的权利诉求中被作为一种政治力量而受到打压。这两种后果都超出了宗教话题，这里不打算深究。

我们追踪了权利政治和责任政治中的宗教问题，发现宗教问题在这两种政治中的表现是完全不同的。在权利政治中，人们享受结社权利这一基本权利，并自由组织或加入宗教组织。这里，作为基本权利，政府只能在社团法中管理宗教组织，不能以任何其他理由阻挠或干涉宗教活动。但是，在责任政治中，所有宗教活动都必须服从责任意识培养（礼教的基本要求）。任何妨碍责任意识培养的宗教活动都必然与礼教发生冲突。充分注意宗教问题在这两种社会中的不同表现，对于我们恰当地处理宗教问题是非常关键的。

结束语　勿忘祖宗言

　　读者也许注意到了，本书的各章在主题和论证上都是独立的。它们原来都是独立发表在学术杂志上或收录在相关著作中的文章，我在收集时对有些文章的题目做了修改，以适应本书的主题、思路、框架。我以章题注的形式，标注了各章的原始标题和原载杂志，算是对各杂志表示谢意吧。虽然它们都是独立的文章，但是我这些年在涉及中西思想比较主题的写作时一直有一条主线，故而这些各自独立的文章在我的思想和写作中始终受到这条主线的牵引。

　　有人会问：这条主线在哪里呢？我想通过我认识儒家思想的过程来呈现这条主线。回想起来，我对中国哲学的兴趣可以追溯到 20 世纪 70 年代的"批林批孔"运动。1973 年，我高中毕业，上山下乡进入一个林场，在那里种树护林。几十位男女知青住在一个大棚里，虽然谈不上什么远大理想，但年轻人好高骛远，无论是出工在山上，还是歇工待在棚里，我们很多时候都在海阔天空地畅谈天下事。为了显示自己的学问，大家都积极搜寻各种书籍，以便夸耀一番他人不知而我独知的事情。当然，那时，除了马列著作单行本和"批林批孔"运动的材料之外，我们的图书馆里没有其他书。我那时的梦想是读尽天下书，所以，图书馆里的这些书都在我的阅读范围内。在阅读那些"批林批孔"的书籍时，我开始对其中的古典文字引用十分好奇。作为被批判的孔孟语录，它们每一次被引用都伴随着相应的解释和批判。但我好像总是不满意那些解释，认为那些批判未中要害。于是，我追求直接去理解它们。当时，在我的意识中，我对它们虽然一知半解，但却也朦朦胧胧地觉得它们表达了一些人生道理。

　　1978 年，我进入广州中山大学哲学系读书。在上"中国哲学史"课程时，我读到的教科书强调指出，"诚"是儒家思想中的一个重要概念。但是，在认真寻找关于"诚"的解释后，我很快陷入迷惘，感觉不到它在中国思想史上的重要性。那时能够读到的教科书和中哲论文，从头到尾都是唯物-唯心这条主线，其他概念都是佐证。我虽然很困惑，且感受不到"诚"在中国思想史上的作用，但是"诚"在我的思想中从此就挥之不去，尽管也玩之无味。很快，我就对中国哲学史失去了兴趣。从大学四年级开始，我被古希腊哲学吸引了。自此之后，我就一直在西学领域读书、思考、写作。

在北京大学任教期间（1988—1992年），我在古希腊哲学研究上遇到瓶颈，无法理解盛极一时的古希腊哲学居然急剧地让位于尚为雏形的基督教思想，因而决定深入地研究基督教。1994年，我进入美国克莱蒙特研究生大学（Claremont Graduate University）的宗教学博士课程，主修宗教哲学。为了能够深入理解基督教，我深入教会，进入基督徒的生活方式。很快，"信"这个字开始渗入我的生存和思想。

1998年，我受邀参加了加拿大的《文化中国》（*Cultural China*）杂志举办的一次学术会议，会议主题是关于基督教和中国文化的，我是主讲人之一。我以思想的创造性为关注点，比较了基督教和儒家在这个问题上的不同思路。当时，赵复三先生（曾任中国社科院副院长）就在听众席上。会后，他主动走向我，赞赏我的演讲和思路，并鼓励我继续做下去。我确实有点孤陋寡闻，居然不知道"赵复三"这个名字，只是感觉有点耳熟。不过，简短几句交流就让我感受到了他的深厚学养，也深得激励进一步去思考相关问题。这次会议给我提供了一个契机。实际上，我正是在这次会议期间感受到了儒家思想的深厚。当我从创造性的角度触及基督教和儒家的思想时，儒家的"诚"字突然像光一样进入我的思维，向我展现了它的深远视野。我好像是遇到一位久违且被误解的老朋友，之前关于"诚"的理解困惑竟然一一解开。

"诚"是建构儒家思想的基础性情感。它在"无妄"和"勿自欺"的生存状态中摆脱意念的控制，从而指向并呈现内在的天命之性，进而引导君子在修身养性中认识天命，在立德、立功、立言中成为圣人。"信"则是基督教神学的基础性情感。它指向一个外在的独立位格，即耶稣基督，进而成为一个接受者，通过耶稣基督领受神的恩典，不断地更新、改变自己的心思意念，最后认识完全的真理。回想起来，在对"诚"的理解豁然开朗之时，我确实感受到了一种震撼。在进入基督徒的生活方式后，"信"这个字的含义渗透在我那些年的生活经历和思想活动中。它已经成为我生命的组成部分。我想，我是在"信"中解开对"诚"的理解困惑的。我在本书的一些章节中分析了这两种情感在概念上的相通性，以及它们在各自传统中所起的作用，向读者呈现了它们所引导的两种不同的思维方式和生存方式。同时，我也展示了儒家修身养性的"陷阱"。我深信，展示这些盲点对于儒家思想的未来发展是有益的。

我们客家人有一条祖训，叫作"宁卖祖宗田，勿忘祖宗言"。这条祖训一直维系着客家人坚持讲宋朝官话（客家话）的习惯。当然，这里的"言"更多应该是指祖宗留下的书写文字。文本是语言的永恒载体，同时也是传承的主要根据。当然，文本是在解释中传承的，因而文本与思想共存。我一直秉持这样一个信念：我们在文本诠释中承接祖宗传统，同时也在文本诠释中续传子孙后代。本书是在文本诠释中讨论儒家思想的；虽然引入了中西比较视域，但在文本诠释中，我想，我在恪守"勿忘祖宗言"这一祖训。

初稿于 2022 年 12 月 1 日
美国加州 La Puente 寒舍
修改于 2023 年 5 月 19 日
山东大学五宿舍

参考文献

一、英文文献

Roger Ames，David L. Hall . Focusing the Familiar. Honolulu：University of Hawaii Press，2001.

Yanming An. The Idea of Cheng（Sincerity/Reality）in the History of Chinese Philosophy. New York：Global Scholarly Publication，2005.

Augustine. Confession. Harmondsworth：Penguin Books，1961.

——. On the Grace of Christ// Nicene and Post-Nicene Fathers：book V. Peabody，MA：Hendrickson Publishers，2004.

——. On Original Sin// Nicene and Post-Nicene Fathers：book V. Peabody，MA：Hendrickson Publishers，2004.

Isaiah Berlin. Four Essays on Liberty. New York：Oxford University Press，1970.

John Berthrong. Confucian Piety and the Religious Dimension of Japanese Confucianism. Philosophy East & West，1998，48（1）：58 - 68.

——. Trends in Interpretation of Confucian Religiosity//Peter Lee. Confucian-Christian Encounters in Historical and Contemporary Perspective. New York：The Edwin Mellen Press，1991.

Steven M. Cahn，Peter Markie. Ethic，History，Theory，and Contemporary Issues. Oxford：Oxford University Press，2002.

Chan Wing-tsit. A Source Book in Chinese Philosophy. Princeton：Princeton University Press，1973.

Seamus Deane. The French Revolution and Enlightenment in England，1789 - 1832. Cambridge，MA：Harvard University Press，1988.

Robert Filmer. Observations concerning the Original of Government upon Mr. Hobbes's Leviathan//Thomas Hobbes. Leviathan. Broadway，UK：

Broadway Press, 2010.

——. Patriarcha, or The Natural Power of Kings (1680). Moscow: Dodo Press, 2008.

Thomas Fuchs. The European China-Receptions from Leibniz to Kant. Journal of Chinese Philosophy, 2006, 33 (1): 35 - 49.

Plato. The Collected Dialogues of Plato. Princeton: Princeton University Press, 2005.

John Hare. Kant on the Rational Instability of Atheism// Andrew Dole, Andrew Chignell. God and the Ethics of Belief: New Essays in Philosophy of Religion. Cambridge: Cambridge University Press, 2005.

John Hick. Dialogues in the Philosophy of Religion. New York: Palgrave Macmillan, 2001.

——. Philosophy of Religions. 4th ed. New York: Prentice Hall, 1989.

——. God and the Universe of Faiths. Oxford: One World Publications Ltd. , 1973.

Thomas Hobbes. Leviathan. New York: Penguin Books, 1951.

Samuel P. Huntington. The Clash of Civilizations and the Remaking of World Order. New York: Simon & Schuster, 1996.

Immanuel Kant. Critique of Practical Reason. Chicago: The University of Chicago Press, 1949.

——. Critique of Pure Reason. London: William Pickering, 1848.

——. Foundations of the Metaphysics of Morals. Indianapolis: Bobbs-Merrill, 1959.

——. Religion within the Limits of Reason alone. New York: Harper Torchbooks, 1960.

——. Foundations of the Metaphysics of Morals (1786). // Critique of Practical Reason. Chicago: The University of Chicago Press, 1949.

Søren Kierkegaard. The Concept of Anxiety. Princeton: Princeton University Press, 1980.

——. The Journals of Søren Kierkegaard. London: Oxford University Press, 1938.

Paul Knitter. One Earth Many Religions: Multifaith Dialogue and Global Responsibilities. New York: Orbis Books, 1995.

John Locke. Two Treatises of Government (1690). New York： Cambridge University Press，1960.

Matin Luther. Luther and Erasmus： Free Will and Salvation. Philadelphia： The Westminster Press，1969.

——. The Letter to Melanchthon//Luther's Works： vol. 99. St. Louis： Concordia Publishing House，1971.

Samuel Moyn. The Last Utopia： Human Rights in History. Cambridge， MA： Harvard University Press，2010.

Robert C. Neville. Boston Confucianism： Portable Tradition in the Late-Modern World. New York： SUNY Press，2000.

Friedrich Nietzsche. Beyond Good and Evil. New York： Random House，1966.

Stephen R. Palmquist. How "Chinese" Was Kant? . The Philosopher，1996， 84 (1)： 3 - 9.

Gregory M. Reihman. Categorically Denied： Kant's Criticism of Chinese Philosophy. Journal of Chinese Philosophy，2006，33 (1)：51 - 65.

Young Chan Ro. The Korean Neo-Confucianism of Yi Yulgok. New York： SUNY Press，1989.

Jean-Jacques Rousseau. On the Social Contract (1762). Indianapolis，IN： Hackett Publishing Company，Inc. ，2019.

Tu Weiming. Centrality and Commonality： An Essay on Confucian Religiousness. New York： SUNY Press，1989.

Wen Haiming. From Substance Language to Vocabularies of Process and Change： Translations of Key Philosophical Terms in the *Zhongyong*. Dao： A Journal of Comparative Philosophy，2004，3 (2)：217 - 233.

二、中文文献

奥古斯丁 . 忏悔录 . 周士良，译 . 北京：商务印书馆，1963.

保罗·尼特 . 一个地球，多种宗教：多信仰对话与全球责任 . 王志成，思竹，王红梅，译 . 北京：宗教文化出版社，2003.

贝淡宁 . 贤能政治：为什么尚贤制比选举民主制更适合中国 . 吴万伟，译 . 北京：中信出版社，2016.

贝克莱 . 人类知识原理 . 关文运，译 . 北京：商务印书馆，2010.

蔡四桂 . 论王夫之的"诚" . 中山大学学报（社会科学版），1983 (2).

蔡元培．序//胡适．中国哲学史大纲．肖伊绯，整理．桂林：广西师范大
　　学出版社，2013.

陈怀宇．陈寅恪与赫尔德：以了解之同情为中心．清华大学学报（哲学社
　　会科学版），2006（4）.

陈立胜．王阳明"四句教"的三次辩难及其诠释学义蕴//宋明儒学中的
　　"身体"与"诠释"之维．北京：商务印书馆，2019.

——."良知"与"种子"：王阳明思想之中的植物隐喻．江苏行政学院学
　　报，2005（5）.

陈美容．从《大学》"新民"看朱子"六经注我"与"我注六经"之统一.
　　江汉大学学报（社会科学版），2011（1）.

陈少明．中国哲学史研究与中国哲学创作．学术月刊，2004（3）.

陈卫平．中国哲学史研究的学科自觉：从胡适到冯友兰．中国哲学史，
　　2003（2）.

陈寅恪．审查报告一//冯友兰．中国哲学史：下册．上海：华东师范大学
　　出版社，2000.

——．审查报告二//冯友兰．中国哲学史：下册．上海：华东师范大学出
　　版社，2000.

翟廷晋．孟子思想评析与探源．上海：上海社会科学院出版社，1992.

丁韪良．汉学菁华．沈弘，译．北京：世界图书出版公司北京公
　　司，2010.

——．中国觉醒．沈弘，译．北京：世界图书出版公司北京公司，2010.

方朝晖．为"三纲"正名．上海：华东师范大学出版社，2014.

——."三纲"与秩序重建．北京：中央编译出版社，2014.

方旭东．诠释过度与诠释不足：重审中国经典解释学中的汉宋之争：以
　　《论语》"颜渊问仁"章为例．哲学研究，2005（2）.

冯友兰．中国哲学史新编：第1册．北京：人民出版社，1962.

——．四十年的回顾．北京：科学出版社，1959.

——．一种人生观//三松堂全集：第2卷．郑州：河南人民出版社，2001.

——．中国哲学简史．赵复三，译．北京：中华书局，2015.

——．中国哲学史：上册．上海：华东师范大学出版社，2000.

弗思．克伦威尔传．王觉非，左宜，译．北京：商务印书馆，2002.

伽达默尔．诠释学 I：真理与方法．修订译本．洪汉鼎，译．北京：商务
　　印书馆，2010.

高秀昌．冯友兰中国哲学史方法论研究．北京：北京大学出版社，2010．

郭康松．清代考据学的启蒙．湖北大学学报（哲学社会科学版），2001
　　（2）．

亨廷顿．文明的冲突与世界秩序的重建．周琪，等译．北京：新华出版
　　社，1998．

洪汉鼎．译者序言//伽达默尔．诠释学 I：真理与方法．修订译本．洪汉
　　鼎，译．北京：商务印书馆，2010．

胡适．整理国故与"打鬼"//胡适文存三集．上海：上海科学技术文献出
　　版社，2015．

——．中国哲学史大纲：卷上、卷中．肖伊绯，整理．桂林：广西师范大
　　学出版社，2013．

霍布斯．利维坦．黎思复，等译．北京：商务印书馆，1996．

康德．纯然理性界限内的宗教//康德论上帝与宗教．李秋零，编译．北
　　京：中国人民大学出版社，2004．

——．康德著作全集：第 9 卷．李秋零，编．北京：中国人民大学出版
　　社，2010．

库恩．康德传．黄添盛，译．上海：上海人民出版社，2008．

李景林．论"可欲之谓善"．人文杂志，2006（1）．

梁涛（采访）、刘笑敢（受访）．我是这样研究老子的．光明日报，2006 -
　　06 - 20（05）．

梁涛．郭店竹简"悬"字与孔子仁学．中国哲学，2005（5）．

——．郭店竹简与思孟学派．北京：中国人民大学出版社，2008．

林安梧．牟宗三的康德学及中国哲学之前瞻．鹅湖，2005（2）．

刘笑敢．诠释与定向：中国哲学研究方法之探究．北京：商务印书
　　馆，2009．

卢瑟福．法律与君王．李勇，译．上海：复旦大学出版社，2013．

卢梭．社会契约论．何兆武，译．北京：商务印书馆，2003．

陆键东．陈寅恪的最后二十年．北京：三联书店，1995．

陆九渊．陆九渊集．钟哲点，校．北京：中华书局，1980．

马丁·路德．路德三檄文．李勇，译．上海：上海人民出版社，2010．

洛克．人类理解论．关文运，译．北京：商务印书馆，1957．

——．政府论：上篇．瞿菊农，叶启芳，译．北京：商务印书馆，1982．

——．政府论：下篇．叶启芳，瞿菊农，译．北京：商务印书馆，1964．

马克思．评基佐"英国革命为什么会成功？英国革命史讨论"//马克思，
　　恩格斯．马克思恩格斯全集：第 7 卷．北京：人民出版社，1959.

牟宗三．康德纯理性之批判．台北：台湾学生书局，1983.

——．康德的道德哲学．台北：台湾学生书局，1982.

——．康德判断力之批判：上篇．台北：台湾学生书局，1992.

——．康德判断力之批判：下篇．台北：台湾学生书局，1993.

倪培民．儒家功夫哲学论．北京：商务印书馆，2022.

普兰丁格．基督教信念的知识地位．刑滔滔，徐向东，张国栋，等译．北
　　京：北京大学出版社，2004.

钱实甫．北洋政府时期的政治制度：上下册．北京：中华书局，1984.

任继愈．儒教问题争论集．北京：宗教文化出版社，2000.

萨特．存在与虚无．陈宣良，等译．北京：三联书店，1987.

塞克斯都·恩披里柯．皮浪学说概要．崔延强，译注．北京：商务印书
　　馆，2019.

桑兵．"了解之同情"与陈寅恪的治史方法．社会科学战线，2008（10）.

舒金城．王夫之论"诚"．船山学刊，1984（2）.

王阳明．王阳明全集：上下册．上海：上海古籍出版社，1992.

马克斯·韦伯．儒教与道教．洪天富，译．南京：江苏人民出版社，2008.

维吉尔·毕诺．中国对法国哲学思想形成的影响．耿昇，译．北京：商务
　　印书馆，2000.

吴凡明，杨健康，龙跃君．《中庸》诚说探析．湖南大学学报（社会科学
　　版），2000（4）.

吴震．罗近溪的经典诠释及其思想史意义：就"克己复礼"的诠释而谈．
　　复旦学报（社会科学版），2006（5）.

夏瑞春．欧洲化中国：过去和未来．潘琳，译．中国文化研究，2004（3）.

肖伊绯．发现"胡博士"讲义本（代跋）：《中国哲学史大纲（卷中）》的发
　　现与初考//胡适．中国哲学史大纲：卷上、卷中．肖伊绯，整理．桂
　　林：广西师范大学出版社，2013.

谢文郁．恩典真理论：从《约翰福音》看希腊哲学和希伯来文化的真理问
　　题．哲学门，2007（1）.

——．本性重建如何可能？：从康德对路德宗恩典概念的批评谈起．中南
　　大学学报（社会科学版），2020（5）.

——．道路与真理：解读《约翰福音》的思想史．上海：华东师范大学出

版社，2012.

——．"敬仰"与"信仰"：中西天命观的认识论异同．南国学术，2017（2）.

——．君子困境和罪人意识．哲学门，2012（2）.

——．哥尼斯堡的中国人//库恩．康德传．黄添盛，译．上海：上海人民出版社，2008.

——．情感认识论中的主体与对象．哲学研究，2022（1）.

——．权利：社会契约论的正义原则．学术月刊，2011（5）.

——．神的话语和人的良心：路德的双重权威问题．求是学刊，2003（4）.

——．王权困境：卢瑟福《法律与君王》的问题、思路和意义．社会科学，2013（8）.

——．语言、情感与生存——宗教哲学的方法论问题．宗教与哲学，2014（3）.

——．自由：自主性还是接受性？．山东大学学报（哲学社会科学版），2006（1）.

——．自由与生存：西方思想史上的自由观追踪．张秀华，王天民，译．上海：上海人民出版社，2007.

——．自由与责任：一种政治哲学的分析．浙江大学学报（人文社会科学版），2010（1）.

休谟．人类理解研究．关文运，译．北京：商务印书馆，1997.

薛纪恬，周德丰．王夫之"诚-实有"范畴的主导涵义．齐鲁学刊，2001（3）.

杨庆堃．中国社会中的宗教．范丽珠，译．上海：上海人民出版社，2007.

易竹贤．胡适传．武汉：湖北人民出版社，1987.

张洪波．《中庸》之"诚"范畴考辨．武汉大学学报（社会科学版），2007（4）.

周启杰，王春林．论情感的认识论意义．求是学刊，1993（6）.

邹晓东．《大学》、《中庸》研究：七家批判与方法反思．社会科学，2013（7）.

附录　哥尼斯堡的中国人[*]

中国思想界的康德热自 20 世纪 80 年代以来可谓持久不衰。眼下这本《康德传》，我想，会给这一热潮继续加点温。这本传记的作者希望能够提供一个完整的活生生的康德人格。当然，他是否达到了这个目的，恐怕不是他说了算。但是，至少有一点他说对了：我们必须让康德活起来。

追究源头，中国思想界的康德热大概源自两股原始力量。一股来自李泽厚先生从马克思主义的实践概念角度解读康德[①]；另一股来自牟宗三先生从康德道德哲学角度谈论中国儒家心性思想。[②] 这两股力量都出现在 20 世纪 80 年代左右，它们的推动力至今仍然能够被感受到。当然，这两种关于康德的解读是否准确，是否令人满意，自当别论。但是，这些年来人们在康德著作翻译和研究上可谓是不遗余力，归根到底，其动力来自所谓的追求康德解读的"准确性"情结。[③] 这从一个侧面说明了上述两股力量的能量。无怪乎有人戏称，中国人对康德之理解的准确性超过了西方人。既然是戏称，我们就千万不要去追究其合法性。不过，由此我们至少可以知道，中国学术界有了一块分量不轻、范围不小的康德学地盘。

略略浏览一下这块地盘，我们很快就会发现，康德虽然位居地盘的中心，但看上去不过是一个毫无生气的、可望而不可即的模糊形象。换句话说，中国康德学所呈现的康德甚至不是一个思想者，而仅仅是一堆和生活

---

* 本附录原为《康德传》（库恩著，黄添盛译，上海人民出版社，2008）的"代序"。

① 参见李泽厚：《批判哲学的批判》，人民出版社，1979。国人研究和讨论康德思想当然要早于李泽厚的这部著作；但是，康德思想真正进入中国大陆思想界，在我看来，乃始于此。

② 牟宗三翻译并注释了《康德的道德哲学》（台湾学生书局，1982）、《康德纯理性之批判》（台湾学生书局，1983）、《康德判断力之批判》（上篇，台湾学生书局，1992；下篇，台湾学生书局，1993）。对于新儒家来说，这种解读使新儒学运动有了某种底气。关于牟宗三的康德学，参见林安梧：《牟宗三的康德学及中国哲学之前瞻》，《鹅湖》2005 年第 2 期。

③ 比如，李秋零教授和邓晓芒教授分别着力的康德著作翻译与出版。如此投入精力和时间，归根到底离不开"准确性"情结。

没什么关系的抽象概念。有人美其言曰：这才是纯粹哲学！比如，人们津津乐道的康德晚年那像钟表一样呆板而准确的生活节律，以此说明康德思想的严密性和精确性。于是，我们获得这样一个康德形象：没有生活趣味，没有生存关注，没有情感发泄，在思想上精益求精，除了思辨还是思辨，等等。这是一个概念化了的康德。

　　康德作为思想家是活生生的。但康德是怎样一个活生生的思想家呢？康德在世时就有不少人给他写传记。因为康德的巨大威望，康德生前还没有几个人敢说他的坏话。所以，这些传记都只挑好的说，好像康德是一个世人的楷模。不过，晚年的康德因为发表了一篇关于宗教的文章（后来被收入《仅论理性界限内的宗教》），与当时的政府书报检查有一段不愉快的经历。① 在政府官员看来，康德的基督教信仰出了问题。在路德宗基督教信仰主导的德国社会，基督教信仰出了问题就是人格出了问题。随着他的死去，有人有意无意地附和政府的意见，开始谈论康德为人处世时的各种负面故事，甚至康德关于他妹妹没有文化的说法也成为话题。这种谈论让康德生前的一些好友十分不爽，激发了他们撰写康德传记以正视听的冲动。这些后来的传记企图调解康德宗教思想中反基督教信仰的因素，把康德描述为至少是拥有虔诚信仰的好公民。② 这样一来，不同版本的传记就呈现了不同的康德形象。于是，康德的性格就出现了多元化。

　　也许，这个多元化是我们深入了解康德作为一位思想家的切入点。我们知道，康德生活于其中的德国是基督教路德宗信仰主导的国家。准确地说，康德一生的绝大部分时间是在哥尼斯堡度过的。当时的哥尼斯堡由敬虔派（路德宗中的一个新兴起派别）控制。敬虔派的对手主要是路德宗正统派。正统派看重的是教义的正确性和权威性，路德宗教会则强行实施统一的教义，而对于教义如何落实到人的生活中这样的问题则不了了之。这种倾向导致了正统派神学与信徒生活的脱节，使信徒的宗教生活流于形式和呆板。于是，如何造就基督徒的信仰生活这一关注便凸显出来。敬虔派之流行的一个重要因素便是较好地回应了这一关注。对于敬虔派来说，基督徒生活的关键点是敬虔和顺服；至于教义，敬虔派不加强调，但在神学上也不与正统派较量。敬虔派认为，既然问题出在基督徒的生活上，那么

　　① 参见康德致国王腓特烈·威廉二世的信，收入康德：《康德论上帝与宗教》，李秋零编译，中国人民大学出版社，2004，第513-515页。
　　② 有关这方面的材料，参见库恩：《康德传》，黄添盛译，"前言"。

基督徒就必须重视自己的信仰重生经验，经历在上帝恩典中的自我更新。一个真正的基督徒必须在读经祷告中与神建立亲密的关系，过一种严格地遵守律法的道德生活，活出基督的样子。在组织上，敬虔派要求信徒过一种小教会的生活，即团契生活，目的是让信徒之间建立密切的关系，彼此扶持。不过，在现实生活中，这种所谓的"彼此扶持"演变为"相互监督"，把基督徒的团契生活转化为一种道德上的修养，维持共同的道德规范，甚至允许教会领袖把自己的意志强加给信徒。

康德生在敬虔派家庭，一直到中学都接受敬虔派的严格教育。不过，康德在经历敬虔派教育时发现自己身处两种截然不同的环境，一种是积极的，另一种是消极的。它们对康德的生存关注和思维方式产生了深远的影响。具体来说，一个是康德从小生活于其中的敬虔派家庭；另一个是康德中学时期就读的敬虔派中学，称为腓特烈中学（以当时在位的普鲁士国王的名字命名）。家里和学校的生活截然不同。在家里，他体会到了父母的敬虔给他带来的是温暖、安全、可靠。在学校里，敬虔派教育严格要求的反省、监督、自制等则给他留下了恐惧、害怕、奴役的记忆。

这两种敬虔派环境对康德的生活都是切身的，同时是矛盾的。它们在康德身上留下了一种充满张力的情结。我们注意到，对于学校里的敬虔派教育，康德只有坏印象。康德成名后常常谈起中学教育的那种在外在要求中反省自我的虚伪，那种在他人监督中培养的奴性，那种自以为完美的自制带来的傲慢，等等。康德的这些评论解释了他为什么在上大学后离教会越来越远，以至于不参加教会活动，临死前拒绝牧师的安慰祝福，等等。康德关于教会的消极评论和态度往往被用来支持如下论断：敬虔派教育在康德身上没有留下积极的影响！然而，我们也读到，康德在评价敬虔派时使用了这样的语言："那些真正严肃的敬虔教徒散发尊贵的气质，并拥有作为一个人所能拥有的最高品德，即静穆、喜悦与不为激情所扰动的内在平安。没有任何困境或压迫可以令他们不悦，没有任何争端可以激怒他们或让他们产生敌意。"① 这里谈到的"真正严肃的敬虔教徒"，便是康德在他父母的怜爱关怀和循规蹈矩中感受到的敬虔派；它是康德向往的敬虔派。追本溯源，我认为，它也是康德道德哲学所展示的敬虔派。

我们继续追踪这种带着张力的情结在康德思想中的走向。我们知道，康德的道德哲学是从善良意志出发的。意志为什么是善良的？这是一个情

---

① 转引自库恩：《康德传》，黄添盛译，第 71 - 72 页。

感性问题，是不可能用理性加以说明的。当然，从情感上看，作为理论的出发点，意志必须是绝对可靠的。对于康德来说，只要他觉得它有不可靠之处，它就不可能成为他道德哲学的出发点。康德宣称，善良意志是生存的出发点。我们读康德的道德哲学，发现这一点对于他来说是一个不争的生存事实，是他的情感所系；否定它，等于否定他的生存。情感不是论证，而是在生存中培养出来的。我们感兴趣的是：康德在他的生存中是如何建立这种情感的？

康德的中学教育不可能培养这种情感。康德在评价他的中学教育时常用以下这三个词：虚伪、奴性、傲慢。逐一分析这三个词，我们发现，康德在腓特烈中学接受的敬虔派教育不但不培养他的"善良意志"情感，反而对此有严重的抑制作用。

第一个词是"虚伪"。我们知道，敬虔派强制性地要求学生自我反省，自我反省只能从自身出发。如果一个人不愿意从自身出发进行反省，他就不得不虚伪地回应外在的强制性。因此，在康德看来，"敬虔派强制性地要求学生进行自我反省"这种做法本身就有虚伪性导向。我们知道，路德宗神学认为，人的本性已经败坏，人不可能靠自己认识自己的罪性，因而人只能在上帝的恩典中认罪。敬虔派进一步发挥这一原则，宣称人人有罪，需时时反省自己，认识自己灵魂深处的罪性，从而能够去感谢并领受上帝的恩典。既然人不可能依靠自己而认罪，那么外在要求就是必需的。敬虔派把上帝恩典这种外在要求转换为学校教育要求，从而强制学生进行自我反省。康德在中学时是一个乖孩子，对学校的各种要求都努力遵循。但是，康德的父母要求康德成为一个诚实的、不说谎的孩子。康德在反省中一定会遇到自己认为好但不符合学校规定的事情。在这种情况下，从诚实原则出发还是从学校要求出发呢？违反学校要求是会受到惩罚的，但遵循学校要求则不得不说谎。不难想象，学生们为了避免惩罚而说谎的事例为数不少。因此，康德认为这种反省培养的是虚伪人格。

如果这种反省带来的是虚伪，那么人就不可能在反省中培养自己的善性。人应该如何培养自己的善性呢？康德的早年生活至少让他经历了三种"善"：第一种是上帝之善。在敬虔派家庭里，上帝、恩典、罪恶、基督、祷告等词每天都被无数次挂在嘴上。对于父母所敬拜的上帝，康德绝不敢有任何微词。因此，上帝之善通过父母之爱已经在康德心中扎根。但是，随着他的生活趋向独立，何为上帝之善就成了重要的问题。第二种是康德就读的腓特烈中学强加给他的善，通常是在上帝的名义下宣布为善。康德在他的中学生活中常常无法接受这种"善"。当然，他并没有一概地否定这种"善"，但至少会怀疑它的善性。也就是说，这种"善"不能被奉为培养善性的出发点和基础。第三种是他在自己内心体会到的善。这种"善"往往与学校或者社会所公认的善不一致。但是，如果诚实地面对自己，他就无法否定其善性。

这三种"善"中，第一种和第二种被宣告为彼此一致；不过康德无法接受这种说法。第一种和第三种之间的关系尚未建立；康德希望能够建立它们之间的关系。第二种和第三种则常常冲突；康德从诚实出发坚持自己体会到的善，但也希望能够解释冲突的原因。这三种"善"之间的关系一直困扰着康德。我想，读者如果以此为主线来阅读康德的道德哲学和宗教哲学，就会发现康德的思想是活生生的，并不抽象和晦涩。

康德用来评价他的中学教育的第二个词是"奴性"。他回忆说，他年轻时"被当作奴隶看待"。奴性或奴隶指的是这样一种人格：没有自己的独立意志，唯主人意志是从。我们知道，腓特烈中学十分强调学生的顺服和纪律，目的是培养学生的节制力，使学生不受各种欲望支配（摆脱世俗世界的控制），成为一心向神的敬虔派基督徒。顺服是基督教的主题。路德在谈到"顺服"一词时指出，鉴于人的本性败坏，人无法依靠自己向善，因而必须相信耶稣，接受恩典。顺服就是为了接受上帝的恩典。腓特烈中学以培养、造就上帝的子民为己任，认为自己所做的都符合上帝的旨意。因此，顺服是对上帝旨意的顺服。但是，对于学生来说，顺服无非就是接受学校强加给他们的各种教训和规范。康德发现，他所体会到的善与学校强加给他的善往往不一致，因而这样的顺服——在强制性纪律的约束下接受某种外在的善——是违背他的意志的。对于康德来说，不尊重他的意志等于把他当作奴隶看待。

需要指出的是，康德是一个乖孩子，所以在严格的中学教育中并没有受到什么惩罚。这就是说，康德在中学时是顺服的、守纪律的。我们没有读到康德批评腓特烈中学的严格纪律的言论。反而，他的道德哲学认为，规范是人的生存所必需的，因为没有人能够过一种没有规范的生活。实际上，他在生活中从来都是循规蹈矩的，这样做给他省了很多麻烦。像打破规范束缚之类的想法大概没有在他的思想中停留过。康德关心的是，在现实生活中，大多数人都受缚于各种外在规范，因而只能过一种"作茧自缚的蒙昧生活"。如果规范是必需的，如果受缚于规范是一种蒙昧，那么，我们能够走出这种被规范束缚的生活吗？有一点可以肯定的是，像腓特烈中学的那种纪律和规范只会使人越来越蒙昧。而且，康德还认为，人走出这种蒙昧生活是难之又难的。他说："只有极少数的人，能够以自己的心灵努力，挣扎暗无天日的蒙昧，稳健地往前走。"① 然而，这里说的"心灵努力"是一种什么样的努力呢？这个问题便是康德道德哲学的中心问题之一。

　　第三个词是"傲慢"。康德使用"傲慢"这个词时其适用范围应该宽泛些，不仅适用于腓特烈中学的官员们，也适用于所有握有权力的敬虔派基督徒。这些人自以为拥有真理，因而可以教训别人。这就是"傲慢"。我们知道，康德在生活中循规蹈矩，避免与当权者发生冲突。即使面对"你到底信不信上帝"这种傲慢问题，虽然十分反感，但为了不冲撞询问者，他还是做了肯定的回答。但是，康德在敬虔派家庭中培养起来的诚实使他无法简单地否定自己体会到的善。在坚持自己体会到的善时，康德不得不面对这样的压力：这些人不但自以为拥有真理，而且还要把"真理"强加给别人。康德在他的思想中顶住了这种傲慢的压力。康德凭什么顶住了这种压力呢？我们无论读哪一本康德传，这都是一个导读性问题。

　　看来，康德的中学教育没有培养他的"善良意志"情感。康德在面对善意念冲突时不断地回到他的诚实中。诚实归根到底是不能对自己说谎。我们知道，康德是一个乖孩子，而且还是一个诚实的孩子。可以这样设想，康德在中学生活中会遇到不少诸如此类的两难境界：有些事情自己内心认为善，但学校认为恶；有些事情则反过来。摆在康德面前的问题是：究竟应该从哪个标准出发来进行评价呢？服从学校规定无异于放弃自己的诚实。我们看到，在这两个标准之间，康德还是倾向于他的诚实。不难指出，这两种力量对比悬殊：学校之善反映了整个社会对善的理解，在宗教上甚至得到了上帝的支持（因为学校宣称自己的工作是培养上帝的子民）；而康德之善仅仅是他的个人之善，仅仅由他自己的诚实这一情感所维持。这是社会之善与个人之善的对抗。

　　我想，康德的内心虽然在抗争，但是，面对如此强大的社会之善，他还不至于顽固不化地认为自己体会到的善才是真正的善。他毕竟是一个在接受教育的年轻人，和所有的青少年一样，必须按照社会强加给他的善意念来改变自己。何况，每个人都有改变善意念的经验，而社会之善则相当稳定，可以长期不变。实际上，尽管康德自己对他的中学教育有不堪回首

---

① 转引自库恩：《康德传》，黄添盛译，第 87 页。

之感，但是，康德在大学生活中表现出一个合格的腓特烈中学毕业生应有
的品格：严肃、自制、勤劳、不喝酒、不打架，等等。在康德的哲学思想
中，规范（包括逻辑范畴和自然法则）是基本原则。这一点（特别是康德
的"自然法则"概念）恐怕与他的中学教育直接相关。因此，从腓特烈中
学的教育宗旨来看，对康德的培养是成功的，虽然康德自己并不一定同意
这种说法。

康德在腓特烈中学的内心挣扎给他留下的是"恐惧和害怕"。不过，
这种消极情绪并没有继续折磨他的大学生活。1740 年，康德进入了哥尼
斯堡大学，发现这里充满了各种知识，可以让他如饥似渴地消化、吸收。
这是一个自由的天地。这时的康德一心一意只想读书学习、增长知识。在
他看来："一个人必须敞开心胸接纳一切科学，不应有所拣择，即使是神
学也不应排除，即使不打算靠它吃饭，也应予以研习。"① 我们知道，在
牛顿力学的推动下，18 世纪的科学突飞猛进，在各个领域都取得了令人
瞩目的成就。在大学里，康德涉猎广泛，几乎涉及各门学科；虽然不精，
但也都能侃侃而谈。求知欲使康德暂时忘却了中学生活中的那种善恶冲突
带来的痛苦，引导他浸淫于各种科学知识（更多的是自然哲学和形而上
学）的讨论中。1755 年，康德以一篇关于"火"的论文取得哲学硕士学
位。在科学思潮的推动下，在接下来的讲师生涯中，康德的主要兴趣都在
自然哲学上；虽然偶尔也会涉足美学和道德问题，但也仅仅限于提出问
题，并未有意展开讨论。康德对科学知识的探讨是从知识性方面开始的；
但在休谟的影响下，他开始关心科学知识的基础问题。1770 年，康德在
得到梦寐以求的哥尼斯堡大学逻辑与形而上学教授职位后，便专心于他的
教授生活：教书和写作。同时，他开始整理他对科学知识之基础问题的想
法，于 1781 年完成并出版了《纯粹理性批判》。

康德进入 40 岁（1764 年）时开始谈论人的价值判断能力问题。他认
为，40 岁是人具有独立正确判断能力的年龄。这种说法大概是顺着孔子
所说的"四十而不惑"而来。康德没有提及孔子，他的言论似乎也不涉及
中国文化。我们注意到，康德接受教育时德国思想界正在流行"中国热"，
像莱布尼茨和沃尔夫这些大师不但大谈而且热捧中国文化。因此，作为好
学青年的典范，康德对中国文化应该不生疏。康德在他的著述中不提中国
文化的原因很多（如研究不深入，语言把握不住，没有触动兴奋点，等

---

① 转引自库恩：《康德传》，黄添盛译，第 104 页。

等），我不想在这里就此展开讨论。我想，康德的意思还是很明白的：他现在 40 岁了，有能力谈论价值问题了。需要指出的是，在 18 世纪的六七十年代，康德的注意力还是在自然哲学上。但是，他开设了伦理学课程，写了一些道德哲学笔记，和朋友的讨论常常以道德为题。这些课程、笔记、讨论，对于康德的道德哲学而言是必要的准备。

为什么说人要到 40 岁才拥有价值判断能力呢？在康德看来，40 年的生活使人能够经历足够的善意念改变，从而对各种善恶意念有深入的认识，能够进行价值比较和判断。即使如此，康德也并没有立即投入道德哲学研究中。除了他兴奋点仍然在自然哲学上这一原因之外，我想，康德自认为尚未找到道德哲学的出发点也是原因之一。他在中学时经历的内心挣扎仍然没有得到最后的解决。考虑到不同的善意念之间的冲突，在价值判断问题上我们还是不能避免这样的困境：根据谁的善意念进行判断？

对于康德道德哲学的形成来说，卢梭的《爱弥儿》于 1762 年出版是一件大事。我们知道，卢梭在此书中展现了人的原始感觉的善性。这一展示重新激活了康德在中学时的那种内心挣扎。康德在他的大学生活中一直受他的求知欲引导，几乎忘却了中学时的那段痛苦经历。毕竟，一个小人物所体会到的善，如何能够对抗历史积累下来的社会之善呢？在路德宗神学的影响下，人们都认为，人的本性已经败坏，其善性荡然无存。从观察的角度看，人们很容易指出人在不断地做恶事，因而可以为败坏本性之说提供经验论证。但是，卢梭"本性乃善"的说法不是一个论证，而是求助于每个人的扪心自问。一旦扪心自问，人人都能体会到自己的善性，因为没有人不想求善。康德终于对自己体会到的善有了底气，所以他说："我们应该研究自然人类的感觉，它胜过我们人为修饰的感觉。卢梭对此有深刻体会。"[1] 这里提到的"自然人类的感觉"指的便是自己体会到的原始感觉，而所谓"人为修饰的感觉"便是社会传统给出的看法。可以看到，在卢梭的影响下，原始感觉在康德的思想中占据了重要地位。

卢梭对康德的震撼远不止这一点。康德在上大学后完全受求知欲的支配，认为知识才是人的尊严所在。这种想法一方面具有自我欺骗的功能，使他趋于忘却中学时的内心挣扎；但另一方面也培养了他高人一等的傲慢情结。康德的天分加上他的勤奋，使他在学业上出类拔萃。作为大学生，他坚信知识就是善的。于是，在情绪上，他开始蔑视那些无心求学、缺乏

---

① 转引自库恩：《康德传》，黄添盛译，第 166 页。

知识的人。在读了卢梭的著作后，康德心中那被遮掩的挣扎被激活了：每个人都拥有和其他人同样的原始善性；原始感觉的善性是不可剥夺的。康德突然发现，以知识为标准进行价值判断是错误的。他把这个转折的决定性因素归给卢梭："卢梭在这方面纠正了我的错误，消除了我的盲目偏见。我学会了敬重人。我常常觉得，假如我（作为研究者）不想在奠定人权上给大家做些贡献，我就会比那些普通的劳动者更没有用处。"①

康德不久后就发现，仅仅从道德感觉出发无法解决道德问题。这一点不难理解。不同的道德感觉之间不可避免会出现善恶冲突。坚持自己的道德感觉就不能不否定对方的道德感觉。因此，停留在道德感觉这里，无法说明人的价值判断。康德认为，我们必须进一步分析道德感觉的运动。在他的道德分析（《实践理性批判》，1788 年出版，被称为第二批判）中，康德用"善良意志"指称道德感觉，进而引入"理性法则"或"自然法则"概念，追踪善良意志在遵循自我法则中的道德运动，建构他的道德哲学。在他看来，没有法则的生活不可能是道德的生活。康德厌恶中学时被管教的生活，因为那种生活的出发点是外在的。如果出发点是内在的善良意志，就能使那些规范和纪律转化为"自我法则"。在法则问题上，康德发现自己和卢梭分道扬镳。也许是因为这一点，康德在道德哲学讨论中不谈卢梭。特别要强调的是，我们不能因此而得出以下结论：康德的道德哲学不重视卢梭。实际上，卢梭深深地印在了康德心中。以下观察可以说明卢梭在康德心中的地位：康德晚年生活的房间里只有一幅画，那就是挂在书桌前的卢梭画像。

1790 年出版《判断力批判》，1792 年出版《仅论理性界限内的宗教》。这两本书的出版标志着康德的思想进入宗教领域。这里涉及的是价值判断的终极性问题。这也是使康德困惑的领域。康德是这样呈现问题的：当人建立（不管什么原因）了一种"恶的公设"，并以此为行为准则时，他越是符合这一准则，其行为就越恶。康德称此为"极端的恶"。如何使这样的人弃恶从善呢？不难指出，唯一出路就是改变他的"恶的公设"。康德称之为"心灵改变"。但是，"心灵改变"的基础是什么呢？

在路德宗神学看来，人的本性已经败坏，无善可陈。人只能从自己的本性出发进行判断-选择；从败坏本性出发只能判断并选择符合败坏本性的事情，因而只能继续过一种恶的生活。因此，依靠自己不可能摆脱败坏

---

①　转引自库恩：《康德传》，黄添盛译，第 167 页。

本性。摆脱败坏本性的唯一方法是使这败坏本性失去作用。这就需要外在的力量，即上帝的恩典。我们看到，路德宗神学这里回答的问题也就是康德面临的"心灵改变"问题。不过，康德是在"善良意志"和"自我法则"语境中进入"心灵改变"困境的。显然，善良意志作为人的生存出发点，完全属于人。这就是说，人就其出发点而言并不是恶的（反对败坏本性说）。但是，当"恶的公设"成为人的行为准则时，"恶的公设"就是人的生存出发点。人不可能从"恶的公设"出发来改变"恶的公设"。为了走出这个困境，康德不但没有求助于基督教的"恩典"概念，反而提出"绝对自由"这个概念作为"心灵改变"的基础。他认为，人既然是从善良意志出发的，那么就必须对自己在生存中遇到的一切"恶"负责，因而必须对改变"恶的公设"这件事负责。因此，人只要不受外在的束缚（绝对自由），就一定能通过自己的善良意志改善心灵，弃恶趋善。①

康德的论证并不成功。对于一个在"恶的公设"中生存的人来说，他所持的"恶的公设"本身就是善的，因而他从"恶的公设"出发也就是从自己的善良意志出发。因此，"心灵改变"问题不是他所面临的问题，因为他认为他遵循了善良意志的自我法则。当事人除非觉得自己的行为准则偏离了善，否则不会去改变它。从这个角度看，在康德的"善良意志"和"自我法则"之下，人不会认识到"心灵改变"的必要性，从而永远生活在"恶的公设"中。康德似乎没有认识到这一点。

不过，这时候的康德已经是一代宗师了。他已经意识到自己站在了基督教传统的对立面；但是，对于康德来说，服从理性是最高原则，而他的说法是完全符合理性的。康德辩解说，他并没有偏离基督教传统，反而是严格遵循基督教的精髓。这大概是自己说给自己听罢了。离开了"恩典"概念，哪还有基督教的精髓？连康德的好朋友们都觉得无法接受康德的辩解，所以他们只能从其他方面为他辩护。

康德留下了丰富的思想遗产，任后人评价。他从来就是一个诚实的人，把自己内心感受到的东西诚实地用哲学语言表达出来。因此，康德的思想是有感染力的。这是康德思想的力量所在。李泽厚先生从马克思主义实践概念的角度解读康德，牟宗三先生企图从康德出发来解释中国儒家思想，我想，他们都感受到了康德思想的这一力量。

---

① 关于康德的这一论证，参见谢文郁：《自由：自主性还是接受性?》，《山东大学学报（哲学社会科学版）》2006 年第 1 期。

我这里不打算讨论康德对后世的影响。作为结束语，我想谈谈康德的
一个别名。这是一个令中国读者感兴趣的别名，即尼采多次提到的"哥尼
斯堡的中国人"①。尼采生活在 19 世纪下半叶。我们知道，18、19 世纪之
交，在英国东印度公司的"努力"下，鸦片大量进入中国，深深地侵害着
中国人的精神和肉体，接着，关于中国人的各种丑态的描述开始增加，并
在欧洲流行，侵损着欧洲人关于中国的美好印象。特别是随着 1840—
1842 年中国在鸦片战争中的战败，中国人在西方人心目中的形象一落千
丈。欧洲思想界开始反思中国文化，认为中国文化存在着深刻的缺陷，悠
久的历史文明停滞不前，伦理道德未能造就完善的人格，等等。尼采是在
这样的气氛中了解中国的。从尼采的著述来看，尼采对康德著作和中国古
籍都相当熟悉，对中国人的思维方式也进行过深入研究，因而对中国的辉
煌过去和可悲现实有深刻印象。在尼采看来，康德的道德哲学要求人从善
良意志出发，遵循道德法则，最后造就的就是像"中国人"那样循规蹈
矩、唯命是从的奴才，阉割了自己的"超人"品质。考虑到康德无力解决
"心灵改变"难题②，我认为尼采的这一洞见是十分深刻的。

尼采无意诋毁中国人，他要攻击的是基督教，认为基督教（作为一种
制度宗教）阉割了欧洲人的"超人"品质。他考察了中国文化后，发现中
国文化和欧洲基督教文化一样，提供的是"奴隶伦理"。因此，在他看来，
中国文化不应该成为"超人"文化的样板。然而，面对影响深远的康德思
想，尼采洞察到了康德道德哲学和中国思想的相通之处，认为康德思想最
终给我们带来的不过是"中国人格"。他担心未来的欧洲人也像"中国人"
那样。"中国人"在当时欧洲用词中指的是那些"机械应声虫""牵线木
偶"，或"工蚁"，是侮辱性的用词。对于当时的读者来说，说康德是一个
中国人是贬损康德。但是，对于尼采来说，康德用德国人的思路表达了中
国思想，正在毒害德国人。

尼采的担心并非没有道理。康德心中有一种理想人格，他说："我们
的责任不是制作书本，而是制作人格，我们要赢得的不是战役与疆土，而
是我们行为间的秩序与安宁。真正的大师杰作是一个合宜的生活方式。"③

---

① 关于这个别名的出处，以及尼采关于中国思想的谈论，参见夏瑞春：《欧洲化中国：过
去和未来》，潘琳译，《中国文化研究》2004 年第 3 期。

② 关于"心灵改变"难题，参见谢文郁：《本性重建如何可能？——从康德对路德宗恩典概念
的批评谈起》，《中南大学学报（社会科学版）》2020 年第 5 期。

③ 转引自库恩：《康德传》，黄添盛译，第 53 页。

　　显然，这种理想不就是中国儒家思想中的修身养性吗？其实，我们不难在康德思想中找到儒家的影子。比如，儒家的核心概念"诚"在康德那里用"善良意志"来指称；修身养性的根本原则"率性而动"在康德的"道德法则"中得到了相当充分的表达。我想，康德思想中的儒家成分还需要更多的研究和讨论；但有一点可以肯定的是，康德消化并吸收了中国儒家思想。不过，康德相当自信地认为，他的思想不是任何其他思想的翻版，而是自成一家的创造。所以，他的道德哲学不提卢梭的贡献，当然也没有必要提及中国儒家思想的贡献。

　　不管怎么样，基督教并没有像尼采说的那样只是培养奴才，中国文化也不会永远停留在 19 世纪下半叶。但是，我想，尼采至少指出了一条解读康德思想的新思路：通过儒家思想来追踪并解读康德思想。当代中国学者应该对此有所作为。